图书在版编目（CIP）数据

中韩性理学比较研究：以朱子学与退溪学为中心 /
张品端主编. -- 厦门：厦门大学出版社，2022.7
（宋明理学研究丛书）
ISBN 978-7-5615-8433-0

Ⅰ．①中… Ⅱ．①张… Ⅲ．①朱熹(1130－1200)－
哲学思想－研究②李滉(1501－1570)－哲学思想－研究
Ⅳ．①B244.75②B312

中国版本图书馆CIP数据核字(2021)第262748号

出 版 人	郑文礼
责任编辑	薛鹏志　章木良
封面设计	李嘉彬
技术编辑	朱　楷

出版发行 厦门大学出版社

社　　址	厦门市软件园二期望海路 39 号
邮政编码	361008
总　　机	0592-2181111　0592-2181406(传真)
营销中心	0592-2184458　0592-2181365
网　　址	http://www.xmupress.com
邮　　箱	xmup@xmupress.com
印　　刷	厦门市明亮彩印有限公司

开本	720 mm×1 020 mm　1/16
印张	28.5
插页	2
字数	480 千字
版次	2022 年 7 月第 1 版
印次	2022 年 7 月第 1 次印刷
定价	118.00 元

本书如有印装质量问题请直接寄承印厂调换

厦门大学出版社
微信二维码

厦门大学出版社
微博二维码

出版说明

　　"宋明理学研究丛书"是福建社会科学院·中国社会科学院哲学所宋明理学研究中心组织各地学者研究宋明理学的成果而出版的系列学术丛书。

　　2005年10月，本中心成立以来，致力于收集整理宋明理学，特别是闽中理学的文化遗产，先后推出一批具有重要理论价值和实践意义的研究成果。这些学术研究成果有古籍整理、学者论集和个案研究专著等。组织出版"宋明理学研究丛书"，是本中心进一步加强研究成果出版的规范化、制度化建设的重要举措。

　　今后，我们将视财力情况，逐年组织宋明理学研究的学者，有计划地开展课题研究，然后将其研究成果，编入"宋明理学研究丛书"陆续出版。我们希望通过丛书系列学术著作的出版，展示本中心在这方面的学术成就，同时为宋明理学研究优秀学术成果的面世创造出版条件。

　　"宋明理学研究丛书"分设宋明理学家研究、理学著作研究、理学学派研究、宋明理学在海外研究等方面内容。出版包括专著、论文集、学术资料、古籍整理等。

　　出版"宋明理学研究丛书"，是一项浩大的工程。我们殷切期待并欢迎五湖四海贤哲都来关心、支持和参与这项工作，为丛书各辑的出版提供指导和帮助，共同为弘扬中华优秀传统文化，促进中外学术交流而努力！

宋明理学研究中心

2012年6月

前　言

　　13世纪末,朱子学传入朝鲜半岛的高丽,于中世纪出现了朝鲜退溪学和栗谷学,形成了有别于中国的韩国朱子学,成为朝鲜时代的主流文化。韩国朱子学作为中国朱子学的发展,有其相同之处,由于其不同的国度及与本土文化、社会环境相结合,又表现出相异性。改革开放以来,韩国退溪学成为中国宋明理学研究学者深感兴趣的领域。这个学术领域的开拓,并发掘新的研究课题,无疑是有利于推动中韩朱子学研究的不断深入发展。

　　福建社会科学院·中国社科院哲学所宋明理学研究中心与韩国国学振兴院于2010年,在武夷山签订了共同开展"陶山九曲与武夷九曲文化比较研究"合作项目。这个项目其中一项重要内容,是每年一次在中国武夷山或韩国安东轮流举办相关朱子学与退溪学的学术研讨会,就双方拟定的主题展开深入的讨论。至2019年,该合作项目已开展了10次学术交流,推出了一批学术研究成果。其中2010年至2014年的分论题:"朱子学与东亚文明"、"韩中性理学交涉与九曲文化的展开"、"朱子学、退溪学与书院文化"、"退溪学、朱子学与地域文化"、"朱子、退溪与工夫论"的学术成果,已结集出版了《朱子学与退溪学:中韩性理学之比较》(厦门大学出版社于2015年出版);2015年至2019年的分论题:"退溪、朱子与礼学"学术研讨会;"朱子学、退溪学与乡村文化建设"、"朱子学、退溪学的当代价值"、"朱子、退溪与修养轮"、"中日韩地区文化遗产的整理保护情况"的学术成果,亦将结集出版《中韩性理学之比较:以朱子学与退溪学为中心》。

　　这些主题不同的学术研讨会,拓展了中韩朱子学研究的领域。而研讨会的圆满成功,既有利于两国学者相互借鉴理论成果,又增进了双方的传统友谊。而且双方广泛的交流合作，已经成为中韩之间文化交流的重要内容，对加深两国人民之间的理解、沟通、合作和友谊，也是大有裨益的。

这里应该说明的是，我们只是把每次会议参与交流的论文汇集到本书中，而在每次研讨会上，双方学者坦诚而热烈的讨论和争论，未能体现出来。特别是由于翻译的难度较大，编辑的时间紧迫，书中不可避免地存在一些错漏和不足。这很有些遗憾，但只能祈求得到读者的谅解。当然，我们还是真诚地希望本书的出版能为读者提供一些有益的启示，也欢迎有兴趣的读者参与中韩朱子学的讨论，以推动东亚朱子学研究的不断深入发展。

目　　录

朱子、退溪与礼学(2015 年)

朱子、退溪与乡村文化建设(2016 年)

朱子学、退溪学与现代性研究(2017 年)

朱子学、退溪学与修养论(2018 年)

中日韩地区文化遗产的整理与保护(2019年)

朱子、退溪与礼学

（2015年）

《朱子家礼》在韩国的传播与发展

◎ 张品端

在朱子的礼学著述当中，以文本形式而论，以详尽简略而分，除了《仪礼经传通解》之外，就是《家礼》，后人称之为《朱子家礼》。它是在"古礼繁缛，后人于礼日益疏略，然居今而欲行古礼，亦恐情文不相称"①的情况下，朱熹为推行人伦风教的需要而撰写的一部通俗礼学书。其主要内容是冠、婚、丧、祭等家庭礼仪与其他家常日用的有关行为规范。

《朱子家礼》问世后，出现了许多注本、传本，对宋元以降中国社会的伦理道德、风俗习惯及生活方式都产生巨大影响。不仅如此，《朱子家礼》还曾传播到东亚的韩国、日本、越南等国家，对其都产生了不同程度的影响。本文仅就《朱子家礼》在韩国的流传和对韩国礼学发展的影响做一探讨，以期引起对此进行深入研究。

一、《朱子家礼》的编撰及其主要内容

中国古代礼制的奠基时代是周代，但周时礼不下庶人。从南北朝到隋唐，知识界都比较重视家庭的礼仪规范，体现之一就是私家仪注大量出现。这些仪注中，除书信格式之外，每每有家庭礼仪程式。《新唐书·穆宁传》提到穆宁"居家严，事寡姊甚恭，尝撰《家令》，训诸子，人一通"。但这一时期的仪注，内容都比较简略，大多属于个人行为。到了宋代，家庭礼仪开始向社会行为方面发展。北宋最早制定私家礼仪规范的学者有二程和张载等，如《宋

---

① 黎靖德编：《朱子语类》卷八四，北京：中华书局，1986 年，第 2177 页。

史·张载传》载:"其家昏丧葬祭,率用先王之意,而傅以今礼。"他们在家庭中实施古代的儒家礼仪,以表明自己的文化立场,可惜其礼仪不成体系,也没有成书。最早编撰成书的家庭礼仪,是司马光的《书仪》。司马氏《书仪》的最大贡献在于,对繁琐的古代礼仪进行了大刀阔斧的删减。他以《仪礼》为本,芟芜存要,从中选择冠、婚、丧、祭四礼作为家庭基本礼仪,同时参酌宋代习俗。既能存古礼之大要,又能与时俱变,极有识见,后世家礼的格局无不仿此。

作为南宋家礼庶民化的标志性成果的《朱子家礼》的修撰,正是以北宋家礼的发展演进为基础的。朱熹在司马光《书仪》的基础上,参考诸家之说,裁订增损,"使览之者得提其要以及其详,而不惮其难行之者。虽贫且贱,亦得以具其大节,略其繁文,而不失其本意也"①,撰写一部可以下于庶人的家庭礼仪。乾道五年(1169年)九月,朱子母亲祝氏夫人去世。他丁母忧时,潜心研究丧礼,并编撰《家礼》(五卷)。朱子的季子朱在《跋仪礼经传通解目录》说:"先君所著《家礼》五卷、《乡礼》三卷、《学礼》十一卷、《邦国礼》四卷、《王朝礼》十四卷,今刊于南康道院。"②

《朱子家礼》一共有五卷。卷一为"通礼",说祠堂、深衣之制,后附《司马氏居家杂仪》;卷二为"冠礼";卷三为"昏礼";卷四为"丧礼";卷五为"祭礼"。另有"附录"一卷。这部《家礼》以《书仪》为底本,再加删削,又离析仪文,分别节次,文字简洁,大纲明了。全书在列出各种涉及家族生活的规范仪节之外,更集中体现出朱子所认同和倡导的道德价值观,透露朱子以礼仪规范来匡正世俗,也就是化礼为俗所做的一种努力。

在《朱子家礼》卷一中收录了《司马氏居家杂仪》和《颜氏家训》的内容,是经过细致整理以适应当时家族生活的礼仪规范集成。其中对家长、子女、仆妾的行为均有规范,还有关于子女早期教育等内容。卷二到卷五,依次列出冠婚丧祭四礼的仪节程序。这些仪节程序多取自《仪礼》、《礼记》等礼经而简约之,与司马光《书仪》的相应部分或有异同。但匡正风俗则是其最基本的宗旨。《朱子家礼》还强调,对于冠婚丧祭世俗变化,不能一味地迁就,不当行者,皆以礼为规范。以婚礼而言,《朱子家礼》有不少内容就集中体现出对世俗婚姻价值观的批评。还有对一些对待婚姻的世俗做法,如指腹婚、娃娃亲等不良婚俗,朱子在《家礼》中也给予尖锐的批评。这无疑也是朱子为稳定和

① 朱熹:《跋三家礼范》,《晦庵朱文公文集》卷八三。
② 《仪礼经传通解》条下引,朱彝尊《经义考》卷一三二,丛书集成初编本。

谐的婚姻与家族生活的主张。以丧礼而论，自佛教流传日盛以来，在当时有不少丧俗受佛家影响，以做佛事，设道场来办理丧事，深受重视传统儒家礼仪的人士反对。因此，《朱子家礼》卷四《丧礼》有"不作佛事"一条，并进一步称引司马光的议论，以显其意旨。

《朱子家礼》改变了儒家礼经旧文仪节繁缛的贵族面孔，成为充分考量庶民婚丧嫁娶、日常居家生活的一部"庶民之礼"，因而它备受后人的欢迎。加之朱门弟子的大力刊印和注释，很快便在社会上广泛传布开来。嘉定九年（2016年），朱熹门人黄榦为该书作了《书家礼后》，另一弟子杨复为之作了《家礼附注》等。历代学者对其文本予以补充者也有不少。如元代有刘垓孙的《家礼增注》、刘璋的《家礼注》，明代有邱濬的《家礼仪节》、韩承祚的《明四礼集说》，清代有王复礼的《家礼辨定》、毛奇龄的《家礼辨说》和郭嵩焘的《订正家礼》等。此外，还有各种插图本、汇辑本，如元代的《纂图集注文公礼》，明代的《文公先生家礼》等。明朝政府将《家礼》编入《性理大全》，与《五经四书集注》并颁之天下，为后世学者所讲说尊尚。

在元明清三代，朱子《家礼》的影响力经久不衰，体现出甚为适宜这一时期家族式生活所需要的礼仪规范依据，从而受到广泛而普遍的遵行和效法。在元代，一方面是朝廷在法律上对《朱子家礼》的认可。如元代法律在规定婚姻礼制时，就涉及遵行《朱子家礼》的问题。《通制条格》卷三记载："至元八年九月，尚书省礼部呈：……据汉儿人旧来体例，照得朱文公《家礼》内《婚礼》，酌古准今，拟到各项事理。"①另一方面，则体现在当时具体的家族生活中，对于《朱子家礼》的采用。如著名的起自南宋初年的婺浦江义门郑氏家族，到郑大和时，其家已是十多世同居，极为重视规矩礼仪，对《朱子家礼》至为效法。《元史》中有记载说："大和方正，不奉浮屠、老子教，冠昏丧葬，必稽朱熹《家礼》而行。"②

在明代，《朱子家礼》也是一样，在得到朝廷官方认可的同时，又深得士庶之家的遵行。如《明史》有记载说："永乐中，颁《文公家礼》于天下。"③明成化间，陈献章弟子丁积为新会知县，"为政以风化为本，申洪武礼制，参以《朱子

---

① 《元典章·礼部》，《通制条格》卷三。
② 《元史》卷一九七，《列传》第八四。
③ 《明史》卷四七，《礼志一》。

家礼》,择耆老诲导百姓"①等。

到了清代,《朱子家礼》在现实生活中的影响力依然不减。如康熙皇帝对《朱子家礼》表示认同的同时,对民间有不遵行者深感不解。康熙二十八年(1689年)二月十六日上谕曰:"……朕观《朱文公家礼》,丧礼不作佛事。今民间一有丧事便延集僧道,超度炼化,岂是正理?"②清初思想家颜元为父居,守朱氏《家礼》唯谨。又如"新安各族聚姓而居,绝无一杂姓搀入者。其风最为近古。出入齿让,姓各有宗祠统之。岁时伏腊,一姓村中千丁皆集,祭用《文公家礼》,彬彬合度"。③

二、《朱子家礼》在朝鲜的流传

《朱子家礼》于南宋末就已传入朝鲜半岛。南宋嘉定十七年(1224年),原任浙江乌程县令的翰林院学士朱潜东渡高丽,在所住之地的全罗道的锦城推行朱子家礼。应该说,这时《朱子家礼》就开始流传高丽民间了。但这必竟只是一种民间流传,还不能对整个高丽民族的文化、习俗产生重大影响。《朱子家礼》在高丽的传播主要靠官方学者的推动。

半个世纪后,高丽官方学者安珦及其弟子白颐正、李齐贤、权溥、禹倬、李穑、郑梦周、郑道传等在高丽传播朱子学,使朱子学在高丽得到进一步发展。这时传播朱子学的最大特点之一是为了自己的存在开辟道路。当时,佛教是高丽的建国理念,极盛行,对佛教之外的一切学派,教门视为异己而加以排斥。朱子学在高丽的传播和发展,首先面临的问题是在社会上争得立足之地。在此背景下,早期高丽朱子学者们不仅在理论上极力揭露佛教的危害性和虚伪性,同时还以《朱子家礼》易既往千年间流通之佛教的生活仪式。如李穑极力辟佛,认为渎僧之秕政,为亡国的原因之一,僧徒不修行而妄说祸福,诱引良民,广占田庄。丧失宗教之真面目。他进谏高丽朝廷,革除护国祈福中心的崇佛之弊端,施行朱子家礼,崇尚朱子学。郑梦周立庙,践履三年丧,树立宗法。《高丽史》云:"时俗丧祭,专尚乘门法,梦周始令士庶仿《朱子家

---

① 《明史》卷二八一,《循吏传》。

② 《康熙起居注》,康熙二十八年(1689年)二月十六日,第二册,第1837页。

③ 清康熙《徽州府志》卷一,《风俗》。

礼》,立家庙,奉先礼。"①他用朱子家礼行冠婚丧祭.以取代佛教的仪式。在一大批高丽官方学者的倡导下,朱子家礼在高丽末得以较广泛的流传。恭让王二年(1390 年),"行礼仪式一依朱文公家礼,随宜损益"②,高丽政府已把它作为大夫士庶人的家礼。其后,一般家庭的礼制便都以文公家礼为标准。

1392 年,高丽朝重臣李成桂(李太祖),在社会改革派理论家赵浚、郑道传等人支持下,废高丽恭让王,建立朝鲜李朝。李朝试图以儒学(主要是朱子学)作为国家和社会的意识形态,以朱子家礼为行礼之仪则,除去佛教之淫祀,以此立新王朝之规。这对朱子礼学思想的传播无疑是起了催化剂的作用。建国初,李太祖就提出:"冠婚丧祭,国之大法。仰礼曹详究经典,参酌古今,定为著令,以厚人伦,以正风俗。"这是在开国后十天(即 1392 年 7 月 28 日发表,太祖即位于 7 月 17 日)。太祖颁布的敕书中包含的内容,以后成为朝鲜礼典的基本精神。太祖三年,郑道传向太祖推荐编写宪章法典,即《朝鲜经国典》。经太宗、世宗两代君主的修定,在成宗二年(1471 年),朝鲜第一部集国家政治法典之大成的《经国大典》问世。《经国大典》主要参照中国法典、朱子家礼,规定了李朝的社会制度、伦理道德,规定了国朝五礼仪:吉、凶、军、宾、嘉,规定了民间礼仪:冠、婚、丧、祭。

16 世纪 20 年代,赵光祖、金安国等新进士林,积极倡导自治主义,欲以《朱子家礼》革新社会礼俗,以小学之理念为社会化。据《李朝实录》(中宗大王十三年十一月)载,金安国上书曰:"臣到北京,自念圣上留心性理之学,士大夫亦知方向,思得濂、洛诸儒全书及其他格言至谕,以资讲习。……所谓《语孟或问》者,朱子所作……此帙尚不来,故购求,须广印。……所谓《家礼仪节》者,皇朝大儒丘濬所删定也。文义之脱略,补而备之,及《朱子家礼》之羽翼也。亦印颁而使人讲行为当。"丘濬(1421—1495 年)为明代琼州府琼山县人,曾任明宪宗经筵侍讲,国子监祭酒、礼部右侍郎。《家礼仪节》是丘濬注释《朱子家礼》的一部礼学著作(收录明朝编的《性理大全》卷四)。该书"取世传《朱子家礼》而损益以当时之制。每章之末,又附以余注及考证"③。在元明两朝传述《朱子家礼》的各类著作中,《家礼仪节》在朝鲜流传最广,影响最大。

值得一提的是,新进士林主持政界不久,就遭到守旧势力的反对,挫折自

---

① 郑麟趾:《高丽史》卷三,《列传》。
② 郑麟趾:《高丽史》卷六三,《大夫士庶人祭礼》。
③ 《四库全书总目》卷二五,《家礼仪节》提要。

治主义(己卯士祸,1519 年)。政变后,新士林一批学者转入对朱子礼学思想的研究,于是推动了朝鲜礼学理论的发展。

三、《朱子家礼》与朝鲜礼学的发展

朝鲜李朝是朝鲜礼学繁荣时期。这时期,朝鲜朱子学者撰写了大量礼学著作,推动了礼学的发展。权近是李朝初期朱子学代表之一。在老师李穑的指导下,权近开始对中国礼学进行研究。他历经 14 年之久,竭尽心血完成的《五经浅见录》中的《礼记浅见录》(11 册),是一部校正礼记集注的礼学巨著,可谓穷其学问之境。其门人许稠、郑陟等,具有礼学之造诣,曾参加李朝《国朝五礼仪》的编纂。礼学之学问化,自权近始。金麟厚(1510—1560 年)曾著《孝经刊误跋文》、《大学衍义跋文》与《家礼考误》。《家礼考误》摘家礼上误字,示解释上差异,为《朱子家礼》传来以后最初之注释书。李彦迪是朝鲜儒学发展史上一位重要人物。他著《奉先杂仪》,本于《朱子家礼》,又参以司马光之书仪和二程(程颢、程颐)所订之祭礼,添加本国时俗之宜,形成一套祭祀先祖和有关祠堂的仪制、规则。后来,李退溪著《丧祭礼问答》,李栗谷著《祭礼仪》,都以《奉先杂仪》为蓝本。

朱子学自南宋传入高丽,经过二百多年的吸收消化,产生了朝鲜朱子学集大成的体系,其代表人物为李退溪与李栗谷。随着退溪学和栗谷学两大学派的出现,朝鲜礼学亦分为岭南礼学与畿湖礼学。[①] 金麟厚遵守朱子家礼,为畿湖礼学之先驱者;李彦迪折衷朱子家礼与时宜,为岭南礼学之先驱者。

岭南礼学学者李退溪,49 岁辞官隐居庆尚道安东之陶山,潜心精研《朱子全书》和朱熹书信,于 56 岁辑成《朱子书节要》一四卷。是书对朝鲜、日本朱子学影响极大。其礼学思想是:追求人情与义理之调和,折中时王之制与礼制。其行礼上,尊重其效用性,兼矫正丧制之弊。其礼学著作有《丧祭礼问答》。李退溪后,岭南礼学者还有郑逑、许穆和李瀷等。郑逑为李退溪门人,著有《五先生礼学类纂》、《礼记丧礼分类》、《家礼辑览补注》、《五服沿革图》和《深衣制度》。其中《五先生礼学类纂》集成五先生(二程、涑水、横渠、晦庵)之

---

① 李退溪主"理气互发"说,认为"四端理之发,故无不善。七情气之发,故有善恶";李栗谷主"气发理乘一途"说,认为"四端七情皆发于理气,没有理善气恶之别"。由于退溪与栗谷学术见解不同,便形成了两个不同学派。

礼学,包括典礼与家礼,克服《朱子家礼》之行用中心性,探求于诸说之本源,致力于礼学之学问化。许穆之礼学,在于树立以君权为中心之礼乐论,以此克服当时政治社会的危机。他著《经礼类纂》五卷,撰述丧、祭礼一百余项。李瀷之礼学特点是经世致用。他著有《家礼疾书》六卷。岭南礼学具有礼学的现实性和开放性。

畿湖礼学学者李珥,是栗谷学派的开创者。他服膺朱子学,且善以己意表述性理说,多所创获。因其早卒,他未能集畿湖礼学之大成。他著有《击蒙要诀》和《祭礼仪》存世。宋翼弼(字龟峰,1534—1599年)是畿湖礼学启道者,他著有《家礼注说》、《礼问答》两书。前者为朝鲜早期《朱子家礼》注释书,并致力于礼学之理论化;后者是疑礼问答书,它起到了提示畿湖礼学之方向作用。其学统传承金长生。金长生曾师从宋翼弼和李栗谷。其学问广博,尤精礼学,礼学著作有《家礼辑览》、《疑礼问解》、《丧礼备要》、《典礼问答》。这四本书具备正、变、曲三礼之说。金长生著《家礼辑览》之目的欲克服家礼之时差与地域的差异性,在于切合人家日用之需,故对俗制也间有采择。此书完稿于1599年,初刊于1685年。《丧礼备要》则以风俗与国制折中于家礼,为行礼之根柢,其后数百年间遵守不已。《疑礼问解》的内容是金长生平日答门人之问,和与朋友关于礼学的往复问答。金长生之子金集,承家学,长于礼。其门人受业,以礼为先,常谓礼者制人欲存天理之法则。从游门人,无不通晓冠婚丧祭之礼。他著有《疑礼问解续》一卷。金氏父子礼学造诣很深,尤有功于朝鲜礼学。金长生之学统传于宋时烈、宋浚吉、俞乐和李惟泰等。这里就不一一具述。

退溪、栗谷之后,朝鲜礼学有很大发展,礼学著作大量出版。据汉城大学奎章阁图书馆所藏韩国本《综合目录礼类》记载有:曹好益《家礼考证》七卷,郑经世《丧礼参考》,宋时烈《经礼问答》,赵镇球《家礼证外》六卷,李宣朝《家礼增解》一四卷、《三礼仪》三卷、附《改葬仪》一卷,朴世采《南溪先生礼说》二〇卷,俞棨《家礼源流》一四卷、《续录》二卷,许穆《经礼类纂》五卷,林胤源《近斋礼说》八卷,尹拯《明斋先生疑礼问答》八卷,李瀷《家礼疾书》六卷,田愚《艮斋先生礼说》六卷,金景游《四礼正变》一四卷,李震相《四礼辑要》一六卷,李赫《四礼说》八卷,李滓《四礼便览》八卷,金在鲁《礼记补注》三〇卷,丁若镛《丧礼四笺》二〇卷、《丧礼外编》六卷、《丧礼节要》六卷,许传《士仪》二五卷,朴建中《丧礼备要补》二〇卷,金在洪《常变祝辞类辑》六卷,柳长源《常变礼通考》三六卷,崔锡鼎《礼记类编》一八卷,南道振《礼书札记》二六卷,林圣源《礼疑类辑》二四卷,韩文纯《仪礼经传通解补》一〇卷。此外,还有《朝鲜儒学史》等书收录的,散藏于韩国其他各地图书馆及民间者,就更多了。从以上所列,可见朝鲜礼学发达之一斑。

朝鲜礼学具有自己独有的特点:(一)《朱子家礼》首先是用于取代佛教生活仪式而受到重视,后来发展成作为规范社会行为方式。(二)以《朱子家礼》为本,吸取司马光和二程等其他礼学著作的一些内容,并参考本国时俗,融会贯通。(三)通过对《朱子家礼》的注释和阐发,意在切于实用。(四)朝鲜礼学受性理学之影响较深。退溪、栗谷之后,分为岭南、畿湖两大礼学派别。岭南礼学追求人情与义理之调和,并重视其效用性,具有现实性和开放性;畿湖礼学以家礼为教育与行礼之本,以风俗与国制折中于家礼,并重视礼学的理论化。可见朝鲜礼学是中国礼学,尤其是朱熹礼学的一种移植。

此外,《朱子家礼》对朝鲜社会影响亦很大,朝鲜社会以礼为文化发展的基础。成均馆的大成殿每年春、秋都要举行祭孔的释奠礼,帝王要亲自祭奠。馆生则每月初一冠带参拜孔子。读书以四书、五经、诸史为主,不准读老庄佛经杂流百家子集,违者罚。成均馆除举行释奠礼外,还要从事其他的教化工作。通过教化,确立社会秩序和礼仪风俗。就书院而言,李退溪《伊山院规》明确规定:"以四书五经为本原,以小学家礼为门户。"这里所说的家礼即指朱子家礼。今韩人重礼,成为"礼仪之邦",这与《朱子家礼》在朝鲜的流传和发展有着渊源关系。

(作者单位:武夷学院朱子学研究中心)

朱熹礼学思想的历史影响论略

◎ 谢晓东

在历史上，礼的嬗变经历了两次比较明显的螺旋式运动。第一次由西周、春秋战国经秦到汉、唐，第二次由宋经元、明到清，两次轨迹都是由盛到衰再到复兴。其中宋代（礼学）是中国封建社会（礼学）承上启下的转型时期。[①]而朱熹的礼学思想无疑是对这一次礼的嬗变思潮的总结，它对中国文化史、哲学史，以及经学史等都产生了一定的积极影响。朱熹的礼学思想主要体现在日常对传统礼乐的诠释、修订与切身实践中，同时也散见于他关于《诗经》《易经》《尚书》等诸经的论析。不过，其历史影响力则主要是通过他所编定的《家礼》和《仪礼经传通解》这两种极负盛名的礼学文献所流布发散出来的。

一、《家礼》的历史影响

朱熹强调说："三代之际，礼经备矣。然其存于今者，宫庐器服之制、出入起居之节皆已不宜于世。"[②]故此他在司马光的《书仪》基础上增删审订，将士庶通礼在内容和形式方面均做了完善。《家礼》体例完备清晰，分为通礼、冠礼、婚礼、丧礼、祭礼五个部分，是一部具有较强操作性，可供广大士庶民众参考施行的重要家庭礼制，同时也可以作为乡规族约的蓝本。

由于朱熹认为古礼"繁碎不便"，已不适用于今，所以坚持主张传统礼制

---

① 张自慧：《礼文化的价值与反思》，上海：学林出版社，2008 年，第 69 页。
② 朱熹：《家礼》，《朱子全书》第 7 册，上海：上海古籍出版社，合肥：安徽教育出版社，2002 年，第 873 页。

需有个因时顺势而大胆革新的"简便易行的道理"。在制定《家礼》时,他便合并简化原《仪礼》之婚礼中的"六礼"为"三礼":纳采、纳币、亲迎,在丧、祭礼中也省去了与士庶民众财力和社会风俗不相吻合的诸多繁文缛节,并注意在文字表达上力求简洁易懂,等等。这些都为《家礼》的广泛传播起到了较为关键的作用。而且,朱熹在《家礼》的制定中,也十分注意博采众长,力求礼制的完善,便于施行。如明代学者魏堂就曾认为《家礼》中"冠礼则多取司马氏,婚礼则参诸司马氏、程氏,丧礼本之司马氏,及论祔迁则取横渠……祭礼兼用司马氏、程氏……节祠则以韩魏公所行者为法。"[①]由于内容较之先前的诸多礼制更为完备简便,易懂易行,所以在朱熹去世后不久,《家礼》即很快在社会上流传开来,成为广大士庶民众治家教子的"宝典"。随后的千余年时间里,它对于中国的宗法制度、伦理风尚乃至民族性格等都产生了较为深远的影响,有力地维护了封建宗法社会的稳定。

杨志刚指出:"《家礼》为后世效法,成为家族生活的指导思想和家族组织在理论上的最高权威。《家礼》最富建设性的内容,是关于祠堂的设计。"[②]朱熹自己也在《家礼》第一卷《通礼》中论及"祠堂"时说:

> 此章本合在《祭礼》篇,今以报本返始之心,尊祖敬宗之意,实有家名分之守,所以开业传世之本也。故特著此冠于篇端,使览者知所以先立夫其大者,而凡后篇所以周旋升降、出入向背之曲折,亦有所据以考焉。然古之庙制不见于经,且今士庶人之贱亦有所不得为者,故特以祠堂名之,而其制亦多用俗礼云。[③]

祠堂制度直接源于司马光《书仪》中"敬宗收族"的影堂制度,[④]朱熹以其代表着"报本返始"、"尊祖敬宗"的重要宗法伦理观念,将祠堂制度视为家礼之"大者",故此立为首篇以开宗明义。从南宋往后,世家大族关于家礼、族规的制定与施行从不曾间断过,其中对朱熹的《家礼》,特别是其祠堂制度的继承与发展更是一以贯之的。如宋元时期,徽州地区的民众对《家礼》就十分崇仰,形容它"炳如日星",将它作为了宗族治理与教化的根本依据。他们"遵行

---

① (明)魏堂:《文公家礼会成·序》,李存中、来端蒙等于明嘉靖三十六年(1557年)刻本。

② 杨志刚:《〈司马氏书仪〉与〈朱子家礼〉研究》,《浙江学刊》1993年第1期。

③ 朱熹:《家礼》,《朱子全书》第7册,上海:上海古籍出版社,合肥:安徽教育出版社,2002年,第875页。

④ 杨志刚:《〈司马氏书仪〉与〈朱子家礼〉研究》,《浙江学刊》1993年第1期。

《家礼》,率以为常",一切行动均"非敢于《家礼》有所损益也"。①而明代则正式将朱熹的《家礼》纳入了国家礼制,以法定形式向全国推广。如学者汪循就指出:"我圣明治教休美,其颁制示则,每以《家礼》为准,宜乎声教溢乎四海,而家置一庙矣。"②可见朱熹《家礼》在明代已完全成为官方和民间共同尊奉的礼制,得到了极大的普及。到了清代,清初统治者面对历经战乱之后礼法制度衰颓及民众礼法意识淡薄的境况,为了有力地强化宗法专制制度,决定重振传统宗法礼制,要求各地方宗族兴修祠堂,置办族产,设立学校,纂修族谱,儒家的宗法伦理观在这一系列措施中得到了更进一步的巩固。③

朱熹《家礼》之所以能够在后世产生如此大的影响力,和其中所蕴含的朱熹礼学伦理观念是有着根本联系的。《朱子全书》的点校者就曾明确指出:"《家礼》一书,可以说是朱熹在礼学方面影响范围最广、接受人群最多的著作。"并对《家礼》的宗法性及其社会功能做了进一步的阐释,认为"朱熹撰述《家礼》是以封建的宗法理念为核心的,而其礼仪形式,也正是为贯彻和推行宗法制度服务的。朱熹站在理学家的立场,标榜这种制度的建立乃'天理之自然'。因此,它在社会家庭间的运行是非人力所能改变的,同时也是每个家庭成员所必需无条件服从和遵守的。以此来统一每个封建家庭和家族的操作标准和行为准则,就可以进而统驭整个国家的社会秩序,使其全部纳入'天理'的轨道。"④由此可知,完备的封建宗法伦理体系和充分的可操作性,正是朱熹《家礼》得到官方和民间的广泛重视与大力推广的根本原因。而"天理"观念的演绎阐发及其与礼乐制度的紧密结合,则为《家礼》提供了有效的哲学依据。

伴随着《家礼》的普及应用,朱熹的相关礼学与伦理思想也逐渐深入人心,在人们的社会生活与思想文化层面均产生了广泛影响。不过,相比之下,朱熹《家礼》在后世中国的社会影响似乎反不如它在韩国、日本等周边国家和地区深远。韩国学者卢仁淑就认为:"《文公家礼》之流传,在中国所发生之影响,实未若韩国之深远。是书于韩国视若圣经,奉为圭臬(见稻叶岩吉《丽末鲜初家礼传来及其意义》)。韩国李朝之士大夫始终墨守此书,根据书中之礼

———————————

① (明)休宁:《茗洲吴氏家典》,转引自赵华富:《关于徽州宗族制度的三个问题》,《安徽史学》2003年第2期。

② (明)汪循:《汪仁峰文集》卷一五,济南:齐鲁书社四库全书存目本。

③ 张自慧:《礼文化的价值与反思》,上海:学林出版社,2008年,第72~73页。

④ 王燕均、王光照:《点校说明》,《朱子全书》第7册,第857页。

仪,以为日常生活之规范。由于普受韩国朝野之重视,当时学术界关于家礼之研究亦风行一时,导致礼学派之形成与发展,遂成显学。"①尤其是在经历近代中国社会的剧烈变革之后,朱熹的《家礼》更是被一些人视为封建宗法思想的毒瘤,似乎必欲除之而后快,将其中的珠玉和泥沙一并扔进了历史的垃圾箱。这在今天看来,于文化传承等方面不能不说是一种遗憾,对朱熹礼学思想在近现代的继承与发展也产生了一定的负面影响。

二、《仪礼经传通解》的历史影响

关于朱熹礼学的基本内容及特点,若简单概括起来,则诚如蔡方鹿所指出:"质言之,朱熹的《礼》学以《仪礼》为经,以《礼记》为传,以《周礼》为纲领。把《仪礼》作为整个《礼》学的基础,在这个基础上发明义理,经传既相分,又相合。在经传的本末、事理关系上,体现了其经学逻辑与理学逻辑的出入。朱熹以《周礼》为纲领,既强调'礼,时为大',变革其流弊,随时变通,以适应社会发展的需要。又主张因与时相结合,不以其流弊而否定《周礼》,对于三纲五常等礼之大本大原,则须护持而不可变。在维护纲常不变的前提下,又主张贯彻简易疏通,易知易晓的原则,目的是以礼来治国立教,体现了儒家的礼治精神,亦是朱熹治经为现实服务思想的体现。"②而《仪礼经传通解》乃朱熹在礼经学方面的学术代表作,朱熹的上述礼学观念在其中得到了完整的体现。和《家礼》比较起来,《仪礼经传通解》的内容更为详尽,也更富于学术价值,对当时和后世礼经学在学术层面的发展产生了很大影响。同时,《仪礼经传通解》亦体现出了儒家一贯的经世致用精神,对于统治者政治伦理观念的确立和强化也发挥了较重要的作用。

首先,在礼书的编订方法及礼经学的诠释学意义方面,朱熹的《仪礼经传通解》对后世经学有着较为重要的借鉴价值。由于元明时期礼经学不甚发达,对于朱熹在《仪礼经传通解》中所展现出来的礼经学成就的继承、辨析与发展并没有太多建树。换言之,朱熹的礼经学的学术价值和意义尚没能得到完整的体现。到了清代,随着汉、宋学之争和清代礼经学的大力发展,朱熹的《仪礼经传通解》的学术地位被较充分地重视起来。如江永的《礼书纲目序》

---

① (韩)卢仁淑:《朱子家礼与韩国之礼学》,北京:人民文学出版社,2000年,第100页。
② 蔡方鹿:《朱熹经学与中国经学》,北京:人民出版社,2004年,第460~461页。

评论《仪礼经传通解》说："其编类之法，因事而立篇目，分章以附传记，宏纲细目，于是粲然。秦汉而下未有此书也。"又如陈澧《东塾读书记》称朱熹的《仪礼经传通解》"大有功于《仪礼》"，并指出"自朱熹创此法，后来莫不由之矣"。[①]清代的几部礼学著作如徐乾学的《读礼通考》、江永的《礼书纲目》、秦惠田的《五礼通考》，"虽规模组织不能尽同于《通解》，而大体上则均由《通解》脱胎者也"。[②]由此可见，朱熹的《仪礼经传通解》在礼经学史上有着重要的地位。

其次，朱熹的《仪礼经传通解》和《家礼》中都有着较浓厚的经世致用精神。其《家礼》极为重视家庭及宗族伦理，主要关注的是家庭或宗族内的礼仪规范及教育，而《仪礼经传通解》则强调的是整个社会，上至天子朝廷，下至每一个庶民百姓都应当遵守的社会礼仪制度及其内蕴的哲学与伦理思想。因此，若从经世精神方面来看，后者显然比前者更能全面和深刻地体现朱熹经世济民的情怀与抱负。如清儒陆陇其所撰《四礼辑宜序》中说："儒者言礼，详则有朱子《仪礼经传通解》，约则有朱子《家礼》。是二书者，万世规矩准绳也，人道之纲纪备矣。"[③]又如近代学者刘锦藻所著《清朝续文献通考》指出：《仪礼经传通解》一书"范围乎国事民事者为最广，家有家礼，乡有乡礼，学有学礼。邦国之际，王朝之上，莫不有礼。通五礼之目，而仍类别为五，所以辨等差至严也，所以画权限至晰也。准诸《大学》之絜矩，其揆有若合符定。"[④]

由上可知，朱熹在礼经的编修过程以及平时关于礼学的讲论中，都融入了较为浓厚的经世意识，对后世儒学和经学不仅在诠释方法、研究范式等方面起到了较大程度的示范作用，而且也对进一步推动儒学与社会政治的紧密联系，强化学者的社会担当意识等产生了重要影响。

三、结　语

以上我们以《家礼》和《仪礼经传通解》为例简要分析了朱熹礼学思想的

---

① 王启发：《朱熹〈仪礼经传通解〉的编纂及其礼学价值》，http://www.historychina.net/cns/WSZL/XLXH/SSWH/sxh/2006—01—04。

② 王启发：《朱熹〈仪礼经传通解〉的编纂及其礼学价值》，http://www.historychina.net/cns/WSZL/XLXH/SSWH/sxh/2006—01—04。

③ （清）陆陇其：《四礼辑宜序》，《三鱼堂文集》卷八，《影印文渊阁四库全书》第 1325 册，台北：商务印书馆，1986 年，第 128 页。

④ （清）刘锦藻：《清朝续文献通考》卷一二二，《职官》，杭州：浙江古籍出版社，2000 年，第 8820 页。

历史影响。朱熹礼学思想形成于唐宋以来大胆疑经,追求义理创新的时代学术风尚,并融摄佛、老哲学,建构起了一套较为完善且颇具时代特色的礼学思想体系。究其本质,乃是宋代理学与礼经学相结合的产物。从中我们不难看出,朱熹的理学与礼学思想是相辅相成的:其礼学观的形成及基本性质等对于朱熹的理学思想体系有着十分重要的意义,譬如理学中"格物致知"的认识论、理欲观、性情论等都和其礼学思想有着极其紧密的联系。而朱熹的理学也为其礼学奠定了坚实的哲学基础,如他以理气论解释礼学中的祭祀原理、鬼神观念①等等。因此,从横向看,无论是在朱熹的哲学思想,还是有宋一代的理学与经学思想中,朱熹的礼学思想都占据着重要的地位,代表着那个时代最高的经学哲学水平。从纵向看,朱熹的礼学思想在礼学史,以及整个中国经学史和哲学史乃至社会思想史中,都起着承前启后的作用,具有举足轻重的历史地位。它作为从先秦发展到两宋的中国礼学思想的总结与升华的成果,吸纳凝缩了中国古代哲学与文化的精华。因此,对它展开深入研究,使其得到相对更为客观、理性的历史再现,就不仅有着重要的学术史意义,而且也具备了较充分的现代价值。

(作者单位:厦门大学人文学院哲学系)

---

① 冯兵:《理性与非理性之间:朱熹的鬼神观辨析》,《学术研究》2013 年第 2 期。

从《朱子家礼》对女性的规范看朱熹的女性观

◎ 刘佩芝

　　《朱子家礼》是南宋理学大家朱熹所著的一部流传海内外的影响极大的礼仪读本。其中对女性的规范主要从笄礼、婚礼、丧礼和祭礼中体现出来，从中反映出朱熹的女性观。作为女子首先要做到恪守妇德规范，男女有别、男尊女卑，女子要具备美德，要接受教育，具有文化素养等。在笄礼、婚礼、丧礼和祭礼中严格遵守自己的角色分工，不越礼不逾矩，从而起到稳定家庭、和谐社会的作用。

一、《朱子家礼》的基本内容及流传

　　《朱子家礼》是一部流传极广、影响极大的一部礼仪读本，后世刊刻的读本很多，《直斋书录解题》卷六、《宋史·艺文志三》等著录《朱子家礼》一卷。南宋嘉定四年（1121年）朱熹门人廖德明在广州刊刻《朱子家礼》，是已知的最早版本，仅有正文。后有杨复为此书作附注，于淳祐元年（1241年）刊刻于广州。此外还有闽本，为陈淳刻于临漳。以上版本均已失传，现在流传的《朱子家礼》比较明确的分卷系统主要有五卷本、七卷本、十卷本和不分卷本等。

　　本文采用五卷本系统的《朱子家礼》（国家图书馆所藏的宋刻钞配本为底本），由王燕均、王光照点校，上海古籍出版社、安徽教育出版社联合出版的朱杰人等主编《朱子全书》（修订本）第七册《朱子家礼》，特此说明。

　　《朱子家礼》是朱熹在礼学方面影响最广泛、接受人群最多的著作。关于此书的真伪早已有定论，此处不再赘述。朱熹撰述本书的主要目的是一封建宗法理念为核心，书中复返的礼仪形式也是为了贯彻和推行以宗法为主的，所谓"非嫡长子不敢祭其父皆是也。至于冠、婚、丧、祭,莫不是以宗法行其间云"。朱熹把家礼制度的建立看作是天理和社会发展的必然,是社会家庭必须无条件服从和遵守的守则,以此来统一每一个封建家庭和家族,进而控制整个国家的社会秩序,使其全部纳入其理学中天理的范畴。[①]

《朱子家礼》和朱熹所著的《仪礼经传通解》的不同之处,也是最大的优点,一是家礼不再是传统的贵族之礼,二是普通家庭的庶民之礼。这正是朱熹针对当时社会风气败坏,人们的思想行为全被佛道二教所控制,儒学被荒废的情况,从"礼不下庶人"改起,将用之于贵族之礼的礼仪世俗化和平民化,在民间广泛推行。朱熹根据司马光的《书仪》一书,编成《家礼》,文字更简洁,层次更为分明。共分五卷,卷一为通礼、祠堂、深衣制度、司马氏居家杂仪。卷二冠礼、告于祠堂、戒宾、陈冠服、三加、醮、字冠者、见尊长、礼宾等大节日。卷三为婚礼,则将六礼削去其三,仅存纳彩、纳币和迎亲三项。卷四丧礼,则将《书仪》的三十七节削至二十一节。卷五祭礼,改为六项。经过朱熹改造后的家礼,脱离了远离儒家礼经文义古奥、仪节繁缛的贵族面孔,成为当时最简明实用的百姓之礼,不仅在中国广泛流传,还传播到东南亚和韩国日本等国家。

《朱子家礼》体现在家常日用的各个环节中,第一章通礼是"有家日用之常礼,固不可一日而不修者"。通礼第一节为祠堂,朱熹之所以把祠堂作为篇首,是为了突出"报本反始之心,尊祖敬宗之意",体现了"实有家名分之守,所以开业传世之本"。第四节为司马氏居家杂仪,对司马光"居家杂仪"里的繁琐环节进行了简编和改造,以适应当时社会的需求。朱熹认为"此乃家居平日之事,所以正伦理、笃恩爱者,其本皆在于此,必能行此,然后其仪章度数有可观焉。不然,则节文虽具,而本实无取,句子所不贵也。故亦列于旨首,使览者知所先焉"。以下分述"家长"、"诸卑幼"、"为子为妇者"所必需遵行的各种规范及守则。其后又分述了"子事父母"、"妇事舅姑"、"卑幼与尊长"、"节序"之礼等。充分体现出"名分之守""理一分殊"的理学原则。

朱熹认为"冠婚丧祭仪章度数者,其文也"[②],作为家礼的表现形式,主要

---

① 朱子学刊编辑部:《朱子学与当代社会》(中国婺源朱子学国际学术研讨会论文集),合肥:黄山书社,2003 年,第 174~185 页。

② 朱熹:《家礼·序》,朱杰人等主编《朱子全书》第 7 册,上海:上海古籍出版社,合肥:安徽教育出版社,2002 年,第 873 页。

体现在冠、婚、丧、祭等重大典礼仪式中，这些仪式虽不像日常之常礼需要天天面对，但它确实是"所以纲纪人道之始终"的大事。在这些仪式之中，朱熹对女性是如何规范的，女性在这些仪式中起到了哪些作用呢？

二、《朱子家礼》对女性的规范

在《家礼》中，朱熹专门对女性做出了具体的规定，主要表现在以下三个方面：

（一）笄　礼

笄礼的内容比较简单，只有一页纸，主要是对女子成年礼的规定，十分宽松。"女子许嫁，笄，年十五岁"。即使没有许嫁，也可以行笄礼，由母亲担任主人，笄礼前三日戒宾，笄礼前一日宿宾。宾选择亲姻妇女中贤有礼者担任。行礼日期一般在女儿节农历三月初三日，这个礼节目前只在日本和韩国流行。

参礼人员有母亲、父亲、本人、赞礼一人：主持笄礼仪式，正宾一人，由主人选择德才兼备的女性师长为佳。赞者一人，充当正宾助手。摈者一人，主人的助手，布置场地，摆放席子，协助正宾盥洗。执事三人，总计 11 人。

为了使女子出嫁后能顺利操持家务，男女从出生开始就被赋予了不同的社会期望，女子自 7 岁起不与男子同席。男女从 10 岁开始，所受的教育内容截然不同，女子 10 岁起教以妇道，到结婚没有任何社交可言。所以一生都把男人看作是自己的天。

（二）婚　礼

婚礼部分是以《仪礼·士婚礼》为基本文献予以改造。朱熹精简了《仪礼》中的非常繁缛的程序，使程序变得简洁易行。为了适应当时的需要，增加了议婚和告于祠堂两大部分，并吸纳了民间婚俗中的铺房和言定等百姓喜闻乐见的内容。经过朱熹改造后的婚礼，主要程序只有七项。

议婚是朱熹新增的一道程序，它规定了男女婚姻的年龄：男子 16～30 岁，女子 14～20 岁，比《仪礼》所规定的男子三十而娶，女子二十而嫁大大提前。是为了"顺天地之理，合人情之宜"。也是为了遏制早婚现象。男婚女嫁必须通过媒人沟通，得到女方同意才能进入下个程序。在此朱熹提出了正确的婚嫁观：重视男女双方的品行而非财富："凡议婚姻，当先察其婿与妇之性行，及家法如何，勿苟慕其富贵。婿苟贤矣，今虽贫贱，安知异时不富贵乎？苟为不肖，今虽富贵，安知异时不贫贱乎？妇者，家之所有盛衰也，苟慕其一时之富贵而娶之，彼挟其富贵，鲜有不轻其夫而傲其舅姑。养成骄妒之性，异日为患，庸有极乎？"朱熹的这种观念，至今仍有现实意义。

纳彩礼是朱熹对当时民俗进行的改造。"纳其采择之礼，即今世俗所谓言定也"。增加男女双方家长交换婚书的内容和程序，增加了婚姻的庄重感和严肃性，具有今天婚礼中契约含义。并新增告于祠堂，男女双方家长都要将婚书带到各家祠堂向各自的祖宗报告，显示对祖辈的尊重和感恩，表达一个家庭或家族延续发展的责任与愿望。在"迎亲礼"和"妇见舅姑礼"中，朱熹也增设了这个程序。

纳币礼也叫纳征、下聘礼，朱熹曰："古礼有问名、纳吉，今不能尽用，止用纳采、纳币，以从简便。"

迎亲礼是婚礼中最重要最隆重的环节。这个环节的第一个程序是铺房，"前期一日，女氏使人张陈其婿之室"，为了防止炫耀财富互相攀比，规定只需铺设被子、毯子、帷帐等床上用品。其他物品如衣服饰品等一概锁在箱子中。

迎亲礼中保留了醮子礼和奠雁礼，这二者是对婚姻的承诺和期许，十分必要保留。醮子礼是男女双方父母对新婚子女的一段命词，女方父亲的命词强调了作为媳妇对男方家长的尊重，而母亲的命词则强调作为人气的闺门之礼。奠雁礼"取其顺阴阳往来之义"，"取其不再偶也"。朱熹用古礼突出婚姻中阴阳和顺忠贞专一的象征意义，可见其良苦用心。"妇见舅姑礼"、"庙见礼"、"婿见妇之父母礼"等程序朱熹都做了简化，使其具有简洁可操作性的特点。

（三）丧礼和祭礼

丧礼和祭礼是传统礼仪中的重要部分，是为了"慎终追远"，以庄重的仪式表达对亡者的悼念，寄托亲友的哀思。这部分中朱熹对女性的社会分工和角色安排，表达了朱熹规范社会行为的目的，男尊女卑、男女授受不亲等思想充分地表达出来。丧礼和祭礼中的女性在整个仪式过程中都是配合的角色，是以父、夫、子为标准和中心的，如此才会维护以父系继嗣为基础的社会秩序的稳定。① 首先是以父、以夫为中心的亲疏差序,在丧礼和祭礼中,父亲为至尊,为父服丧斩衰三年,母亲是至亲,所以服丧可以只服齐衰期。服丧之礼重视父族,轻视母族,以此减少母族对父族统治的干扰,维护父系继嗣体制的稳定。

丧礼中规定"男子不绝于妇人之手,妇人不绝于男子之手",由内御者来处理女性死者临终、沐浴等事。到了献祭时也分男尸和女尸,还通过使用器物的不同显示男女差别。当匠人来处理大殓事务时,妇人依然要回避,在位置和行动上都不得超越男子。对于主妇参加祭祀,与男主人在服饰上方位上、动作上也有不同要求,显示了男女的差别。这种差别还表现在女性内部的尊卑等级,比如妻与妾的尊卑区隔,家庭中依附于男性的社会等级命妇与普通妇女的区别。家礼中对女性的规范和之前的几部分内容相比,更多的是带有歧视的色彩,显示女性在家庭地位的低下。

三、从《朱子家礼》看朱熹的女性观

从以上的内容中我们不难看出,《朱子家礼》所表现出来的朱熹女性观包含着男尊女卑思想,因为他对女性的要求都是以家庭中女子的作用为标准的,只有符合他的标准的女性才是值得表扬肯定的。他的女性观主要是体现在以下几个方面,作为女子首先要做到恪守妇德规范,男女有别、男尊女卑,女子要具备美德,要接受教育,具有文化素养等。主要通过制定律法、接受教育、移风易俗等各种措施致力于加强对女性的规范。朱熹对女性的种种规范,多数学者认为是受了二程学说和儒学传统以及中国其他学说的影响。其实,它还与朱熹自身的经历也有关系,朱熹的婚姻属于典型的择婿婚,是指女方家庭主动选择男方为女婿的一种婚姻形式,或称"赘女婚"。正是朱熹自身特殊的婚姻经历,直接影响了他女性观的确立。朱熹对女性的规范中最重要的内容是男女有别和男尊女卑。

(一)女子应恪守妇德规范

第一,女性要贞静专一,知礼守节。朱熹认为女子婚前应贞静专一,婚后应知礼守节、恪守妇道。他认为恋爱中的女子或家庭中的妇女都应该有贞静

---

① 尤晓添:《丧礼中的女性》,《广西师范大学学报》2013年第2期,第54~60页。

专一的性格。《诗集传》多次对贞静专一的女子大加称赞。如《周南·汉广》有"汉有游女,不可求思"之句,其注云:"出游之女,人望见之,而知其端庄静一,非复前日之可求实。"女子端庄静一,男子就不敢对之动以邪念。其注《召南·鹊巢》:"其女子亦被后妃之化,而有专静纯一之德,故嫁于诸侯,而其家人美之曰:'维鹊有巢,则鸠来居之。'是以之子于归,而百两迎之也。"①因她有"专静纯一"之德,才有资格嫁于诸侯。在别的篇章中,朱熹也极力赞赏一些贞静守礼的女子。朱熹认为女性有欲望需求是淫必须去掉,才符合儒家所提倡的齐家治国平天下中的女正家正则家治国治天下平的观点,故而要求女性应该贞而宜其室家。

朱熹曾说过"昔伊川先生尝论此事,以为饿死事小,失节事大……"在朱熹看来,女子守节是天性人心不易之理,贞信则是天理之正对妇女提出的道德规范,所以女子要将贞节作为首要之德。

第二,女性要绝对服从丈夫,孝顺舅姑。朱熹认为"妻之有天,不容有二"。为维护孝道和忠诚于丈夫的宗旨,所有的儒家都宣扬女性应该服从丈夫,孝顺姑婆。朱熹同样将此作为女性的道德规范,他认为女性要服从丈夫,对待丈夫要忠贞,主张"生有定偶而不相乱",对丈夫要从一而终。《小学》引《大戴礼记》中孔子的著名论断:"孔子曰:'妇人伏于人也,是故无专制之义。有三从之道:在家从父,适人从夫,夫死从子。无所敢自遂也。'"还引《礼记》,把女性的服从比作"刚柔之义也……天先乎地,君先乎臣"。朱熹认为女子娘家尽管很尊贵,但嫁到夫家后,也只能以夫为尊。夫死后,受子所制。

朱熹认为女性的孝行之所以受到表彰,更多的是因为她们能够"事舅姑,如事父母"。朱熹写的墓志铭,不少地方提到这一点:"惟王氏妇自居家时,事亲孝,亲爱之。年十九而嫁,移所以事亲者事舅姑,舅姑亦爱之。""事姑罗恭人以孝谨闻,恭人爱之如己女。"朱熹还赞扬那些为保护她们的公公婆婆免于一难而不惜以自己的生命为代价的女子。朱熹还认为一个女性必须坚持不懈地侍奉其公婆,不管她是否爱她们或她们是否爱她。他撰写的墓志铭中多次描写了女性容忍公婆极端的要求而无怨言,如"舅姑年皆甚高,礼法峻整,诸妇少得当其意者。独夫人左右奉承,礼无违者。既进馈则又退屏侧立,踧踖以听,惟恐小不中度……虽在乱离颠沛乏绝之中,亦必多方营致,不使有纤芥不满之意"。

---

① 朱熹:《诗集传》,南京:凤凰出版社,2007年,第146页。

第三，女性要勤俭持家，敦睦家人。朱熹认为女性在家庭中起着重要作用，在家庭生活中，妻子的行事有着很大的主动性，她们是整个大家庭的管家。朱熹认为女性处理家庭的日常事务是她们的基本职责，女性要学会独立自主，生活要朴素、勤俭节约，治家要有方。朱熹认为女性应该有能力独立完成家庭事务，比如他认为女性要能完成妇功——穿衣、吃饭和一切与家务有关的事；女性还必须管理好家庭琐事，使收支平衡，他认为那些生活勤劳节俭不谋私利的女性值得赞扬；女性还要能保持家庭成员之间的和谐，特别是众多妻妾之间的和谐，在男子有三妻四妾的家庭中，女性的不妒忌是最重要的美德；女性要管理好仆人，订立严格的家规。

由此可见，朱熹认为女性要有贞节观，应恪守妇道、守礼法、懂孝道、温良敦厚、治家有方。

(二)男女有别，男尊女卑

朱熹认为"三纲五常，礼之大体，三代相继，皆因之而不能变"，他特别强调了夫妇关系不平等。"盖闻人之大伦，夫妇居一，三纲之首，理不可废""妇人内夫家，以嫁为归也；女子从人，以顺为正道也"。

第一，女子应重闺门之修，斥境外之志。朱熹认为"女子应重闺门之修，斥境外之志"，还应该"姆教婉娩听从"，不擅自行动，"唯酒食是议，而无遗父母之忧，则可矣"。他还将男女之别与善恶道德评判联系起来，并援引颜之推指出的女性参与朝政或家政的危险，"牝鸡而晨，则阴阳反常，是为妖孽，而家道索矣"。因此，"男子正位乎外，为国家之主，故有知则能立国。妇人以无非无仪为善，无所事哲，哲则适以覆国而已"。女性无是非便是最大的善，而哲妇便有倾城覆国的危险，男性应警惕着确保女性不闯入男性的领地。一尊一卑，一主一从，女子的地位可想而知。她们没有独立自主权，一般是处于依附地位，在家从父，出嫁从夫。

第二，强调"女主内，男主外"的内外有别。朱熹认为女性的基本职责就是处理家庭的日常事务，在家相夫教子，恪守妇道而不应出门求知。他眼中的女性形象大体未摆脱传统观念的藩篱，即孝顺的儿媳，贤惠的妻子，严慈的母亲。他认为仁、义、礼、智、信等都是男性的专利，男性可以不顾家庭事务，在外经商、远游等。朱熹不止一次赞扬那些远离家庭琐事忽视家庭，甚至忽视子女的教育的男人，如"周君为人宽和乐易，不以家人生产为事，太孺人佐以勤敏，持家俭而有法，训督诸子甚严"。

第三,女子要经常勉励丈夫,不应滞于宴昵之私。朱熹极为赞扬那些用相敬如宾来代替狎昵之私的女子,他认为女性的责任和义务就是时时警诫丈夫,而不能耽于玩乐。女性应该经常劝导丈夫,鼓励丈夫勤廉行政,多行善事。他认为就算是夫妻之间也只应产生适宜的感情,而不应滞于宴昵之私。① 他眼中的贤妻良女都是那种抛弃私情,恪守礼教,相夫教子之类。在她们的生活里毫无情爱狎昵之私,有的只是那些伦理道德和封建礼教。那些追求自由爱情的女子都受到朱熹的严厉评判。

朱熹认为男女有别是万物安的基础与前提,男女两性之间不能产生不适宜的感情,不然人会沦于禽兽。《白鹿洞书院揭示》也明确地把五伦列为"教之目",并将夫妇有别置于首位。朱熹将男女有别放在伦理最基础的位置上,其他的伦理道德都建立在男女有别之上,可见其重要了。男女有别就别在男女的地位和位置上,丈夫是妻子的天,"妻之有天,不容有二"。

(三)女性要具备美德风貌

对于女性美德风貌标准,朱熹主要有以下观点:

其一是重德抑色。朱熹认为女性之美,美在其德。在评判女子时,德远重于貌。在朱熹看来,容貌是不在考虑之列的,道德才是首要的标准。这里所说的德,是指封建社会所提倡的妇女必须遵守的三从四德,其中当然也包括妇女勤劳、贤惠、善良、忠贞、尊老爱幼等美德。

其二是不嫉妒。在封建社会,男子往往三妻四妾,所以要求女子不嫉妒,也是女性应具备的美德,也是为了维护家庭的和睦而对女子提出的道德要求。朱熹在《诗集传》中对不嫉妒的女子给予了赞美。如《周南·樛木》云:"后妃能逮下而无嫉妒之心,故众妾乐其德而称愿之。"又《周南·小星》言:"南国夫人能不妒忌以惠其下,故其众妾美之如此。"

其三是反对自由恋爱。朱熹认为那些自由恋爱的女子都是不能坚守贞信之节的女子,她们的行为违背了女性应遵守的伦理纲常。他认为自由恋爱破坏社会风气,主张男女结合要经过父母之命,媒妁之言。因此,朱熹把那些听从父母之命,媒妁之言,反对自由恋爱的女子也视为女性应有的美德风貌。

其四是树立典范。朱熹通过树立可供仿效的女性楷模来加强对女性的

---

① 朱杰人:《朱子家礼解读》,《历史文献研究》第 30 辑,上海:华东师范大学出版社,2014年,第 14～22 页。

规范,在朱熹为女性所作的墓志铭中可以发现一批女性典范。朱熹所标榜的女性楷模是用儒家的标准来衡量的,因此女子的品德必须具有儒家风范："为子孝,为妇顺,为妻正,为母慈。"朱熹几乎是用文学色彩很浓的笔调为这些女子作传,事迹生动,人物形象传神。墓志铭是一个对家族有重要贡献的人物的传记,在宗族中的影响很大。朱熹作女性墓志铭,其实是通过树立家族中的女性典范,让宗族中的女性学习仿效,并传之后世。

(四)女性要加强教育,具备文化素养

朱熹认为女子应该识字懂礼,才能教育子女,孝敬长辈,成为家庭和谐的纽带。故而十分关心女性的教育问题,主张用家庭对女子进行教育。

第一,女子要接受早期教育。朱熹认为女子在早期接受良好的家庭教育,特别是女功教育、道德教育具有重要意义,为女子能力的培养打下基础。女子早期,《小学》为女童提出了从十岁开始在家里学习女功技艺和学会顺从的课程。朱熹赞扬擅长女功的女子,并附和这些礼仪的规定:"于妇功不少懈,然不务为纂组华靡之习,所以谨嫌微,安贫约,又有人所难者";"治丝枲针缕皆过人。"同时,朱熹认为道德培养始于断文识字之前,适用于各个阶层,适用于男性,也适用于女性。① 在这种意义上,女性既是学生,又是老师。女性道德培养的第一要义与男性一样是明人伦,"先王之学以明人伦为本",而人伦中首先一种便是父母与孩子之伦。在朱熹看来,《孝经》《论语》以及《女诫》《家范》都是适用于女性教育的重要内容。

第二,女子的教育应该在家庭完成。我们知道在古代女子没有受学校教育的权利和机会。女孩子从会说话起,其言行举止,穿戴装束都有具体而严格的规定:从七岁起就不能与男子同席共食,以示男女授受不亲;十岁便有大门不出,二门不迈的限定。对她们的教育只能在家庭中进行,她们的教师只能是自己的亲人。这一点我们从朱熹的家庭教育中可看出:朱熹生有三男五女,他的儿子们都在家庭中完成了基础教育之后,采用"易子而教"的形式,被送往外地,师从著名学者。而女儿的教育则是由夫人刘清四来承担的。朱熹对女儿的教育在她母亲早逝而没有完成的情况下,希望他的女婿来接替进行,在家庭成员中完成。而如果在师资方面,主要是由家族中的女性来承担的话,那么女子要完成这样的重任,又势必要求她们自己有一定的文化素质,

---

① 彭华:《朱熹女性观探析》,《现代哲学》2011 年第 6 期,第 120～124 页。

所以朱熹笔下的女性典范,大都出生书香门第,受到良好的家庭文化教育,并且也有德行。

第三,女性应具备教育子女的能力。朱熹特别重视女性作为教育者所起的作用,认为女性应该具备教育子女的能力。《小学》序言之后的第一段便引自刘向《列女传》中关于胎教的重要性,认为女性作为母亲是孩子心中天道的最早培养者。"古者,妇人妊子,寝不侧,坐不边,立不跸,不食邪味,'割不正不食','席不正不坐',目不视邪色,耳不听淫声。夜则令瞽诵诗,道正事,如此则生子形容端正,才过人矣"。[①] 在朱熹为女性写的 14 篇墓志铭中,几乎每个女人都因她们给予其儿子的教导,尤其是给予他们日后取得成绩所必需的道德基础而受到颂扬。母亲对孩子成长的构造性作用受到了朱熹的高度认可。

四、《朱子家礼》在韩国的影响

家礼一书顺应了当时社会的需求,又因为仪式简约易行,很快在社会上广泛传播,成为当时以至后代百姓遵守的礼仪规范,宋元以来成为一般家庭和宗族供人的治家礼范。尤其是此书问世不久就传到了朝鲜和日本,并产生了很大的影响,特别是朝鲜。据韩国儒学史所述,高丽恭愍王三年(1353 年),侍中郑梦周尝"请令士庶仿朱子家礼立家庙,作神主,以奉先祀。后有著名学者文益渐、郑习仁、等身体力行,居父母之丧,全依朱子家礼而行。据高丽史,恭让王二年(1390 年)有行礼仪式,一依朱文公家礼随宜损益"的记载。[②] 可见朱子家礼早在高丽朝末叶,即与朱熹理学一起传入朝鲜,并在当地流传,成为政府至士大夫、庶人的标准礼式。李朝初期,太祖、世宗极力倡行朱子家礼,在士大夫和百姓中流行开来。政府还制定奖励措施执行朱子家礼的模范人物和家庭。李朝中叶以后,朱子家礼在全国百姓中广泛流行与实行,与韩国礼俗相融相契,其影响甚至超过了本土的中国,致使韩国儒士撰写了大量仿《朱子家礼》的礼学著作。这是《朱子家礼》在韩国传播并产生影响的一个

---

① 朱熹:《晦庵先生朱文公集》卷一〇〇,四部丛刊本,上海:商务印书馆,1929 年,第 13 页。

② 杨志刚:《〈朱子家礼〉在韩国的流传与影响》,《朱子学刊》1996 年第 1 期,第 232～246 页。

重要途径。主要的书籍有11种：

《奉先杂仪》二卷,李彦迪撰;《四礼训蒙》一卷,李恒福撰;《家礼辑览》一○卷,《图说》一卷,金长生撰;《家礼源流》一四卷,《续录》二卷,俞棨撰。《明斋先生疑礼问答》八卷,严整撰;《三礼仪》三卷附《改葬仪》一卷,朴世采撰;《南溪先生礼说》二○卷,朴世采撰;《家礼增解》一○卷,李宜朝撰;《四礼便览》八卷,李溱撰;《士仪》二一卷,附《别集》四卷,许传撰;《六礼疑辑》,其中《前集》一五卷,《后集》一二卷,《别集》六卷,不著编者名氏。

以上11种汉语韩籍,构成了韩国理学史的一个重要方面,通过对朱子家礼的注释和阐发,获得实用的效果,并且规范社会的行为方式。由此对于朱子家礼在韩国现代社会中的作用,主要体现在对家礼中婚丧嫁娶之礼的重视,以保持社会秩序的稳定,规范社会的发展。韩国始终坚持实行冠礼教育(成人礼),主要是培养年轻人的社会义务感和责任感。婚礼主要是通过简化了的朱子礼仪规范来强调爱情的纯洁性,进行家庭伦理教育。对朱子的丧礼制度简化采用,由此体现"慎终"的观念。在韩国,有很多由成均馆开展了以道德回归为主旨的教育活动,其中包括从《朱子家礼》中继承下来的礼仪教育,取得良好的效果。

在朱熹眼里,女子是家庭和社会和谐的组成部分,虽然地位很低,但是不可或缺。因此,他通过制定家礼,通过律法、制度、风俗、教育等措施来加强对女性的规范,推行其女性观。他的女性观对宋代及以后的女性,包括今天的女性都产生很大的影响。如朱熹"男主外,女主内"的内外有别,致使当今社会许多男性恪守着这种传统观念,对家庭生活不闻不问,完全看成是女性职责所在,与他无关,这种观念无疑是消极的,对女性的不公平。

朱熹通过宣扬其女性观,加强了对女性的规范,为女性树立了典范。在朱熹的笔下,女性必须具有儒家风范:"为子孝,为妇顺,为妻正,为母慈。"我们认为朱熹肯定妇女德重于貌,知礼守节,勤俭持家,和睦家庭,重视女性教育等内容有合理之处,对当今和谐社会的构建具有一定的借鉴意义,对国内及国外都产生深远影响。同时,朱熹以理制欲的爱情观对纠正当今社会家庭问题,提高人们的道德修养,也有一定的作用。

(作者单位:上饶师范学院朱子学研究所)

《仪礼经传通解》与儒家社会秩序的构建

——基于社会学思考的朱子文献建设

◎ 陈国代

礼在中国文化中具有特殊的地位与作用,是古代中国人文精神的集中体现。一般而言,礼是在古代知识阶层以及上层社会流行的,对人际交往和行为方式具有很强的约束性。朱子看出礼不仅对个体有内在的约束作用,对群体也有外在的规范作用,故而努力建设礼学文化,把形而上的"理"通过形而下的"礼",贯彻到实际生活中,达成社会有秩序化,从而推进人类社会文明。

一、朱子编纂《仪礼经传通解》的动机与目的

就中国早期礼学文献而言,主要有《仪礼》、《周礼》和《礼记》三种著作。《仪礼》成书最早,由孔子搜集整理成册,是西周、春秋时期各国礼仪制度的资料汇编,记述了古代冠、婚、丧、祭、乡、射、朝、聘等各项礼仪内容。《周礼》是周公遗典,通过记述各种职官的名称及其职掌内容,展开对社会政治制度的构想。《仪礼传记》之《传》是子夏作,《记》是子夏以后的人所作,但都出于孔门之徒。东汉末著名学者郑玄(127—200 年)为之作注,其后合称为《三礼》。唐代则把三部《礼》都立为经,提高了文献的地位。南宋理学家朱子(1130—1200 年)认为《三礼》实则同为一经,①是中国礼制和礼学的渊薮,奠定了中华礼仪之邦的基本格局,有必要对诸多礼书内容进行整合处理,使之成为一个严密的系统,以便人们研读、检视与执行。

朱子看到南宋社会因"王安石变乱旧制"所带来的"人逾法度"、奸佞肆

---

① 黎靖德编:《朱子语类》卷八三,北京:中华书局,1986 年,第 2176 页。

行、小人得志、社会腐败、人心堕落的恶果，与孔子看到春秋战国时期"礼崩乐坏"、诸侯逾制、群雄肆杀的社会问题差不多。长期以来，礼乐废坏，礼书流传不全，古礼繁缛不宜时用，而世儒解释经义不精，学礼者多迂阔，所传谬误多多，无法正确指导人们行为。如南宋绍兴初高抑崇担任礼官，主持制定乡饮酒礼的礼仪，仪制极乖陋，却在浙江明州地区流行，还由朝廷颁行天下，要人遵照执行。朱子以其舍本求末，不曾看《仪礼》，只取《礼记》中《乡饮酒义》的文字铺排，不可取。然而这样劣等的礼书，"似乎编入《国史实录》，果然是贻笑千古者也"。① 掌管朝廷礼仪活动的礼官都不曾看《仪礼》，更遑论其他学者。要改变这种状况，就必须从源头做起，在回归古典学问的背景下，重新整顿礼书，修纂一部完整的、切实可行的礼学文本，作为教化民众的理论指导依据。

朱子以知南康军的身份在淳熙七年（1180 年）三月修成白鹿洞书院后，上状文申乞颁降礼书与增修礼书②，想利用官方资源与力量修礼书，以便在全国实施。但孝宗皇帝和朝中当政者，没有深谋远虑，弃之而不顾。大约过了十年，朱子知漳州时便有"欲定作一书，先以《仪礼》篇目置于前，而附《礼记》于后"③的修书想法，要继续发挥周公制礼、孔子编礼的作用，建立一套完整的礼制理论体系。

朱子认为以礼教化民众，维护社会稳定与推进人类进步，属于"天理"范畴。朱子著作中阐述"天理"的文字特别多，归纳起来，"天理"至少包含如下三个层面的含义：其一是自然规律，其二是人伦关系，其三是社会秩序。朱子把"礼学"当作"理学"的组成部分，说"圣人制礼，无一节是强人"，"礼学是一大事，不可不讲"④。乃因"礼者，天理节文之自然，人之所当行者"⑤，而人类始终离不得"天理"，不仅不能忽略不讲，而是要天天讲，时时讲。朱子强调《论语》所言"礼之用和为贵"，把形上之天理，通过具体的礼仪、礼节贯彻到现实生活中，做到"礼下庶人"，使华夏子民明白礼之所以示教，乃"毋不敬"也，要人们正心诚意不做作。"齐之以礼者，是使之知其冠婚丧祭之仪，尊卑小大之

① 黎靖德编：《朱子语类》卷八七，北京：中华书局，1986 年，第 2266 页。

② 朱熹：《晦庵先生朱文公文集》卷二〇，《乞颁降礼书状》、《乞增修礼书状》，上海：上海古籍出版社，合肥：安徽教育出版社，2002 年，第 929 页、第 930 页。

③ 黎靖德编：《朱子语类》卷八四，北京：中华书局，1986 年，第 2186 页。

④ 朱熹：《晦庵先生朱文公文集》卷五九，《答陈才卿》书八，第 2848 页。

⑤ 黎靖德编：《朱子语类》卷二二，北京：中华书局，1986 年，第 514 页。

别,教人知所趋"①。可以看出,朱子的礼学文献建设,动机是"兴起废坠",目的是"使士知实学"。也可以说,朱子站在文化历史的高峰,标举"天理"而进行文献建设,恢复古礼,终极目标是为"兴起国家",推动人类社会的文明进程。这是朱子礼学建设的出发点,也是朱熹全部学说的归宿。

朱子修纂大型礼书作为官学教材,纠王安石急功近利、弃本逐末的学术误导,给出切实可行的礼学文本,引人上正轨,改善社会状况。就文献建设而言,朱子整理与编纂礼学文本,不仅秉承周公、孔子的思想,也注入自己重建社会秩序的礼制思想,而不是做简单的条目整理与文字修饰的工作。朱子"尝要取《三礼》编成一书,事多蹉过。若有朋友,只两年工夫可成"②。其构想是"《礼经》要须编成门类,如冠、昏、丧、祭,及他杂碎礼数,皆须分门类编出,考其异同,而订其当否,方见得",但在精力已大不如从前旺盛时,感到做起来又没有那么简单,甚至想打退堂鼓,"姑存与后人"③整理。因此,修纂大型礼书没有及时付诸实施,直到六十岁时仍念念不忘,说:"礼乐废坏二千余年,若以大数观之,亦未为远,然已都无稽考处。后来须有一个大大底人出来,尽数拆洗一番,但未知远近在几时。"④可见朱子内心也曾矛盾过、挣扎过、担忧过、期待过。"尽数拆洗",意味着重新开始,至少包含像汉武帝、唐太宗一样对社会秩序的重整⑤和大儒对礼学文本的重建。南宋学者如林,学养到达圣贤境界的"大大底人",非朱子莫属,事实也确实如此。要承担重建礼制社会秩序,表明朱子具有鲜明的文化自觉性和强大的社会责任心。绍熙五年(1194年)八月中旬,朱子除焕章阁待制兼侍讲,闰十月十一日,朱子向二十六岁的新帝讲儒家经典《大学》,入史院工作,以荣任帝王师的身份上札⑥乞修三礼。朱子在札子中回顾既往就有编纂大型礼书的计划与基础,带领门徒已经做了前期工作,目的是要挽回"六艺之文厄于秦火"的损失,想借助国家财力物力完成礼书编修工程。然而,札子投进去十天,没有批复下来。而等来的结果却是"侍讲朱熹以上疏忤韩侂胄罢"⑦。闰十月戊寅(21日),朱子就被迫离开朝

---

① 黎靖德编:《朱子语类》卷二三,北京:中华书局,1986年,第549页。

② 黎靖德编:《朱子语类》卷九三,北京:中华书局,1986年,第2363页。

③ 黎靖德编:《朱子语类》卷八三,北京:中华书局,1986年,第2176页。

④ 黎靖德编:《朱子语类》卷八四,北京:中华书局,1986年,第2177页。

⑤ 黎靖德编:《朱子语类》卷一三四,北京:中华书局,1986年,第3209页。

⑥ 束景南:《朱熹年谱长编》,上海:华东师范大学出版社,2001年,第1184页。

⑦ 脱脱等:《宋史》卷三七,《本纪第三十七》,北京:中华书局,1985年,第717页。

廷，结束 46 天经筵侍讲的生涯。朱子失望地回到建阳考亭书院，只能退而求其次，自己组织人马继续完成礼书的伟大构想。至庆元二年（1196 年）夏，朱子分别委任弟子黄榦、吴必大、吕祖俭、李如圭撰修。① 大致先后参加编修礼书者有吕祖俭、路蒙、潘友恭、余正甫、黄榦、蔡元定、吴必大、李如圭、刘砥、赵师夏、赵师恭、应恕、詹体仁、叶贺孙、杨楫、廖德明、杨方、杨简、刘光祖、刘起晦、孙枝、杨复、甘节等人，其中余正甫识度与朱子异②，而自作主张去独编礼书。这些人分布于闽浙赣各文化重镇，成为新儒学传播的骨干。按朱子要求，福建以建阳为中心，由黄榦、刘砥、刘砺负责；江西以庐陵为中心，由吴必大、李如圭负责；浙江分为四路：金华由吕祖俭负责，四明由孙枝负责，永嘉由叶贺孙负责，黄岩由赵师夏负责，共同修撰礼书。③ 这个名单由《晦庵先生朱文公文集》中诸多书札中整理而出，与《朱子语类》卷八十四至卷九十一所载的学礼门生有许多交叉性，可见其可信度。

这也表明，朱子作为新儒学领袖，打破区域限制、学派界限，将学有造诣的人招致麾下，充分发挥他们的聪明才智，共同完成这部皇皇巨著。可以看出，《仪礼经传通解》是以朱子为核心的集体劳动的结晶。诸多朱子门人在文献建设的千秋伟业中默默地做了大量的工作，既有功于朱门，也有功于中华文化。

二、《仪礼经传通解》文本的建构

朱子要"补六艺之阙"，使之完璧，并非虚言。原本《仪礼》全书有五十六篇，由于种种原因亡阙，难以尽见，所传十七篇多是士礼，而如天子诸侯丧祭之礼散佚。好在古文《仪礼》五十六篇藏在孔子旧宅，至汉代鲁共王刘余坏孔壁时才外露，河间献王刘德始得之并献给朝廷，但当时君臣间不识蝌蚪文，不晓文义，只得藏在秘府，没有刊行，仅有郑玄等少数学问家有机会接触和引用。郑玄等人也只解其中的"十七篇"，不解另外的三十九篇，后来更少有人研究，遂至无人传播。至北宋才有所改变，如司马光对《仪礼》进行化裁作《书仪》，吕大临集诸家之说补《仪礼》，陆佃作《礼象》，福建则有陈祥道、王普、刘

---

① 束景南：《朱熹年谱长编》，上海：华东师范大学出版社，2001 年，第 1249 页。
② 黎靖德编：《朱子语类》卷八四，北京：中华书局，1986 年，第 2187 页。
③ 束景南：《朱熹年谱长编》，上海：华东师范大学出版社，2001 年，第 1253 页。

藻、任文荐等人以明礼见称于时,其中"王侍郎普,礼学律历皆极精深。盖其所著皆据本而言,非出私臆。某细考其书,皆有来历,可行。考订精确,极不易得"①。朱子经过文本比对,认为诸家之说各有优劣,说"陆农师《礼象》,陈用之《礼书》,亦该博,陈底似胜陆底"②。这是因为"陆氏《礼象图》中多有杜撰处"。③ 朱子礼学文献建设,无疑是受到诸多前辈著述活动的启发。

淳熙八年(1181年)夏秋之间,朱子与吕祖谦书信往来讨论《礼》学,形成以《仪礼》为经、《礼记》为传的思想。这种思想的形成,日本学者上山春平先生认为"可以追溯至淳熙二年朱子与吕伯恭在寒泉精舍会面之时"④。这种文献学格局,与朱子知漳州时"《仪礼》,礼之根本,而《礼记》乃其枝叶"的论断相一致。后来赵几道问朱子:"《礼》合如何修?"回答说:"《礼》非全书,而《礼记》尤杂。今合取《仪礼》为正,然后取《礼记》诸书之说以类相从,更取诸儒剖击之说各附其下,庶便搜阅。"⑤《朱子语类》卷一一三中也有记载:"编丧、祭礼,当依先生指授,以《仪礼》为经,《戴记》为传,《周礼》作旁证。"朱子对前期所说的做了肯定回答,又补充说:"和《通典》也须看,就中却又议论更革处。"⑥编写礼书,基本上是遵循以《仪礼》为经、以《礼记》为传、以《周礼》为纲的原则,将西周以来散乱的礼文献资料汇集在一起。朱子最初构想是按《仪礼附记》上、下篇,《礼记》的框架编写。这样处理,也是建立在对吕祖谦门人路荃、潘友恭的礼书编排的反思上。朱子淳熙十四年(1187年)九月回答潘友恭的一封书信里说:

> 《礼记》如此编甚好……《仪礼附记》,似合只依德章本子,盖免得拆碎《记》文本篇。如要逐段参照,即于章末结云:"右第几章。"《仪礼》即云:"《记》某篇第几章当附此。"《礼记》即云:"当附《仪礼》某篇第几章。"又如此《大戴礼》亦合收入,可附《仪礼》者附之,不可者分入五类。如《管子·弟子职》篇,亦合附入《曲礼》类。其他经传类书说礼文者并合编集,别为一书。《周礼》即以祭礼、宾客、师田、丧纪之属事别为门,自为一书。

---

① 黎靖德编:《朱子语类》卷八四,北京:中华书局,1986年,第2183页。

② 黎靖德编:《朱子语类》卷八七,北京:中华书局,1986年,第2226页。

③ 黎靖德编:《朱子语类》卷八九,北京:中华书局,1986年,第2283页。

④ 上山春平:《朱子〈家礼〉与〈仪礼经传通解〉》,见吴震、吾妻重二主编:《思想与文献——日本学者宋明儒学研究》,上海:华东师范大学出版社,2010年,第173页。

⑤ 黎靖德编:《朱子语类》卷八三,北京:中华书局,1986年,第2176页。

⑥ 黎靖德编:《朱子语类》卷一一三,北京:中华书局,1986年,第2739页。

如此,即礼书大备。①

"德章本子"指的是淳熙十二年(1185 年)路葤所修礼书稿本。朱子不满意路葤和潘友恭遵从吕祖谦的编写路数,而给出如上的框架,且要将当时所能见到的文献搜罗殆尽,对内容做取舍安排,而"不多取《国语》杂书迂僻蔓衍之说"②,令《仪礼》中大节三百条、小目三千条的内容更加充实而饱满。文字表述则择善而入,其中也要求厘正诸如《礼记·大传》与《丧小记》原有错误之处。

朱子正式编纂《仪礼经传通解》是从庆元二年(1196 年)开始的,经过诸人辑佚、编写、修改,礼书规模达到如下文本形态:

家礼:士冠礼、冠义、士昏礼、昏义、内则、内治、五宗、亲属记。

乡礼:士相见礼、士相见义、投壶、乡饮酒礼、乡饮酒义、乡射礼、乡射义。

学礼:学制、学义、弟子职、少仪、曲礼、臣礼、钟律、钟律义、诗乐、礼乐记、书数、学记、大学、中庸、保傅传、践阼、五学。

邦国礼:燕礼、燕礼义、大射礼、大射义、聘礼、聘义、公食大夫礼、公食大夫义、诸侯相朝礼、诸侯相朝义。

王朝礼:觐礼、朝事义、历数、卜筮(缺)、夏小正、月令、乐制、乐记、王制(甲分土、乙制国、丙王礼、丁王事、戊设官、己建侯、庚名器上、辛名器下、壬师田、癸刑辟)。

丧礼:丧服、士丧礼(上、下)、士虞礼、丧大记(上、下)、卒哭祔练祥禫记(吉祭忌日附)、补服、丧服变除、丧服制度、丧服义、丧通礼、丧变礼、吊礼、丧礼义、丧服图式目录。

祭礼:特牲馈食礼、少牢馈食礼、有司彻、诸侯迁庙、诸侯衅庙、祭法、天神、地示、百神、宗庙、因事之祭、祭统、祭物、祭义。

《仪礼经传通解》的文本架构不仅保留了传世的《仪礼》十七篇,还辑补扩增了不少内容。这些内容来自经书、史书和杂书的不同文献。经书类有《仪礼》、《周礼》、《礼记》、《尚书》、《诗经》、《孝经》、《尔雅》、《论语》、《孟子》等,史书类有《春秋》三传、《国语》、《战国策》、《吕氏春秋》、《史记》、《资治通鉴》等,杂书类有《大戴礼》、《孔子家语》、《白虎通》、《孔丛子》、《尚书大传》、《周书》、《说苑》、《列女传》等。

---

① 朱熹:《晦庵先生朱文公文集》卷五〇,《答潘恭叔》书八,第 2313 页。
② 朱熹:《晦庵先生朱文公文集》卷七一,《偶读漫记》,第 3423 页。

最终超过原本《仪礼》规模的《仪礼经传通解》共 66 卷,分别由朱子、黄榦和杨复先后主持完成审定,陆续刊印。最先于嘉定十年(1217 年)在南康道院首次刊印者 37 卷,自《士冠礼》至《诸侯相朝义》为 23 卷,经由朱子审定者,称《仪礼经传通解》,自《觐礼》至《王制·癸·刑辟》为 14 卷,未及审定者,权称为《仪礼集传集注》,以示区别。《丧服》至《祭义》,则称《仪礼经传通解续》29卷,于嘉定十六年(1223 年)刊印,其中由朱子门人黄榦主持完成审定 15 卷,仍未完成者 14 卷,则由杨复继续主持审定以至最后完成。到了绍定四年(1231 年),终于出齐全书 66 卷的审定本。从谋编礼书,至出齐审定本,前后整整半个世纪。

就《仪礼经传通解》编修而言,朱子按内在逻辑进行编排成七大板块,加以综合考察,并进行文本诠释,使之具有"当代之典"的文献意义。四库馆臣说:"虽编纂不出一手,而端绪相因,规模不异。古礼之梗概节目,亦略备于是矣。"①史官说"五代之衰乱甚矣,其礼文仪注往往多草创,不能备一代之典",其间官私纂修礼书,多不切用,而"朱熹讲明详备,尝欲取《仪礼》、《周官》、《二戴记》为本,编次朝廷公卿大夫士民之礼,尽取汉、晋而下及唐诸儒之说,考订辨正,以为当代之典"②,是中肯的。《仪礼经传通解》具有编修时间跨度长、参与人员多、文本规模大、涵盖面广的特点,既是汇集古代礼制记载的集大成之作,也是朱子礼学思想最主要、最集中的代表性著作。朱子让古代礼经在当下发挥作用,无疑是开启礼学研究的新范式,是有意义的文献建设。

三、构建理想社会秩序的儒家智慧

朱子认为儒家思想、政治主张、社会秩序等,都与礼密不可分。礼具有礼仪和礼义两个层面,礼仪讲的是"做事",礼义讲的是"道理",哲学含义是体用一源。朱子作《仪礼经传通解》,是从"士"的一生成长与社会活动乃至生命终结的角度入手,对包含朝廷公卿大夫士民之礼在内的礼学文献资料进行整合,为家、乡、学校、邦国、王朝分别提供了对应之礼,供人参习,实际就是教人如何做事,以及应当据以为做事的道理,无疑为礼学注入了新的人本主义理学精神的活力与生命。

---

① 永瑢、纪昀:《四库全书总目提要》,北京:中华书局,1965 年,第 179 页。
② 《宋史》卷九八,《志》第五十一,北京:中华书局,1985 年,第 2421～2424 页。

礼不仅贯穿人的一生，也是贯穿中国传统社会的一条主线。用礼治国，无出周朝，首推周公。文献记载："成王在丰，天下已安，周之官政未次序，于是周公作《周官》，官别其宜；作《立政》，以便百姓。百姓说。"①《尚书大传·康诰》中也讲到"周公居摄三年，制礼作乐"，其中所作之礼，后人多以为是《周礼》，实则《周官》。王莽建立新朝，始改《周官》为《周礼》，并宣称这是周公居摄时所制定的典章制度。后来《周礼》与《周官》多混称互见。如北宋变法领袖王安石把《周官》当作《周礼》，看出其中存在着一个包罗万象的系统，能以之实现公共利益②，作《周礼义》而为官学教材。《周官》是由《天官冢宰》、《地官司徒》、《春官宗伯》、《夏官司马》、《秋官司寇》和《冬官司空》六篇《经》，和后人所作四篇《传》组成。朱子认为此书"乃制治立法、设官分职之书，于天下事无不该摄"，是一部通过官制来展示治国思想的著作，讲述设官的原则、官员的职守、官职之间的制约等等，而"礼典固在其中，而非专为礼设也"③，具有制度包含礼典的关系。

朱子认为周公德厚威重功高，以叔父身份精心辅佐成王治国，赢得民心，稳定天下，最为可法。朱子在淳熙十五年（1188 年）就向孝宗皇帝推荐，说："臣窃见《周礼·天官·冢宰》一篇，乃周公辅导成王、垂法后世，用意最深切处。欲知三代人主正心诚意之学，于此考之，可见其实，伏乞圣照。"④朱子认为周公首先提出以德治国的政治主张，吸收黄帝、尧、舜以来的六代官政的精华而制定一套社会管理制度，又建立一套良好的人的行为规范，来巩固周王朝的社会秩序。朱子认为周制法度严密是一种理想的社会政治制度的象征，是尧舜禹汤文武周公之道所在，是广大精密的圣人一代大法，因而倍加推崇，把它当作纲领性典章，吸收其中规范人的行为之礼，将"《春官》所领五礼之目约之"⑤，提炼精华，有机地融入《仪礼经传通解》。"朱熹的《礼》学，一方面是要从学术上以《仪礼》为经，建立一个融会三《礼》的统一体系；另一方面是要从政治上以《周礼》为纲，建立一个社会政治制度的理想体系，从而把《礼》学

---

① 司马迁：《史记》卷三三，《周鲁公世家第三》，北京：中华书局，1985 年，第 1522 页。

② 包弼德撰，方笑一译：《王安石与〈周礼〉》，《历史文献研究》第 33 辑，上海：华东师范大学出版社，2014 年，第 65 页。

③ 朱熹：《仪礼经传通解·篇第目录》，第 28 页。

④ 朱熹：《晦庵先生朱文公文集》卷一一，《戊申封事》，第 593 页。

⑤ 朱熹：《仪礼经传通解·篇第目录》，第 28 页。

也纳入他的理学体系中"①。正因为此,朱子把社会制度与传统礼典关系做了妥善处理,礼才能超越地缘和血统,成为维系中华民族团结的强大纽带。

人类生存和发展的基本保证来自社会秩序的稳定,古往今来,已成共识。儒家把纷繁复杂的社会角色归纳为夫妇、父子、兄弟、君臣、朋友五种伦常关系。因此,确认社会秩序很大程度上体现在社会伦理秩序,处理好伦理秩序,其他诸如政治秩序、经济秩序、劳动秩序、社会日常生活秩序等,就容易得手。大家都知道,赵匡胤顺应时势,发动陈桥兵变,逼周恭帝禅让帝位,建立宋王朝。赵光义是赵匡胤的胞弟,直接登极继承兄位,而不是扶持侄儿登上皇帝宝座。于君臣之义而言,赵氏兄弟皆破伦常。同样,朱子从宋光宗与宋孝宗的父子矛盾中,找到"政治日昏,孝养日怠"②的根本原因,就在于父子两人在立储与传位上的根本分歧,也就是君臣大义与父子关系没有理顺,才导致一场孝道危机,并引发庆元党禁的政治危机。

通常情况下,社会秩序要靠两种方法来维持,一是要靠法律惩处,二是要靠道德教育。儒家是礼制主义者,所有的重要理念都是通过礼来体现的,社会秩序的建立与维持,自然也就少不了对礼的依靠。儒家也是教化主义者,十分在意社会伦理秩序问题。大家都知道,有夫妇,才有父子;有父子,才有兄弟。然后才有君臣、朋友。儒家规定处理伦常关系的原则是:夫妇有别,父子有亲,长幼有序,君臣有义,朋友有信。这一系列原则都是通过"礼"来体现的,而不是靠"法"来强制的。朱子恢复古礼,维护儒家社会秩序,把社会秩序纳入礼制的范畴,通过"礼"的具体仪式理顺"五常"关系,把形而上的"天理",通过形而下的"礼仪",贯彻到人类日常生活中。

自古以来,中国就有以伦理、道德为基础的法律,用来约束人的社会行为。儒家提倡道德礼治,反对专任刑罚,兼顾法制与德治,认为法的作用在于"已然之后",属于惩戒性;礼的作用在于"未然之先",属于防范性。儒家"修齐治平"学说的诞生与普化,实际就参与了社会秩序的维护,且作用不逊于单纯的法律。魏晋南北朝时期,政府"以礼入法",法律与伦理道德,在很大程度上开始合一,当今中国用于调整民事关系的基本法律——《中华人民共和国民法通则》,也是基于此认识而设立的。

儒家的智慧在于礼的制度化,始终以"礼"来统贯全局,在人际交往中,通

---

① 束景南:《朱熹研究》,北京:人民出版社,2008 年,第 322 页。

② 《宋史》卷三六,《本纪第三十六》,北京:中华书局,1985 年,第 710 页。

过尊重对方,来得到对方的尊重,如此处理社会各阶层的复杂关系,使得人类社会始终保持相对的稳定状态。即便是朝代更迭,政权易手,格局打破,社会重组,秩序再建,礼的作用依然存在并发挥作用。正因为天理的恒定存在,中华民族讲"礼",才使得几千年来历经坎坷,始终没有灭亡,并得以延续下来。

总之,朱子与孔子、周公思想一脉相承,重视礼制文化建设,建构起庞大的礼学体系,目的在于规范人的行为,维护社会秩序。尽管终宋一代,朱子礼学思想未见朝廷有效推行,但其经世致用的思想主张却被中外后儒所重视与吸收。韩国学者认为朝鲜时代有五百年的社会稳定,便是受益于朱子理学思想①。由此看出,包括《仪礼经传通解》在内的礼书,是人类建设和谐社会的重要资源。

(作者单位:武夷学院朱子学研究中心)

---

① 　彭林:《儒家礼乐文明讲演录》,桂林:广西师范大学出版社,2008 年,第 27 页。

朱熹和祭礼中的俗与圣

◎ 耿　羽

朱熹将儒学完整化、系统化,不仅体现在阐发士大夫群体的思想理念,还体现在构建庶民群体的意义世界。儒家塑造的祭礼特征是圣俗一体。先秦儒家将祭礼"世俗化",并辅以宗法制等社会基础支持,初步实现了家族"神圣化",中国人的精神世界逐步由"家族"填充而非"鬼神"。宗法制衰落后,家族"神圣化"缺乏足够的现实支撑。朱熹关于祭礼"庶民化"的理论和操作化建议,既反映了社会需求又推动了社会实践,为家族"神圣化"找到新的社会基础的支持,扩大了"家族"作为人生意义的影响范围,家族绵延观念由士族阶层向下拓展并扎根于庶民阶层。朱熹还由此指出普通百姓践行"内圣外王"的路径。

一、祭礼的双重"俗化"与家族神圣化

"礼"是颇为繁多的,其起源和核心是尊敬和祭祀祖先。[①] 祭礼既是世俗性的家族事务程序,又包含神圣性的宗教价值追求。祭礼的特征是圣俗一体。祭礼在中国历史进程中经历了双重的"俗化":"世俗化"——由鬼神信仰转变为宗法孝德,"庶民化"——由贵族礼仪扩展为民众礼俗。"世俗化"发轫于西周,"庶民化"理论成形于宋而实践成形于明清。祭礼"俗"的根本目的是实现"圣"。祭礼"世俗化"之目的不是"去神圣性"或"去超越性",而是为了在鬼神之外建立一套新的"神圣性",即将家族"神圣化",以伦理道德替代神灵

---

① 李泽厚:《中国古代思想史论》,天津:天津社会科学院出版社,2003 年,第 3 页。

信仰、以家族替代鬼神成为中国人精神世界的主宰,完成世俗与神圣的统一、此岸与彼岸的统一。而祭礼"庶民化"是为了在新的社会形势下,继续推动家族"神圣化",让祭礼深入庶民群体,通过更为广泛的礼仪实践和组织建设在更多人中落实家族的"神圣化"。朱熹在推动祭礼双重"俗化"与庶民群体家族"神圣化"的过程中发挥了重要作用。

古今学者论述朱熹,多从文本层面讨论理气、心性、格致、经学等,其中既有朱门后学以及官方对朱子学的继承和阐发,也有陆王心学、气本论、事功学派、汉学等不同学派在不同时期对朱子学的批判和发展。① 近现代以来,钱穆、冯友兰、牟宗三、任继愈、侯外庐、刘述先、陈来等学者分别从哲学、历史学等角度对朱熹思想进行阐发,②这类研究仍多以文献和文本为主。余英时、束景南等学者将视野拓展至朱熹的行为与实践,将朱熹放置和还原在具体时空环境下加以考察,分析朱熹文本与行为的一致与差异。③ 以上研究多关注朱熹对士人群体哲学思想和政治思想的影响,较少论述朱熹对于庶民群体精神世界的塑造。有学者论述了朱熹《家礼》的宗教思想,其中涉及朱熹对庶民祭祀者精神世界的塑造。但或是阐释不足,止于"疑神"特征未能进一步指出其另外的家族"神圣性"构建,④或是阐释过度,认为朱熹倡导的祭礼的宗教情怀与基督教类似,是信仰相当于上帝、天主的"天"。⑤ 后一种观点有其学说渊源:认为儒家具有与基督教基本相同的宗教特征。信仰基督教的学者、以康有为作为代表的"孔教派"、任继愈等学者都曾从不同角度论证过这一点。⑥

① 黎昕、周元侠:《阐发与研究:国内朱子学研究述论》,《哲学动态》2014 年第 10 期。

② 钱穆:《朱子学提纲》,北京:生活·读书·新知三联书店,2005 年;冯友兰:《中国哲学史》,重庆出版社,2009 年;牟宗三:《心体与性体》,上海:上海古籍出版社,1999 年;任继愈《中国哲学史》,北京:人民出版社,2003 年;侯外庐:《中国思想通史》,北京:人民出版社,2011 年;刘述先:《朱子哲学思想的发展与完成》,台北:学生书局,1995 年;陈来:《朱子哲学研究》,上海:华东师范大学出版社,2000 年。

③ 束景南:《朱子大传》,北京:商务印书馆,2003 年;余英时:《朱熹的历史世界——宋代士大夫政治文化的研究》,北京:生活·读书·新知三联书店,2004 年。

④ 张进:《朱熹的宗教思想初探》,《中共济南市委党校学报》2007 年第 3 期。

⑤ 罗秉祥:《儒礼之宗教意涵——以朱子〈家礼〉为中心》,《兰州大学学报(社会科学版)》2008 年第 2 期。

⑥ 关于朱熹祭礼的宗教性讨论,可以看作是儒家的宗教性讨论的分支之一,20 世纪学术界对儒家宗教思想的研究和讨论大致可分为四个阶段,分别由康有为为代表的"孔教派"、第一代新儒家、第二三代新儒家、任继愈等学者引领。参见李建、刘雪飞:《导言》,载李建主编:《儒家宗教思想研究》,北京:中华书局,2003 年。

这种观点遭到多数学者的反对：儒家思想具有超越性的追求，但内核与基督教等制度化宗教有本质区别。[①] 郑吉军曾明确指出《家礼》具有与基督教等不同的宗教性，即通过在生活中礼的演绎实现超越性的价值[②]。但其指出"天理"为终极性价值后，没有细化"天理"，儒家超越性价值正如光谱一般的连续体，"家"是其重要一环，也是《家礼》的重要目标指向。

本文认为朱熹将儒学完整化、系统化，不仅体现在阐发士大夫群体的意识思想，还体现在构建庶民群体的意义世界。朱熹儒学观点的精彩之处不仅在于逻辑推演、辩论分析，更在于理论与现实的紧密关联：既反映了社会的现实需求，又提供了能够在社会中运行的操作化手段。先秦时期的祭礼"世俗化"理论能与家族"神圣化"对接，在于分封制、宗法制、井田制等社会基础的支持，宗法制逐步衰落后，家族"神圣化"缺乏足够的现实支撑。朱熹也有祭礼"世俗化"相关论述，但更为重要的是其祭礼"庶民化"理论和操作化建议，为家族"神圣化"找到新的社会基础的支持，不仅在人群广度上让宗族绵延意识扎根于庶民之中，还在理论深度上指出普通百姓践行"内圣外王"的路径。

二、朱熹论祭礼俗化

朱熹论祭礼，集中体现于《家礼》一书。关于《家礼》一书是否为朱熹所作，历来众说纷纭。现代学者多认为《家礼》并非伪书。陈来在钱穆、上山春平等人论述基础上，认为《祭礼》稿本在朱熹早年即已完成，《家礼》一书中之祭礼部分也确为朱熹所作，虽然还不能百分之百地证实了《家礼》全书为朱熹所作，但在证实《家礼》为朱熹之书方面进了一大步，因为祭礼可以说是家礼中最重要的部分。[③] 束景南论证朱熹确实撰写了《家礼》，只不过《家礼》在后世遭到了篡改。[④]

相对于宋代诸大儒，朱熹《家礼》对宗法庶民化的设计，特点一是具有很

---

① 李建、刘雪飞：《导言》，载李建主编《儒家宗教思想研究》，北京：中华书局，2003 年。

② 郑吉军：《论儒教的家礼生活——以朱熹〈家礼〉为中心》，华侨大学硕士学位论文，2012 年。

③ 陈来：《朱子〈家礼〉真伪考议》，《北京大学学报（哲学社会科学版）》1989 年第 3 期。

④ 束景南：《朱熹〈家礼〉真伪辩》，《朱子学刊》1993 年第 1 期。更为细致的历代学者关于《家礼》真伪考证的梳理和总结，可参见周鑫：《〈朱子家礼〉研究回顾与展望》，《中国社会历史评论》第 12 卷，2011 年。

强的可操作性,特点二是比其他儒学家更谨慎、更遵循古礼。可操作性体现在:朱熹对祠堂进行了详细的规制,朱熹认为"士庶之人"也应有祭祖场所,朱熹将"士庶之人"祭祖场所称作"祠堂","祠堂"有别于权贵专享的"家庙",也有别于司马光所描述的"影堂"。朱熹把祠堂祭祀视为家庭生活的首位和根本①,朱熹的仪式设计非常细致,大量参考和继承了《书仪》,却较之《书仪》减省许多,更切于实用,容易操作,适宜于民间家庭行用。② 朱熹"家礼"谨慎、遵循古礼除了上文所说的坚持只用牌位而不用影像,还体现在:首先,朱熹所谈及的"祠堂"为家中之祠,即居室正厅之中的神龛。也就是说,朱熹仍然认为庶人应"祭于寝"。其次,朱熹认为祠堂之内的祭祀对象为高祖之下的四代神主,这是将"小宗"之法推向庶民阶层。如此的设计在庶人祭祀代数方面又有所突破,但是朱熹并不如程颐那样突破得很彻底——将四代之上乃至始祖都包括进祭祀范围。朱熹反对当时同族联宗共庙祭祀同一个始祖的民俗,朱熹认为这违背了"大宗""小宗"的"宗子法"。朱熹关于始祖祭祀的观点是,"古无此。伊川以义起。某当初也祭,后来觉得僭,遂不敢祭。古者诸侯只得祭始封之君,以上不敢祭。大夫有大功,则请于天子,得祭其高祖。然亦止得祭一番,常时不敢祭。程先生亦云,人必祭高祖,只是有疏数耳";"如今祭四代已为僭。古者官师亦只得祭二代,若是始基之祖,莫亦只存得墓祭"。③ 朱熹以上观点,一方面认为祠祭只能保持在"小宗"之祭范围内,一方面又为"大宗"之祭留了空间——墓祭可以实行"大宗"之祭。如此,祠祭和墓祭有机结合,同时满足了"小宗"之祭和"大宗"之祭的要求,使祭祖代数无限制。④ 总之,朱熹主张祭祀祖先的权利不应只局限于权贵之中,可以推广至庶民阶层。至于"大宗""小宗"的古制,朱熹希望尽可能地恢复,但也做出了若干让步。

朱熹等宋代儒学家设计的种种庶民化的祭祖仪式,是对恢复以往祭祀古礼的儒家理想主义和民间不断突破祭祀古礼的现实状况二者的中和。宗法

---

① "此章本合在祭礼篇,今以报本反始之心,尊祖敬宗之意,实有家名分之首,所以开业传世之本也。故特著此,冠于篇端,使览者知所以先立乎其大者,而凡后篇所以周旋升降出入向背之曲折,亦有所据以考焉"。(参见朱熹:《朱子家礼》)

② 安国楼、王志立:《司马光〈书仪〉与〈朱子家礼〉之比较》,《河南社会科学》2012年第10期。

③ 朱熹:《朱子语类》。

④ 郑振满:《明清福建家庭组织与社会变迁》,北京:中国人民大学出版社,2009年,第174页。

制曾是稳固社会秩序的重要保证,但到了唐宋,宗法制运行的社会基础——身份等级制度已经逐步崩塌,一般官僚阶层和庶民阶层在政治、经济、文化各领域不断占据资源和权力。朱熹等希望重新利用宗法制凝聚人心、统合社会,又不得不立足新的社会基础对宗法制做出革新。其具体做法是引俗入礼,将现实运行的民俗与以往儒家的理想形态进行综合,一边突破古礼,一边收敛今俗。朱熹等宋代儒学家的言论,在官方制度和士庶实践间起到了中介和桥梁的作用。

朱熹《家礼》有力地促进了明清宗族组织在社会中下层的普遍发展。《家礼》产生之初,直至元代,传播及奉行者均较有限,但至明代,《家礼》的地位则发生了显著变化。[①]《家礼》是带动宗族制实践和成形最为重要的、最广为流传的制度范本,其对社会的影响,应更多从整体变革方面进行考察,而不能只拘泥于文字形式。朱熹《家礼》反映了社会需求又对社会需求进行了细致操作化,这些操作化建议对官方和民间产生了极深的影响,但这些操作化建议并非被全盘字字不差地执行。一方面,官方制度向朱熹的设计方案靠拢,却仍有保守顾虑。[②] 另一方面,朱熹学说成为民间突破等级宗法制桎梏的理论依据,民间对《家礼》推崇备至,可是民间也在不时突破朱熹之制。[③] 明代民间对于祭祀庶民化的诉求主要集中于以下:在家室之外,另辟祠堂用于祭祀;祭祀代数拓展至始祖;联宗共庙祭祀始祖,不再实行"大宗""小宗"之制。经过以上三个方面的突破,从春秋时期就遭遇动摇但一直保存若干制度遗留的宗法制终于全面被去除。明朝中后期基层宗族力量蓬勃壮大,在清朝更是继续以加速度发展,庶士阶层所修建的祠堂数量也在明朝中后期至清末迅猛增长,祭祖庶民化最终在这一时段内成形。

---

① 王志跃:《〈宋史·礼志〉与〈朱子家礼〉的不同命运探源》,《江汉大学学报(人文科学版)》2010年第1期。

② 明朝初年,由于品官庙制未定,士大夫普遍认为应沿袭朱熹《家礼》的种种设计。《大明集礼》对宋代官方祭祖制度又有突破,"凡品官之家"都可以祭祀至四代,但是《大明集礼》并没有遵照《家礼》把祭祀仪礼适用的范围延展至庶人阶层,庶人依然只能祭祀两代。嘉靖朝发生"大礼议"事件,夏言亦是选择性采用朱熹之说。

③ 周鑫:《〈朱子家礼〉研究回顾与展望》,《中国社会历史评论》第12卷,2011年;王志跃:《推崇与抵制:明代不遵循〈朱子家礼〉现象之探研》,《求是学刊》2013年第5期。

三、朱熹与家族神圣化

如果从狭义的宗教定义来说，中国确实没有发展出类似基督教、伊斯兰教那样的宗教氛围，将此岸世界的人生终极意义寄托在彼岸世界，中国人更热衷于在此岸世界中行动。但以上状况并不能断言中国人没有广义上的宗教，所谓广义上的宗教，就是将宗教视为一种超越性的精神追求，宗教要回答"人为什么而活"、"人死后灵魂将安放何处"等最高哲学问题。从这个意义上说，中国人当然有宗教，只不过，中国人宗教的重点在此岸不在彼岸，或者说中国人的此岸就是彼岸。中国人的思想呈现出比较强烈的"实践理性主义"①或者说"实用理性"②，冯友兰认为："中国哲学，无论哪一家思想，都是或直接或间接地讲政治、讲道德。在表面上，中国哲学所注重的是社会，不是宇宙；是人伦日用，不是地狱天堂；是人的今生，不是人的来世。"③但实际上，"它既入世而又出世。它就是最理想主义的，同时又是最现实主义的；它是很实用的，但是并不肤浅。"④

儒家学说对中国人的思想世界影响最大，其亦是将看似对立的出世与入世统一起来的典型。儒家统一出世与入世，主要由"礼"的规制和改造入手，其中又以"祭礼"为重。李泽厚认为："所谓'周礼'，其特征确是将以祭神祖先为核心的原始礼仪，加以改造制作，予以系统化、扩展化，成为一整套早期奴隶制的习惯统治法规（'仪制'）。"⑤先秦士大夫阶层希望淡化祭礼的鬼神因素，让祭礼"世俗化"，最终目的是实现家族的"神圣化"。祭礼"世俗化"和家族"神圣化"的实现，既需要理论层面的厘清，又需要实践层面的操作化。朱熹在理论层面有补益，但更大贡献在实践层面。

先秦士大夫从理论上对祭礼"世俗化"进行了颇多论述，他们希望尽量驱除祭祖中的鬼魂崇拜等超自然因素，淡化"保佑"色彩，而尽量增加祭祖中的孝亲人伦等世俗因素，强化"纪念"和"崇拜"色彩。总之，是要减少祭祖中人与神的关系，增加祭祖中人与人的关系。先秦儒家如孔子等人对宗教活动表

---

① 马克斯·韦伯：《儒教与道教》，洪天富译，南京：江苏人民出版社，2003年，第125页。
② 李泽厚：《中国古代思想史论》，天津：天津社会科学院出版社，2003年，第288页。
③ 冯友兰：《中国哲学简史》，北京：北京大学出版社，1996年，第7页。
④ 冯友兰：《中国哲学简史》，北京：北京大学出版社，1996年，第8页。
⑤ 李泽厚：《中国古代思想史论》，天津：天津社会科学院出版社，2003年，第4页。

现出强烈的"疑神"色彩,《论语·八佾》中记载:"祭如在,祭神如神在。子曰:'吾不与祭,如不祭。'"①孔子还谈到,"子不语怪力乱神"②、"未能事人,焉能事鬼"③、"未知生,焉知死"④。孔子强调祭祀活动不仅仅是种外在的仪式,神的"如在"不是实在,也不是不在,在祭祀活动中,神之在与不在不是理性所能知晓的,关键是祭祀者精神的投入。⑤荀子等理性主义色彩较浓的儒家更是表现出了"无神"论的倾向,其认为祭祖仪式"其在君子以为人道也,其在百姓以为鬼事也"⑥。朱熹关于祭礼中鬼神因素的论述,基本延续了先秦儒家"疑神"的观点。朱熹认为祭祖的动因在于人伦而非鬼神:"凡祭,主于尽爱敬之诚而已。"⑦同时,朱熹也保留了一定的神秘观念,以"理气论"认为祭者和被祭者的气可以相互感应,⑧"祭祀之礼,以类而感"⑨。"我之气即祖先之气,亦只是一个气,所以才感必应"⑩。

儒家论祭礼"世俗化",中心目的在于实现家族"神圣化"。儒家多"疑神","疑神"一方面抑制人们对鬼神形成宗教式的超越性崇拜,一方面也为民间留下解释鬼神的空间,如在祭礼中加入佛、道仪式⑪甚至朱熹自己都难以完全排除鬼神阴阳元素,如在居母丧期间,朱熹一反家中传统和《家礼》的规定,"谨用"佛法,其亲人之葬也大多超过了"三月而葬"的限期,在葬地葬日的卜求上颇有他自己在《家礼》中明确反对的"争论纷纭,无时可决"的味道。⑫其实,儒家论祭礼"世俗化"并非重点,"疑神"本就模糊不清,实践中存留弹性

---

① 《论语·八佾》。

② 《论语·八佾》。

③ 《论语·八佾》。

④ 《论语·八佾》。

⑤ 金尚理:《疑神宗教与人伦理性——从"祖先崇拜"看中国传统文化的人生关怀》,《复旦学报(社会科学版)》2003 年第 3 期。

⑥ 荀子:《礼论》。

⑦ 朱熹:《朱子家礼》。

⑧ 张进:《朱熹的宗教思想初探》,《中共济南市委党校学报》2007 年第 3 期。

⑨ 朱熹:《朱子语类》。

⑩ 朱熹:《朱子语类》。

⑪ 陈瑞:《朱熹〈家礼〉与明清徽州宗族以礼治族的实践》,《史学月刊》2007 年第 3 期;徐恋、李伟强:《〈朱子家礼〉中丧祭礼的嬗变——以湖南平江、浏阳两县徐氏家族为例》,《商》2013 年第 11 期。

⑫ 粟品孝:《文本与行为:朱熹〈家礼〉与其家礼活动》,《安徽师范大学学报(人文社会科学版)》2004 年第 1 期。

空间也不奇怪，家族"神圣化"才是儒家关注中心。家族"神圣化"为里，祭礼"世俗化"为表，儒家对祭礼改造是否成功，终极衡量标准应是家族"神圣化"是否实现而非祭礼"世俗化"是否严格地得到执行。

一切理论都需要现实的支撑。始于西周时期的祭礼"世俗化"理论，既是对现实的反映，又是对现实的加强，祭礼"世俗化"理论是以分封制、宗法制、井田制等社会制度为骨架。春秋战国时期起，分封制、宗法制、井田制愈加松动，从孔子到朱子的历代大儒不断从理论上强调和完善祭礼"世俗化"，希望达到家族"神圣化"，但由于现实外在环境的变迁，不断补全的理论难有实践的空间，祭祀古礼越来越缺乏操作性，仪式的涉及人群范围、仪式的举办场所、仪式的举办形式过于严苛。结果一方面儒家理论占据了意识形态的正统地位，另一方面由于佛、道二教能够提供简单易行的人生礼仪，在民间广为流传。[1] 社会大环境逐步从门第等级的宗法制转变为庶民宗族制，[2]祭礼"世俗化"理论乃至整体的儒家理论都要重新找到现实中的操作化路径。朱熹不仅倡导祭礼"庶民化"，还提出宗族制、祠堂、牌位、祭田、祖墓等一系列操作化建议，为新时期的家族"神圣化"重新找到了社会基础的支持。

朱熹的祭礼"庶民化"，不仅在人群广度上强化了家族"神圣化"，让宗族绵延意识广泛扎根于庶民之中，还在理论深度上完善了家族"神圣化"，即对"内圣外王"的进一步解释。余英时以"内圣外王"连续体这一概念诠释朱熹等宋代儒家的追求，连续体首先指"内圣"和"外王"为一不可分的连续体，归宿于秩序重建。其次指秩序重建并不只有政治秩序（"治道"），亦可从最近的"家"开始。[3] 儒家历来讲求在俗世追求超越性，超越性既包括"治道"，也包括"家"。将"内圣"和"外王"、"治道"和"家"串连在一起，孔孟时期儒家已有表述，但到了宋代，诸多外在条件变化，朱熹等人需要重新解释和阐发"内圣外王"，各种理论和思辨最后演化为一条：普通百姓是否可以落实"内圣外王"？

---

① 罗秉祥：《儒礼之宗教意涵——以朱子〈家礼〉为中心》，《兰州大学学报（社会科学版）》2008年第2期。

② 李文治和江太新认为："这一过渡并非一蹴而就，先由门第等级性宗法宗族制过渡为一般官僚士大夫类型宗法宗族制，两宋时代即处于这一过渡阶段，然后再过渡到一般庶民类型宗法宗族制，明清时代则处于第二个过渡阶段。"参见李文治、江太新：《中国宗法宗族制和族田义庄》，北京：社会科学文献出版社，2000年，第19页。

③ 余英时：《朱熹的历史世界——宋代士大夫政治文化的研究》，北京：生活·读书·新知三联书店，2004年，第922页。

以何种途径落实?

朱熹以祭礼"庶民化"解决了普通百姓的"内圣外王"问题。儒家讲究"内圣外王",一方面是内心的道德修养,一方面是俗世的事业功用,"修身"有成可称"内圣","待人、接事、应物"有成可称"外王"。"内圣外王"可具体操作化为以下步骤,"格物、致知、诚意、正心、修身、齐家、治国、平天下"。"外王"的"王"既可特指政治行为和治理天下,也可泛指一般性的实践行动,无论特指还是泛指,最关键在于"外王"与"内圣"的相互结合,在处理人伦事务中达到对世界的真正认识、达到人格的完整发展,经书上的教导、自身的冥想都有不足,只有亲身历练,体验世事万物,才能了解真知,修养德性,这便是所谓的"事理双融"。相比较士大夫,普通老百姓未必都有"治国、平天下"的宏愿,也未必都有"格物、致知"的细思。传统的知识分子以"天命、天理、天道"作为自己最高超越性的追求,但这并不能涵盖广大普通老百姓的意义世界。① 老百姓的观念世界,本质上与士大夫并无二致,即在俗世中寻获超越之感。只不过,老百姓践行的"场域"与士大夫相比较为狭窄,老百姓将此岸和彼岸统一起来的"场域"主要固定在"家"中。② 老百姓以家族的绵延即传宗接代作为自己的本体性价值,③在"我—宗"的道德伦理之下获得生命价值的超越体验,④人们把自己放在家族生长的长河之中来看待,上承祖祖宗宗,下接子子孙孙,人们在有限的生命之中对于家族的传承与绵延却有着无限的想象和期待。劳伦斯·汤普森在比较中国与西方时谈及,家庭即中国现实的宗教,基督教以其肉体复活的教义延长了肉体存在,使之超越死亡,而中国则通过延续家庭超越了死亡。⑤ 在中国,家族生活是世俗的,却又牵扯出超世俗性的价值观

---

① 杨华:《隐藏的世界:湘南水村妇女的人生归属和生命意义》,华中科技大学博士学位论文,2010 年。

② 士大夫的精神世界是由家及国、天下的,既有血脉绵延的愿望,又有超越家庭或家族的"治国、平天下"的理想。以柳宗元为例,其长期被贬,在政治方面难有出头之日,"治国、平天下"的理想基本破灭,此时传宗接代成为其最为关心的问题——唯恐上不能供奉祖先、下不能血脉绵延。柳宗元在《寄许京兆孟容书》中,既写到了自己无法为家族延续香火的痛苦,又写到了自己无法为家族祭祀和守业的悔恨。

③ 贺雪峰:《农村代际关系论:兼论代际关系的价值基础》,《社会科学研究》2009 年第 5 期。

④ 桂华:《圣凡一体:礼与生命价值》,华中科技大学博士学位论文,2013 年。

⑤ 休斯顿·史密斯:《从世界的观点透视中国宗教》,载汤一介主编:《中国宗教:过去和现在》,北京:北京大学出版社,1992 年,第 3 页。

念。可以说，家族这个归属体系是超越性和世俗性的统一体，[①]家族对于中国人来说既是此岸，又是彼岸。朱熹的祭礼"庶民化"理论和操作建议，让家族"神圣化"下沉到基层，完整构建了普通百姓的意义世界，指明了普通百姓"内圣外王"的途径。

（作者单位：福建省社会科学院哲学所）

---

① 杨华：《隐藏的世界：湘南水村妇女的人生归属和生命意义》，华中科技大学博士学位论文，2010 年。

退溪礼学的现代意味和传承变化

——以祭礼文化为中心

◎ 金美英

一、退溪礼学的时宜性

时宜性是指适合时宜的性质,类似的词叫"时宜适切",意思是符合情况和条件。由此看来,礼的时宜性是指充分考虑现实情况后执行礼,这种属性在日常生活中的体现称为时态(或俗礼)。

与畿湖礼学强调礼仪本源性相比,岭南礼学重视礼仪时宜性的传说非常普遍。据裴相贤的研究,畿湖礼学反而是"将《朱子家礼》视为天下通礼和上下通礼的绝对标准,古礼、俗礼、时王礼是可以互补",而岭南礼学则认为《朱子家礼》虽然重要,但不以绝对的标准来看待,反而更重视古礼和人情。① 实际上,对岭南礼学产生了巨大影响的退溪先生也基本上是对《仪礼》、《礼记》、《朱子家礼》、《国朝五仪礼》等作品重视的同时,在实际的"行礼"中对人情和情谊都进行了考察解析,采取了接受俗例的立场。

退溪虽然没有著述独立体制的例书,但是通过与弟子们的对话及书信往来的问答,留下了有关例的丰富资料。在问答过程中退溪提出的见解被后学们视为行礼的规范,此后郑述(1543—1620 年)、李玄逸(1627—1704 年)、李象靖(1711—1781 年)、柳长源(1724—1796 年)、柳致明(1777—1861 年)、金

① 裴尚贤:《礼学时代礼化齐家的思想》,《东洋哲学研究》14,东洋哲学研究会,1994 年,第 76 页。

兴洛(1827—1899 年)等相继出现,奠定了岭南礼学的基石。可以窥见退溪预说的资料是权斗经(1654—1725 年)著述的《退溪先生言行通》卷四《论争制》的 52 条,李守渊(1693—1748 年)的《退溪先生言行录》卷四《论礼》的 60 条,李惟樟(1625—1701 年)的《二先生礼说》的 38 项 259 条,还有林应(1086—1866 年)编辑的《溪书礼辑》①的 28 项 306 条等。②

关于退溪预设论的倾向性,金钟锡曾进行过有趣的研究。他分析了《退溪先生言行录》中有关退溪的预设内容。③ 据研究,提及古礼的情况第 11 集,提及时王制的情况是 3 次,提及俗礼的情况是 4 次,提及《朱子家礼》的情况是 5 次。其中承认权威或作为积极意义被提及的古礼有 9 次、侍王祭有 2 次、《朱子家礼》有 2 次。从这个角度来看,虽然古礼的比重很高,但是如果单纯地分析空谈的度,就会发现不同的结果。在林应成编撰的《继序礼集》中,“家礼”一词在 53 篇中出现,而“古礼”在 24 篇中出现。同时《退溪集》全体正文中提到“家礼”有 81 处,提到“古礼”有 44 处。对此,金钟锡表示:“如果全面研究退溪的预设,就会发现不仅是朱子礼,古礼、侍王祭、时俗、人情、义理等都很重要。特别是重视古礼并不意味着永远都肯定古礼,重视诗礼和诗俗也不意味着不批判施礼和时俗。我们想综合考察各种标准,采取合理的立场。”④

那么退溪主要在什么情况下重视时俗呢? 大体上,考虑到礼仪现实的可行性,他采取了尊重俗例的立场。与其基于现实中难以执行的“自己的道”,不如根据情况灵活运用合理的观念。例如退溪在《国朝五礼仪》中明示祭祀的器皿数,从卿大夫到士庶人,都有各自的规定,绝对不能超过这个数字? 对于这样的提问,退溪说:

> 祭祀的人有地位,所以祭祀的人也要遵从这个分寸。但是《五礼仪》的规定也有难之处。从冷品数量看,脯肉、甜米汤、水果非常多,鱼肉很少。在人家鱼肉随处可见,倒是容易准备,但脯肉、甜米汤、水果等等怎么能经常备用大量呢? 我认为没有必要按照规定全部遵从,也不妨根据

---

① 以退溪文集为中心,将退溪和他的“弟子们关于礼的交流文章”进行了删节和编撰的书。

② 裴尚贤:《退溪李滉的礼学思想》,《退溪先生礼说文集》,陶云会,2001 年,第 15 页。

③ 金钟锡:《从星湖李瀷中看退溪礼学的继承和变用》,《东亚人文学》10,东亚人文学会,2006 年,第 525～526 页。

④ 金钟锡:《从星湖李瀷中看退溪礼学的继承和变用》,《东亚人文学》10,东亚人文学会,2006 年,第 525 页。

家庭情况,但不应参越。而且祭需的碗数也不要太繁杂,杂乱无章,又不洁净了。①

但是例文中明示的规定存在现实上很难遵守的地方,因此建议大家根据情况行事。另外,退溪在 1546 年安东权氏去世时,曾给儿子"寯"和"采"写下一封信:

> 对于丧,难过是基本。凡事都上告家礼,在时俗中行的一般事例也要问心无愧,小心翼翼,尽量避免在别人身上找碴。……现在的首尔士大夫的丧礼,虽不合例,但也有很多不妥之处。你们若不能按古礼行事,又被现在的时俗所玷污,岂能出世?②

以上内容基本上以例文为依据,但要充分参考时俗上所做的一般事例,可以说体现了他重视礼仪时宜性的态度。实际上,退溪曾这样写道:"如果朱子曾感叹昭穆的例子被废止的时间太长,叹则徐道,《家礼》在著述上反而打了时俗的例子,这是为什么呢?"

关于这个问题,他回答说:"时王制度,岂能轻改? 礼在世间常有。如果世间不做的话,用空文来开玩笑又有什么用呢?"

换句话说,他认为天下通用的例子和"空文"即"空的文章"没有区别。退溪的这种态度有着"古往今来的文采和本质是随着时间的推移而减少或添补,故而难以全部遵循旧制度"③的基本认识。对此退溪表示:

> 司马殷公的《普仪》已不能遵从古礼,《朱子家礼》虽参考了古礼和书意,但比书意简要。现在的习俗也与朱子时不同,哪能一一依从?④

虽然和古礼不同,但我认为所有人都能学会的例子才是正确的。这就是强调礼仪的通用性,可以说退溪礼学中出现的允许俗例的倾向也是基于此。

二、"溪青礼辑"中出现的祭礼文化的时宜要素

"溪青礼辑"是林应声关于退溪文集中记载的例子,交流文章的发体,编撰学书籍。由学生提问,退溪回答的方式构成。卷一中记载了丧葬相关的问

---

① 《退溪先生言行录》,国际退溪学会大邱庆北支部,1994 年,第 182 页。
② 《退溪先生言行录》,国际退溪学会大邱庆北支部,1994 年,第 173~174 页。
③ 《退溪全书》卷三〇,《答金而精》。
④ 《退溪全书》卷三九,《答郑道可问目》。

答，卷二由丧礼的一部分和关于祭礼、婚礼、丧条的问答构成。①《溪青礼辑》的祖先祭礼相关内容共有 59 件，其中正体和俗礼对峙的情况共有 8 件。

问："请问忌日一起祭祀夫君和夫人。"

答："以前没有这样的例子。只是状态和祭礼都遵从了祖先的遗愿，所以我们家从以前开始就一起祭拜了夫妻，但现在不敢轻易议论。"

问："祭祀的时候只想祭一位，怎么样？"

答："虽然我想是这样的，但很久以前也有祭祀二位的说法，与被祭祀二分制的祭祀相比，这件事应该没有什么妨碍的。所以按照我们家族的先例，请了两位客人。"

问："在忌日和三年丧一起祭祀是不是一个例子？"

答："祭祀日和三年丧一起祭祀不是个例，没什么可想的。俗话说随俗而做也无所谓，或者在机制词中可以做到，如果像三年丧时一样，可以同时行吉事或凶事，那么做核心的话和作曲，不能只以一个人为主，也不能兼做二位神主，这是最难的事情。"

以上问答是关于授位方式的内容。祭祀时供奉神主的方式有只供奉迎接祭日的祖先和侍奉内外的合葬。《朱子家礼》中写道："如果是父亲的忌日，就只设置一位父亲的神位。母亲的忌日只安放母亲的神位，爷爷以上和旁系亲属的忌日都是这样。但是从以上内容来看，尽管有单设的规范，但民间的合设惯例似乎非常普遍。"

退溪虽然也强调单设是规范的，但是根据俗例，即使合设也无妨，甚至表示"我家以前就祭祀过内外人士，但也不能轻易论及"，"我们家按照先例供奉两位"，强调了家族法的重要性。不仅如此，他还断言"合设不是个例，不是应该考虑的"，同时提及对合设的世间的肯定意见等，也有大家做出判断困难的声音。

问："以古代为例，高祖的祭祀不能以士大夫的身份进行。但朱子作的《家礼》是做了，为什么？"

答："如果以古礼断定高祖的祭祀，士大夫就不敢进行祭祀。但高祖也有

---

① 卷一包括丧礼服制、朝祭、葬事、虞祭、祝、孤寂、墓、神主、上食、望望落后。由代服追服组成。卷二由小祥、大祥、禅祭、合葬改葬、吊丧、忌讳祭、祠堂、墓祭、节祭时祭、拜礼生日、婚礼礼制、国丧条、国丧礼组成。

了福气,《礼记》也有合祀①到高祖时进行的文字记录也可以找到。所以程子说不得不祭祀,朱子就是以这样的理由写在《家礼》里的。"

现在爱礼守旧之士,何以参看遵行?只是现在的国法有祭祀三代人的法典,还有孔子界也遵照周朝礼,恐怕很难让所有人都按照家礼来行这个礼。

以上问答是关于"四代奉祀"的妥当性,即享祀者范围的内容。与此相关1485年(成宗十六年)颁布的《经国大典》中记载:"文武馆六品以上祭祀父母、祖父母、曾祖父母的三代,七品以下祭祀二代,庶人只祭奠父母。"②围绕"四代奉祀"的争论从高丽末期开始,正式讨论1428年(世宗10年)制度是否妥当。③ 当时立足于《朱子家礼》,废除等级奉祀,实行"四代奉祀"的立场和维持现行制度的立场被分为两种。对此,文臣四品以上臣下的意见集中的结果,"四代奉祀"赞成的人不到四五人,因为大部分支持后者的立场,所以制度没有得到改善。此后随着中宗即位,信奉朱子学的人进入政界,"四代奉祀"问题再次出现。士林们主张将"国朝五礼仪"等制度与《朱子家礼》相一致,但最终告吹。④ 事实上,等级奉祀的原则与明确规定"四代奉祀"的《朱子家礼》大不相同。因为这些原因,士林们采取了不管身份高低,允许所有人进行"四代奉祀"的方法。进入18世纪,随着《朱子家礼》在士大夫等平民层中广泛普及,加剧了等级服务衰退,因此不论身份如何,在丧礼和祭礼中供奉四代祖先的所谓"脱身分籍祭祀观"逐渐形成。

退溪在享祀者的范围内,也采取了承认规范的妥当性,但允许俗礼的立场。正如上述回答所言,"以旧例断定,作为士大夫,不敢诸位",但同时又提到了"古祖都有服,《礼记》里也要合祀古祖"的理由,强调不能只认为参阅"四代奉祀"活动。与此相关,《退溪先生言行录》中也记载了类似的内容。⑤《朱子家礼》中规定祭祀四代,国祭(国朝五礼仪)中规定根据身份进行等级服务,这是关于这种情况该怎么办的问题。对此,退溪回答说:"虽然国祭上如此,不敢违抗,但如果孝孙按照古字礼行事,有什么不可行吗?"对于世俗中不祭祀古祖的妥当性,他回答说:"古祖是有服之亲,怎么能不祭祀呢?但是时王制度如此,岂能怪他们不行?只要自己尽到道理就行。"同时承认规范和俗礼

---

① 此处合祀是指在卒谷的第二天,将神主供奉在祠堂时举行的祭祀。

② 《经国大典》、《礼典》、《奉祀条》。

③ 《世宗实录》卷,"(世宗)10年9月14日癸亥年"。

④ 《中宗实录》卷三四,"(世宗)13年7月27日甲子"。

⑤ 《退溪先生言行录》,国际退溪学会大邱庆北支部,1994年,第180~181页。

的妥当性。

问："忌祭祀决定在主人家进行，其他儿子和女儿们只帮助祭品，怎么样？"

答："在朱子写给刘平父的文章中，关于支子可以自己主管的祭祀的说法，我想如果支子可以主管祭祀的话，应该是祭司或祭祀的种类。如果现在把祭祀全部推给长子，而不能让支子祭祀的话，按照旧习惯懒惰，连祭品的帮助都不尽如人意。因此，如果连子孙后代也完全忘记祭祀祖先的礼仪，只有长子一人负责缅怀祖先的真诚，那也是非常抱歉的。另外，如果长子因贫穷而无法独自负责祭祀，反而按照习俗进行更好。"

问："岳母家祭祀问题。"

答："对岳母家的祭祀过去是没有根据的，现在随着世俗已经过的话，对岳父应该说成是外舅，对岳母应该说成是外姑。如果是妻祖父母以上的人，以前是没有名字的，现在却对他们用不合礼节的称呼，这是不对的，不用临时方法来称呼他们才是正确的。"

上面的问答是关于祭祀继承的内容。在不受儒教家族理念影响的高丽时代，由于没有继承家族的思想，在财产和祭祀继承方面，长子没有垄断优势，所有子女都公平退让，形成了子女均等继承的趋势。祭祖时主要在寺庙里安放灵位，当时所需的费用由兄弟和女儿轮流承担。这叫作轮回奉祀。之后进入朝鲜时代，全面禁止寺庙的祭礼，逐渐变成了儒教式的祭祀，但是轮回奉祀的传统依然在持续。①

特别是在退溪活动的 16 世纪中期，由于性理学尚未正式扎根，祖先的长子单独继承并未得到普及。因此，将祖先的祭祀只交给长子进行，剩下的子女只负责祭品柜如何呢？对于这个问题，退溪的回答是"对于只为长子祈祷祖先的真诚感到抱歉"，也可以看出当时的时代状况。与此相同，对于岳母家的祭祀问题，他说"以前没有根据，现在刟除世俗，已经过完了……"这样的回答也可以从相同的脉络中理解。

问："《家礼》祭祀食物有醋盘子，我家三年内只有平日里吃的食物代酱，日后在家庙祭祀时怎么办？另外，小菜里有盐盘，但没说要摆放的地方。《丘氏仪节》里说盐和醋两盘放在最前排，但同样没有摆设酱的位置。像酱这样的食物就是吃的时候为主食，而祭祀的时候不摆放是什么意思呢？"

---

① 许兴植：《故里社会诗研究》，《亚洲文化史》，1981 年，第 436 页。

答:"如果只依靠礼节性语句,那么盐和醋必须一起进食。那些陈设的地方当然也应该遵从丘氏的礼仪。但是饮食的种类和过去不同,所以不可能和过去一样。现在说来,盐不一定摆在盘子里,都是混在每个菜盘里用的,酱也许是不得不陈设吧。像平日一样,将用酱代替使用,这个是件好事。"

问:"是祭祀时坐还是站。"

答:"祭祀时应站立,依例毋庸置疑。只是在韩国风俗中,生时没有后裔的侍立礼,祭祀时也没有按照以前的礼行。庙祭和祈祭都遵循风俗,唯时祭三献前都站立,侑食后坐,这是家家都做的礼节,不知您是怎么想的。"

第一个问答是询问祭品的时宜性,对此退溪回答说:"饮食的种类和现在不同,所以和过去一样,不能全部做。"对于祭祀时是坐还是站的问题,他回答说:"祭祀时站立是依据例文无可疑的,但在韩国风俗中,没有生前子弟们站着侍奉的例子,而且祭祀时也没有按照古时的礼法来规范。"这可能是因为与之前的事例不同,这些内容在祭礼文化中的重要性相对较小。相反,由于设位方式、四代奉祀、祭祀继承等占据祭礼文化核心的因素,在规范和俗礼的对立情况下,采取了更为慎重的立场。

人们常把退溪的预设体现为折中主义、稳健主义、合理主义、现实主义等,但也有人怀疑退溪为何会采取这样的立场。对此线索,似乎可以从退溪的答辩倾向中可以找到。退溪在规范和俗礼对峙时,先提出规范的妥当性,然后又提出俗礼,这不妨吗?经常回答这个问题。与此相同,退溪的回答中也有不少"要向有识之士——询问并议论"的内容。我认为退溪的这种立场说明当时并没有确立明确的预论。[1] 实际上,即使是在 16 世纪中期,也是朝鲜礼学成立之前的过渡时期,因此包括行礼方式在内,在家庭和亲属文化等方面广泛盛行不符合朱子礼的传统习俗。另外,据推测,儒学者对朱子家礼的理解不深,因此在接受俗礼等方面比较宽大。特别是这种倾向与从 16 世纪后期对朱子礼学的理解逐渐加深开始,与退溪学派的礼学中接受俗礼的倾向逐渐减弱的现象一脉相承。[2]

---

[1] 裴尚贤:《退溪李滉的礼学思想》,《退溪先生礼说文集》,陶云会,2001 年,第 11 页。

[2] 郑京熙:《16 世纪后期—17 世纪初期退溪画派的礼学》,《韩国学报》26—4,日志事,2000 年,第 116 页。

三、祭礼文化的行礼现场，传统和变化的共存

祭礼文化的传承情况有必要区分宗家和一般家庭。宗家被称为传统文化的最后一座堡垒，祭礼文化的变化也比一般家庭慢一些。从这一点看，了解宗家的祭礼文化将成为解韩国社会祭礼文化变化情况的工作。

表 1　庆尚北道地区宗家的不迁位祭祀时间的变化表（截至 2015 年 6 月）

变化与否	变化情况			不迁位数	计（比例）
无	子时			79	79（38.5%）
有	忌日	晚上		68	121（59%）
		下午		25	
	定日	中丁	午前	9	
			下午	1	
		下丁	午前	2	
		特订日	午前	15	
			子夜	1	
不祀	不祀	藏主		4	5（2.5%）
		其他		1	
总计					205（100%）

在宗家的祭礼文化中，出现巨大变化的是祭祀时间。最为普遍的是将现有的子时（晚上 11 点～凌晨 1 点）改为晚上 7 点～10 点的情况。据统计，目前庆北地区共有 199 处不迁位宗家，不迁位人物有 205 位。表 1 是庆尚北道地区 205 位不迁位人物祭祀时间的变化。从内容来看，改变祭祀时间的情况达到了 59%（121 个案例），这一点倍受关注。具体来说，在 205 个案例中，68个案例都改到了日期的晚上，25 个案例改成了日期的上午。剩下的 28 个祭礼与日期无关，都在定日祭祀。其中"中丁"和"下丁"是以乡校或书院享祀日为基准的，所谓"特定日"大部分是公休日。

祭祀时间的主要变化因素有两种。首先是制管的老龄化。由于青壮年层的农村移民，在没有进行世代交替的情况下，迎来了祭官的高龄化。实际上，祭祀官大多是 70～80 岁的老年层。即使居住在根据地，从子时到凌晨 1时至 2 时为止的祭祀对老年人来说也是相当具有负担的时间。因此，祭官急剧减少，甚至到了分工决定的程度。其次是负责祭品和饮服、饮食、帐篷等角色的家庭女性们的不满诉求。宗家的不迁位人物相当于派别形成的中时调，

因此超越宗家,在门庭上举行祭祀。因此,在不迁位祭祀上,一般家庭女性们也插手。但是与结束饮酒后马上回家的男性不同,女性则要负责收尾工作,因此回家时间往往超过凌晨 3 点。因此,参与祭祀的女性人数逐渐减少,最终陷入依赖临时工的状况。在表 1 中,改变祭祀时间的宗家大部分都存在这样的问题,在变更祭祀时间后,祭祀官的数量比以前有所增加,家庭女性的参与比率也有所提高。

表 2 庆北地区宗家的四大祖先祭祀时间的变化情况表(截至 2015 年 6 月)

改变与否	变化情况	计(比率)
无	子时	11(27.5%)
有	忌辰晚上	29(65%)
不祀	不过	3(7.5%)
合 计		40(100%)

表 2 是供奉在不迁位宗家的祖父母以下四代祖先的祭奠时间。虽然在全部 199 间房屋中,这只是 40 个案例,但由于是随机抽取的对象,所以我认为把握其倾向应该不会太大。有趣的是,与表 1 中的不迁位祭祀时间相比,并没有明显的差异。即显祖不迁位人物的祭祀,因为后人及学派等因缘,他姓氏也参事,具有所谓的对外活动性质,所以遵守传统规范的倾向较强。[①] 这体现出与四大祖先的祭祀时间相同的变化。这也可以说是反映围绕宗家的祭礼文化正在发生急剧变化的事例。

表 3 是祭祀考位和妣位的形式。祭祀时安放神主的方式有只祭拜过期的祖先和供奉内外的合葬。此时的合设是在举行高位和丰碑祭祀的前提下进行的方式。即在高位(或高位)的祭祀上,与高位(或高位)一起祭祀。但是最近出现了省略碑位祭祀,在高位祭祀时一起供奉的形态,叫作合祀或合祭。从表面上看,在供奉高位和碑位方面与"合设"类似,但省略了碑位的祭祀,在高位祭祀中合在一起,因此取名为"合祀"。

---

① 金美英:《关于祖先祭礼的变化和认同感的持续研究》,《历史民俗学》第 25 辑,韩国历史民俗学会,2007 年,第 279 页。

表 3　庆北地区宗家的不迁位考妣祭祀随行情况表（截至 2015 年 6 月）

改变与否	变化情况		计（比率）
无	28(68.3%)		28(68.3%)
有	合祀—合祀	6	12(31.7%)
	单设—合祀	6	
合计			40(100%)

就像看表 3 一样，省略了碑位的祭祀，变更为合祀的情况有 12 个，占全体的 30%。虽然这不是全体收盘价的例子，但可以说是反映了急剧的变化情况。另外，省略"违法祭祀"的背后，是男性和女性的认识差异。事实上，在地区社会，不迁位祭祀之所以受到关注，是因为被推举为不迁位人物的男性活动。男性生前不仅开展学术和社会活动，而且以极高的德望受到地区社会的尊敬。在此背景下，对外宣传较少的不合乎情理的祭祀活动正在成为变化的对象。①

表 4　庆北地区宗家的享祀变化情况表（截至 2015 年 6 月）

变化与否	奉祀代数	不迁位宗家	计（比率）
无	4 代	30	30(75%)
有	3 代	2	10(25%)
	2 代	8	
合　计			40(100%)

自朝鲜时代以来，围绕享祀者范围的制度和规范一直是对立的情况。即朝鲜的代表性法典《经国大典》中根据身份分为三代祖、二代祖和父母祭祀，而行礼的规范书《朱子家礼》中则明确规定，无论身份高低，所有人都可以祭祀到四代祖。但是与根据制度的强制力相比，礼的实践更依赖于根据例书的规范力。因此，虽然四代奉祀官行在制度上是违反事项，但在《朱子家礼》的强力规范力下，成为普遍习俗。

正如表 4 所述，从现有的四代奉祀改为曾祖父母三代服务或祖父母二代

---

① 金美英：《关于祖先祭礼的变化和认同感的持续研究》，《历史民俗学》第 25 辑，韩国历史民俗学会，2007 年，第 286～287 页。

服务的情况有 10 例,占全体的 25%。但有趣的是,与三代奉祀服务相比,祖父母的比率高出 4 倍以上。这可能是因为把乡思者的范围限定为"面识祖上"。即在想要缩小享祀者的时候,就像"不管怎样,对面识祖先的祭祀更加感到依依不舍"的谚语一样,重视的是生前的交流,祖先的亲和感。

祭礼文化的变化情况中值得关注的是,与祭祀时间改为"忌日晚"相比,合祀和祭祀者的缩小等只占一半水平。这可能是祭礼文化中各个要素所占的比重产生的结果。事实上,省略了违纪祭祀或缩小享祀者人数的做法是中断祭祀本身的行为,对于试图改变现状的立场来说,这也是一件令人有负担的事情。相反,祭祀时间作为确保祭礼的持续性,由于改变外形,因此应成为变化的优先顺序。

四、退溪礼学的时宜性和今天的祭礼文化

大部分宗教礼仪都倾向于根据时空的不同,形式和内容也有所不同。与此相同,儒教的祭礼文化也会根据目前的状况经历变化。特别是作为祭礼文化的理想范本而发挥作用的规范体系,虽然提供了行礼的基本框架,但是在行礼的实际情况中,双方经常发生冲突。从这一点看,时宜性起到了缩小规范和俗礼之间对立性的作用。笔者认为之前观察到的退溪礼学中时宜性的属性,也是在规范和俗礼的对立状况下采取的合理的方案。即平时强调礼仪通用性的退溪,基本上在重视规范的同时,也考虑到礼仪的现实适用,允许了时俗的风俗。

那么退溪礼学的这种属性对岭南地区祭礼文化的变化产生了怎样的影响呢?当然,查明他们之间的直接关联性并非易事。但是考虑到退溪礼说在岭南礼学的形成中发挥了巨大的作用,在某种程度上可以推测。退溪虽然没有留下独立的体制例书,但由于学问本身的深奥,他的弟子们遇到变礼的难题就向老师提问,并且完全信任他的回答。特别是弟子们把与退溪的礼问答辩与朱子书一同整合,编撰了《二先生礼说》①。可以说,这体现了岭南学派中"退溪礼说"的绝对地位。

这种倾向在今天的行礼现场也随处可见。一般来说,在规范和俗礼相冲

---

① 李惟樟(1625—1701 年),他以朱子和退溪的礼说中丧礼和祭礼相关内容为中心编纂了书。

突或试图寻求摆脱规范的新变化时，对俗礼持宽容立场的人物的预设可以给现行俗礼或今后的变化等赋予妥当性，并作为保证整体性的依据。[①] 其中该地区一带具有影响力的人物所提出的见解，甚至超过《朱子家礼》，被认为是地区居民的另一个规范，特别是在形成、维持退溪学派的大部分地区，退溪礼说起到了作用。即在这些地区，"退溪先生也无妨"的一行记录发挥了超过《朱子家礼》中规定规范性指南的强大力量。因此，考虑到这一点，今天在庆北一带出现的围绕祭礼文化的一系列变化也可以理解成与此相同。

（作者单位：韩国国学振兴院）

---

① 金美英：《关于祖先祭礼的争议点和解释的礼学接近》，《南冥学》第 19 辑，南冥学研究院，2014 年，第 285～286 页。

退溪礼学思想的特征和意义

◎ 韩在壎

一、性理学中的礼仪意义

体现性理学中对"礼"意思的理解,具有代表性的例子当属朱子的定义:"礼与天理之节文,事事之仪则。"通过这一简洁的表述,朱子将制度和规范这一现象性层面讨论的例子从法律和原理这一本源层面扩展至其讨论范畴。

上天是一切存在的始源,天理是一切单位的本源。性理学的理论基础是:上天所生成的所有用自己的存在原理来构成天理,有自身存在的原理,所以所有存在都应根据自己所享有的存在原理而生活。因此,当人类这个存在,将个人或社会生活的整体称为"人事"时,理应符合"天理"。就像天理和人事的框架,性理学在贯通存在与单位结构性的地平位上,眺望并讨论了礼数。

但是性理学认为人事符合天理只不过是理想的义务,现实并非如此。其理由是,作为在人事上体现天理的主体,人类暴露在以气魄为表现的等级存在状况和以人欲为代表的现实问题状况中。因此,对于人类来说,需要一种能够引导其履行符合自身存在原理的"天理人事"的指南。性理学就具有这种手册性质的例子。

在性理学上,礼被认为是由圣人制定的。圣人素有清正之气,故不致于天理人事上受到下等障碍或拘碍。因此他既是人,也是天理的体现者。而且在人类社会中,这样的圣人提出的"教"可以作为品节手册,让所有人都从存在论的角度出发，将已经拥有的"天命之性"遵从到各自的生活中去。朱子认为的礼家完全是天理的体现。他说：

> 许多典礼都是上天赋予的秩序，圣人只是根据天而有序地加以规范和遵照。从冠状葬礼的礼仪、典章制度、文物礼乐到车舆制度，没有一个是圣人任意制定的。都是天造地设，圣人只是凭天理进行而已。①

虽然这是由圣人之手制定，但并不是圣人个人的任意设计，从这一点来看，所谓的"礼"本质上与上天亲自制作的毫无二致。像这样任意排除人为性的例子最终被收敛为每个人内心所固有的存在原理，从这样的逻辑出发，向着"礼即理"这一更加简单而强有力的定义前进。即礼是指将不可见的理具体化为可视形态，因此成立"礼即理"②的命题。

在这种性理学的理论格局中，遵照礼的意义远不止于单纯地遵循社会制度或关系规范。即在性理学中遵行礼，被看作是人类在自己的生活中实现自己的存在原理。因此，在性理学中，礼当然是实践的对象，更是学习的对象。在这点上兴起的概念就是"天理"。

从性理学的观点来看，"义理"是指在人事安排上体现得最恰当的"天理"概念，因此"义理"在内容上与"天理"本质上相同，但在其范畴上，是"天理"在人事安排上使用的概念。在这里，义会造成天理和概念范畴的差异。即从先天义理为本的方面来看，内容上与天理相同，但从后天义理也要得来的方面来看，天理及其范畴不同。为了获得对这个义理的后天性理解，性理学中提出的学习方法就是"穷理"。

琢磨就是通过思考的过程获取义理的学习方法。朱子把"思虑"和"实践"作为学者的首要课题，同时明确指出，只有对义理有明确的理解，才能进入实践阶段。另外，朱子还多次强调，对义气的思索学习与对本源的养养学习必须一起进行。整理朱子想法如下：首先天理（实践）就是将义理体现到生活的现实中，因此必须以对义理的明确理解为前提。但是为了理解义理，需要有思考的过程。为此，思考的主体——心的状态和作用尤为重要。因此，人需要通过保持原本的状态，发挥自己的作用，学习涵养。

根据性理学的理论体系，世界上所有的存在都源于"理一分殊"的结构中。我之所以能在与其他存在的关系中做出符合当为的行为"应万事"，是因

---

① 黎靖德编：《朱子语类》卷七八，北京：中华书局，1986年。

② 《朱熹集》卷六〇，《答曾选之祖道》。

为内在具备其他所有事物的存在原理"具众理"。另外,我认识所有存在原理的根据也是建立在"理一分殊"这一存在论的大前提之上。那么可以说我的行为和认识的绝对依据是理,义理为我存在的原理——本性存在的地方就是心。作为行为和认识的主体,心依据自己内在的道理进行行为和认识。那么,保持心理的本来状态并发挥其作用,无异于在行为和认识的场合中将自身内在的道理很好地体现出来。义理就是在这个行为和认识的场所中,心在求有,同时要体现的道理,义就是根据这个义理并为了符合它而制定的指南。

二、退溪的礼说和礼学的形成过程

退溪的礼学不仅是对书籍的文献性研究,而且以此为基础进行了义理性的解释。首先退溪对各种礼书进行了广泛的研究。退溪对古礼代表的《周礼》、《仪礼》、《礼记》等三礼相关礼书和以《朱子家礼》(以下简称"家礼")为代表的家礼相关礼书都进行了广泛的研究。不仅如此,他还广泛涉猎了中国历代王朝并包括朝鲜王朝的过去在内制作的所谓"时王礼"文献。

退溪通过对礼书的广泛研究,奠定了自己的礼学基础。但他在深造后,对礼书进行了批判性研究和客观评价,从而追求礼学的合理性。例如,退溪认为三礼书本身含有古礼的原型,提示了礼仪的本领,因此可以成为关于礼的所有讨论和行为的准则。但同时,我们也注意到,因为这种从今天起就要遵守的礼仪是很早以前制定的,在时宜性上具有局限性。相比之下,《家礼》是出于如何将古礼应用于当前不同情况的考虑而编写的例书。[①] 退溪在应遵行礼的问题上非常重视《家礼》,但这并不意味着他迷信《家礼》。他通过古礼来补充《家礼》错过的礼仪本义,同时利用家礼礼仪等后人的礼书来补充"家礼"。另外,退溪在承认侍王礼权威的同时,还批评了其存在的问题。

这样,退溪在研究礼时,首先他想尽可能多地参考古今的礼书,而且对每本礼书都有很深的造诣。更进一步讲,退溪没有盲目地信任礼书或默认地遵行,而是从批判的角度对礼书进行了评价性研究。但是在研究退溪的礼时,根本目标是将"天理的问题,以人事的仪则来看"其礼的体现运用到现在。换句话说,退溪礼研究的目的不是为了研究,而是为了执行礼仪。因此退溪阐明说:

---

① 《朱子家礼》,序。

礼数要普天下。天下无行,不成文也成何方?①

因此退溪对以三礼书为代表的古礼的研究也倾注了心血,为了能够在今天遵行,在斟酌损益后,特别重视被评价的《家礼》,最终传到了朝鲜。但是《家礼》本身不完备,同时又因时间和空间上的差异而带来的不合适性,以及文化差异带来的问题。因此,退溪的研究不得不从以文献为中心的"考究式的方法"向探索义理的解释性方法发展。

所谓解释性研究方法大致可以分为以下两种:第一,通过超越理解礼文层面,来解释阐明礼意;第二,以阐明礼仪为基础,通过类推和义起能动地应对各种变化情况。

首先让我们看一下退溪试图通过解释来表达礼仪的事例。礼仪可以说是在某种仪式程序中蕴含的本质意义。但更重要的是,被命名为"经礼三百,曲礼三千"的大大小小的仪式程序在独立进行的同时,它们也进行有机协调。② 那么,我们不仅要阐明仪式程序中包含的本质意义,还要在意识程序的基础上弄清楚仪式程序相互之间形成的秩序。因此,通过退溪的解释,礼仪的究明大致分为三个阶段。

第一个阶段是,对于某种仪式程序,在考虑其形成情况的同时讲求礼仪。为了阐明礼仪,不仅要解释相关意识程序的本质意义,还要解释意识程序的形成情况和意图等。第二个阶段是在有机的秩序体系中,对意识程序的各个意义进行综合探讨。它从揭示仪式程序之间的备、简或隆、杀等来拯救秩序体系开始。第三步是赋予某种仪式程序新的意义。这是对解释者自身义理的确信,赋予某种意识程序新的意义,与前两个阶段截然不同。像这样,以对义理的确信为根据,对礼的解释方式可以称为"义理的解释",这种方式相当于通过解释表达礼仪的最高阶段。退溪通过这种义理性的解释,拯救了高阶段的礼仪,这不仅代表了他的礼数研究水平,也说明在他的礼学中已经奠定了被称为猜想损益的另一种形态变礼的应对基础。

变礼是常礼(经礼)的相反概念。如果说制定原则以可预测情况为前提的普遍事例是常例,那么变例是在无法预测的情况下为了不破坏其原则而必须重新摸索的特殊事例。因此,丧礼可以通过礼书找到其根据,但辩礼的特别之处在于它是没有依据的例文。那么如何应对变例呢? 它能弄清楚平常

① 《退溪先生言行录》卷四。
② 《礼记·礼器》。

惯礼中提出的礼仪,并对其所蕴含的义理给予充分的理解,从而在遇到例外和变通的情况时应对变例。应对这种变例的代表性例子就是"礼起"。

"义理"的意思是,根据义理重新提出以前没有的例子。① 但为避免新提出的例子成为随意制造的行为,必须以对义理的完全掌握为前提。但是成熟掌握义理不是一朝一夕就能实现的,况且在探索新例题的过程中,要达到应用的水平是非常困难的。因此,在讨论某个学者的礼学水平时,他能以义理的方式应对变例,这证明他的礼研究已经达到了很高的水平。

三、退溪的礼学著作及实践

退溪没有留下有关礼学的著述。只有他关于礼的论述或答问被后学们抄录并编纂而成。虽然《言行录》等中也有部分流传他的论述,但最具代表性的是根据聱隐赵振(1535—?)编纂的《退溪先生祭礼答问》。《退溪先生祭礼答问》是摘录了退溪对于丧礼和祭礼相关的答问后编写的。这里共有 41 人登场,包括与丧礼相关的 231 件、祭礼相关的 152 件、其他 19 件等,共收录了402 件答卷。②

接着编成类编形式的编纂物,孤山李惟樟(1624—1701 年)的《二先生礼说》、星湖李瀷(1681—1763 年)的《李先生礼说类编》、广濑李野淳(1755—1831 年)的《溪山礼说类编》、菊隐林应声(1806—1866 年)的《溪书礼辑》等就是其中的代表。《退溪先生祭礼答问》以丧礼和祭礼为中心编纂而成,而这些类编形式的书将范围扩大到惯礼和婚礼等,并且按照主题分类编撰,提高了阅览的便利性。

退溪与朋友和文人,就例子做了无数的问答和讲论。他的学说对那些讲礼或遵行礼的后学者们影响极大,非得参考不可。尽管如此,他为什么没有留下相关著述呢? 事实上,礼规定了社会规范和生活方式。因此,留下与此相关的著述,就必然具有反省问题的情况,并对此提出正确方向的矫俗意义,其结果只能是一种社会改革性质。据推测,退溪之所以没有留下与礼相关的著述,是因为他对这一点非常谨慎。

---

① 《礼记·礼运》。

② 韩在壤:《通过〈丧祭礼答问〉中的分析,了解退溪的俗礼观考察》,韩国退溪学研究院编《退溪学报》第 128 卷,2010 年,第 14～19 页。

虽然退溪在编纂对以矫俗为目的的礼书时坚持了非常慎重和谨慎的立场，但这并不意味着他没有为纠正所谓的"俗礼"而做出任何努力。同时退溪对禅宗的教俗很慎重，但这不代表他无条件的从俗。对于绝对不能实行的俗例，退溪要求进行违俗或免俗，并主张强烈拒绝。

退溪对俗礼的基本立场是肯定和否定共存，是因为考虑到俗例被提出的原因是感情。正如我们从关于"四端七情"的既过去又彻底的辩论过程中可以看出的一样，退溪对人的感情有着深刻的理解。虽然"四端七情"心里都有感情，但其中成为俗礼原因的感情是喜怒哀乐爱恶欲等七情。七情在善断未定的状态下，具有任何可能性，它总是需要中节。俗礼就是基于这种感情，所以同时存在肯定的一面和否定的一面。

那么，感情以肯定方式表达的俗礼是什么呢？退溪通过分离归纳"厚"和"过"，使得"礼"更接近了。即使是俗礼，如果这是厚道俗礼，不伤义理，与其想进行教革，不如提倡它。但总体上比起原作的世俗惯礼可能会有比较多的问题。例如，出嫁的女儿，父母娘家，不降服（降低丧服等级），常识时，三杯酒要做的三献等，但实际上会有过度的后害。"厚"和"过"具有很容易混淆的相似特性。

因此，这本身就是后害的认知还是世俗惯礼难以判断，只能根据与礼在整个体系中有机地配置的意义和是否符合秩序来判断。

俗礼含有批判性含义，认为没有依据古礼、《家礼》和侍王礼等所谓的"正礼"不以定例为根据，这不仅仅是单纯地以定例为依据的问题。礼是指大大小小的仪式程序在独立的同时有机地协调在一起，因此礼是独立的，同时指向在整体的一成之上存在的完整体系。但俗例不仅脱离了这种体系，而且最终会威胁到这种体系本身，让人担忧这个问题的严重性。作为礼学家，退溪对这种俗例问题表现出严厉的反对态度。在其代表性的事例中，我们可以从反对庐墓、主张返魂的例子中得到证实。

举行埋葬逝者的葬礼仪式后，丧主本人不忍心离开埋葬逝者尸体的地方，也在坟墓附近建造庐墓，这就是小屋。守墓或侍墓还有居庐之所以被用作庐墓的另一个表现，就是因为这个。这种庐墓的风俗从很久以前就得到了奖励，而且被中国的使臣们介绍为我国的骄傲。[①] 但是 16 世纪以后，随着对古礼和《家礼》的理解全面提高，人们对"庐墓"不是古礼的事实进行了反省性

① 《高峰集·续集》卷二，《天使许[国]·魏[时亮问目条对]》。

讨论,在进行这种反省的过程中,他们推测认为退溪对庐墓的如下反对起到了重要而先导性的作用。退溪说:

> 古人把"返魂"看成一件十分繁重而紧迫的事情。举行葬礼的当天,坟墓还没有完成,所以进行反哭和虞祭,是因为希望神魂回到平时居住和安乐的地方,不要让他们散去。自从"庐墓"的俗例兴起,这个例子终于被废止了。平时居无定所,安居乐业,在荒山僻壤中受训,三年过后才反魂,重体魄轻体魂,轻度神魂,荒诞不经。①

退溪认为庐墓主要有三个方面存在问题。庐墓的第一个问题就是有失礼仪的本质。人死了,魂归天,魄归地,这是自古以来的理解方式。② 那么,父母去世时,子女应该以父母的神魂为主,还是以尸体为主呢? 返魂是代表前者的仪式程序,而庐墓是代表后者的仪式程序,从这点来看,这是丧礼的重要分水岭。对于庐墓和返魂中哪个是对的问题,退溪曾这样回答过。他说:

> 给正寝殡上准备的是让神安居生存的地方。在山野举行葬礼时,平土刚一终止就结束了祭主之行,让子弟看到封墓就马上返魂,这是为了让神魂无依无靠,担心自己漂山过海而走到依归的地方,在以前居住、休息的地方安定下来。这就是孝子之心。最近只说居无定所,不讲返魂的意义,三年后才回家返魂,可魂消魄散已久,还能回得去吗?③

退溪通过"在平时居住过或安乐过的空山荒僻的地方"对神魂进行表算的放任和对比,展现了在葬礼结束后最应该注意的为逝者安度神魂的例子,返魂是最适合的仪式程序。而且在完成坟前先去祭主④,然后直接陪神主回家,供奉在正寝的匮筵之中。之后的所有仪式程序都是以这个匮筵为中心进行的,这是常礼的一大主线。那么正寝的"返魂"是在完整的体系下,按照有机协调的例子,是体现了孝子侍奉去世父母思想的仪式程序。

庐墓的第二个问题就是破坏这种礼貌性的体系。例如,在定礼仪式上,葬礼结束后进行反哭、虞祭、卒哭、祔祭。⑤ 每一个仪式程序都具有各自的意义,同时在有机的秩序体系中协调一致。但是庐墓在经过大祥之后才进行返

---

① 《退溪全书》卷三七,《答权章仲丧礼问目》。

② 《礼记·郊特牲》。

③ 《退溪全书》卷三八,《答超起伯问目》。

④ 在前面观察到的"祭主"意识中,退溪对祝神主的行为的义理性解释就是从这一脉络中提出的。

⑤ 《朱子家礼》卷五至卷六,《葬礼》。

魂，所以这些仪式程序的意义和体系都会被违背。另外，自打下身开始，如果悲伤被忽视，就会停止作哭，只做朝夕哭。① 这种朝夕哭也被限制在小祥之后不能进行，只进行朔望。② 退溪将此理解为作为丧礼根基的"渐杀"的逻辑。③但是对于庐墓来说，早晚直接面对墓穴自然会引发悲伤，因此以不能不唱为由，无视形成常规的渐进逻辑。

庐墓的第三个问题就是庐墓的建造会衍生很多俗礼。庐墓本身已经不是以礼文为依据的俗礼，而且这三年代替了一系列正当的仪式程序，自行再生产出其他的俗礼。例如，当时庐墓被国家奖励并被社会接纳后，没有子女跟随庐墓的人开始苦恼是否应该让奴仆代行。④ 如果双亲中有一位先去世，另一位先丧命，那么为了合祭，流行把供奉在祠堂内先去世者的神主供奉到供奉的地方，或者用桑树做假主用于合祭的俗例。⑤ 不仅如此，为了稳定神魂生活，他们不顾虞祭，创造"成坟祭"这种毫无根据的方式，在结束了三年的庐墓后回家时，也进行了"迎奠"这种毫无根据的活动。

退溪之所以对庐墓提出强烈的返魂，一方面是因为庐墓本身存在严重的问题，另一方面也衍生出其他的俗礼，这也是必须根除庐墓的重要理由。即如果继续放任庐墓本身的话，这些衍生性的问题会持续地敲响警钟，那么根据义理确立正确的商业惯礼将变得更加遥远。对此，退溪强烈批判了庐墓的问题，并积极主张进行反魂。

像这样明确庐墓和返魂对立结构的退溪，将焦点放在重视尸体和重视神魂的问题上进行了讨论，这样的讨论再次深化到了感情和义理的根据问题。即庐墓是重视墓中体魄的极端感情行为，而返魂则是重视依赖神主的神魂的义理的仪式。因此，退溪的意图是反对重视尸体的庐墓，主张重视神魂的反魂，最终他的意图可以被评价为是节制感情，树立以义为本的礼。

---

① 《朱子家礼》卷六，《丧事卒卒》"卒哭"条。
② 《朱子家礼》卷六，《丧事》"小祥"条。
③ 《退溪全书》卷二八，《答金而精·问目》；《退溪全书》卷三二，《答禹景善》。
④ 《退溪全书》卷二八，《答金而精·问目》。
⑤ 《退溪全书》卷二八，《答金而精·问目》。

四、退溪礼学的特征和意义

对礼的认识在 16 世纪以后开始变化的新潮流中,退溪积极回应"义理"的问题,确立了以后朝鲜礼学思想的方向和坐标。以"义理"为本位的退溪的礼识从重视所谓的"义起之礼"中得以证明,也可从支持当时以祖宗成宪为由拒绝"四代奉祀"中清楚地看出。在退溪支持"四代奉祀"之后,他的后辈们不分地域和学派,都以此为传统。

退溪的礼学在学术上也取得了有深度的拓展,退溪对古今例书和朝鲜与中国的时王礼都有深刻的理解。另外,退溪是对礼书评价研究的默认标准。此外,对同一事件,每本书都提出不同的方法时,退溪对先贤的礼制赋予了其正当性,而不是侍王的礼制。这是因为在论述礼义时,最应该重视的部分是义理的体现,从这一点看,先贤的礼制具有优点。对于退溪的礼研究以文献的籍法为基础,发展了义理解释的方法。义理解释的方法大致可分为以下两种:第一,超越理解礼文的层面,通过解释来阐明意义;第二,以究明礼仪为基础,通过类推和义起,灵活应对各种变化对应情况。

从学术层面也可以确认退溪的礼学以"义理"为本位,但是通过退溪对俗礼的批评态度可以更明确地确认。所谓"俗礼",不是指依据所谓的"正礼",而是根据人类感情所做出的意识行为。这是因为人类世俗惯礼的依据,所以有正面意义上的"优厚的世俗惯礼",反面意义上的"过分的世俗惯礼"。但是如问题中的性情一样,退溪礼学也是世俗惯礼情的方向发展,而不是如一般过分的发展,因此在退溪的基本立场中对世俗惯礼保持批判的态度。

对俗例持批判立场的退溪努力树立立足于"义理"的例子。关于丧礼,退溪反对"庐墓",鼓励"反魂"就是具有代表性的例子。

这种以退溪的义理为本位的礼学特征在宗法秩序相关事项中也如实体现了出来。例如,在宗法秩序体系中,如果宗统不能以"嫡嫡相传"继承,那么与次子传重相比,更主张立后,在把祖先的牌位迁到祧迁的问题上,应以主祀者为标准来判断。这些主张都是以恩爱为象征的仁政和以义为象征的天理对立的场面中,体现了退溪本着义理确立礼仪。

正如"礼是义理的实现"[①]所言,目的不是礼本身,而是在于体现义理。这

---

① 《礼记·礼运》。

是朱子"天理的节文，人事的法则"这样语句来定义理礼仪方面也有很好的体现。这种"义理"是决定性理学内礼仪地位的一个非常重要的概念。在朝鲜儒学中，能够反映这种主题的人物，就是退溪相当于先河。从这一点来看，退溪并不是只在利己心性论领域提高朝鲜儒学水平，而是在礼学领域也区分了过去和后来的当代最高水平的礼学者。

（作者单位：韩国首尔高丽大学）

退溪后学的礼学和礼说的展开

一、退溪学派礼学的展开

朝鲜时代的家礼文化是从高丽末期引进的《朱子家礼》开始逐渐扩散,到了 15—16 世纪,从礼说的角度重新整理在朝鲜社会状况下所发生的问题,在文本化过程中正式扩大。如果说朝鲜前期是以国家为主体,将礼作为确立国家秩序的教化手段,那么朝鲜中期则是以加深对性理学的理解为主体,以性理学理念为体现媒介,在具体现实中实现礼的意志和条件。在朝鲜时代成为家礼文化先驱的人就是退溪李滉(1501—1570 年)。

退溪是朝鲜时代家礼文化的先驱者,其理由是什么呢? 第一,退溪与当代学者相比,在相当长的一段时间内深入研究了《朱子家礼》。第二,他意识到了《朱子家礼》与朱熹的万年正论有差异的问题以及《朱子家礼》本身具有的考证准确性、解释明确性、行礼简便性等相关问题。第三,在《朱子家礼》试图在朝鲜现实中施行时,退溪苦思对出现的各种变例进行回答。结果就是"退溪丧祭礼答问"。

《退溪丧祭礼答问》以古礼为中心处理了多种变礼,对古礼和俗礼冲突的地方确立了各自的原则,提出了解决《朱子家礼》本身存在的问题的方式和对策。① 从《退溪上祭礼答问》中可以看出，退溪的礼学研究的重要支点是在礼文中不存在的或需要应对变礼的情况时适用的义理解释。"义起"，是指根据义起重新提出以前没有过的礼。②

如果将其进一步具体化，则可以说对应退溪的类推和义起变礼的姿态体现了退溪的"义理礼学"的真面目。"类推"是指即使对相关案件没有礼文，但找到可以作为该案件参考的其他礼文，并以此为根据采用应对的方式，如果连可以作为参考的礼文都没有，则只能以自己的义理见解为根据采取应对的方式。③

那么，退溪学派的礼学充分体现了退溪根据类推和义起方式所表达的义理礼学观点，与弟子们就丧礼和祭礼的变例进行问答的《退溪丧祭礼答问》问题意识发展的形态。特别是被称为礼经的《三礼书》（《仪礼》、《礼记》、《周礼》）及未完成的著述，可以说和朱熹晚年著作《仪礼经传通解》的研究深化过程相吻合。

退溪学派的礼学分为岭南的退溪学派和京畿的退溪学派（星湖学派）。16—17世纪由岭南的退溪学派的礼学主导，但从18世纪初开始，京畿星湖学派的礼学与岭南退溪学派的礼学相遇，退溪学派的礼学迎来了全盛期。岭南的退溪学派在退溪以来传承下来的义理学文法中发展着例说，因为与京畿的星湖学派的相遇又给他们增加了博学和考证的文法。

岭南的退溪学派根据退溪的问题意识，通过古礼来补充《朱子家礼》，从这点出发，延续了芝山曹好益（1545—1609年）的《家礼考证》。另外，与畿湖学派相对应，由确立退溪学派礼论的五休子安玑（1569—1648年）的《家礼附赘》组成，再由一庵辛梦参（1648—1711年）的《家礼集解》组成。再进一步，到了东岩柳长源（1724—1796年）的《常变通考》和寒洲李震相（1818—1886年）的《四礼辑要》，通过古礼来补充完善《朱子家礼》，将朝着超越《朱子家礼》的新的家礼书确立方向展开。④

---

① 《退溪丧祭礼答问》的详细分析是可参考韩在壎：《分析用于"丧祭礼答问"的退溪之俗礼观考察》，《退溪学报》第128卷，2010年。

② 《礼记·礼运》："礼也者，义之质也。协诸义而协，则礼虽先王未之有，可以义起也。"

③ 韩在壎有关类推和义理的解释，参考《退溪礼学思想研究》第四章，《义理解释展开》，高丽大学博士学位论文，2011年。

④ 张东雨：《朝鲜后期家礼谈论登场的背景和地区特色——以《朱子家礼》的注释书为中心》，《国学研究》第13辑，2008年，第105～107、112～121页。

他认为退溪是东方出生的朱子,甚至与孔子相媲美的星湖礼学①,还有并且认为体现退溪学之精髓是自己的责任。星湖由退溪的文人赵起伯(赵振,1535—?)编撰《退溪丧祭礼答问》,但这只是编辑了退溪有关礼学的书信而已,从这个角度来看,退溪的礼说存在时间差异,考据也不详尽。② 他指出了要点,然后重新整理了退溪的丧事祭奠相关著述,按照项目分类,并在此上题名编撰了《李先生礼说类编》。另外,星湖认为有必要重新制定针对和自己一样的普通百姓的家礼规范,以及在自己家里使用的家礼规范。那就是"星湖礼式"。"星湖礼式"的最大特点是礼式开展的目的是遵循身份相符的礼制和节约不必要的开支。③ 此外,在星湖学派中,"星湖礼式"在遵行家礼中起着标准的作用。

在星湖门下"星湖礼仪"的运用方案分两个方向展开。一是简化《星湖礼说》,根据《朱子家礼》的体制进行完善,从而缩小与《朱子家礼》的差异。另一个是立足于古礼的原则,向着超越《朱子家礼》和《星湖礼说》的新家礼书的方向展开。前者主要出现在顺庵安鼎福(1712—1791年)的门下,后者出现在茶山丁若镛(1762—1836年)。顺庵一直对《家礼注解》、《家族翼》、《家注集解》等《朱子家礼》进行研究。纯庵和亲家朴思正者有《家礼酌通》,虽然主张将圣号和纯庵的预设折中,但实际上更接近于折中《朱子家礼》和顺庵的说法。④

相反,茶山超越了遵守《星湖礼说》和《朱子家礼》的两大立场。第一,《四礼家识》是《星湖礼说》的过分简化和违背的古礼,批判地继承。第二,与正向矫正《星湖礼说》、缩小《朱子家礼》之间的差异方向展开的纯庵门下相比,《四礼家识》具有出自提出符合朝鲜现实的家礼书来代替《朱子家礼》的意图。⑤

---

① 《星湖先生全集》卷五四,《退溪礼解跋》:"东方有退陶,如周末生圣人,仰如乔泰,信如金石。"

② 《星湖先生全集》卷四九,《李先生礼说类编序》:"又念先生答问非一时定说,或前后有异,考据未详。"

③ 李奉奎:《韩国思想史学》第 24 卷,2005 年,第 106 页,以《实学的预论——成湖学派》为中心。

④ 李奉奎:《韩国思想史学》第 24 卷,2005 年,第 124 页。

⑤ 全成健:《四礼家式研究》,《茶山花》第 19 卷,2011 年;全成健:《星湖壁派别的礼学与茶山樽壁的定位——以理解〈家礼〉为中心》,《韩国实学研究》第 22 辑,2012 年。

二、退溪学派礼学相关的著述和实践

退溪不仅将《小学》和《朱子家礼》作为读书的入门书向弟子们提出，还亲自向弟子们讲授《朱子家礼》，其内容来自他的文人勿岩金隆（1549—1593年）所著的《家礼讲录》，特别是关于丧葬礼的说明来源于良斋李德弘（1541—1596年）所著的《家礼注释》。不仅如此，退溪还通过熟人或文人之间的大量的答问书，展开了各种有深度的讨论，他的门人龙隐赵振（1535—？）只发了其中关于丧祭礼的答卷，其编纂成《退溪丧祭礼答问》。

像这样，16世纪以岭南地区为中心活动的退溪学派的学者主导礼学研究。行礼方面，以祭礼为中心，持续进行简便的手册准备工作；本文注解和文献考证方面，提交寒冈郑述（1543—1620年）的《家礼集览补注》、鹤峰金诚一（1538—1593年）的《丧礼考证》和芝山曹好益（1545—1609年）的《家礼考证》。

《家礼集览补注》是出于对《朱子家礼》的注释，为确保参礼书及宋明代学者的礼说文献基础而编撰的。《丧礼考证》除参礼书外，还有杜撰的《通典》、丘濬的《家礼仪节》、屠义英的《乡校礼辑》等为基础，为弥补《朱子家礼》的不足而编写的。《丧礼考证》是对学习《朱子家礼》时需要明确理解的用语和内容，注明出处和渊源，并附上自己的见解的著述。[①]

之所以出现这种著述，是因为退溪和弟子们就疑文和变礼问题进行了问答的《退溪丧祭礼答问》的内容被当代退溪学派的学者共享。不仅如此，这当然对栗谷学派礼学沙溪金长生（1548—1631年）及其儿子慣独斋金集（1574—1656年）产生了影响。代表性的有《家礼辑览》和《丧礼备要》等。这两本书有些方面弥补了《朱子家礼》的不足之处。作者从参照朝鲜风俗，根据现实具体化礼仪的问题意识出发，撰写了该书。

就疑文和变礼问题，退溪和问答内容以退溪学派为中心整理，17世纪以后以栗谷学派为中心扩散的变礼研究值得注意。例如《家礼集览》和《丧礼备要》，虽然是以《朱子家礼》为中心并正在不断探究，但根据退溪的著述，反映沙溪自己的礼学观点，因此即使说沙溪也是以退溪或退溪学派的礼学研究成果为基础而留下礼学著作也不为过。《疑礼问解》是能够最清楚地把握这一

---

① 《韩国礼学丛书》解释参考。

问题的资料。

17世纪是西厓柳成龙(1542—1607年)的《丧礼考澄》、寒冈郑逑的《深衣制度》、《礼记丧礼分类》、《五服沿革图》、《五先生礼分类》、霞隐申谍(1561—?)的《五服通放》、市南愈柴(1607—1664年)的《家礼源流》,眉叟许穆(1595—1682年)的"经礼类纂"等就是其中的代表。这些礼书收集整理三礼书和宋明大学学者的文献,并在此基础上进一步分类,以便参考;研究方向为深衣、五服、丧服等特定主题,进行了细致的考证,这一点与16世纪以前有所不同。

寒冈的《五先生礼说分类》是根据宋代的程颢,程颐、司马光、张载、朱熹等人进行分类的,由描写天子和诸侯四礼的前集和讲述私家四礼的后集组成。这些考证的流向由俞筑的《家礼源流》汇总而成。儒界的《家礼源流》是试图通过《礼仪》、《周礼》、《礼记》以下的各种经典来阐明《朱子家礼》的渊源,收集后世各种儒贤的礼言,解释《朱子家礼》的展开。

儒界的《家礼源流》记录了《朱子家礼》的正文和原注,甚至副注,都在进行探讨,《经国大典》、《五礼义》、《奉先杂仪》、《退溪丧事祭问分类》、《栗谷集》、《龟峰集》。《家礼考证》、《丧礼备要》、《家礼集览》、《疑礼问解》等之前朝鲜学者的研究成果均无学派之分地反映出来,因此可以评价为对《朱子家礼》最早完整的朝鲜式告证书。[①]

韩江的《退溪丧祭礼答问分类》从分类的角度完善了"退溪丧事祭礼答问",便于参考;金应祖的《四礼问答》收集了李滉、柳成龙、郑久、张贤光给弟子们写的信函,是扩大《退溪丧祭礼答问》的范围,构成分类体系的著述。李惟樟的《李先生礼说》是根据朱熹和李滉两位先生关于文人与礼的问答,结合《朱子家礼》的体制选编按项目分类编撰而成的。可以看出,关于退溪和弟子之间展开的疑问和变例的讨论已经扩散到了17世纪时弟子之间的讨论。

18世纪可以分为前半期和后半期来分析。前半期在注释书方面有相当大的进展。例如,一庵申梦参(1648—1711年)的《家礼集解》将重点放在注解《朱子家礼》的正文和原注,以及粗心的内容上,积极反映赵浩益的《朱子家礼》和金章生的《家礼集览》。另外,瓶窝李衡祥(1653—1733年)的《家礼便考》是根据《朱子家礼》的内容和体制,对各条有疑义的部分和需要附言的部分,引用超过200余种中国学者和朝鲜学者的说法编写的。根据韵书解释字

---

① 张东雨:《朝鲜时代家礼研究的进展》,《泰东古典研究》第31卷,2013年。

义，引经据典，使意义变得明确，这两部著作都与注重文献考证的《家礼源流》形成了鲜明的对比。

大山李象靖(1711—1781 年)的《决讼场补》是在收集有关《朱子家礼》疑问辩礼讨论的《决讼场》中补充了李相贞的礼说和问答的著作，是《常变通考》的典范。《常变通考》是东岩柳长源(1724—1796 年)的著述，他与三川金宗德、后山李宗洙一起被赞颂为大山门下的湖门三老之一，是继承大山礼学精髓的人。大山在父亲去世时，对丧礼和祭礼的程序和意义进行了研究，编撰了《决定场》，之后包括冠礼和婚礼，称为《四礼常变通考》。《四礼常变通考》是大山死后由孙子所庵李秉远经过重新编辑，补充了大山文集中论礼的条目和知悉与门人之间的问答，命名为《决讼场补》并发行。古书的名称从《案例相变通考》再次改为《决讼场补》，虽然也有继承当初大山命名的《决讼场补》的意思，但大山文人东岩刘状元对大山和礼的问答进行整理后编纂的礼书以《常变通考》的名字发行并广为流传。

《常变通考》根据《朱子家礼》的编次编排，每节以《朱子家礼》正文内容为条目，没有《朱子家礼》的紧要礼仪由另外的条目组成并补充，每条条目除《朱子家礼》正文和本主及副主以外，还详细录有古礼及注疏。由通例、惯例、婚礼、丧礼、祭礼和乡礼、学校礼、国屹礼和家礼考疑组成。这种构成方式是依据家礼、乡礼、学礼、邦国礼、王朝礼体系中的朱熹《礼仪经传通解》的叙述方式，也是继承了寒冈郑述著述的《五先生礼说分类》的编纂方式。

在 18 世纪后半期，最具特征的事件是星湖学派礼学的登场。即"星湖礼式"、"家礼作通"、"冠婚酌宜"等星湖学派的著述登场。星湖李瀷的"星湖礼仪"基本上遵循了《朱子家礼》的体制，利用朝鲜礼学的成果和古礼进行了补充，提出了匹庶的身份准行的家礼形式，从这点来看，与之前的家礼著述方式有很大的差异。

星湖的礼学问题意识主要集中在符合身份的礼制遵行和节约不必要的费用上。《家礼作通》也是出于继承星湖的问题意识，同时遵从古礼而不惊动世俗，遵从时俗而不违背礼义，作者是为了让贫穷的人能够行得通。

18 世纪前半期出现的一个显著现象是，有关国学和宗法的内容陆续被编入礼书之中。这是因为 17 世纪展开的关于国家典例的争论表面上看是由于王室的前例，其中对君主复制的见解差异而引起的，但实际上是关于前近代宗法社会中宗系继承原则和正统性的争论。

17 世纪国家惯例的服制论争从政治立场展开并成为全国性的问题，因此断定17世纪为礼学时代,但这并不具备服制论争的经学基础,可以说朝鲜礼学的时代到18世纪才迎来全盛期。19—20世纪退溪学派礼学的特征可以从两个方面来观察。其一,该时期的著述以汇总的形式发行,可以记录过去时期的众多有关家礼的著述。总之,这些丛集的著述具有综合退溪学派和栗谷学派的礼学成果的性质。另一种是出现了代替《朱子家礼》的著述。第一个特征就是李震相的《四礼辑要》。

寒洲出版了《四礼辑要序》中近世由东岩柳长源(1724—1796年)著述的《常爱通考》和镜湖李宜朝(1727—1805年)著述的《家礼增解》组成,虽然记载了关于常礼和变礼的诸多议论,由于有不相通的地方,后人不知从何而来,所以自己编了这本书①像这样《四礼辑要》是在该学派的学术传统之上,集成当代所有礼说,处理变故的《常变通考》和《家礼增解》的内容中存在分歧的内容或冲突的礼说,从自己的立场出发,重新进行综合的著作。从这一方面可以看出,他试图整合和整理退溪学派和栗谷学派的礼学问题意识。

第二个特点是,在建立取代《朱子家礼》中行礼书的问题意识中,出现了著述的礼书,茶山丁若镛(1762—1836年)和性斋许傅(1797—1886年)的著述就是其中的代表。茶山的《四礼家式》是《丧仪节要》、《祭礼考定》、《冠礼酌仪》、《婚礼酌仪》的总称。如果说《丧礼四笺》具有注释性质,即《丧礼四戒》是指通过研究古礼来确保丧礼经学依据的理论工作,那么《四礼家式》可以说是以这样确保的古礼原型为经,以朝鲜时俗为纬,进行教职的实用例书。

许传的《士仪》是以《仪礼》和《朱子家礼》为基础,研究其他经典和诸家学说,将古礼的各条,条目整理成适合在当代具体现实中实行的礼说。这也是集中了星湖李瀷、纯祖安鼎福、下鹰黄德吉(1750—1827年)近畿南人的礼说集大成之作。14)《士仪》不仅脱离了传统的四礼体系,而且也脱离了《仪礼经传通解》的体制。② 这可以解释为是参照古今礼书,编纂完备的一个礼书的意图。③

---

① 《四礼辑要》《四礼辑要序》:近世有花山《通考》之书,镜湖《增解》之编,综贯百家,汇分类选,以尽其常变,譬如波斯之市,百货咸萃,有求者必得。然两书所载议论,或未能相通,后学迷于适从,殆非前辈集众长之本意也。

② 原集:卷1～4亲亲篇,卷5成人篇,卷6～7正始篇,卷8～17易戚篇,卷18～20如在篇,卷21方丧篇。别集:卷1～2法服篇,卷3～4论礼篇。附录:考证书籍,东儒姓氏,图式。

③ 参考郑京柱:《关于性斋许传四义礼说》,《东汉文学研究》第19卷,2004年。

三、礼讼相关退溪后学的观点

17世纪在《甲寅礼讼》中登场的礼说有尤庵宋时烈（1607—1689年）的齐衰期年说、眉叟许穆的齐衰三年说、白湖尹口（1617—1680年）的斩衰三年说三种。西人方面支持寓庵的礼说，南人方面支持眉叟和白湖的预设。只是白湖的礼说因由臣母说而遭到南人的批评。①

起因是己亥年（1659年）孝宗的丧礼在慈懿殿的带进丧服，大臣们议论己亥礼讼，在《国朝五礼仪》中并没有规定必须在慈懿殿穿上的服制。因此根据《经国大典》和《大明律》被定为期年服。问题的起因是，在这种情况下，尤庵宋时烈根据《礼仪》贾公彦的疏中出现的四种②，表明了期年服的见解。

尹口批判说，四种可以适用于士大夫家族，但是不能适用于重视宗统的帝王家族，主张三年斩衰服说。许穆认为虚言，中所涉及的"体而不正"的庶子对应妾子，因为指着说庶子、妾子说，孝宗主张不在此列，作为嫡早小生继承宗统。因此，孝宗虽因体异不整而未被当选，而且孝宗虽是次子，但既然继承了宗统，就相当于长子正体传重。故而适用《仪礼》齐衰章母为长子条，慈懿殿主张孝宗应穿三年斩衰服。

眉叟的四种说在退溪学派内部也是批判性的，息山李满敷（1664—1732年）就是代表性的例子。在贾公彦的四种说中，对所指的"正指正妻所生"，而"庶子"所指的"妾子"，眉叟解释是经学的论据并不是明确的见解。因为照例来说，庶子不仅指妾子，还指除嫡妻所生的大儿子之外的其余的全部儿子。

在此前提下，李满敷主张有三种情况，即将夫妻所生称为嫡，将继承大统分为宗统，分开的宗统和嫡统合二为一。第一是夫妻所生，为君主的情况，第二是夫妻所生，但未能成为君主；最后不是夫妻所生，但是成为君主的情况。

---

① 对于17世纪己亥服制礼讼、甲寅服制礼讼、乙卯服制礼讼及18世纪端懿嫔服制论争、景宗服制论争、孝章世子服制论争、孝纯贤嫔服制论争，参照李元泽：《17世纪服制礼讼对18世纪服制礼论的影响——礼论的地区性分立和学派内的分化为中心》，《国学研究》第13卷，2008年。

② 即使承重，也有四种三年服不穿的状态。第一，正体虽为正体，但未能得到证实（正体不得传重），正体因赤字存在废质，所以无法成为宗庙的主人。第二，虽然身负传重，但非正体时（传重非正体），即庶孙后嗣之时。第三，体而非情时（体而不正），将庶子立为后嗣。第四，正而不同的是（正而不体），将嫡孙立为后嗣是建立后嗣的时候。

息山说孝宗是最后的立场,虽然是次子,但作为夫妻所生,继承了大统,同时继承了嫡统和宗统。

由此可见,在大山李象靖时代,围绕正体和传重名称的理解范围变得多样化。大山将适者作为第二者,将长者归为第二者通用的根据是在前文中说的,长子是正体和传重。因此依据其根据,从逻辑上来说,长子意味着正体,所以长子成为传重的对象是原则。更进一步讲,如果适者没有儿子或因事故而立庶母所生的儿子,其血统也将被移除,因此,主张认同正体和全重对象甚至成为庶母所生的儿子。[①]

继承大山的礼学思想的"常变通考"中,反驳了南溪朴世采的"儿子出世后或父亲出世时,都不会为儿子穿斩衰服"的主张的同时,登载了星湖李瀷赞同的大山礼说。星湖、孔颖达错误解释和《朱子家礼》中初年未定的说法为前提,提出了丧服规定的根据是丧服升数的差异,同时阐明了后嗣和养子之间的差异,解释了成为后嗣的人应该为长子穿上斩衰服。另外,对于星湖的这种见解,大山也提出了"常变通考"的立场。[②]

茶山丁若镛批判了眉叟的齐衰三年说和庶子妾子说。以庶子、妾子说为例,眉叟在四种说中的判断庶子的意思并不是指除嫡长子以外的所有儿子,而是判断指妾子的概念。但是丁若镛在《礼书》中批评道:"庶子的普遍意义是指正妻所生和妾所生的儿子。"

之后齐衰三年说,眉叟反对白湖尹口的斩衰三年说,他提出子女不能当

---

① 《大山集》卷一五,《答崔进叔丙戌》:"今以第一子死而称第二长者为嫡子,则诚有如所疑。而只曰长子曰次嫡,则别嫌明微之义,未誉不行于其间也。夫同一嫡妻所生而嫡子传重,则第二以下,远别而称庶子。嫡子死而不传重,则曰次嫡曰长子。今于经传所言之外,又求嫡子之成人与否,废疾有无而欲定第二者之为长庶,则不亦惑乎?第一子设已成人无庆疾而死,则父为之服三年,所以为正体于上面将所传重也。死者无子,或有故立其第二母弟,则宗移统传而正体传重之义乃在于此。以为既服于彼而更不制服于此,则是致隆于将传而反忽于既传,徒知嫡子之为正体而不知次嫡之亦为正体也。"

② 星湖曰:"愚按,其说出于孔颖达,礼注谈经,岂不难哉?为父三升衰,为母四升衰,礼也。斩衰之义服,三升半,齐衰之义服,六升。今既为其子而制服,与亲父有别,已是大骸,而为世叔父母,正服五升,亦礼也。出而为世叔父之后者,亦降五升正服,而为六升义服,似无此理……《家礼》之文,不过未及改正者也……彼出后之礼为宗也,非为养也。目之以养,已涉鄙俚,固不可以继后常之也,先师曰:"今之议所后长子之服者,每以正而不体养他子食后不得三年之说为证,然终觉有未安者。星湖所论,极有证据,足以破世俗流传之误,且有一说。父之为长子三年,将以继体而传祖重也,夫既继体传重而其服之也,徒以已出与否而异斩齐之制,则所生之恩反重,而继体之义隐,传祖之礼轻矣。恐其不然也。"

成母亲的地位，比起子女对母亲造福，母亲不能对子女造福、地位相同的话不会提高或降低，而是要实现本来造福的原则，并主张齐衰三年说。但丁若镛批评这是没有经学根据的，并主张子女对母亲有降低福气的义气，母亲对子女没有降低福气的义气，只有高度义气。①

寒洲的情况也不例外，因此主张在嫡子和长子的概念上多少有所差异，但是后嗣应该为长者穿上真正的斩衰服。按出生顺序来说，第一个儿子做长子是理所当然的道理，但如果没有继承宗统，就不能以长子相待，所以应该再立二子称为长子。这同样适用于二儿子和三儿子。那么，在树立起宗统之前，长子不是确定的，在宗统确定之后，才被赋予了长子的名称。如果这样，将父亲的后嗣命名为长子，未能成为后嗣的大儿子归为众子，也算没有问题。②

四、退溪学派的礼学的特征

退溪继承了从孔子到朱熹的道统脉络，是朝鲜礼学的先河，为了完善《朱子家礼》的不足之处，参照朝鲜的习俗，在朝鲜王朝建立礼仪文化中不断努力。退溪的弟子们为了继承和发展退溪的礼学思想，将退溪和弟子之间关于丧祭礼的问答编辑成《退溪丧祭礼答问》和《退溪丧祭礼答问分类》等。因此可以说16世纪是寻找多种变礼答案的时期，当时是岭南的退溪学派学者主导朝鲜礼学。

此后17世纪又影响到了栗谷学派，特别是沙溪金长生和慎独斋金集父子编撰了《家礼辑览》《丧礼备要》《疑礼问解》等，主导了朝鲜中期礼学史的发展。但是，不能忽视在他们的主导背景中，除了他们的政治地位之外，还有对退溪等岭南的退溪文人整理的礼书的习得。《疑礼问解》在批判地接受《退溪

① 对于茶山眉叟四种说的批判，参照李奉奎：《对17世纪礼颂的丁若镛的哲学分析：以〈正体传重辨〉为中心》，《孔子学》第2卷，1996年。

② 《寒洲先生文集》卷三一，《仪礼丧服篇长众适庶辨》："传文以正体传重二事，发明长义。盖正室所生之谓正体，正体莫尊也；宗统所录之谓停重，传重莫大也。长果非尊大之称乎？夫以伦序言之，第一子固当为长子，而将不传重则便不以长子待之。而更立其母弟之第二长者，名之曰长子。第二子又有此拘，则第三长者，亦得为长子。向下皆然。立适之前，长子固未定也，而既立则只有一人。虽其伯仲尚在，不害同归于众子，而将为父后者，乃名长子也。"

常祭礼答问》内容的过程中,就证明了这一点。

另外,在 17 世纪,随着礼讼论争的发生,对《礼仪》的研究需要取得进展,就必须考虑这样的条件。这意味着 17 世纪以前对《礼记》《朱子家礼》的研究中,《礼记》是重要的书籍;17 世纪以后,对《礼记》中出现的正体、传重的概念和含义的解释,是掌握礼讼论争主导权的主要支点。从这点来看,可以说朝鲜礼学时代不是在 17 世纪,而是在 18 世纪。

但是在 18 世纪,京畿星湖学派的登场非常显眼。无论在政治方面还是学术方面,星湖学派都必须与岭南退溪学派合作。另外,以星湖为首的星湖学派学者一方面维持了退溪的义理礼学的层面,另一方面认识并接受了重视朴学和实证的考证学礼学的流向。因此,可以说 18 世纪是京畿退溪学派和岭南退溪学派的相遇,退溪学派成为义理礼学和考证礼学的交点时期。

在 19 世纪至 20 世纪,正是这种交点取得庞大而系统成果的时期。岭南的退溪学派出现了《常变通考》,京畿的退溪学派则出现了《士仪》。《常变通考》是退溪学派礼学的总结,可以说是对退溪到大山的退溪学派的核心礼学思想的总结。相反,性斋的《士仪》以"星湖礼式"为原则,却包含了星湖学派左右礼学的礼学思想。

与此同时,寒洲李震相的《四礼辑要》是收集了岭南退溪学派礼学的《常变通考》和西人栗谷学派礼学的《家礼增解》的冲突点,为重新总结而创作的,具有总结朝鲜时代礼学的目的著述性质。如此看来,退溪学派的礼学特性可以概括地整理如下:

第一,栗谷学派的礼学潮流最终向《朱子家礼》体制收敛,而退溪学派的礼学潮流则变本加厉,使"朱子家礼"体制向"仪礼经传通解"扩张,也可能脱离"朱子家礼"或"仪礼经传通解"。从对私家礼的研究扩展到公家礼范围的角度来看,退溪的义理礼学虽然从一个侧面继续维持下去,但从另一方面来说,可以说是一种体制礼学被扩大再发展。

第二,从国家整体的影响力来看,就是全国都流行了《疑礼问解》、《四礼便览》、《家礼增解》等栗谷学派礼书。但从简便的行礼、明确的注解、文献的考证层面来看,在研究的深化与实践的强度上,退溪学派的礼学潮流主要领先于栗谷学派。

第三,关于服制论争的退溪学派的立场,虽然对正体中关于经学史的立场和相关用语的解释多少有些例外,但大部分还是批判性地接受了眉叟许穆的学说。即除了对整体和全中的解释以及对长子和庶子的解释以不同的方式理解之外，与西人的对决格局依然存在。

第四，退溪学派大体上批判性地看待三礼注疏人郑玄、孔颖达、贾公彦等汉唐礼学者的注解和考证。他们认为中华文明的堡垒，就是由周公和孔子提出的礼治文化，他们恣意改变，引发了许多问题。这也是朝鲜礼学史或朝鲜经学史方面今后可以比较、探讨的主题。

（作者单位：韩国延世大学）

朱子、退溪与乡村文化建设

（2016年）

朱子乡村社会保障制度的实践

——以朱子创办社仓及其朱子社仓法为例

◎ 张品端

朱熹于乾道七年(1171 年)，在中国福建崇安(今武夷山市)开耀乡五夫里创办"五夫社仓"，并在总结实践经验的基础上，制订了一个《社仓事目》，于淳熙八年(1181 年)呈请南宋孝宗皇帝批准"行下诸路州军"①。此后，社仓也就成为农村储粮备荒及社会救济的主要形式。朱子社仓法(后人把《社仓事目》连同"五夫社仓"经营管理办法统称"朱子社仓法")，即成为一个以实物形式实行的社会保障制度。这个社仓法在中国古代社会保障方面起过积极作用，被后人誉为"先儒经济盛迹"。现在考察朱子社仓法(以下简称社仓法)仍然是一件很有意义的事。

一、创办社仓的缘起及其推广

南宋孝宗乾道四年(1167 年)春夏之交，福建闽北地区发大水，这时朱熹奉祠闲居崇安县开耀乡五夫里。他"以崇安水灾，被诸司檄来，与县官议赈恤事"②。在视察灾情后，他呈文反映灾情，并感叹说："今时肉食者，漠然无意于民，直是难与图事。"③为了赈灾，朱熹向慈善户劝募余粮，按照平常价卖给灾

---

① 朱熹：《社仓事目》(敕令)，《晦庵朱文公文集》卷九九，《朱子大全》第 25 册，上海：上海古籍出版社，合肥：安徽教育出版社，2002 年，第 4601 页。

② 朱熹：《答林择之》，《晦庵朱文公文集》卷四三，《朱子大全》第 22 册，上海：上海古籍出版社，合肥：安徽教育出版社，2002 年，第 1963 页。

③ 朱熹：《答林择之》，《晦庵朱文公文集》卷四三，《朱子大全》第 22 册，上海：上海古籍出版社，合肥：安徽教育出版社，2002 年，第 1963 页。

民,同时上书建宁知府徐嚞,请求发放常平仓(官仓)的存粮,救济灾民,以利生产。徐嚞接纳建议,命崇安知县诸葛迁瑞,着有关司台,调派船只,运米六百斛,至崇安县兴田码头。朱熹亲率乡民,连夜将米挑回开耀乡,按丁口发放,灾情遂得缓解,"民得遂无饥乱以死,无不悦喜欢呼,声动旁邑"①。是年冬,抗灾得到丰收,百姓精选良粟,运往县仓偿还。刚继任建宁知府的王淮看到此景,高兴地说:"岁有凶穰,不可前料。后或艰食,得无复有前日之劳,其留里中而上其籍于府。"②次年,朱熹又上书新任建宁知府沈度说:"粟分贮民家,于守视出纳不便,请仿古法,为社仓以贮之。不过出捐一岁之息,宜可办。"③沈度从之,并拨给钱六万缗创建社仓。乾道七年(1171年)秋,五夫社仓在朱熹的精心筹划下建成,变常平仓赈济为社仓赈济,大利于民。

在朱熹创办五夫社仓的带动下,建阳,光泽、建宁、瓯宁,顺昌等闽北各县相继建立社仓。不久,闽北境内建社仓百余所,社仓之举可谓盛极一时。后来,社仓又不断向外推广。淳熙二年(1175年),浙东大儒吕祖谦之父,自婺州来访朱熹,住在五夫里屏山,亲眼看见社仓之惠政,返浙即着手筹划婺州(今浙江金华市)社仓。接着,又有江苏常州宜兴社仓,江西建昌军南城吴氏社仓等出现。

这里要说明一点,创办社仓并不是朱熹最早提出来的。就宋代而言,据记载:"社(义)仓创于北宋仁宗庆历元年(1041年)……置仓于州县。"④但建社仓于乡里,乃朱熹开其先。宋人李心传说:"朱元晦先生尝置于里社,每岁以贷乡民,至冬而取,有司不与焉。今若以义仓米,置仓于乡社,令乡人之有行谊者掌立,则合先生之遗意矣。"⑤明嘉靖《建宁府志·古迹》亦载:"社仓,非官司所掌,其原出于乡先生、乡大夫,念饥民苟求一饱而轻犯刑辟者。于是与里人仗义协力,买田积谷,立为社仓。"

社仓民办的好处,古人也有定论。明人钟化明在《康济录》中说:"唯以本

---

① 朱熹:《答林择之》《晦庵朱文公文集》卷四三,《朱子大全》第22册,上海:上海古籍出版社,合肥:安徽教育出版社,2002年,第1963页。

② 朱熹《建宁府崇安县五夫社仓记》,《晦庵朱文公文集》卷七七,《朱子大全》第24册,上海:上海古籍出版社,合肥:安徽教育出版社,2002年,第3720页。

③ 朱熹:《建宁府崇安县五夫社仓记》,《晦庵朱文公文集》卷七七,《朱子大全》第24册,上海:上海古籍出版社,合肥:安徽教育出版社,2002年,第3721页。

④ 李心传:《建炎以来朝野杂记》(上册),北京:中华书局,2000年,第316页。

⑤ 李心传:《建炎以来朝野杂记》(上册),北京:中华书局,2000年,第317页。

乡所出积于本乡，以百姓所余散于百姓，则村村有储，缓急有赖，周济无穷矣。"清人方承观说："官为民计，不若民之自为计，故守以民而不守以官；城之专为备，不若乡之多为备，故贮于乡而不贮于城。"①这些评价都是非常切合实际的。

淳熙八年(1181 年)十一月，朱熹向孝宗皇帝呈请在全国实施他的《社仓事目》。12 月，孝宗皇帝将朱熹的《社仓事目》"颁诏行于诸府各州"。社仓在全国推广，并成为农村储粮备荒的主要形式。

二、社仓法的基本内容

考察朱子社仓法的基本内容有四点：其一，社仓设于乡里，官督民办。社仓分布于乡里，可就近赈济灾民，方便民众，克服了常平仓之不足。朱熹在《建宁府崇安县五夫社仓记》中明确指出："……独常平义仓，尚有古法之遗意，然皆藏于州县，所恩不过市井惰游辈。至于深山长谷，力穑远输之民，则虽饥饿濒死，而不能及也。又其为法太密，使吏之避事畏法者，视民之殍而不肯发，往往全其封鐍，迳递相付授，至或累数十年不一瞥省。一旦甚不获已，然后发之，则已化为浮埃聚壤，而不可食矣。"②社仓可以避免这类问题的发生。社仓民办虽有因宜之便，但也不能完全脱离官府的支持和监督。《社仓事目》规定：(一)社米的贷放、收回，事先须报经州县批准；(二)贷放和收回时，县府须派"清官"到场监视，并携带仓子，斗子，用官斗平量；(三)出纳完毕，社仓主持人须将收支数额报州县备案；(四)贷放过程中如有徇私舞弊，许当场举报，由官府纠办。这些规定的目的：一是州县政府能够了解仓储及赈济情况，便于宏观调控；二是为了防止各种奸弊发生。这些都说明社仓具有浓厚的官督民办色彩。

其二，社仓法规定贷放收息，自行积累资金。官办常平仓米的筹集，历代多采用征义仓税办法解决。征收义仓税，无论是按田亩还是按户等，均侵害了地主官僚的利益，往往遭到他们的反对。再者，常平仓之粮食经常被官府移作他用，名不符实。《社仓事目》规定贷放收息的办法是："每石量收息米二

---

① 《二十五史·清史稿》上册，上海：上海古籍出版社、上海书店 1986 年，第 469 页。

② 朱熹：《建宁府崇安县五夫社仓记》，《晦庵朱文公文集》卷七七，《朱子大全》第 24 册，上海：上海古籍出版社，合肥：安徽教育出版社，2002 年，第 3721 页。

斗"、"或遇小歉,即蠲其息之半;大饥,即尽蠲之。"等到息增多,"更不收息,每石只收耗米三升"①。夏借冬还,每石收息米二斗,利息并不算低,但比起出倍之息的高利贷,还是优惠得多。规定这样的利率主要是为了使仓米不断增值,以丰补歉,达到赈灾的目的。朱熹采用借常平米为本,用贷放收息,逐年积累的办法建立和发展社仓,效果良好。他在《辛丑延和奏札四》中说:"臣所居建宁府崇安县开耀乡有社仓一所,系昨乾道四年乡民艰食,本府给到常平米六百石,委臣与本乡居朝奉郎刘如愚共同赈贷。……至今十有四年,其支息米造成仓敖三间收贮,已将元米六百石纳还本府。其见管三千一百石,并是累年人户纳到息米。"②由于有了一笔社仓米做基金,加上管理得当,"一乡四五十里之间,虽遇凶年,人不缺食"③。

其三,社仓米灾年用于赈济,平年用以扶贫。常平仓米用于灾年赈济,平年不开仓,甚至坐视米霉烂也不贷放。朱熹创办的社仓则不然,他制定的《社仓事目》规定:"丰年如遇人户请贷,即开两仓,存留一仓。若遇饥歉,则开第三仓,专赈贷深山穷谷耕田之民,庶几丰荒赈贷有节。"④这种无论灾年、平年均行贷放,平年放贷收息,灾年减息、免息。灾年用以保障饥民必需的生活,保护生产力;平年在"新陈未接之际"贷放,赈给深山穷谷耕田之民,解决农民春夏荒之困难。这样做既可使"死米"变"活米",发挥其扶植生产,增强抗灾能力的作用,又可使贫苦农民免遭高利贷剥削。同时,它还可使仓米年年更新,不至霉烂变质。

其四,社仓依靠乡官、士人管理。在"有治人无治法"的封建社会,一般的规章制度是无足轻重的,关键在执行制度的人。如果没有清廉公正、热心公益事业的人,再好的社仓法也不能自行发挥作用。为了解决社仓的管理问题,朱熹提出"责付出等人户主执敛散"的主张,并在开耀乡五夫里社仓付诸实施。所谓"出等人户",即指乡官(为有官阶无官职的"寄禄官",如朝奉郎刘如愚等)、士人(为编入"士籍"的人,也称举子、举人)或辞官致仕的乡绅。

---

① 朱熹:《社仓事目》(敕令),《晦庵朱文公文集》卷九九,《朱子大全》第25册,第4601页。
② 朱熹:《晦庵朱文公文集》卷十三,《朱子大全》第20册,上海:上海古籍出版社,合肥:安徽教育出版社,2002年,第649页。
③ 朱熹:《晦庵朱文公文集》卷十三,《朱子大全》第20册,第649页。
④ 朱熹:《晦庵朱文公文集》卷九九,《朱子大全》第25册,上海:上海古籍出版社,合肥:安徽教育出版社,2002年,第4597页。

在朱熹看来，依靠乡官、士人主持社仓，较之单纯依靠社首、保正长利多弊少。从政治上讲，宋儒崇尚理学，大多数人有忧国忧民思想；从道德修养方面讲，宋代士大夫以"讲道德，说仁义"相标榜，都想借机为自己树立一个"有义行"的好名声，加上他们家庭富有，不会借主持社仓的机会营私舞弊，贪图蝇头小利。另外，这些乡官、士人在地方有一定威望，有一定组织号召力，为乡民所畏服。同时，他们与地方官府有一定联系，办事方便等等，这也是社首、保正长所不能比拟的。

此外，经营管理的另一个棘手问题，是借出容易收回难，"财入民手，虽贫民不能妄用。及其取也，虽富民不免后期"。为了解决这个问题，《社仓事目》规定：借贷社仓米必须由社具状结保，不具保者不贷；贷户如拖欠不还或者逃亡，由具保户"均备纳足"。这项规定可以起到贷户自我约束、互相监督，共同负责的作用，使贷出之米能及时如数还仓，不致发生"仓廪空匮，难以为继"的问题。

三、社仓法的社会保障作用

我国古代以实物形式为主的社会保障制度历史悠久，其中备受推崇的是"朱子社仓法"。它充分体现出朱熹的社会保障思想。朱子社仓法规定平年贷放收息，不断积累资金。这种用息米自身发展，荒年赈济灾民，保护生产力，进行再生产，在中国救荒史上占有极重要地位。但它同任何事物一样，朱熹的社仓法也遭到守旧势力的反对，理由是贷放收息，"舒聚敛之余谋"，对农民进行榨取，有失"忠厚恳恻之意"。朱熹不拘泥儒家传统的义利观，认为如果平年不贷放使之生息，就不可能积累仓米，何谈救灾。同时，平年不贷放，会使仓"粟久储速腐，惠既狭而将不久也"。① 朱熹通过社仓米的贷放收息，使之增值，积累雄厚的基金，增强抗灾自救能力。从另一方面说，它又可以用积累的息米赈给无偿还能力的孤老残幼，起到扶贫之作用。朱熹在《邵武军光泽县社仓记》中说："夫市里之间民无盖藏，每及春夏之交，则常籴贵而食艰也。又病夫中下之家，当产子者力不能举，而至或弃杀之也。又病夫行旅之涉吾境者一有疾病，则无所于归，而或死于道路也。方以其事就邑之隐君子

① 朱熹：《建宁府建阳县长滩社仓记》，《晦庵朱文公文集》卷七九，《朱子大全》第24册，上海：上海古籍出版社，合肥：安徽教育出版社，2002年，第3779页。

李君吕而谋焉。"①这种从大处着想的救灾扶贫思想是很可贵的,实践证明是可行的。

社仓法的实施,不仅减轻了封建国家财政的负担,而且改变了受灾民众单纯依靠国家拨谷救济的思想,有效地培养了农民自我保障意识。它还找到了一种以民间力量为主,兴办一种互助性质备荒仓储的办法。开耀乡实行社仓法十余年,除建仓房三间和归还所借常平米外,尚有余粮三千一百石。当时,开耀乡有人口约二千多人,而能有三千多石粮食作为社仓基金,就当时而言,应该说水平是相当高了。朱熹在《常州宜兴县社仓记》中说:"始予居建之崇安,尝以民饥,请于郡守徐公嚞,得米六百斛以贷,而因以为社仓。今几三十年矣,其积至五千斛,而岁敛散之里中,遂无凶年。"②三十年不到,开耀乡五夫社仓有基金五千斛粮食。这已充分说明,开耀乡五夫社仓已经超过常规赈恤范围,向全面社会保障前进了一步,它是我国古代社会保障制度的一个新发展。

朱熹创办社仓,极力推行社仓法,其目的是发挥其社会稳定机制作用,"惠活鳏寡,塞祸乱源。"③朱熹作为一个封建社会的士大夫,具有忧国忧民思想。他为了宋王朝的长治久安和自身利益,对于因天灾人祸引发的农民频繁起义闹事深感忧惧。据统计,两宋三百余年,共出现大小农民起义闹事四万多起。他为之作记的建阳县长滩社仓,就是在"绍兴某年,岁适大侵,奸民处处群聚,饮博啸呼,若将以踵前事者,里中大怖"④的情况下,由"里之名士"魏元履呈请常平使者主动创办的,目的是"下结人心,消其乘时作乱之意",缓和社会矛盾,防止农民流亡或暴动,维护社会稳定。

淳熙八年(1181年),浙东蝗旱,朱熹提醒孝宗皇帝说:"臣恐所当忧者不止于饥殍,而在于盗贼;蒙其害者不止于官吏,而上及于国家也。"⑤朱熹想通

---

① 朱熹:《邵武军光泽县社仓记》,《晦庵朱文公文集》卷八〇,《朱子大全》第24册,上海:上海古籍出版社,合肥:安徽教育出版社,2002年,第3798页。

② 朱熹:《常州宜兴县社仓记》,《晦庵朱文公文集》卷八十,《朱子大全》第24册,上海:上海古籍出版社,合肥:安徽教育出版社,2002年,第3808页。

③ 朱熹:《建宁府崇安县五夫社仓记》,《晦庵朱文公文集》卷七七,《朱子大全》第24册,上海:上海古籍出版社,合肥:安徽教育出版社,2002年,第3721页。

④ 朱熹:《建宁府建阳县长滩社仓记》,《晦庵朱文公文集》卷七九,《朱子大全》第24册,上海:上海古籍出版社,合肥:安徽教育出版社,2002年,第3777页。

⑤ 朱熹:《乞修德政以弭天变状》,《晦庵朱文公文集》卷一七,《朱子大全》第20册,上海:上海古籍出版社,合肥:安徽教育出版社,2002年,第788页。

过在全国各地普遍推行社仓法，达到救灾扶贫的作用，使黎明百姓安居乐业，国家长治久安。当然，朱熹这一思想在"人存政举，人亡政息"的封建专制社会里，只能在一定时期起到一些良好作用，不可能根本解决社会稳定问题。

从上所述可见，朱熹的社会保障思想是通过社仓法实现的，而社仓法是在创办社仓的基础上，不断总结经验制定出来的，并吸取古代传统的社会保障思想的有益成果，既有继承，又有创新，其中有不少精辟的见解，在中国古代以实物形式的社会保障思想史上占有重要的地位，影响深远。

（作者单位：武夷学院朱子学研究中心）

天下兴亡之途:宋明理学基层地方组织论

◎ 徐公喜

余英时先生在《朱熹的历史世界》指出:"宋代儒学的整体动向是秩序重建……道学虽然以'内圣'显其特色,但'内圣'的终极目的不是人人都成圣成贤,而仍然是合理的人间秩序的重建。"①宋明理学的秩序重建,包括不同层次的秩序,其中社会基层秩序的构建是重要内容之一。宋明理学既强调内圣之道,也履践外王之路。在具体社会实践中,理学家创新了诸多地方民间组织以形成从政治上的警防控制(保甲制度等)、经济上的赋税征收(里甲制度等)和思想控制("乡约"社学等)统一整体。宋明理学创新基层地方组织的实践,有助于当今社会基层组织建设借鉴。

一、天下之治,始于里胥

(一)天下治乱关键在于乡里基层组织建设

宋明理学认为治理天下,必须建立严密的乡里基层组织,才能使法律落实到社会基层。从守、令至乡、亭、里、甲行政组织,犹如一张网。以顾炎武为例,说:"《周礼·地官》自州长以下,有党正、族师、闾胥、比长,则三代明王之治,亦不越乎此也。夫惟于一乡之中,官之备而法之详,然后天下治,若网之在纲,有条而不紊。"他认为乡里组织,对于社会秩序的稳定和法律实施具有

---

① 余英时:《朱熹的历史世界:宋代士大夫政治文化的研究》,北京:三联书店,2004 年,第 118 页。

重要作用。他说建立邻、里、乡、党制度，"欲使风教易周，家至日见，以大督小，从近及远，如身之使手，干之总条，然后口算平均，义兴讼息。史言立法之初，多称不便，及事既施行，计省昔十有余倍，于是海内安之"。他认为天下治乱关键在于乡、里是否健全，而不在监司、督抚等大官。他从柳宗元先有里胥而后有县大夫、诸侯、方伯、连帅及天子的论述，得出结论说："由此论之，则天下之治，始于里胥，终于天子，其灼然者矣。故自古及今，小官多者其世盛，大官多者其世衰。兴亡之涂，罔不由此！"

顾炎武分析明王朝之所以灭亡而丧天下，其原因之一，就在于乡亭里甲荒废或者名存实亡，不能发挥作用。他指出："至于今日，一切荡然，无有存者。且守令之不足任也，而多设监司；监司之又不足任也，而重立之牧伯。积尊累重，以居乎其上，而下无与分其职者。虽得公廉之吏，犹不能治，而况托之非人也。"乡亭荒废的主要原因是选非其人。明初，乡亭必须选年高有德行、民众信服的人充当，使之劝民为善和理断乡间争讼，而"比年所用，多非其人，或出自隶朴，规避差料，县官不究年德如何，辄令充应，使得凭借官府，妄张威福，肆虐闾阎。或遇上官按临，巧进谗言，变乱黑白，挟制官吏"，对选择里老甚不重视，甚至被坏人窃取三老、亭长之位，包揽词讼，为害民众。他指出："近世之老人，则听役于官，而靡事不为，故稍知廉耻之人不肯为此。而愿为之者，大抵皆奸猾之徒，欲倚势以陵百姓者也。其与太祖设立老人之初意悖矣。"乡、亭、里、甲之职，除三老掌教化，啬夫听诉讼、收赋税，游缴主禁贼盗奸非之外，更重要的是对民事诉讼案件的调解，平其是非和纠举犯罪。《太祖实录》："洪武二十七年四月壬午，命有司择民间高年老人，公正可任事者，理其乡之词讼。若户婚、田宅、斗殴者，则会里胥决之。事涉重者，始白于官。若不由里老处分，而径诉县官，此之谓越诉也。"

（二）基层社会组织以履行国家义务为目标

保甲制作为一种地缘性的社会控制制度，保甲制度要求乡民之间相互监视，所有居民都有向甲长报告地方治安状况与检举各类犯罪实况的义务，不遵守者与罪犯同罪。甲长负责记录乡民的行踪，并及时向衙门报告。元代就已出现的社学同样履行着国家"乡村教化"政策与基层社会软性控制义务。《元典章》中记述："每社设立学校一所，择通晓经书者为学师，于农隙时分，各令子弟入学。先读孝经、小学，次及大学、论、孟、经、史，务要各知孝悌忠臣，敦本抑末。依乡原例，出办束脩，自愿立长学者听。若积久，学问有成者，申覆上司照验。"①"社学"作为一种于农闲时进行的针对农家子弟的教化、基础教育的组织形式，体现出了国家的意志与意识，社学与其他可资思想控制之用的科举制及学校、私学等一道纳入国家软性控制体系当中。清自顺治八年（1651年）起，每一乡村都必须设有"社学"。

此外，乡村地方自治也很自然地容易触动国家对地方割据的敏感性。对此，宋明理学已经有所认识，明儒章懋有一段议论可以为证。章懋说："乡约之行，欲乡人皆入于善，其意甚美。但朱、吕之制，有规劝、有赏罚，岂其智不及此？盖赏罚，天子之柄，而有司者奉而行之，居上治下，其势易行。今不在其位，而操其柄，已非所宜，况欲以是施之父兄宗族之间哉？或有尊于我者，吾不得而赏罚焉，则约必有沮而不行者矣。可不虑其所终乎？"②可以说，宋代以后基层社会控制实现乡村赋税征收与社会治安管理基层组织功能复合性，形成保甲政治防御制度、里甲制度经济上赋税征收、社仓及其他谷仓赈灾济荒制度、乡约及其他形式思想约束控制。

在此，仅以乡村控制与土地赋税控制结合为例。两宋以来，土地兼并现象十分严重，以致贫富分化，税役不均，时"法制不立，土田不均，富者日长，贫者日削，虽有耒耜，谷不可得而食"③、"自阡陌之制行，兼并之祸起，贫者欲耕而或无地，富者有地而或乏人"④、"富者跨州县而莫之止，贫者流离饿殍而莫之恤"，尤其是因为"州县官吏无所忌惮科敷剥，民不聊生，以致逃移，抛荒田地。其良田则为富家侵耕冒占，其瘠土则官司摊配亲邻，是致税役不均"⑤、"公私田地，皆为豪宗大姓诡名冒占，而细民产去税存，或更受表寄之租，困苦狼狈"⑥。田地兼并、冒占，必然会形成"版籍不正，田税不均"状况。侵耕冒占致使全国肥田沃土几乎全部控制在豪宗大姓大地主大官僚手中。这看上去好似一件小事，实际上这是极大危害国计民生的大事。如果一旦出现"贫者无业而存税，则私家有输纳欠负，追呼监系之苦；富者有业而无税，则公家有隐瞒失陷，岁计不足之患"⑦，这是经界不正的两大危害。二程敏锐地察觉到

---

① 《元典章》卷二三，《户部九·农桑·劝农立社事理》。
② 章懋：《枫山集》卷二，《明儒言行录》，文渊阁四库全书本。
③ 《李觏集》卷十九，《平土书》。
④ 《李觏集》卷六，《周礼致太平论》。
⑤ 《朱文公文集》卷二十七，《与张定叟书》。
⑥ 《朱文公文集》卷二十八，《与留丞相札子》。
⑦ 《朱文公文集》卷二十一，《经界申诸司状》。

问题的严重性，提出了"岂可不渐图其制之之道哉"①的忧虑。在《平土书》、《富国》、《安民》等重要著作，宋儒李觏已经认识到了"土地，本也；耕获，末也"②，强调了土地的重要性，抓住土地这个最为重要的生活资料根本问题，也就抓住了中国社会的根本问题。由此宋明理学也已经认识到"豪民兼并"为"治乱之机"。

可以说，要求"均平"土地是绝大多数儒家认同的。先秦儒家孔子、孟子都曾竭力主张"均平"思想，以此为推行德治、施行仁政的必要条件，对后世具有深远影响。"均平"并不是完全平等的意思，而是谓各得其分，贫富差距不要过大，防止太富太贫两种对立现象的发生，这是有利于维持社会稳定的极有远见的思想。对于如何解决"土田不均"这一社会现实中的根本性问题，存在不同的见解，宋明理学主张通过恢复井田制、实践经界法等土地赋税制度改良以实现乡村控制与土地控制结合。

（三）基层组织机构健全是社会风气好转必不可少的措施

基层组织机构健全是社会风气的好转以及预防犯罪必不可少的措施。社会风气的好坏直接影响社会安定，因而朱熹认为有必要移风易俗，改变不良社会风气。要求父老乡亲"教戒子弟，使修其孝弟忠信，入以事其兄，出以事其长上，笃厚亲族，和睦乡邻，有无相邻患难相恤，以成风俗之美"，要求"教述古今礼律，以开谕之。又采古丧嫁娶之仪，揭以示之，命父老解说，以训子弟"③；大力提倡乡里相互帮助，尊老爱幼，"盖邻、里、乡、党有相周之义"④，若"我老老幼幼，他亦老老幼幼，互相推及，天下岂有不治"⑤。而要改变社会风气，有必要制定乡规民约，以民法约束百姓。在朱熹为官过程中，就十分重视乡规民约的制定与实施，曾颁布《晓谕兄弟争财产事》、《严别籍异产之令》、《宽恤民力，敦励风俗牒文》等一系列法规民约，为改善社会风气起到了一定作用。

乡里调解一般民事纠纷案件成为必经程序。这样，"惟其大小之相维，详要之各执，然后上不烦而下不扰"，有利于平息民间诉讼。原注称："洪武中，

---

① 《河南程氏文集》卷一，《论十事札子》。

② 《李觏集》卷十九，《平土书》。

③ 《朱子年谱·光宗绍熙元年首颁礼教》。

④ 《论语集注》卷三，《公冶长》。

⑤ 《朱子语类》卷九十八，《张子书三》。

天下邑里皆置申明、旌善二亭,民有善恶,则书之以示劝惩。凡户婚、田土、斗殴常事,里老于此剖决。今亭宇多废,善恶不书,小事不由里老,辄赴上司,狱诉之繁,皆由于此。"又说:"民有怠惰不务生理者,许里老依教民榜列惩治。天顺八年(1464 年)三月诏:"军民之家,有为盗贼,曾经问断不改者,有司即大书'盗贼之家'四字于其门;能改过者,许里老亲邻人相保管,方与除之。此亦得画衣冠、异章服之遗意。"①顾炎武十分重视乡亭里甲等基层组织对于风俗教化,法律实施,惩恶劝善,平息诉讼和消弭犯罪的积极作用。他说:"汉文帝诏置三老、孝弟、力田常员,令各率其意以道民焉。夫三老之卑,而使之得率其意,此文、景之治所以至于移风易俗,黎民醇厚,而上拟于成、康之盛也。"②"谨乡亭之治"使乡亭基层组织分割县令部分权力以治民,"以县治乡,以乡治保,以保治甲"③,各级行政组织"若网之在纲,有条不紊",则天下治。顾炎武是一位务实的学者、政治思想家。他的"谨乡亭之治",发挥基层组织维护和谐、调解纠纷作用的思想,卓有见识,具有重要实际意义。

(四)基层组织所制定的乡约是中国传统法律体系的一个组成部分

再从家族法规上说,从宋以后,出现家训——家规——礼——家法不同的形式,成为中国传统法律体系的一个重要组成部分,国家法与民间法家族法规相互补,互相支持,这也是宋以后法律形式一个巨大变化特征。朱子《增损吕氏乡约》"德业相劝"这一条中就有"畏法令,谨租赋"一项。乡约中已经具有遵守国家法令,实现国家对乡村赋税征收的重要内容,这反映出乡约不脱离国家政令,以求得国家政权做支撑后盾。这也是乡约之所以得到政府支持并得以广泛流行的一个重要原因。嘉靖八年(1529 年),明政权正式建立乡约制度。康熙九年(1670 年)十月,在顺治《圣谕六条》基础上制订的《圣谕十六条》,经礼部议准,将《圣谕十六条》颁行全国,"通行晓谕八旗,并直隶各省、府、州、县、乡村人等,切实遵行"④。《圣谕十六条》中就有"敦孝弟"、"笃宗族"、"和乡党"、"尚节俭"、"黜异端"、"明礼让"等伦理道德规范的内容。《圣谕十六条》作为最高统治者颁布推行于全社会的乡约式法律条例,正是对宋

---

① 以上均见《日知录》卷八,《乡亭之职》。
② 《日知录》卷八,《法制》。
③ 《日知录》卷八,《里甲》。
④ 《清圣祖实录》卷三十四《康熙九年十一月己卯》,北京:中华书局,1986 年。

代以来乡约制度的继承和发展。传统农村的这种治理体制,反映了国家与乡绅、宗族之间控制地方社会的一种互补关系,国家政权与乡村自治所具有一定的目标性。国家政权将地方居民组织起来实现协助政府维持地方秩序,承担大量官府根本无力去做的工作,极大地延伸了国家政权的统治力和影响力。

北宋中期,张载的弟子吕大钧制定了《乡约》,他以地缘和血缘为纽带,内容涉及乡邻间德业、过失、礼俗、患难方面的相互规劝和相互交流扶助以及彰善罚恶等,具有道德性、社区性和官倡民治等特征。在此基础上,朱熹加以修订,撰成《增损吕氏乡约》。将家法与乡约进行整合,形成一个有机整体。朱熹自述:"乡约四条,本出蓝田吕氏,今取其他书,及附己意,稍增损之,以通于今。"①这种修乡约不是单纯的学术研究,而是为了"彼此交警""教人善俗"。朱熹在与张敬夫的信中说:"乡约之书,偶家有藏本,且欲流行,其实恐亦难行如所喻也。然使读者见之,因前辈所以教人善俗者,而知自修之目,亦庶乎其小补耳。"②朱熹《乡约》同样是以修齐治平理念为主导。虽然乡约不是家族组织的规约,但其礼仪条文与家礼的关系极其密切,其中详细地陈列了大家应该遵守的行为准则、生活礼仪。伴随朱熹学术地位的提高,他提倡的乡约也因此有了非凡的影响。有人说"假使没有朱子出来修改,出来提倡,不惟吕氏乡约的条文不容易完美,吕氏乡约的实行不容易推广,恐怕连吕氏乡约的原文,吕氏乡约的作者,也会葬送在故纸堆里,永远不会出头。正因为他是一个名重全国,名闻后世的大儒,乡约制度才受天下后世的重视,乡治组织才有四面八方的发展"③。这种以家法宗规乡规民约为核心的制度文化,是将伦理道德寓融于血缘亲情关系之中,并内化为人们为人处事、待人接物的内心信念,不仅凝聚了同宗合力,缓和了内部的矛盾,而且使理学的内在文化精神逐渐外化为宗族乡里的行为选择,从而主导着家族文化与基层社会的价值取向。这个结果,也许正是朱熹本人所预设的。

二、基层地方组织统一整体

理学家创新了诸多地方民间保甲、里甲、乡约社学等制度以形成从政治

---

① 《朱文公文集》卷七十四,《增损吕氏乡约》。
② 《朱文公文集》卷三十一,《答张敬夫》。
③ 杨开道:《中国乡约制度》,山东省乡村服务人员训练处,1937 年,第 146 页。

上的警防控制、经济上的赋税征收和思想控制统一整体。

(一)创新基层地方组织多样化

在传统乡村社会控制中,从先秦至唐中叶,实行的是地域性乡官行政制阶段。春秋时期,各诸侯国建立地域性乡、里作为国家政权的基层组织。秦汉时期为乡里制、亭里制的乡亭制,构成自治、治安管理、行政管理三者结合体制。隋时乡、党、里构成了乡村的政治体系。唐代县以下的地方基层组织机构是乡、里、邻保,隋到中唐主要实行乡官制与邻保制结合,以乡长、里正(长)控制乡村户籍、田亩、赋役乃至判理词讼等公权力。从中唐以后,实行户役制。宋代以来,以理学思想为指导的士大夫非常重视乡里基层制度性建设,对传统乡村社会控制,存在两条线,一是以乡绅、宗族为中心的等宗法制基层政治组织,二是包括保甲制、里甲制等职役乡里制基层政治组织。张载在本乡"以礼化俗",吕大钧兄弟创建蓝田"乡约",范仲淹创立"义庄"。朱熹身体力行和率先倡导的则是"社仓"。朱熹编纂《家礼》、修订《吕氏乡约》、编辑《童蒙须知》,金溪陆氏家族伦理管理秩序成效显著。吕坤第一个提出"乡甲约",王阳明创"十家牌法"。士大夫已明确地认识到治天下必须从建立稳定的地方制度开始①。理学家创新了诸多地方基层组织形式,使宋代以后乡治组织形式多样化。

类似保甲制度乡治组织形成于周秦,演进于汉唐,保甲制度确立于宋。王安石《上五事札子》指出:"保甲之法,起于三代丘甲。管仲用之齐,子产用之郑,商君用之秦,仲长统言之汉,而非今日之立异也。"②王安石变法明确将其重要内容之一冠以"保甲"名称,故有"保甲之法,起于宋之王安石"之说。朱熹从基层社会控制出发,主张建立基层保甲制度,他提出:"以五家为邻,二十五家为里,万二千五百家为乡,五百家为党",③"朱熹于建宁府崇安县因荒请米,既建社仓,乃立保甲法。其法以十家为甲,甲推一首,五十甲推一人通晓者为社首"④。保甲中的保正、保长采取倍法与推举方式产生。倍法即以交纳赋税多少为标准确定保正保长,"若产钱满若干,当为保正,外又计其余产

---

① 余英时:《朱熹的历史世界》上册,第218~219页。

② 王安石:《临川先生文集》卷四十一,《上五事札子》,北京:中华书局上海编辑所,1959年。

③ 《论语集注》卷三,《公冶长》。

④ 徐栋:《保甲书》卷四,《原始》。清道光二十八年(1848年)楚兴国、李炜校刻本。

若干为保长。若产钱倍多，则须两番为保正，如此则无争"①，为防止保正保长偏私，朱熹提出也可"令逐处乡村举众所推服底人为保头"②。朱熹认为"保甲之法，什伍其民使之守护里闾，觉察奸盗，诚古今不易之良法也"③。他要求"禁约保伍，互相纠察事件，常切停火防火，常切觉察盗贼，常切禁止斗争，不得贩卖私盐，不得宰杀耕牛，不得赌博物财，不得传习魔教"，他甚至还主张在保甲之中实行相互监督连坐制度，加强保甲管理，"同保之人，今仰互相劝诫"、"保内之人，互相觉察，知而不纠，并行坐罪"④、"如有违犯，申举依法究治"⑤。

继保甲制以后，宋明理学家又发明了族与族之间以"约"的形式结成联盟的"乡约"这样新型的社会控制模式。寺田浩明指出："乡约的实体就是由集结在一定的规范之下，愿意遵守该规范的人们所构成的一种集团和组织。"⑥最早的"乡约"为宋代吕大钧《吕氏乡约》。《宋元学案·吕范诸儒学案》就载："先生（吕大钧）条为乡约，关中风俗，为之一变。"其乡约要求"凡同约者，德业相劝，过失相规，礼俗相交，患难相恤，有善则书于籍，有过若违约者亦书之，三犯而行罚，不悛者绝之"。朱熹为之加以补充修改，著《增损吕氏乡约》。王阳明制定《南赣乡约》，明确规定："自今凡尔同约之民，皆宜孝尔父母，敬尔兄长，教训尔子孙，和顺尔乡里；死丧相助，患难相恤；善相劝勉，恶相告诫；息讼罢争，讲信修睦，务为良善之民，共成仁厚之俗。"⑦以此达到敦风化俗，协和民众之目的。可以说，朱熹《增损吕氏乡约》与王阳明"南赣乡约"是明清乡约的文本范例。"乡约"在宋明时期经历了民间——半官方——官方乡约发展过程，实现了乡规民约化、乡约官役化。

以王阳明为例，他不只是一位纯粹的儒学思想鼓吹者，而且在其任内也积极进行各种司法实践，不愧是个卓越司法践行者，而其中影响深远者当属《十家牌法》和《南赣乡约》。明正德十一年（1516年）九月，王阳明升都察院左

---

① 《朱子语类》卷一百十一。

② 《朱子语类》卷一百六。

③ 《朱文公文集》卷二十，《乞禁保甲擅关集札子》。

④ 《朱文公文集》卷一百，《劝谕榜》。

⑤ 《朱文公文集》卷六十六，《孝经刊误》。

⑥ 寺田浩明著，王亚新译：《明清时期法秩序中"约"的性质》；载滋贺秀三等著：《明清时期的民事审判与民间契约》，北京：法律出版社，1998年，

⑦ 《王阳明全集》卷十七，《南赣乡约》。

金都御史,巡抚南、赣、汀、漳等地。时南、赣、汀州、漳州诸地爆发农民暴动。1517 年 1 月,王守仁在南赣,颁立施行《十家牌法》,"赣民为洞贼耳目,官府举动未形,而贼已先闻……乃于城中立十家牌法"①。所以颁行十家牌法的直接起因是为了配合当时的平叛行动。十家牌法确定以牌为单位,每十家为一牌,每十牌为一甲。每牌要详细查实各家门面、丁口、职业、生理及婚嫁状况及户籍田粮等。"十家牌法"的目的,在王阳明看来,是防奸革弊,兴礼让之风,成敦厚之俗,为德政服务。它加强了对于民众的直接控制和治理。正德十四年(1519 年),王阳明奉命兼巡抚江西。他认为民虽格面,未知格心,告诫地方官吏要以开导人心为本,遂在赣州制定《南赣乡约》推行城乡,告谕父老子弟,使相警诫。和"十家牌法"不同的是,《南赣乡约》的颁行,乃是鉴于民俗对于个人为善为恶的重大影响。《南赣乡约》对于职务设置、约员的义务、经费来源及乡约的职能等各个方面做出了详尽的规定。在此需要注意的是,《十家牌法》和《南赣乡约》颁行的动因和具体内容都很不一样。如前所述,《十家牌法》是配合平定暴动应时而制,其中的许多规定是为了监督和控制民众的行踪。《十家牌法》制度实为一保甲制。而《南赣乡约》更着意于劝善抑恶、励民化俗和改造人心。《南赣乡约》带有很强的民众自治之色彩,萧公权认为它是明代乡约之肇始,影响很大。

(二)地方组织综合性

宋明理学在基层组织建设方面有一个重要特点,就是推行乡约、保甲、社仓、社学等的融合:黄佐著有《泰泉乡礼》,提出"乡约以司乡之政事,乡社以祀乡之祀事,保伍以司乡之戎事,社学以司乡之教事,社仓以司乡之养事"②,集乡约制度、朱子社仓、里礼祭祀、社学为一体;吕坤《实政录·乡甲约》将乡约、保甲"会而通之"③;刘宗周《保民训要》提出"寓乡约于保甲,寓保甲于乡约"④;聂豹、罗钦顺、胡直《永丰乡约》则是以乡约为中心,保甲、社学、社仓寓乡约之中。耿定向主张"饬保甲于里甲之中,行乡约与保甲之内"⑤。王阳明《南赣乡

① 《王阳明年谱》卷一,第 14 页。
② 黄佐:《泰泉乡礼》卷一,《乡礼纲领》,《四库全书》第 142 册,第 600 页。
③ 吕坤:《实政录·乡甲约》,《续修四库全书·史部》第 753 册。
④ 刘宗周著:《保民训要》,见吴光主编:《刘总周全集》第四册,杭州:浙江古籍出版社,2007 年。
⑤ 耿定向:《牧事末议保甲》卷十八,《杂著》。

约》篇首指出:"今特为乡约,以协和尔民,自今尔凡同约之民,皆宜孝尔父母,教训尔子孙,和顺尔乡里,死丧相助,患难相恤,善相劝勉,恶相告诫,息讼罢争,讲信修睦,务为良善之民,共成仁厚之俗。"①王阳明治理乡村社会的主要措施是将乡约、保甲、社学合为一体。张伯行《社仓规约十六条》中提出一套寓乡约保甲于社仓的独特办法。吕坤第一个提出"乡甲约",著《实政录》"以礼抗势",《实政录·乡甲约》将乡约、保甲"会而通之"。陆世仪《治乡三约》认为"乡约是个纲,社仓、保甲、社学是个目。乡约者,约之乡之人,而其为社仓,保甲,社学也。社仓是足食事,保甲是足兵事,社学是民信事"。乡约"约一乡之众,而相与共趋于社学,共趋于保甲,共趋于社仓也"、"乡正之职,掌治乡之三约,一曰教约,以训乡民;一曰恤约,以惠乡民;一曰保约,以卫乡民"②。可以说,明末乡约组织渐渐与保甲制结合,其中保甲制,成为主流。清中期则以乡约、保甲为主,社仓社学为辅,并推行于城市"坊"中。明清时期乡约、保甲、社仓、社学等的融合,集中政治、经济、社会和自卫四位一体的控制模式,在乡村治理形成稳固的社会基础。

(三)基层组织宗族化

张载、朱熹、王阳明等理学家总结了士大夫与地方势力结合、同姓宗族复兴等经验,就宗族宗法、家礼乡约、"义学义仓"等不同层面进行理论与实践,强调宗族、家族及其礼仪对乡村控制的作用。早在北宋,理学家张载就清楚认识到:"宗子法废,后世尚谱牒,犹有遗风。谱牒又废,人家不知来处,无百年之家,骨肉无统;骨肉无统,虽至亲,恩已薄。"③朱熹就指出:"凡礼有本有文。自其施于家者言之,则名分之守,爱敬之实,其本也。冠昏丧祭仪章度数者,其文也。其本者,有家曰用之常体,固不可以一日而不修。其文又皆所以纪纲人道之经始。虽其行之有时,施之有所,然非讲之素明,习之素熟,则其临事之际,亦无以合宜而应节,是不可以一日而不讲且习焉。"朱熹是把家礼之施行上升到完成先圣遗愿、履践修身齐家之道的高度:"大抵谨名分,崇爱敬,以为之本。至其施行之际,则又略浮文,敦本实,以窃自附于孔子从先进之遗愿。诚愿得与同志之士熟讲而勉行之,庶几古人所以修身齐家之道,谨

---

① 《王阳明全集》卷十七,《南赣乡约》。
② 陆世仪:《治乡三约》,见牛铭实:《中国历代乡约》,北京:中国社会出版社,2005 年。
③ 张载:《经学理窟·宗法》。

终追远之心,犹可以复见。"①

顾炎武主张复宗族之制,即给宗族治理本族的权力,发挥协调家族关系作用。明末清初,中国乃是一个封建家族、宗族稳固存在的社会。本于先秦儒家孔孟法观念的顾炎武,重视家族和谐及宗族长的作用是很自然的。宗族的基本轴——血缘关系,以靠血缘感情、道德规范、公众舆论,特别是长幼辈分相约束,具有稳定社会的实际价值。在《日知录》一书中,顾炎武准确地考证了氏族、亲戚、族兄弟、服制等一系列维护宗族的礼义制度规范及其控制、维系宗族、家庭对社会秩序稳定的作用。首先,他强调宗族是血缘纽带联结的近亲群。宗族当以"孝弟为仁之本",子孙服从长辈,以实现家族内部的和谐,从而扩展到社会,使之秩序稳定。其次,可以发挥宗族内部经济协调的作用。总之,他认为宗族之法得以确立,既可以以血缘纽带维护家族、宗族内部和谐,又可以扩展开来推及社会秩序稳定,以宗族内部经济互助实现孤独废疾者皆有所养的目的。因此他极力主张恢复传统的宗族制度。顾炎武"复宗族之制"的根本意图,是主张国家给予宗族治理本族的行政权和司法权,以强制暴力手段作为道德伦理教化辅助,治理宗族。实现"自身至家、国、天下"的治理,即实现儒家修身、齐家、治国、平天下的社会稳定。冯尔康曾认为:"宗族发展到宋代之后,不再是皇族、贵族、士族及官僚的群体,平民建立自己的宗族组织,使它进入了平民化的新时期。主要表现则是祠堂的普遍出现和一部分平民掌管宗祠,宗族的集体经济增多,私家修谱逐渐兴盛,取代了往昔的官纂谱牒。"②

宋代以后的地方性自治是由乡绅与宗族共同治理乡村的,而这种共同治理契合点就在于科举制的扩大及宗法制度的复兴,科举制改变了宋以后乡村社会力量与政治势力,使原有士族形成以来的特权层社会基础发生根本性变革,科举制与宗法制度促成乡村中由家乡走出的官僚与本族的族长、尊长以及当地的乡绅不约而同地结合在一起,增强了地方组织宗法化和政治自治化,地方权力与家族权力的融合一体乡村社会控制网络。

为实现宗族普及化问题,宋明理学提出了"宗族乡约化"。本意为乡里公约,出现在北宋熙宁年间由吕大钧兄弟首先最早提出乡约,并在局部地区付

---

① 《朱文公文集》卷七十五,《家礼序》。

② 冯尔康主编:《中国社会结构的演变》绪论,郑州:河南人民出版社,1994年,第133～134页。

诸实行。朱熹修订吕氏乡约,明显加重了礼仪的成分,主张以宗族、乡约、保甲治理基层社会。明成祖就曾"表章《家礼》及取蓝田《吕氏乡约》列于性理成书,颁降天下,使诵行焉"①,明代是大力推行乡约,宣讲圣谕、设立族约、制定族规,乡约与宗族结合,发生了宗族乡约化。推动宗族建设组织化。清代进一步增强宗族保甲乡约化,宗族与保甲、乡约合一更加组织化。在清雍正四年(1726年)下诏:"凡有堡子、村庄聚族满百人以上,保甲不能遍查者,拣选族中人品刚方,素为阖族敬惮之人,立为族正。如有匪类,报官究治,徇情隐匿者与保甲一体治罪。"②族正制出现则是宗族保甲乡约化的重要标志。

(四)基层组织功能复合性

宋以后中国传统社会的治理秩序中,分为两个层面,上层公权国家治理,基层族群、保甲、私人相结合自治,从法律层面上则形成了国家法规范及习惯性自治规范(礼制、家法族规、风俗、民约等)。宋代政府就是在乡村实行乡里制、保甲制等实现国家对乡村赋税征收与社会治安管理同时,国家通过经界法将国家对乡村民户的编户控制与土地控制结合在一起。古代乡里制度中乡官从乡里自治领袖变成县级差役,也就是出现乡里制度由乡官制转向职役制,明初建立了一系列相应的制度,其中的黄册制、里甲制、里老人制及相应的人口政策。清朝统治者建立了帮助税吏征收的里甲制度,以及帮助农民减灾的谷仓制度。

基层社会组织功能是多样化的,既有兴教教化劝农、强化等级秩序功用,也有纠察、自卫、防火盗、解决民众间大量轻微纠纷及训诫惩治积极意义,更有实现国家户政管理及其对乡村土地赋税征收多重职能等功效。

(作者单位:上饶师范学院朱子学研究所)

---

① (明)王樵:《金坛县保甲乡约记》,转引自常建华《明代宗族研究》,上海:上海人民出版社,2005年。
② 《清朝文献通考》卷二三,《职役三》。

以礼化民，乡约善俗
——宋明理学乡村治理的路径探析

◎ 冯会明

"一道德，同风俗"，是儒家治理天下的理想途径，宋明理学家们秉承"儒者在本朝，则美政；在下位，则美俗"的传统①，为实现"化其心，成其俗"的化俗理想，为实现乡村社会的治理而不懈追求。他们通过制定家礼、族规，规范家庭、宗族礼仪，以唤醒族人"报本反始之心"；他们重视乡约建设，如朱熹增订《增补吕氏乡约》，罗伦作《戒族人书》，王阳明制定《南赣乡约》，倡行乡约，企图借乡村宗法组织，对乡民进行道德约束，使乡约成为化俗乡里的"善俗之方"。还通过建祠堂、立碑坊、崇先贤等化俗民间的道德实践，达到敦化导民，淳厚乡俗的目的，与官方的乡党里甲等制度相结合，共同实现乡村基层社会的有效治理。

宋明理学乡村治理的上述路径，对当今社会风气的改善，公序良俗的形成和乡村基层社会的建设仍可发挥历史的镜鉴作用。

一、"宋明理学家之精神，则几全用于教化"

"化俗"，即"化民成俗"。语出《礼记·学记》："就贤体远，足以动众，不足以化民。君子如欲化民成俗，其必由学乎。"②意为教化民众，移风易俗，形成良好的社会风气。通过兴学教化，让民众"个人的心灵情感受到了某些有伦理关切的道德规范和价值理念的引导和塑造，渐滋浸渍，潜移默化，性与习

---

① 杨柳桥：《荀子诂译》，济南：齐鲁书社，1985年，第153页。
② 陈戍国：《礼记校注》，长沙：岳麓书社，2004年，第264页。

成，即获得了教化"。① 通过这一手段，使道德风俗化和习惯化，且内化于民众的心灵深处，形成当地的民风民俗。

"一道德，同风俗"，"化其心，成其俗"是理学家们治国安邦的理想途径，他们对敦伦化俗表现出极大的关注和热情。正如唐君毅所说："宋明理学家之精神，则几全用于教化。"②理学自诞生之日起，就是为拯救唐宋以来道德式微，纲常废弛的现状，以重整伦理纲常和社会价值体系。

理学家们认为王道教化是国家长治久安的根本，是建立淳美风气的前提和实现乡村基层治理的保证。"治理人民的最佳状态是'化其心'，推行道德教化则是达于这一理想的必然途径"。③ 主张建立道德教化体系，重整伦理纲常，形成淳美风俗。因为风俗关乎国家的长治久安，所谓"礼教衰，则风俗坏；风俗坏，则人心邪；人心邪，则世道乱，自古而然"。④ 朱熹说："教化之行，挽中人而进于君子之域；教化之废，推中人而堕于小人之涂。"⑤因此，将教化民众、移风易俗作为治国之"大务"。正如罗从彦所说："教化者，朝廷之先务。廉耻者，士人之美节；风俗者，天下之大事。朝廷有教化，则士人有廉耻；士人有廉耻，则天下有风俗。或朝廷不务教化而责士人之廉耻，士人不尚廉耻而望风俗之美，其可得乎？"⑥把教化视为朝廷之先务。

士为"四民"之首，文风士习很大程度上决定着社会风气的好坏。士人是否有廉耻之心，关乎社会的公信良俗。士人无耻，将导致天下风俗浇薄。北宋末年，游酢在《论士风疏》中，就明言天下之大患，莫大于士大夫无耻，"天下之患，莫大于士大夫至于无耻，则见利而已，不复知有他"⑦宋度宗咸淳二年（1206 年），史馆检阅黄震尖锐地指出，士大夫无耻是当今四大弊病之一："当时之大弊：曰民穷，曰兵弱，曰财匮，曰士大夫无耻。"⑧士大夫没有廉耻，吏治

---

① 詹世友：《道德教化与经济技术时代》，南昌：江西人民出版社，2002 年，第 5 页。

② 黄克剑、钟小霖编：《唐君毅集》，北京：群言出版社，1993 年，第 284 页。

③ 周永健：《论朱熹的社会教化思想》，《重庆师范大学学报》2013 年第 4 期，第 13～18 页。

④ 余治平：《乡规民约与美政美俗——儒家乡村社会治理中以礼化俗的维度》，《江南大学学报（人文社会科学版）》2014 年第 6 期，第 5～15 页。

⑤ 黎靖德编，王星贤点校：《朱子语类》卷一〇八，《论治道》，北京：中华书局，1986 年，第 2685 页。

⑥ 罗从彦：《罗豫章集》卷九，《议论要语》，北京：中华书局，1985 年，第 101 页。

⑦ 游酢：《游酢文集》卷六，《论士风疏》，济南：延边大学出版社，1998 年，第 167 页。

⑧ 脱脱等：《宋史》卷四三八，《黄震传》，北京：中华书局，1977 年，第 12992 页。

必定败坏，因此必须拯救士风。朱熹就说："士人先要识个廉退之节。礼义廉耻，是谓四维。若寡廉鲜耻，虽能文要何用！"[1]士大夫要知廉识耻，守名节忠义。

因此，理学家们强调学以为己，注重品德修养和人格完善，崇尚名节。尤袤曾概括出理学家的品德："临财不苟得，所谓廉介；安贫守道，所谓恬退；择言顾行，所谓践履；行己有耻，所谓名节。"[2]理学家要成为社会道德的楷模，以自身良好的修养，为当地民众做出道德的表率，且推己及人，感化民众。蔡元培先生也说："宋之有晦庵，犹周之有孔子，皆吾族道德之集成者也。"[3]理学家们把"文章、道德、气节"作为人生的三大追求，以社会清流维系着世道人心，将道德自律提高到本体论的高度。他们往往以乡绅的身份和地位，在淳厚社风民俗，维护乡村基层社会正义等方面起着重要的作用。

二、一家仁，一国兴仁——家庭是化俗之本，教化之基

理学家们认为家庭是化俗之本，德教之基，是乡村基层治理的基石。家风是社会风气的组成部分，要拯救世风，实现敦伦化俗就要培育良好的家风。要从修身齐家开始，修齐一家，渐化一乡，渐化一地。朱熹说："一家仁，一国兴仁；一家让，一国兴让。'一家仁'以上，是推其家以治国；'一家仁'以下，是人自化之也。"[4]

因此，父母要当仁不让地担负起教化子女的职责。在孩童时期就要进行五伦教育，引导童蒙向善，做到"蒙以养正"。为此，朱熹编撰了《童蒙须知》《论语训蒙口义》等蒙学教材，作为儿童的行为守则，规范其言谈举止。他对长子朱塾，采取了孟子"易子而教"的方式，乾道九年（1173年）送朱塾到浙江吕祖谦处受学，写下《与长子受之》一文，详细叮嘱受学的各项注意事宜。

他在《家训》中，强调"父之所贵者，慈也；子之所贵者，孝也；君之所贵者，仁也；臣之所贵者，忠也。兄之所贵者，爱也；弟之所贵者，敬也。夫之所贵

---

① 黎靖德编，王星贤点校：《朱子语类》卷一〇五，《朱子二》，第2643页。
② 陈邦瞻：《宋史纪事本末》，上海：上海古籍出版社，1994年，第869页。
③ 蔡元培：《中国伦理学史》，长沙：湖南大学出版社，2014年，第110页。
④ 黎靖德编，王星贤点校：《朱子语类》卷一六，《大学三》，第357页。

者,和也;妇之所贵者,柔也。事师长,贵乎礼也;交朋友,贵乎信也"。① 在家教中要进行慈、孝、仁、忠、爱、敬等教育,以明君臣之义,夫妇之伦,父子之亲,兄弟之情,朋友之信,其重点则是孝道教育,子辈必须服从父母,孝顺长辈,且移孝作忠,做到忠孝两全。因为"人能孝悌,则其心和顺,少好犯上,必不好作乱也"。一个人如果能在家庭孝顺父母,友爱兄弟,养成和顺之德,步入社会,就能顺从长上,忠于朝廷,成为孝子忠臣。他说:"孝以事亲,而使一家之人皆孝;弟以事长,而使一家之人皆弟;慈以使众,而使一家之人皆慈。是乃成教于国者也。"②这样就将家庭伦理扩充为社会伦理,良好的家风,成为淳美民风的基础。

在聚族而居的乡村社会中,个人的行为深受宗族的影响,而族规作为家族成员共同遵守的规条,在家族内具有权威的约束力。通过制定族规家训,修订家族礼仪可以约束家族成员。

朱熹重视家族礼仪的建设,淳熙元年(1174 年),他汇编印刻了《古今家祭礼》,淳熙三年(1176 年),又编成《家礼》一书。《家礼》通过订立一套宗法礼仪制度,来引导、整齐宗族成员的行为,强调的是"谨名分,崇爱敬"。制定家礼,是为强化族人"慎终追远之心",以达到"敦化导民"的效果。他在《家礼序》中说:"庶几古人所以修身齐家之道,慎终追远之心犹可以复见,而于国家所以敦化导民之意抑或有小补。"③《家礼》重点在于重建宗子的权力,规定宗子有祠堂祭祖的主祭权,祭田的主管权,以突出族长、家长的权威。

祠堂祭祀是维系家族的重要手段,其目的是为强化族人"报本反始之心","盖人之生,无不本乎祖者,故报本反始之心,凡有血气者之所不能无也"。④ 规定"正至朔望则参"、"俗节则献以时食"、"有事则告",通过祭祀,以类似于宗教的虔诚仪式,借尊祖来强化家族成员的认同感。当然,尊祖是为敬宗,让族人自觉地服从宗子的管理,从而使祠堂、族规成为对宗族成员进行教化的讲堂,通过血缘关系与礼教结合,维系家族内部的稳定。

---

① 朱熹:《朱子遗集》卷四,《家训》,见朱杰人、严佐之、刘永翔主编:《朱子全书》(修订本)第 26 册,上海:上海古籍出版社,合肥:安徽教育出版社,2010 年,第 703 页。

② 黎靖德编,王星贤点校:《朱子语类》卷一六,《大学三》,第 356 页。

③ 朱熹:《晦庵先生朱文公文集》卷七五,《家礼序》,《朱子全书》(修订本)第 24 册,第 3627 页。

④ 朱熹:《晦庵先生朱文公文集》卷八一,《跋古今家祭礼》,《朱子全书》(修订本)第 24 册,第 3825 页。

由于《家礼》通俗易懂，简便易行，可以"仪其乡而化其俗"。因此，长期以来被奉为封建家庭礼仪之圭臬。

陆九韶也制定了《陆氏家规》，有大纲四条，家规十八条，详尽地规定了家族的各项事务，"本末俱举，大小无遗"，因为治家有方，而获得朝廷褒奖。清江刘清之制定的《戒子通录》，江州德安义门陈制定的《义门陈氏家法》，都是著名的家礼族规，对家庭教化影响深远。

因此，通过家礼族规，在温情的礼仪氛围中，对家族成员进行道德规范与约束，孕育出仁厚的乡风里俗，实现"以仪其乡而化其俗"的功效，达到敦伦化俗的目的。

三、德业相劝、彰善纠恶——乡约是化俗乡里的善俗之方

在强调家庭、家族化俗作用的同时，宋明理学家们也重视乡约建设，重视乡约在乡村社会治理的作用，期望通过建立乡约组织，制定乡规民约，施行乡村礼教，对乡民进行道德约束，促进民风的转变，使乡约成为化俗乡里，实现乡村治理的一个"善俗之方"。

"乡约是传统社会乡民基于一定的地缘和血缘关系，为某种共同目的而设立的生活规则及组织"。[①] 它往往是由民间士绅自发组织，以邻里乡人相互救助，相互劝勉为目的，以礼治教化为手段的非官方组织，是古代乡村社会治理的一种重要形式，对维护基层社会的稳定起了重要作用。

宋神宗熙宁九年（1076 年），吕大忠、吕大防、吕大钧、吕大临"蓝田四吕"制定的《吕氏乡约》是最早的一部乡约，规定"凡同约者，德业相劝，过失相规，礼俗相交，患难相恤，有善则书于籍，有过若违约者亦书之。三犯而行罚，不悛者绝之"。[②] 对改善当地风俗起了积极的作用，《宋史》评价道"（吕大钧）居父丧，衰麻葬祭，一本于礼。后乃行于冠昏、膳饮、庆吊之间，节文粲然可观，关中化之"。[③] 张载也认为"秦俗之化，亦先自和叔有力焉"。[④] 蓝田四吕"他们

---

① 张中秋：《乡约的诸属性及其文化原理认识》，《南京大学学报（哲学社会科学版）》2004年第 5 期，第 51～57 页。

② 脱脱等：《宋史》卷三四〇，《吕大防传》，北京：中华书局，1977 年，第 10844 页。

③ 脱脱等：《宋史》卷三四〇，《吕大防传》，第 10847 页。

④ 程颢、程颐：《二程集·河南程氏遗书》卷一〇，《二先生语十》，北京：中华书局，1981年，第 115 页。

以'躬行礼教''变化风俗'为己任，在家乡陕西蓝田制定并推行《乡约》《乡仪》，以期礼渐成俗，风化社会，最终达到经世济民，'及乎后世'的目的"①。

1175 年，朱熹在《吕氏乡约》的基础上，修订为《增损吕氏乡约》。这是朱熹乡约建设和敦伦化俗思想的集中体现，也是他化俗乡里的一次道德实践。《增损吕氏乡约》承袭了《吕氏乡约》的宗旨，要求"凡同约者，德业相劝，过失相规，礼俗相交，患难相恤"，规定入约对象不再局限于宗族内部，而是推广到邻里乡党，入约者来去自由，也不附加经济条件。

《增损吕氏乡约》首先强调的是"德业相劝"。"德"要求做到"见善必行，闻过必改，能治其家，能事父兄，能教子弟，能御童仆，能肃政教，能事长上，能睦亲故，能择交游，能守廉介，能广施惠，能受寄托，能救患难，能导人为善，能规人过失……"做到孝亲敬长、敦亲睦邻，劝人为善。"业"则要求"居家则事父兄，教子弟，待妻妾；在外则事长上，接朋友，教后生，御童仆"②。要求同约之人，互相督促，互相劝勉。与《吕氏乡约》相比，还增加了"畏法令，谨租赋"一项，使乡约力求与国家政令保持一致。

"过失相规"则规定"犯义之过六，犯约之过四，不修之过五"。③ 过失其实就是各种禁止性的行为，如赌博、酗酒、侮慢尊长、恃强凌弱、不守信用等等。对各种过失，"同约之人各自审察，互相规戒。小则密规之，大则众戒之。不听则会集之日值月以告于月正，月正以义理诲谕之。谢过请改，则书于籍以俟。其争辩不服，与终不能改者，皆听其出约"。④ 与《吕氏乡约》相比，对过失的处罚，删除了罚金等惩处措施，而是以劝诫教诲取代金钱处罚。

乡约强调"礼俗相交"，就是要讲求尊卑长幼辈分，详细规定了同约之人造请拜揖、请召迎送、庆吊赠遗等各种礼仪礼节，特别强调了约前的揖拜礼仪，以明尊卑长幼等级身份。"患难相恤"则要求同约之人，遇到水火之灾、疾病死丧、孤弱贫乏、盗贼诬枉等意外事件时，要相互救恤，财物、器用、车马等做到有无相借，共渡难关。

---

① 董建辉：《明清乡约：理论演进与实践发展》，厦门：厦门大学出版社，2008 年，第 48 页。

② 朱熹：《晦庵先生朱文公文集》卷七四，《增损吕氏乡约》，《朱子全书》（修订本）第 24 册，第 3595 页。

③ 朱熹：《晦庵先生朱文公文集》卷七四，《增损吕氏乡约》，《朱子全书》（修订本）第 24 册，第 3595 页。

④ 朱熹：《晦庵先生朱文公文集》卷七四，《增损吕氏乡约》，《朱子全书》（修订本）第 24 册，第 3596 页。

乡约设有正副约正，"推有齿德一人为都约正，有学行者二人副之。……约中月轮一人为直月"。① 乡约的组织形式是定期聚会，"月旦集会读约之礼"，并且"详细规定了月旦读乡约、纠过、旌善、会食的各种仪节，仪节贯穿着尊老爱幼、尚齿尚德、抑恶扬善、和睦共处的原则，体现出以礼教化约众，以礼约束约众的道德精神"②。

其方法是采用动态的德业评价机制，设置善恶二簿，以记录入约者所作所为，进行表彰和劝诫。规定"置三籍，凡愿入约者书于一籍，德业可劝者书于一籍，过失可规者书于一籍，值月掌之"③。在每月定期的聚会上，进行彰善纠恶。"彰善"要大张旗鼓地公开表彰，善籍由直月当众朗读，以树立榜样，见贤思齐；纠恶则应隐晦而委婉，恶籍让众人默默传看，采取晓谕、劝告等正面教育为主，将公开批评与私下劝谕相结合，以道德评议、舆论教化来矫正其过失，起到"见善必行，闻过必改"的效果。

尽管朱熹的《增损吕氏乡约》，事实上并没有真正付诸实施，但朱熹推行乡约的设想与举措，得到了当时学者的肯定，张栻认为朱熹此举有益于教化，诚善俗之方，并对完善乡约提出了建议。他说："甚有益于风教，但乡约细思之，若在乡里，愿入约者只得纳之，难于拣择。若不拣择或有甚败度者，则又害事，择之便生议论，难于持久，兼所谓罚者可行否，更须详论精处。若闲居行得，诚善俗之方也。"④朱熹增订《增损吕氏乡约》，也"为明清时期乡约制度的广泛推行奠定了思想基础"⑤。

明代理学家罗伦在家乡，倡行乡约，以圣贤之道，约束家人弟子，"里居倡行乡约，相率无敢犯"。⑥ 他制定《戒族人书》，倡导并教诫宗族子弟及乡邻："盖未有治国不由齐家，家不齐而求治国无此理也。何谓齐家，不争田地，不占山林，不尚争斗，不四强梁，不败乡里，不凌宗族，不扰官府，不尚奢侈。弟

---

① 朱熹：《晦庵先生朱文公文集》卷七四，《增损吕氏乡约》，《朱子全书》（修订本）第 24 册，第 3594 页。

② 杨建宏：《吕氏乡约与宋代民间社会控制》，《湖南师范大学社会科学学报》2005 年第 5 期，第 126～129 页。

③ 朱熹：《晦庵先生朱文公文集》卷七四，《增损吕氏乡约》，《朱子全书》（修订本）第 24 册，第 3594 页。

④ 张栻：《南轩集》卷二二，《答朱元晦》，《影印文渊阁四库全书》第 1167 册，台北：商务印书馆，1986 年，第 606 页。

⑤ 熊瑜：《朱熹伦理教化研究》，四川大学博士学位论文，2003 年，第 30 页。

⑥ 张廷玉：《明史》卷一七九，《罗伦传》，北京：中华书局，1974 年，第 4750 页。

让其兄，侄让其叔，妇敬其夫，奴恭其主。只要认得一忍字，一让字，便齐得家也。"①对当地教化和良好风气的形成大有裨益。

王阳明巡抚南赣时，认为"民俗之善恶，岂不由于积习使然哉!"在正德十三年(1518年)，制定了著名的《南赣乡约》，规定"自今凡尔同约之民，皆宜孝尔父母，敬尔兄长，教训尔子孙，和顺尔乡里。死丧相助，患难相恤，善相劝勉，恶相告戒，息讼罢争，讲信修睦，务为良善之民，共成仁厚之俗"。②阐明了推行乡约的主旨，并制定了十五条乡约，对乡约组织建设、乡约要解决的现实问题、乡约集会的仪式都进行了详尽的规定。王阳明在南赣推行的乡约实践，有力地推动了明清时期的乡约建设。

乡约以社会教化、道德劝善为目的，让乡民在社会舆论的制约之下，通过潜移默化的熏陶，使儒家伦理道德世俗化且深入人心，为民众所内化，成为"良善之民"，形成"仁厚之俗"，实现乡村风移俗易。乡约成为理学基层社会治理的一个重要手段。

此外，作为化俗乡里，实现基层社会治理的另一路径，朱熹等理学家们还通过对地方先贤的褒崇，对忠臣义士的宣扬，为其建祠立庙，设碑立坊，供民众朝拜，使地方先贤偶像化，用这种方式对下层民众进行隐性教化，以起见贤思齐，淳化风俗之功用。朱熹早在同安主簿任上，就认为"后生晚学不复讲闻前贤风节、学问源流，是致士风日就凋弊"。③1179年，朱熹在知南康军任上，发布《知南康榜文》和《知南康牒文》，提出宽恤民力、敦尚风俗和砥砺士风的治郡三大方略，并修刘凝之墓，建壮节亭，在军学建濂溪祠堂，立五贤祠，供奉陶侃、刘涣等当地前贤，"几乎调动了南康一地全部前代有名的忠臣孝子、义夫节妇，来力挽这衰世的颓风"。④在知潭州任上，又为司马承、孟彦卿、刘玠等五人立庙，请求朝廷颁敕庙额，认为此举"且使天下之欲为忠义者知所劝慕，诚非小补"。⑤用官方力量进行推动引导，成为化俗乡里，实现乡村治理的

---

① 王竞成主编：《中国历代名人家书》，北京：国际文化出版公司，2009年，第315页。

② 王守仁撰；吴光、钱明、董平编校：《王阳明全集》卷一九，《别录九·南赣乡约》，上海：上海古籍出版社，2014年，第665页。

③ 朱熹：《晦庵先生朱文公文集》卷二〇，《代同安县学执事乞立苏丞相祠堂状》，《朱子全书》(修订本)第21册，第896页。

④ 束景南：《朱子大传》，北京：商务印书馆，2003年，第431页。

⑤ 朱熹：《晦庵先生朱文公文集》卷一九，《乞褒录高登状》，《朱子全书》(修订本)第20册，第883页。

又一路径。

四、结　语

朱熹等宋明理学家们致力于教化，追求"化其心，成其俗"的理想，从家庭、宗族、乡约组织、乡贤示范、官府引导等各个层面，通过定礼教，建祠堂、行乡约、立牌坊、崇先贤等一系列化俗民间的伦理道德实践，达到敦化导民，淳厚民风，端正乡俗的目的，实现"教化行而习俗美也"的良好愿望。期望通过以礼化民，以礼化俗，整顿世风日下的社会现状，实现基层社会的有效治理和国家的长治久安。

在当今市场经济浪潮的冲击之下，个人欲望的过度泛滥，拜金主义、享乐主义甚嚣尘上，诚信缺失，人际冷漠，道德失范等现实问题，导致人心不古、民风日下之现状，理学家们的化俗思想，其乡村治理的手段仍可以发挥历史镜鉴的功效，用人伦道德重塑价值理念，敦风化民，引导民众向善，形成公序良俗，实现乡村的有效治理。

（作者单位：上饶师范学院朱子学研究所）

《朱子家礼》对引礼入民起的关键作用

◎ 黄柏翰

礼（禮），从示，从豐（豊，行礼之器），礼的本义是举行仪礼，祭神求福的意思。礼的一般意义指的是由道德观念和风俗习惯所形成的仪节，符合社会整体利益的行为准则，或指用于表示尊敬的态度和动作，或指为表庆贺、友好、敬意所赠之物。礼是东亚文化的传统，重视人际往来的礼节，和上下关系的区别，是形成社会文化特色的重要组成成分。不同于礼的一般意义，在儒家的思想体系中，"礼"具有独特的价值与意义，是古代宗法社会的产物，包含了典章制度的建立和道德规范的仪节，也是儒家政治理想的体现与具体落实方式，目的在建立一个和谐有序的社会。儒家思想透过礼的教化作用，将之应用于人文教育、社会问题的解决、人际关系的调整，以期达到彰显人性价值，创造和谐秩序的目的。

儒家礼学的发展经历多次重大的改造。周公制礼作乐，将德的精神注入于礼，以礼统摄社会生活的方方面面，使上层社会的人们显得彬彬有礼。孔子删定《礼》《乐》，以仁释礼，将上层社会所行之礼改造为道德之礼，使天子与庶人在道德面前一律平等，使礼成为道德自发性的表现。朱熹编修熔铸古今、博采众长的礼学大全书《仪礼经传通解》，提出"礼者，天理之节文"的观点，对礼赋予天理的内涵。此外，《朱子家礼》（后简称《家礼》）吸收《仪礼》、《唐开元礼》、《吕氏乡约》和《司马书仪》已有的成就，制定了冠、丧、婚、祭等家常日用的仪节和实践方式，进一步促成礼落实于民间，起到移风易俗的作用。

从周公开始修礼，所修之礼，适合上层社会。到朱熹修礼，所修之礼，适合士庶阶层。《家礼》成功地将礼引入民众的日常生活。本文尝试对《家礼》引礼入民的几个关键作用进行探讨：（1）"礼"是"天理"的具体实现；（2）具有社会整合与协助地方管理的功能;(3)"礼"是社会生活的实际需求,体现儒家文化的独特性。

一、"礼"是"天理"的具体实现

"天理"这个观念始用于《庄子》和《乐记》,但使之成为重要哲学观念的是宋儒,尤以朱熹发挥最多。"天理"是指先天的善性或伦理的法则。朱熹在修礼时即有意识地将"天理"注于入"礼",他指出:

> 礼即理也,但谓之理,则疑若未有形迹之可言。制而为礼,则有品节文章之可见矣。……问程子曰礼即理也。尹氏曰:去人欲则复天理。或问不取尹说以为失程子意,何也。曰:某之意,不欲其只说复理而不说礼字。盖说复礼,即说得着实。若说作理则悬空,是个什么物事。……礼谓之天理之节文者,盖天下皆有当然之理,但此理无形无影,故作此礼文画出一个天理与人看,教有规矩,可以凭据,故谓之天理之节文。①

在程朱的思想体系里,天理对应着人欲,朱熹提醒后学"人之一心,天理存则人欲亡,人欲胜则天理灭。未有天理人欲夹杂者。学者须要于此体认省察之"②。朱熹认为"有个天理便有个人欲。缘这个天理须有个安顿处,才安顿得不恰好,便有人欲出来。"③礼的设置正是要调节人欲,安顿天理。修礼治礼的工作使无形迹的天理转化为可日常践行的礼仪,藉由践礼来治人情,修人义以复天理。

"礼"的因革损益,应该要能与时俱进,对此朱熹曾慨叹:"礼乐废坏,二千余年。若以大数观之,亦未为远。然已都无稽考处,后来须有一个大大底人出来,尽数拆洗一番。但未知远近在几时。"④后来,朱熹还是自己担负起这项工作,在博采前贤构筑社会秩序的伟大思想基础上,改易变通,因事制礼,在中年修成《家礼》,并在晚年会通三礼,熔铸古今,建立起一个前无古人的礼学体系——《仪礼经传通解》。

有了"礼"为"天理之节文",再加上尽德修诚,非礼不可的观念,我们便可

---

① 钱穆编:《朱子新学案》第四册,台北:三民出版社,1971年,第152~158页。
② 《朱子语类》卷一三。
③ 《朱子语类》卷一三。
④ 钱穆编:《朱子新学案》第五册,第140页。

以了解朱熹何以孜孜不倦地致力于"礼"的编修与实践。

二、社会整合与地方管理的功能

在广土众民的中国传统社会里，中央政权限于人力、物力，资源的不足。既无现代的网络、通讯技术，亦无便利的交通运输系统，缺乏现代科技的协助，国家权力如何由中央延伸到地方，还包含广大的乡村，一直是一个不容易解决的问题。特别是在宋代以后人口大幅增加，从从汉唐时期五六千万的规模，宋、明时期约有一两亿，清后期更高达三四亿。可是如此庞大增加的人口，官员总数却没有相应的扩充①。仅仅依靠少量的官吏，如何维持王朝的统一和中央集权的政治结构，是一个相当不容易的问题。中央政府的组织能力，基本上仅能达于县级政权，除了交纳赋税，地方安靖等治安大事外，余皆由地方民间自理。地方事务的管理，主要依靠儒家文化所形成的伦理观念和在野的儒生（知识分子）维持。

表 1　几个主要朝代封建国官僚情况

朝代	官员数	人口数	官员占总人口的百分比（%）
西汉	132805	59594987（公元 2 年）	0.22
东汉	152986	56486856（公元 157 年）	0.27
隋	195937	46019956（公元 609 年）	0.42
唐	368668	52919309（公元 755 年）	0.7
宋	24000		
元	16425	59848964（公元 1291 年）	0.03
明	（洪武）24683	59873305（公元 1381 年）	
	（宪宗）80000	61852810（公元 1474 年）	0.13

资料来源：金观涛、刘青峰：《兴盛与危机：论中国社会超稳定结构》，北京：法律出版社，2011 年，第 29 页。

---

①　关于历代人口变化，以及官民的比例，可参见金观涛、刘青峰：《兴盛与危机：论中国社会超稳定结构》，北京：法律出版社，2011 年，第 29 页。以及《中国思想史十讲》上卷，北京：法律出版社，2015 年，第 84～87 页。

儒家知识分子在传统社会中官僚机构和县以下的"家"、"宗族"之间,扮演了重要的角色。特别是在程朱理学吸收了佛道形成新儒学后,从天道观的角度推出家国天下一体化的秩序架构,儒生便自觉地将自身定位为道德精英的社会角色,积极从事修身,以成圣为目标的精神境界追求,使之进可以治国平天下,退可以居乡教化百姓,成为整合中央与地方政务的中坚力量。如同劳思光指出,宋儒有极强的社会责任感,他们"未登仕籍,已忧天下"、"以天下为己任,非以官职为谋生之道"、"对于道德文化之轨范,礼乐刑政之措施,无不欲作积极之努力"①。依靠儒家以血缘伦理为核心推导出来的伦理观念,家族制度进一步完备,族长及在野的绅士阶层协助行政管理事务,实现县以下(绅士)自治的地方文化。

在修身以教化天下的取向下,家礼和乡约也得到推广。费孝通在《乡土中国》中提出"礼治社会"的概念②。中国传统乡村是由宗法家族所组成的熟人社会,主要依靠"礼治"而不是"法治",法治主要依靠国家政治权力,而礼治依靠的是社会共同认可的行为规范,是一种自发性的道德力量和来自伦理规范的约束力。《家礼》起到构成中国乡村礼治社会的重要作用。程朱理学兴起之前,仅有官宦之家和世家大族才有祠堂和族谱。程朱理学兴起后,村庄中的普通百姓也都编有族谱,设有祠堂,便于地方自治,同时也使家国结构更为稳固。这样一来,从社会最小的细胞—家族到整个国家天下,都可在理学观念下安顿秩序。透过《家礼》的具体实践,儒家"齐之以礼"的社会管理和"养之成德"的伦理秩序,成为稳定国家社会的重要力量。

三、社会生活的实际需求

朱熹身处的年代佛道盛行,许多民俗礼节多受到佛道的影响。即便是儒门子弟,在治丧仪式的选择上也有无所适从感。曾有弟子向朱熹请教父母的丧之礼应如何举行,是否可依父母遗愿采用佛道之礼俗?由于当时儒学并没有对于平民的丧葬礼规范,朱熹除火化一事外,对其余的仪节也只好不情愿地妥协。

> 或问:亲死遗嘱教用僧道则如何?曰:便是难处。或曰:也可以不用

---

① 劳思光:《新编中国哲学史》第三卷上,台北:三民书局,1984 年,第 54 页。
② 费孝通:《乡土中国》,北京:北京出版社,2004 年。

否？曰：人子之心有所不忍，这事须子细商量。……或问：设若母卒父在，父要循俗制丧服，用僧道火化，则如何？……曰：其它都是皮毛外事，若决如此做，从之也无妨，为火化则不可。……火化则是残父母之遗骸。①

对基层民间礼仪的空缺和无所适从，朱熹曾有慨叹："礼不难行于上，而欲其行于下者难。"②朱熹后来编撰的《家礼》正是为了弥补以往诸多礼书的不足。

《家礼》是朱熹四十多岁左右，因母亲丁忧在家时所编著的③。这份书稿刚完成即为行僮所窃走，直到朱熹去世后不久，人们为他筹备葬礼时，这部书稿才又重现于世④。《家礼》于嘉定四年（1211 年）在广州初刊⑤，其内容从世俗生活本身入手，重新在冠、婚、丧、祭生活起居应对进退各方面，将礼的精神融入生活日用之中。并进一步对礼制进行整理考订，特别是人生各个阶段中会用到的礼，包括了冠、丧、婚、祭等家常日用的仪节和实践方式。

《家礼》是中国近世一部重要的儒家礼书，其内容精简实用，与生活密切结合，深刻影响中国近世社会的家庭结构与民俗礼仪。

> 唐五代以后，世俗民风多为释道二教浸淫，儒学在民间的地位不免因之而削弱。儒者要想改变这种状况，就不得不放弃"礼不下庶人"（《礼记·曲礼》）的古制，将原属上层社会的儒家礼仪世俗化和平民化，推广至民间。前此，司马光即纂有《书仪》一书，为家礼的世俗化开了先河。然而司马氏之书对古礼的删削却颇为有限，故难以通行至闾里。朱熹有

---

① 钱穆：《朱子新学案》第五册，台北：三民书局，1971 年，第 128～129 页。

② 朱熹：《民臣礼仪》，《朱子文集》卷六十九。

③ Chan Wing-tsit, *Chu Hsi：Life and Thought*（Hong Kong：Chinese University Press，1987），p.149.

④ 朱杰人、严佐之、刘永翔主编：《朱子全书》，上海：上海古籍出版社；合肥：安徽教育出版社，2002 年，第 860 页。

⑤ 伊沛霞（Patricia Buckley Ebrey）对《家礼》的刊刻和流传有详细的考证，可参见 Patricia Buckley Ebrey, *Confucianismand Family Ritualsin Imperial China：asocialhistory of writing abou trites*，*Princeton*，N.J.：Princeton Universitypress，1991.或见伊沛霞的《家礼》英译本及其评注 Patricia Buckley Ebrey, *ChuHsi's "Family Rituals"：ATwelfth-Century Manualfor the Performance of Cappings，Wedding，Funerals，andAncestral Rite*，Princeton，Princeton University Press，1991，以及周鑫：《〈朱子家礼〉研究回顾与展望》，《中国社会历史评论》第 12 卷，2011 年，第 432～446 页。

感于此,便以其书为底本,复加删削,成《家礼》一书。……成为当时最为简明适用的一部"庶民之礼"。[①]

基层百姓的日常生活里也有婚丧喜庆,活动安排也需要根据情境而有一定之仪则。当时虽已有司马光所编的《书仪》,但仪式繁琐,不便于实践,遂未广为流通,民间礼俗颇受二教影响。由此可知,《家礼》一书的编成不仅适应民间需要,同时为社会确立儒家礼法规范,在日常生活中发挥抵御佛道礼俗的作用。更重要的是朱熹的《家礼》已不是传统意义上专用的"贵族之礼",而是通用于整个社会,更多考虑到社会普通家庭实际需求的"庶民之礼"。

此后,以《家礼》为基础的文人礼书、礼仪指南大量涌现,家礼的实践融入社会基层的乡村礼俗建设。《家礼》提供建设家族组织的构想,藉由家族组来倡导孝悌的宗法思想,成为指导家族的行动手册[②]。随着朱子学受到后世的尊奉,《家礼》的刊刻和流布,士人阶层的实践和民间百姓的笃信遵行等历史因素,到明清时期《家礼》已成为民间的通用礼。

四、结 论

儒家礼学的理想是通过"礼"来形塑人与人、群体与群体之的交往伦理,形成一种文明社会的理想秩序。宋儒的时代作为国家大法的礼乐制度已大致确立,唯民间礼书、家族宗法的修订和实践则尚未完备,这个空缺成为儒家知识分子的关心和用力之处。在"礼即理"观念的指导下,《家礼》从安顿天理的高度,思考家族组织建设的哲学基础。藉由血缘关系为纽带建立的家族共同体,其收宗族、睦族人、崇孝敬、厚风俗的作用,对地方社会秩序的和谐稳定带来极大的作用。《家礼》的目的虽标明是要为家立礼立法,但其从端正社会礼俗,进而形成社会普遍认同的行为方式,要说其具有为民间社会立法的目的也不为过。

《家礼》代表着敦厚、重亲情礼法的文化传统,对于亟须道德伦理教育的当代社会而言,具有相当的研究价值。朱子编写《家礼》是在古礼的基础上修

---

① 朱杰人、严佐之、刘永翔主编:《朱子全书》,第858页。
② 《家礼》祠堂制度在福建的流传的几位学者,如郑振满、小岛毅、常建华等人的研究显示:"《家礼》刊行不久,福建仙游、建阳即出现依《家礼》祠堂制度而建的祠堂。这种形式的祭祖礼仪与家祭、墓祭和其他类型的祠祭并行流传。"见周鑫:《〈朱子家礼〉研究回顾与展望》,《中国社会历史评论》第12卷,2011年,第441页。

改的，原则是贵适时、不贵泥古。朱子家礼要在当代社会能够继续发挥作用，也在于能够顺应时代的情境与时俱进。"礼"的核心要素在于内涵的精神和从中体现的价值，而不是外在的仪式。我们对于《朱子家礼》的理解和继承也要掌握其内在精神。

（作者单位：武夷学院朱子学研究中心）

《增损吕氏乡约》对现代乡村建设的启示

◎ 周元侠

　　《增损吕氏乡约》是朱子在蓝田吕大钧的《吕氏乡约》基础上修订而来,比较可知,朱子在《吕氏乡约》的基础上,重新整理了吕大钧的《乡仪约》之后,完善了礼俗相交的内容,最后增加了读约礼的部分。可以说,《增损吕氏乡约》与《朱子家礼》共同反映出朱子在构造深刻系统的性理之学时,从不曾忽略对社会民众的世俗教化。朱子对民风民俗的关注不仅体现在亲自编纂各种礼书,把"礼仪三百,威仪三千"的古礼世俗化、平民化,而且体现在这些世俗之礼的实践和传播上。拿《增损吕氏乡约》来说,《吕氏乡约》最初主要在关中地区实行,随着朱子学的发展和传播,《增损吕氏乡约》影响远远超过了最初的关中地区,也超出了宋朝一代,明代王阳明的《南赣乡约》、韩国的《退溪乡约》、《栗谷乡约》等,无不以此为蓝本。这一方面固然由于朱子学的影响力,另一方面还是因为《增损吕氏乡约》中固有的乡村建设理念确实适应了现实需要和时代发展,故而能够历久弥新,在不同的时代和地域大放异彩。直至20世纪30年代,梁漱溟先生在《乡村建设理论》中仍高度评价《吕氏乡约》的价值,时至今日,乡村建设面临"空心化"的困境,重读《增损吕氏乡约》[1],仍能得到不少的启示。

一、德业相劝是乡村建设的首要原则

　　《吕氏乡约》中第一条便是德业相劝,这是古代社会建设乡村基本导向和

---

[1]　朱熹:《增损吕氏乡约》,《晦庵朱文公文集》卷七四。

原则。德业历来为儒家所重视，孔子在解释《易传》"君子终日乾乾，夕惕若，厉，无咎"时说："君子进德修业。忠信，所以进德也。修辞立其诚，所以居业也。"（《周易集解纂疏》卷一）德和业是学者一生的志向，常常相提并论，而德则是重中之重。《左传》有"太上有立德，其次有立功，其次有立言，虽久不废，此之谓三不朽"的说法，其中立德是首要任务，立功和立言则属于立业中最重要的两件。德和业是学者为学过程中始终关注的目标，《吕氏乡约》对德业相劝的详述很好地表明了德和业的关系：

> 德谓见善必行，闻过必改。能治其身，能治其家；能事父兄，能教子弟；能御童仆，能肃政教；能事长上，能睦亲故；能择交游，能守廉介；能广施惠，能受寄托；能救患难，能导人为善；能规人过失，能为人谋事，能为众集事，能解斗争；能决是非，能兴利除害，能居官举职。

> 业谓居家则事父兄，教子弟，待妻妾。在外则事长上，接朋友，教后生，御童仆。至于读书治田，营家济物，畏法令，谨租赋，好礼、乐、射、御、书、数之类，皆可为之。非此之类，皆为无益。（《增损吕氏乡约》）

笼统地说，德是"见善必行，闻过必改"，这是基本原则，"能治其身，能治其家"都属于德的范围。相比于《大学》所谓"修身、齐家、治国、平天下"的"大学之道"，《乡约》则显得平实、亲切，主要以治身、治家为目标，这是由于乡约适用的范围是社会最基层，局限在某一村或几村，甚至是几个家族。再者《大学》是对所有读书人的要求，而《乡约》则是对乡间普通民众的要求，所以治国平天下的观念被治身、治家所取代。但修身为本的理念是贯通《大学》和《乡约》的。对于基层民众来说，治身、治家是最关键的，家和万事兴，家家兴旺，乡村建设才能顺利开展。

具体分析德和业的内容，不难发现，《乡约》所言的德和业之间有很多交叉，比如二者都有"事父兄、教子弟、待妻妾、御童仆"等，这些都是治家的范围。所以既是进德的内容，也是修业的内容，而"为人谋事"、"居官举职"等看似属于"业"的内容，也属于"德"的内容。这和儒家主张在人伦日用之间进德修业的理念有关，关系到人伦日用的一切事务都是儒家做工夫的范围。除了直接致力于人伦日用以外的事务，像读书治田、营家济物，以及礼乐射御书数等技艺性的实践活动则列入"业"的范围。用理学的话语来说，德偏重在理的层面，业偏重在事的层面，但事中有理，理不离事。理和事在关系到人伦日用的治身、治家活动中得到统一，德业相劝之"劝"很好地说明二者的联系，进德能够修业，修业能够进德。所以德业在修养过程中是齐头并进的关系，一荣俱荣,一损俱损。

在德业相劝的前提下,《吕氏乡约》提出第二条"过失相规",即对无益于德业相劝的行为给以及时的指出和纠正,其中分为"犯义之过六,犯约之过四,不修之过五"。具体地说,犯义之过指"酗博斗讼,行止逾违,行不恭逊,言不忠信,造言诬毁,营私太甚",不修之过指"交非其人,游戏怠惰,动作无仪,临事不恪,用度不节",都是从举止言谈、生活习惯等日常行为上进行规劝、约束。此类过失显然都不是法律约束的范围,但如果任其发展则难免给心性修养、治身、治家等带来不利影响,甚至导致违法犯罪。《乡约》中防微杜渐的理念始终贯穿于儒家修身的全过程,所谓"十目所视,十手所指,其严乎"!(《大学》)儒家认为修养心性最讲究的是日常的修养,一刻不能懈怠,"勿以善小而不为,勿以恶小而为之"正是《乡约》"过失相规"的基本原则。事实上,在个人良好习惯的养成中,道德约束远比法律强制有优势,更符合人性的发展。

正是在这个意义上,梁漱溟高度评价古代乡约的价值,他说:"乡约是本着彼此相爱惜、相规劝、相劝勉的意思,地方自治法规则是等你犯了错即送官去办,送官之后,是打是罚一概不管,对于乡里子弟毫无爱惜之意。这样很容易把人们爱面子的心、羞耻之心失掉,以后将更不好。它完全是只注意事情,想让事情得一个解决,而无爱惜人之意。"[1]梁先生所说的"地方自治法规"是指现代乡村建设中的基本依据和治理模式,与乡约确实存在着导向不同的根本差异。其实,如果在现代乡村建设过程中,能够客观针对一件事情给以解决还是不错的,最起码不会积民怨,然而在当前的乡村建设中,官员往往把经济效益当作乡村发展的首要任务,民众之间也视贫富为人生成败的唯一标准,导致乞丐村、诈骗村、盲井村等畸形乡村的出现。无论如何,《吕氏乡约》这种提倡德业相劝的价值导向是当前乡村建设中最应该重视的。

二、礼俗相交是乡村建设的核心内容

礼是儒家最重视的内容之一,在中国古代社会,不仅是国家法典,也是祭祀等典礼的根据,又是民众的日常行为规范,融政治性、宗教性于一体,所谓"礼之一物,非宗教,非政治,亦宗教。亦政治,为中国所特有。居其文化之重

---

[1] 梁漱溟:《乡村建设理论》,上海:上海人民出版社,2011年,第174页。

要部分"①。"礼仪三百，威仪三千"是对早期礼学的描述，相较于早期礼学的繁琐，宋儒则试图将礼仪世俗化、实用化，这在《朱子家礼》和《增损吕氏乡约》中都有体现。

《增损吕氏乡约》以较大篇幅阐述了第三条"礼俗相交"，这些礼俗既是乡约成员的日常行为规范，也是约束成员行为、厘定善恶的一个标准，又是教育民众、化民成俗的主要方式。就礼俗的广泛适用性和深入渗透性而言，在维护基层社会秩序和维系人际关系的稳定上，礼俗甚至超越了法律的作用。《增损吕氏乡约》将礼俗相交规定得非常详尽、平实，主要有四方面内容："一曰尊幼辈行，二曰造请拜揖，三曰请召送迎，四曰庆吊赠遗。"

首先依据年龄分出尊卑长幼，"尊幼辈行凡五等，曰尊者（谓长于己三十岁以上，在父行者），曰长者（长于己十岁以上，在兄行者），曰敌者（谓年上下不满十岁者，长者为稍长，少者为稍少），曰少者（谓少于己十岁以下者），曰幼者（谓少于己二十岁以下者）"。（《增损吕氏乡约》）在此前提之下，规定了造请拜揖、请召送迎的具体礼仪。以见面礼仪为例，分为节日的礼见和候问起居、质疑白事等的燕见等。针对不同场合，详细规定了见面的时间（如岁首、冬至、四孟月朔）、见面的衣着等，如"凡少者、幼者于尊者、长者，岁首、冬至、四孟月朔辞见贺谢，皆为礼见"。正式见面仪式："皆具门状，用幞头、公服、腰带、靴笏。无官具名纸，用幞头、襕衫、腰带、系鞋。唯四孟通用帽子、皂衫、腰带。"（《增损吕氏乡约》）

关于见面的迎接、坐拜、送别等过程也有详细规定，当主客相见时，"主人使将命者先出迎客，客趋入至庑间，主人出，降阶。客趋进，主人揖之，升堂礼见，四拜而后坐。燕见不拜"。针对不同场合的见面，又有具体礼仪，如"旅见则旅拜。少者、幼者自为一列，幼者拜，则跪而扶之；少者拜，则跪扶而答其半。若尊者、长者齿德殊绝，则少者、幼者坚请纳拜。尊者许，则立而受之；长者许，则跪而扶之。拜讫，则揖而退，主人命之坐，则致谢讫，揖而坐"。（《增损吕氏乡约》）

甚至对路上不期而遇如何招呼这样的细节，《增损吕氏乡约》亦有细致的规定，不仅要看对方是尊者、长者、敌者、少者等，还要顾及双方乘马、徒行等具体情况而区别对待：

> 曰凡遇尊长于道，皆徒行，则趋进，揖。尊长与之言，则对；否，则立

———————————————

① 梁漱溟：《乡村建设理论》，上海：上海人民出版社，2011年，第41页。

于道侧,以俟尊长已过,乃揖而行。或皆乘马,于尊者则回避之,于长者则立马道侧,揖之。俟过乃揖而行。若己徒行而尊长乘马,则回避之。若己乘马而尊长徒行,望见则下马,前揖,已避亦然。过既远,乃上马。若尊长令上马,则固辞。遇敌者,皆乘马,则分道相揖而过。彼徒行而不及避,则下马揖之,过则上马。遇少者以下,皆乘马,彼不及避,则揖之而过。彼徒行,不及避,则下马揖之。(《增损吕氏乡约》)

与尊、长者在路上不期而遇,要分"皆徒行"、"皆乘马"、"己徒行而尊长乘马"、"己乘马而尊长徒行"四种情况,不得不说《乡约》对尊长见面的礼仪详尽至极,这也体现了尊长的理念。相较而言,与敌者和少幼者相见礼仪则相对简单。

请召迎送的礼仪主要针对邀请客人、安排座次、敬酒、送客等方面:

> 曰凡燕集,初坐,别设桌子于两楹间,置大杯于其上。主人降席,立于桌东,西向。上客亦降席,立于桌西,东向。主人取杯亲洗,上客辞。主人置杯桌子上,亲执酒斟之,以器授执事者,遂执杯以献上客。上客受执,复置桌子上。主人西向再拜,上客东向再拜,兴,取酒东向跪祭,遂饮。以杯授赞者,遂拜,主人答拜。上客酢主人如前仪,主人乃献众宾如前仪,唯献酒不拜。若婚会,姻家为上客,则虽少答其拜。(《增损吕氏乡约》)

乡约规定了主人在宴请宾客时应遵循的一系列礼俗,主人依次要完成的程序有:降席、取杯亲洗、置杯桌子上斟酒、献上客、西向再拜、答拜、献众宾等一系列仪式,客人相应也有辞谢、受执、再拜、酢主人等仪式。

第四条庆吊赠遗规定赠物、吊礼等依据感情深浅疏密而做区分,体现了礼俗与人情的密切关系。随着社会的发展和进步,现代人讲究工作效率、经济效益,一再主张突破礼俗的束缚,因此很多人把传统礼俗看作繁文缛节,弃之如敝屣,以至在一些公共场合做出很多不合时宜的行为。然而无论如何,一个民族和国家的文明不能仅靠经济实力和坚船利炮来显示,还必须通过生活中的细节表现出来,比如见面礼仪、送别礼仪、饮食礼仪等。细细品味《吕氏乡约》对礼俗相交的规定,不难想象古代中国之所以被称为"礼仪之邦"绝非偶然。当然,随着经济的发展,衣服、出行方式甚至社会结构也都有了新变化,现代乡村建设不可能照搬宋代乡约的规定,但乡村建设必须重视人与人之间的交往礼俗,并要将礼俗进行规范和普及,最终形成一种适应时代发展的习俗,这是现代乡村建设乃至城市文化建设的当务之急。

三、患难相恤是乡村建设的基本保障

如果《吕氏乡约》只关注到德业相劝、礼俗相交等日常行为规范，恐怕还不足以保障乡约成员之间的紧密团结，而《乡约》的第四条"患难相恤"则弥补了这个问题。在传统的农业社会，特别是在战乱时期，民众之间自发的互助是非常必要，乡约这种带有一定社会保障性的组织无疑能把同一宗族或地域的民众紧紧凝聚在一起。

患难相恤分为七种情况，即"患难之事七：一曰水火，二曰盗贼，三曰疾病，四曰死丧，五曰孤弱，六曰诬枉，七曰贫乏"。（《增损吕氏乡约》）这些情况特别是前四种情况都是不可预测的突发事件，即便在太平盛世的现代社会里，也不可能完全靠政府或社会慈善组织出面解决困境。依据不同的情况，乡约提出了不同的解决方案。比如针对水火灾难，"小则遣人救之，甚则亲往，多率人救且吊之"。（《增损吕氏乡约》）再如对于孤弱，又细分出五种情况。第一种是"孤遗无依者，若能自赡则为之区处，稽其出内"；第二种"或闻于官司，或择近亲与邻里可托者主之，无令人欺罔，可教者为择人教之，及为求婚姻"；第三种是"贫者，协力济之，无令失所"；第四种"若有侵欺之者，众人力为之辨理"；第五种"若稍长而放逸不检，亦防察约束之，无令陷于不义"。乡约对孤弱者的解决方案蕴含着浓浓的人情味，从钱财之外的方方面面给以支持，能让孤弱者体会到邻里乡党的温暖、人间的温情。与之相比，在现代乡村建设中，对于孤弱者的帮助，往往过于看重钱财的支援，而忽视诸如教育、婚姻、心理、社会道义等方面的需求，而《吕氏乡约》则从人性、人情出发，对孤弱者提供了多层次的扶持方式。事实上，如何对待孤弱可以用来检验一个国家的文明发展程度。如果一个国家和政府打着公平竞争之名，行弱肉强食、优胜劣汰的之实，必然导致孤弱群体走向极端，或危害社会，或残害自己，最终带来社会的不安定。而在一个高度文明国家里，孤弱者一定会感受到来自保障制度、慈善团体等多层面的关心和帮助，最终实现个人的价值。

乡约因地缘优势，使得成员间的救助程序简单，"凡有当救恤者，其家告于约正，急则同约之近者为之告约正，命直月遍告之，且为之纠集而程督之"。（《增损吕氏乡约》）乡约本是针对同宗族的亲朋故旧，彼此熟悉，相距不远，所以乡约在救急方面具有先天的优势。孔子说过："君子周急不继富。"乡约很好地贯彻了这种理念，而现代农村救济的现实是有权势者掌握着救济名额，国家救助变相成为有权者"继富"的工具,而真正需要扶持的孤弱者往往走投无路,被逼向绝境。尤其要注意的是,救济并不是长久之计,扶持孤弱者渡过难关、走向自立自强才是患难相恤的最终目标。然而现代乡村建设中不知为何竟然出现了以成为"贫困村"、"贫困县",拿到国家的救济款为荣耀的现象,即便已经脱贫了,还不肯摘下"贫困村"、"贫困县"的帽子,这从侧面反映出现代乡村建设中经济利益导向大大超过了其他任何导向,导致很多好政策没有达到预期目标。无论如何,在任何一个正常的社会里,都不能以带着贫困帽子为骄傲的。

患难相恤意味着乡约成员都有义务奉献自己的财物、精力等,所以乡约对于成员间的行为也需加以规范:

> 凡同约者,财物器用、车马人仆,皆有无相假,若不急之用及有所妨者,则不必借。可借而不借,及逾期不还,及损坏借物者,论如犯约之过,书之籍。邻里或有缓急,虽非同约,而先闻知者,亦当救助。或不能救助,则为之告于同约而谋之。有能如此者,则亦书其善于籍,以告乡人。

(《增损吕氏乡约》)

乡约赏罚分明,赏不过是"书其善于籍",罚也不过是书之"记过籍"而已。但考虑到乡约是同宗族、同乡人的组织,所以名声好坏无疑是约束乡约成员的重要因素。在德业相劝的价值导向下,乡约本身的惩恶扬善功能是有效的,这在一定程度上接近宗教的功能。

四、乡约在一定程度上发挥了宗教团体的劝善作用

从某种意义上说,儒学是政教合一的,即政治治理和社会教化纠结在一起。在此意义上,儒学又称儒教,儒学的教化功能部分取代了传统宗教的作用,所以说儒学不是宗教,但具有宗教性。宗教的一个特点是劝人向善,《吕氏乡约》一直注重个人的修身,所谓"同约之人,各自进修,互相劝勉"、"同约之人,各自省察,互相规戒。小则密规之,大则众戒之",对于屡教不改者,"出约"算是最严厉的惩罚。缘于此,梁漱溟高度评价乡约的这种功能,他说:"乡约这个东西,它充满了中国人精神——人生向上之意,所以开头就说德业相劝,过失相规。它着眼的是人生向上,先提出人生向上之意;主要的是人生向上,把生活上一切事情包含在里边。……在西洋不为宗教的组织,即为政治的组织,绝不会有像乡约似的一个组织。……是一个伦理情谊化的组织,而

又是以人生向上为目标的一个组织。"①"以人生向上为目标"反映了乡约带有一定的宗教性。不仅如此，朱子在《增损吕氏乡约》中增加了读约仪式，更增添了一种宗教仪式感。

首先《增损吕氏乡约》规定了固定的集会时间、集会场所，"曰凡预约者，月朔皆会，直月率钱具食，会日夙兴，约正、副正、直月本家行礼若会族。罢，皆深衣俟于乡校"。又"无乡校则另择一宽间处"。（《增损吕氏乡约》）在集会场所要"设先圣先师之像于北壁下"，集会读约先拜孔子像，具体仪式如下：

> 约正以下，出门西向南上。揖迎入门，至庭中，北面，皆再拜。约正升堂上香，降，与在位者皆再拜。揖，分东西向立。约正三揖，客三让，约正先升，客从之。皆北面立。约正少进，西向立。副正、直月次其右少退。（《增损吕氏乡约》）

然后按照尊卑长幼次序，开始约正和成员之间的互相拜揖。先是约正拜尊者、长者、稍长者，稍少者、少者、幼者拜约正，次序井然。具体仪式如下：

> 直月引尊者东向南上，长者西向南上，约正再拜，凡在位者皆再拜。尊者受礼如仪。退北壁下，南向东上立。直月引长者东面，如初礼。退，则立于尊者之西东上。直月又引稍长者东向南上，约正与在位者皆再拜，稍长者答拜，退立于西序，东向北上。直月又引稍少者东面北上，拜约正。约正答之，稍少者退立于稍长者之南。直月以次引少者东北向西北上，拜约正。约正受礼如仪。拜者复位，又引幼者亦如之。既毕，揖，各就次。（《增损吕氏乡约》）

互相拜过之后，才各自就坐，正式读约，登记善恶。"直月抗声读约一过，副正推说其意。未达者，许其质问。于是约中有善者，众推之；有过者，直月纠之。约正询其实状于众，无异辞，乃命直月书之。直月遂读记善籍一过，命执事以记过籍遍呈在坐，各默观一遍。既毕，少休，复会于堂上，或说书，或习射，讲论从容"。（《增损吕氏乡约》）关于讲论的内容，《乡约》亦有规范，即"讲论须有益之事，不得辄道神怪邪僻悖乱之言，及私议朝廷州县政事得失，及扬人过恶。违者直月纠而书之"。（《增损吕氏乡约》）讲论禁止"道神怪邪僻悖乱之言"，这与"子不语怪力乱神"的儒家传统一脉相承。读约过程中的共同拜像、依次序互拜、集体读约等全程肃穆，颇有宗教仪式的色彩，但讲论内容禁谈"邪僻悖乱之言"，又将儒学世俗的一面体现出来。要之，所有的仪式展

---

① 梁漱溟：《乡村建设理论》，上海：上海人民出版社，2011年，第173页。

开、讲论内容都与提高民众的道德修养密切相关,这与纯粹的政治管理、宗教信仰等大不同。

时至今日,随着市场经济的发展,城镇化的普遍展开,乡村经济得到大发展的同时,中国的乡村也已陷入了空壳化的险境之中,这不仅体现在乡村人才的流失,而且体现在乡村传统道德和信仰的缺失。仅从物质经济方面比较,现代的乡村较之历史上任何一个太平盛世都有过之而无不及,但是现代乡村面临的社会问题、文化问题却逼迫我们去思考:什么才是乡村建设最重要的?是人财物的投入、基础设施的建设,抑或文化产品的"下乡"运动?这些正是现代政府对农村建设最为看重的方面。重读宋代吕大钧、朱子的《乡约》,才会发现,乡村建设必须以当地民众为主体,从人性、人情出发,实行德业相劝、过失相规、礼俗相交、患难相恤,才能在提高民众个人德性和事业发展的同时,增强成员间的凝聚力,实现一个地域的稳定、和谐的良性发展。

(作者单位:福建省社会科学院哲学所)

韩国的乡约

——接纳并改变外来文化的形态

◎ 郑震英

　　韩国的制度与文物中相当一部分都是接纳了中国的。这里用了接纳，而不是传入，是因为韩国采取了主观、选择性地接纳。因此，这并不是无条件的复制，而是根据实情对必要的部分做了改变。结果，韩国与中国的制度、文物，相当一部分相似又不同，有差别也相近。相似的大部分是形式，不同的是内容。

　　改变是理所当然的，这源于接纳的文物与传统之间的隔阂、冲突。到头来，外来文化只有在以传统为基础，或者可以与其妥协时才能被接纳。同时，接纳的外来文化，通过与传统的适当的妥协加以协调，确保了可持续性。这并不是某个特定国家或时期出现的现象。除了传统文化与习惯的差异，自然地理条件也有理所当然的差异，必然导致了那种对立和隔阂。

　　但是从另一个层面来讲，积极接纳外来文化的是统治阶层，而且他们中的大部分是出于政治目的。因此，诸如这些想围绕接纳外来文化获得不同的政治利害关系的政治集团，以及与其抗衡的被统治阶层的抵抗是理所当然的。这种抵抗，有时引发了激烈的政治隔阂，有时历经百余年。经过这种过程，被韩国接纳的制度与文物中最具代表性的例子包括佛教、儒教、郡县制、姓氏制度、宗法、婚礼、乡约等。

　　乡约，是中国明清时代与韩国朝鲜时代重要的乡村规章。名称相同，形式相似也是理所应当的。但是其具体的内容和目的在很多方面都有所不同。明清时代的乡约，以维持治安或者宣传皇帝的敕谕为主要内容，被自然而然地利用到建立中央集权型统治体制的过程中。而且它与乡村的宗族相结合，带来了宗族的乡约化。但是在韩国的朝鲜时代，最重要的内容和目的是儒教的家族秩序和社会伦理,以及身份秩序的维持。执行这种目的,到头来只有在乡村豪门可以实现主导或自治时才能有效。因此,他们尽可能地简化或排除了官方的干涉。所以豪门的乡村自治不可避免地与国家或政府权力持续着不安的"同居"。

本研究将通过朝鲜时代的乡约,剖析上述问题。

一、对中国乡约的接纳以及融汇过程

一般或广义上来讲,乡约是指以一乡为单位的约定,但历史上始于 11 世纪初中国北宋的"吕氏乡约"。到了 12 世纪后期,南宋的朱子对其修改、完善,称其为"朱子增损吕氏相约"。

朱子的乡约自高丽末期以来,伴随着性理学传入韩国。但是真正关注乡约,是从对性理学的理解越来越加深的朝鲜时代,16 世纪后期。16 世纪,是乡村的当地士族从政治上或者在乡村社会奠定基础的时期。[①]

乡约正式被提及是在 1517 年(中宗十二年)。这始于咸阳儒生金仁范提议实施《吕氏乡约》的事件。

金仁范的上疏引发了乡约实施问题,经过激烈的讨论,最终以在全国范围内普及"朱子增损吕氏相约"了结。但是一直拖到中宗十三年(1518 年),金安国普及谚解本以后才开始正式实施。而这种士林派的乡约普及运动,在经历了通过己卯士祸(1519 年,中宗十四年)展开的勋戚势力的政治弹压后终告失败。

此后,自 20 多年后的 1543 年(中宗三十八年)至 1560 年代(明宗年间),乡约的实施一直被提及。中宗三十八年,乡约从自上至下的单方面实施转向以个别乡村为单位的自律实施的方式,而在明宗年间的讨论中,则提出乡约要根据国家的风俗适当简化,而不是普及"吕氏乡约"。对乡约诸如此类的讨论,最终由退溪李滉发展为具有朝鲜特点的乡约。

---

① 郑震英:《朝鲜时代性理学的乡村自治制的展开和趋势》,《韩国儒学思想大系 4·社会思想篇》,韩国国学振兴院,2008 年。

二、朝鲜乡约的成立

(一)退溪乡约与金圻乡约

由于朱子增损的《吕氏乡约》被收录《小学》与《性理大全》中，朝鲜的性理学者很早就开始接触乡约，而且在中宗年间还被士林派谚解后普及，或者在全国范围内实施。但是到了士林派开始在中央政界完全占有主导权以后的宣祖时期，从全国性转为以乡村为单位的个别实施。而且，其内容上也开始制定具有朝鲜特色的乡约，而不是《吕氏乡约》。成为具有朝鲜特色乡约典范的是由李滉制定并欲实施的退溪乡约。

退溪乡约是指《(礼安)乡立条约》。它不仅仅是乡约，还带有强烈的乡规性质。因此，《乡立条约》此后发展成乡规和乡约。前者包括安东留乡所的《旧规》和《新定十条》等，后者则为 1602 年由李滉的弟子金圻制定的金圻乡约。[①]

不管退溪的《乡立条约》被理解为乡规还是乡约，无疑是上人的约定。退溪主张："教化必须自上而下，只有如此，其教化才能生根发芽，长久持续。"[②]。由此，《乡立条约》首先提出的是士族的以身作则和自我规制，而不是体现对下层阶级的直接支配和统治的通常性质的乡约。就像退溪的《乡立条约》经过此后金圻的乡约，成为岭南乡约的前身一样，士族的以身作则和自我规制也成为岭南乡约的基本性质。

退溪仅制定面向上人规范的第二个原因，与当时普遍推行的洞邻契的存在不无关系。这如已在上面所述，从 16 世纪以前它就非常普遍了。当然，退溪也在自己的居住地温溪洞实施着这种洞契。因此，并不需要重新制定一份面向下人的条约。

继承退溪的《乡立条约》，首次立足《吕氏乡约》的四大纲目，建立乡约性体系的是弟子金圻。金圻是这样描述乡约的制定过程的：

---

① 郑震英：《朝鲜前期安东府在地士族的乡村支配》，《大丘史学》27，1985 年；郑震英：《16 世纪乡村问题和在地士族的对应——以"礼安乡约"为中心》，《民族文化论丛》7，1986 年。

② 李滉：《陶山全书》1，《戊辰经筵启札(1568 年)》(韩国精神文化研究院刊物)，第 187页。

其法令非不尽美,而近世莫之或行,岂不惜哉!但古今不同,详略各殊,不揉鄙劣,妄加删定。四约则略仿吕氏,罚条则专用退溪先生。其他吉凶吊庆,患乱相救,春秋讲信,亦邦国人民风俗所通行。常人劝戒,上下同约,实风教所先,并加参定。其本意未尝不枉正人心、厚风俗云尔。[1]

即为了端正人心,加深风教制定了乡约。在这里,我们方以 17 世纪以后的一般趋势《吕氏乡约》的四大纲目为基础,发现了退溪的《乡立条约》与吉凶相助、患难相救、春秋讲信的人民风俗相结合的最为典型的朝鲜乡约。人民的风俗,是指以洞里为单位运作的士族的族契、洞契,以及下层人民的洞邻契等。

无论如何,金圻乡约大体上分为四大纲目,即由德业相劝、过失相规、礼俗相交、患难相恤,以及与乡约运作相关的特别规定组成。

德业相劝,大体上以《朱子增损吕氏相约》为前身,制定了家族与乡党之间的伦理规定;过失相规区分了上人与下人的条款,如果违反了德约中规定的品德时,根据情节的轻重制定了处罚规定。

礼俗相交包含了对年长者的礼遇和会议时的座次等问题,并规定用白米或野鸡、鸡随士族婚礼和科举及第的礼。患难相恤中最重要的内容是丧事随礼。虽然士族与小民的丧不同,但是均规定要随役夫与谷物、空石等。上、下人之间的相互随礼,在火灾、遭盗窃、疾病等情况时也是相同的。

实际上,这种相扶相助很难在郡县单位的乡约中实行。尽管如此,这种患难相恤条例之所以能够成立,是因为金圻的乡约就各种患难,原封不动地采用了村落自治组织洞契与香徒契,特别是温溪洞契中已经实行的相扶相助的内容。[2] 不管怎样,这种相扶相助,与朱子乡约相比不仅更具体,还更积极。[3] 这种相扶相助,是朝鲜乡约最典型的内容,也是乡村自治中的重要内容。

(二)百弗庵崔兴远的乡约

百弗庵崔兴远,于 1739 年(英祖十五年)实施了乡约。百弗庵实施的乡

---

① 金圻:《北厓集》,《乡约》。

② 郑震英:《16 世纪安东地方的洞契》,《峤南史学》创刊号(岭南大学国史学科,1985年)。

③ 在《朱子乡约》中规定死丧时只是借给财物。

约,时常可以在中国的蓝田吕氏或者朱子增损吕氏相约中找到根据。但是其乡约的条目与增补退溪乡约的北岸金圻的乡约几乎相同。①

百弗庵乡约中的管理项目,即为《讲舍节目》(英祖十五年)、《先公库节目》(英祖二十九年)、《恤宾库节目》(英祖四十九年)、《讲会时申约》(英祖五十年)等。百弗庵乡约的特征在此,而不是乡约的律条。

讲舍节目具体规定了约尊与约直、里正与典谷等乡约领导的选拔与职务,春秋讲信的座次、善恶籍等的运作。这些人仅负责同一乡约中的事务,并不受衙门的干涉或指挥。与其他村落相同,衙门的工作由风宪负责。

先公库是指代缴用公田产量参与乡约的洞民们的公税,即田税。恤贫库是指向没有土地的农民提供可供耕种的土地,让他们在村落社会落脚。先公库与恤贫库成为二库,二库的功能还包括荒年赈恤,丧葬随礼。但是先公库代缴的税仅仅是包租费,与给农民带去最大痛苦的军役无关。

讲会时申约分为各守分业和养亲奉公。各守分业中要守住的"分"既是父子兄弟之间必须遵守的上下秩序及规范,也是两班与平民身份上的名分。要守住的"业",对于两班来讲强调的是读书与谨身,而对于常汉来讲强调的是不要错过耕种和织布的时机。换句话说,明确每种身份与职业必须遵守的分寸和角色,严格区别。这种两班与常贱(常民与贱人)之间上下身份秩序的确立,嫡庶差别,实际上就是乡约想要追求的终极目标。

百弗庵的乡约,受到了当时的知识分子和地方官僚的瞩目。即从他们处获得了物质性补贴或减免税等优惠,还传到了朝廷,受到了国王正祖的关注。因此,被授予童蒙教官(1779 年)、翊卫司翊赞(1780 年)、通政(1789 年)等官职,还以孝行获得旌门。这意味着百弗庵与他的乡约获得了国家与机关的公认并被奖励。

尽管如此,百弗庵死后乡约的实施面临困难。那就是乡约附带的问题,即对庶孽与下层人民严格的身份规制、先公库只代缴包租费、新移民的增加等。

对夫仁洞洞约的纠纷,始于1802 年,一直持续到1855 年左右。纠纷的内容不仅仅包括洞约的运作问题,更是关于洞约本身的存废与否。其局面围绕着想维持洞约的势力,以及欲废除的势力,相互之间的官方诉讼展开。想维

---

① 郑震英:《朝鲜后期乡约的一考察——以夫人洞洞约为中心》,《民族文化论丛》2、3,1982 年。

持洞约的势力，是以崔氏本家为中心的洞民，以及被称为乡儒、道儒的士族集团，也有一定的官权牵扯其中。而对于这种洞约的抵抗势力则包括崔氏家族的庶孽，表现为豪富者、顽民、新接者、邑中有权等形态的夫仁洞洞民与中心里洞民；居住在其他村落的两班、面状头等的其他洞民；籍任、洞任、面任等乡任层。此外，这里也有一定的官权牵扯其中。

无论如何，因下层人民的抵抗，夫仁洞洞约曾经一度跌落到被破坏的处境。其表现为夫仁洞的分洞，以及崔氏家族从夫仁洞的移籍。但是庆尚道的700余名儒生，第二次向庆尚道监营呈疏。经过这种努力，曾经与乡约对抗的主导者被流放到真宝县。庆尚道的儒生们要求采取能够永久遵守洞约的措施，庆尚监营与大邱府发布了完文、立案等。借着这种官权的力量，夫仁洞洞约此后维持了很长时间。[①]

三、中韩两国乡约的相同点与差异

乡约与普通的乡规民约[②]，即乡里的一般规章或民间约定是不同的。乡里不仅包括乡、里与亭，还包括民间私社等组织。此外，规章是指他们这些组织以特定的单一目的，根据自发的相互关系约定的合约、禁约、公约等多种规章。这些规章与国法不同，带有一种不成文法或民间法的性质。

中国的乡规民约与韩国的契相似。在民间，契具有相当悠久的历史，在大部分情况下，为一种特定的目的运作。这也是在没有官方干涉的前提下自治运作。16世纪中期以后的韩国社会中，乡约之所以能在个别乡村更为容易、广泛，并且长久实施，是因为其与契有相似性。所以将退溪乡约发展成普遍乡约体系的金圻也曾表示，他的乡约是以吉凶相助、患难相救、春秋讲信等韩国民风为基础制定的。由于这种理由，在很多情况下乡约还被称为"乡约契"。

乡约最重要的两个层面是实施的主体及具体内容。这并不是个别问题，两者之间相互密切关联。

---

① 《18—19世纪士族的村落支配和其解体过程——以大邱夫仁洞约的纠纷为中心》，《朝鲜后期乡约研究》，民音社，1990年。

② 在中国，称乡规民约为"中国基层社会组织中社会成员共同制订的一种社会行为规范，又称乡约。"（《中国大百科全书：社会学》，1991年，第434页。）

首先从实施主体层面上来看,中国的乡约在作为其初始阶段的吕氏乡约或朱子增损吕氏乡约中带有强烈的乡村自治性质。但是明清时代的乡约,则出于中央政府或地方官统治地方、控制人民的目的,基于官权实施。

韩国的乡约,则与中国的这种进行方向正相反。在接纳的初期阶段,由中央政府动员地方的行政力,在全国范围内统一实施,但以失败告终。但是此后则在个别乡村,由士族自治运作。就像百弗庵崔兴远的夫仁洞约中所提及的,其运作是通过另外的洞约组织开展,而不是官方的面里组织。这是朝鲜乡约的传统,也是现实。当然,在韩国也出现过由地方官管理,以个别郡县为单位实施乡约的情况。所谓的"守令乡约"就是这种。但即便是在这种情况下,其实施前提也不是通过面里组织的行政行为,而是乡村士族们的积极参与和协助。此时,官治与自治的标准变得非常模糊。即便如此,如果说中国为了官方的地方统治或治安维持而积极利用了乡约,而韩国的主要目的则在于地方士族阶层的乡村自治。

在韩国,乡约的存在也并不一定与统治地方无关。与中国不同的是,并不是利用或运用乡约,而是将其分解,由地方统治组织吸收其功能。这就是朝鲜后期的面里制,它与中国宗族的乡约化是完全不同的。①

常建华认为:就像在中国,国家推进的乡约制度推动了宗族制度的组织化、普遍化,韩国的朝鲜时代受中国影响,实施了乡约,普及了宗族制度。② 胡中生也通过对比徽州的宗族以及韩国的门中,阐述了两者之间的差异与共同点,并细化了常建华的见解。③ 但这是误解,常建华主张的韩国门约、门规、宗契、宗契、族契等均为与门中组织相关的规章,而不是乡约。在韩国的朝鲜时代,并不存在门中与乡约结合,或门中成为主体实施乡约的情况。这源于对韩国门中与村落的误解。韩国的村落与中国不同,并不是以宗族为单位的。即便是在同姓村,也居住着更多的他姓群体,也不存在宗族组织与村落的行政或乡约组织相关联,或相互交涉的情况。门约、门规、宗契、族契等的区域范围,除了16世纪的族契(洞契)以外,大部分都是超出村落范围的。

韩国的乡约来自中国。这里的中国是指南北宋时代的中国,即韩国接纳

---

① 郑震英:《朝鲜后期国家的村落支配政策的趋势和局限》,《峤南史学》6,1994年。

② 常建华:《明代徽州的宗族乡约化》,《中国史研究》2003年第3期。

③ 胡中生:《宋代以后徽州宗族的扩张和影响——兼与安东宗族的比较》,《安东学研究》6,2005年。

的乡约是吕氏乡约与朱子增损吕氏乡约。如上所述,在中国明清时代也曾实施过乡约。但是朝鲜对明清时代的乡约几乎没有关注。因此,也未提及。因为明清时代的乡约与朝鲜的现实差距甚远,目的也不同。朝鲜与中国不同,维持了坚固的身份制度,除了 19 世纪末,从未出现过乡村治安不稳的情况。国家权力也未能将乡村的两班或门中组织吸收进统治体制,相互之间的利害关系也没能一直保持一致。在这种情况下,朝鲜的乡村社会长久地成为地方士族阶层的自治领域。两班们追求的乡村自治与朝鲜国家追求的中央集权式体制正相反。对于朝鲜的两班们而言,中国的吕氏或朱子的乡约,很有可能是守住在乡村社会维持身份秩序、实现乡村自治的现实与理想的唯一方法和外皮。而且,虽然出于必要接纳了吕氏或朱子乡约,但也不是原封不动地遵循其内容。他们需要的并不是内容,而是名分和理念。韩国接纳的大部分制度和文化与此也不无多大差异。

(作者单位:韩国安东大学)

朝鲜的书院和乡村社会

◎ 金京兰

　　朝鲜的书院既是士林为研究学问和祭奠先贤而设的私立教育机构，同时也是乡村自治机构。也就是说，书院的功能可以大体分为后生的教育和对先贤的祭享两部分①，其中教育的功能更被强调。朝鲜的书院具有通过教育稳定地再生产统治阶层并将性理学统治理念传播给乡村社会，从而维持乡村社会秩序的功能。

　　从 16 世纪中期开始设立的朝鲜书院，在与中央政界的紧密关系下急剧增加。在书院的设立及维持、发展上有了国家层面上的支持，从而也成为经过 17、18 世纪书院能够急剧增加的主要基础。中央政界对书院的主要关心是因为通过书院形成的乡中公论对朝鲜的政治运作产生了很大的影响力。

　　书院所在的空间位置是乡村社会，因此书院在乡村社会的统治结构及运营上是具有很大影响力的组织。基本上书院存续的理由就是在乡村社会中确保地位或行使影响力，因此为了了解乡村社会的统治秩序就要关注书院组织的地位及运营问题。如上所述，朝鲜的书院因其政治社会性作用非常多样和巨大，是能够了解朝鲜历史状态的很重要的媒介。

　　本文在书院所具有的多种方面中优先关注了有关乡村社会统治秩序书院所具有的地位。朝鲜后期乡村秩序的变化是从根本上威胁原来拥有既得权的士族们的存续基础的。各地的士族应该应对他们一直享有的对乡村统治权的挑战，而书院的组织和运营也应该是这种方法之一。因此，本文探析

---

　　① 《磻溪随录》9 教选之制学校事目："书院本为士子藏修，而作其有乡贤，则因以祀之。以为报德表式之地耳，非端为祭祀之也。"

17世纪以后与乡村社会的统治秩序相关的书院的地位,在此基础上进一步了解通过书院的乡村社会统治层的沟通方式。而在此之前为了能够更加明确地理解朝鲜书院的性质,概括了书院的成立、发展和衰退过程。

一、书院的成立和发展过程

朝鲜王朝自建国初期起,作为人才培养和教化(尤其是朱子学的普及)的制度非常重视学校,并致力于学校的设立。而这些则逐渐以在中央和地方设置官学的形态出现,其结果在首尔设立了成均馆和四学,在地方设立了乡校等教育机构。但这样的官学性教育制度在其运营的过程中因国家的需要,比起教化的性质更多地会具有学习应对成为官吏之关口——科举的预备知识的一种官吏培养机构的性质。而随着管理纲纪的懈怠、科举制度的混乱等弊端的发生,渐渐出现了官学的衰退现象。

主导了中宗反正(1506年)的士林势力从教学振兴中寻求实现新政治的方法,其具体的实施方案就是探索寻找能够替代官学的学制。但他们这样的主张因为己卯士祸(1519年)殃及自己被中断,却并未影响之后积极讨论为士林的教学振兴策。正因为有了这些,给能够出现书院奠定了基础。在这样的背景下,1543年(中宗三十八年)由庆尚道丰基郡守周世鹏创建了朝鲜第一家书院——白云洞书院。此时的书院,因为教化更为被重视,因此其性质只停留于在祠庙上加了附设的可读书的建筑物以及为了科举的学习场所的层面上。

书院制正式扎下根得益于白云洞书院出现的七八年后的明宗初期,由退溪李滉带动的书院普及运动。退溪将书院定性为士林讲学和藏修的教化机构,而且书院不是祠庙的附属,而是以书院为主,祠庙才是为儒生的榜样而包括于书院的附属机构。书院的这种性质通过退溪要求国家承认这样的书院的请额活动,逐步被全国所知,成为普及的契机。①

赐额书院指的是得到国王赐匾的书院。得到赐额的书院得到了国家的土地和奴婢,而比这更大的意义在于该书院已得到了国家性的公认。也就是说,赐匾从书院的角度上看,意味着国家对自己在乡村中的存在的官方认可。

---

① 郑万祚:《朝鲜书院的成立过程——关于中宗年间为士林的教学振兴策》,《韩国史论》8,国史编纂委员会,1980年。

同时,也是能够得到以书院为基础的乡村士族活动之保障的方法。针对农民控制等乡村社会的诸多问题,士族们会受制于守令权或处于矛盾关系,而他们设立运营的书院得到了国王的认可给他们的乡村活动给予了很大的支撑力量。最初的书院白云洞书院因退溪李滉要求赐匾和国家的支援,于1550年得到了绍修书院的悬匾,奠定了之后得到国家公认后发展的基础。随后,全国处处都建立了书院,之后要求赐匾,而政府也是大体上允许这么做的。

像这样在国家的激励下发展的书院在17世纪,尤其是肃宗年代(1674—1720年)为起点急剧增加。进入17世纪以来,朋党政治逐渐进入正轨之后,乡村社会的舆论也开始给政治的走向产生非常大的影响。各政派需要将舆论引向有利于自己党的方向来加强政治立场,为此就会在各个地方直接建立祭奠自己党派儒学者的书院或招来士林,想以此为中心建立自己党派的支持势力。尤其到肃宗年间,局势频变所致的执权层的交替频繁,之后老论一党专制的趋势延续,逐渐缩小了参与政治阶层的幅度。其结果,产生了部分执权两班(文武权贵)和两班土豪,同时也形成了很多的执权疏外层。各派为了通过享祀自己党派尊崇的儒贤或自派出身的先儒来加强自派的政治立场和加强党人之间的团结而建立了书院。因此,到17、18世纪出现了书院急增的局面。

因为书院重复着置废,所以很难掌握分布在全国范围内的书院的具体情况,但到肃宗年间书院的滥设之后,全国的书院估计达到了1000家以上。

史料载:"大司谏韩师得上疏,第其事目,与甲午以前院宇之僭设者,亦不知其数。令岭南一路言之,书院之设,至于百数之多,则推计八路,数不下千。"①意思是,大司谏韩师德认为在肃宗年间的书院滥设之后全国的书院达到1000家以上。而这样直到16—17世纪中叶还显示出正常的发展面貌的书院,因肃宗年间激烈的政治纷争下显示出了党争后方基地的性质,由此也失去了书院本来的功能而开始被滥设。尤其是政治意义较大的赐额书院,因各政治势力的利害关系更加尖锐,随着书院的滥设也急剧增加。

接下来急剧扩散的书院在助长政治势力间的纷争的同时也引发了非法招入壮丁和侵夺民田等经济弊端。由此,原来在国家的积极奖励下发展的书院转为了政府限制的对象。到18世纪以后,书院限制策因英祖十七年(1741年)的书院毁撤令达到顶峰。这一时期,因为书院毁撤令撤毁了全国173所

---

① 《备边司誊录》,英祖十七年十一月九日。

书院,之后书院的数量大幅减少。①

英祖十七年(1741 年)之后对建立书院的抑制正文策直到正祖年间大体上保持下来。但因国家对滥设书院强有力的限制,一时受挫的建立书院之势,到正祖末期也就是 18 世纪后半期再次出现扩大的情形。18 世纪后半期至 19 世纪,全国分布的书院估计为约 700 余所,而此时增加的书院以未赐额书院为主形成。② 也就是说,与 16—17 世纪的书院滥设与赐额书院的增加相伴的情况不同,18 世纪后半期以后书院队伍的扩大以未赐额书院的扩大更为突出。被指出"未赐额之祠院可谓星罗雾列"③的 18 世纪后半期以后的未赐额书院的增加,是因为由后人建立的书院增加。原本通过与乡村其他士族的联系建立运营的书院,到 19 世纪盛行以姓氏,也就是家族为单位建立书院,甚至有句话说"县中有一姓必设立书院"④之说法。配享人物也与过去忠节之人或曾为中央位高官员人物为主的过去不同,只是由该家庭的人物与地位高下无关地被合祭。

这种以家庭为中心形成书院而建立运营的背景可以从 18 世纪以来乡村社会的变化中找到其原因。18 世纪以后,因士族的乡权丧失,无法找创出士族共同的利害关系,加上因农业和商业发展带来的新兴势力的发展和挑战也变得更加活跃。因此,士族欲以个别家族为单位保持着既得权而不是依据公论的共同利益,而这样的动态向着形成以血缘集结形态同姓村落加强家族基础的方向发展。通过形成同姓村落加强的家族基础,最终归结为书院、祠宇的建立⑤,出现了"以家庙而乡祠,以乡祠而家庙"⑥的一个家族的家庙发展成为书院的现象。

可想而知,18 世纪后半期以后,相当数量的书院以为加强个别家族的地位而设的"门中书院"为主存在,也就失去了对后生的教育及教化的主要功能。而对书院的物质支援被中断,大部分是由其子孙后代来运营,因此对百姓带来的弊端也增加。因此到 1871 年(高宗八年),由兴宣大院君撤毁了除赐额书院 47 所以外的全国大部分的书院。

---

① 《书院謄录》,英祖十七年 7 月 4 日—9 月 15 日。

② 金京兰:《18—19 世纪书院的良丁募入形态变化和政府的对策》,《韩国史学报》2。

③ 《纯祖实录》,纯祖八年 3 月戊戌。

④ 《经世遗表》卷八,《田制》11。

⑤ 李海浚:《朝鲜后期门中书院研究》,景仁文化社,2008 年。

⑥ 《日省录》,正祖二十一年 2 月 29 日。

二、书院和乡村社会的统治秩序

宣祖年间(1567—1608年)以后士林势力在中央政治舞台上的优势确立对乡村社会也产生了很大的影响。因为在与中央的勋戚势力联系在一起妨碍士林活动引发矛盾的品官层占优势的地区里，士林的势力得到了加强。尤其是在士族的乡村统治上带来巨大转机的是壬辰倭乱(1592—1598年)。壬乱使朝鲜不得不全面重组王朝的统治秩序，而这一结果同样也对乡村的统治秩序产生了影响。

经历了壬乱的乡村社会面临着巨大的人命损失、田地的丧失、土匪的肆虐、奴婢的逃走等对整个社会、经济混乱的战后重建和乡村秩序的重新建立，而确立乡村秩序则是在地士族要从乡村统治层面上解决的问题。具体的动向以重修乡射堂、乡案，实施洞契、洞约等整顿战争前在地士族的乡村统治组织和建立书院的形式体现出来。[①]

以战争中义兵活动为基础，在重新建立战乱后乡村社会的过程中，被加强的士族权与官权的一定合作下确立了以自身为主的统治体制。在乡村，士族势力得到加强，可以主导乡权之后，能够通过之前一直由他们准备并实施的留乡所、乡案、乡规、乡约、洞契、洞约、族契、乡会、乡校等乡村组织和书院，以自身为中心来运营乡村社会了。书院已然成为儒子集体——士林特有的藏修处，同时也开始在乡村以其活动基础正式地发展下去。[②]

为确立以士族为中心的乡村统治秩序，当然要有能够联结士族间相互联系的媒介乃至聚会所，而书院也是符合士族们的这些需求的一个媒介乃至集会所。从1738年(英祖十四年)因金尚宪书院创建问题在庆尚道安东地方的官权与乡权的对立的事例中我们可以看到，书院在在地士族的势力圈形成和乡权的壮大上起到了重要的作用。[③]

安东是岭南士林的根据地，自朝鲜中期以后虽未能再培养出高位官职人员，但形成强有力的家族左右着岭南士林的公论。朝鲜中期以后的安东，有

---

① 郑震英：《士族的乡村统治组织整顿》，《韩国史》31，国史编纂委员会，1998年。

② 郑万祚：《士族的乡村统治和书院的发达》，《韩国史》31，国史编纂委员会，1998年。

③ 金尚宪整理建立书院相关问题所参考的资料：郑万祚《英祖十四年的安东金尚宪书院建立是非——荡平下老、少论纷争的一端》，《韩国学研究》2，同德女大，1982年。

势力的望族和名门有河回柳氏、义城金氏以及真宝李氏。河回柳氏在安东郡丰南面一带形成同姓村落,并在该地拥有着推崇柳氏的代表性人物柳成龙和其子柳袗的屏山书院;义城金氏在安东郡丰南面一带形成同姓村落,并在该地拥有着推崇金璡和其子金诚一兄弟的确良泗浜书院。而真宝李氏在安东郡陶山面形成同姓村落,并在该地拥有着推崇李滉和文人赵穆的陶山书院。像这样,柳、金、李氏分别形成同姓村落,具有了由血缘关系组成的坚固势力的基础,同时也以学缘巩固了相互间的结合关系。也就是说,在安东府内有以李滉为主享,以柳成龙、金诚一为配享的虎溪书院。那是因为李滉是朝鲜性理学的儒宗,而柳成龙、金诚一是他的高徒,他们以学问联系在一起。祖先之间的这种学问上的联系让后代子孙们也能保持相互的联系。加上柳成龙和金诚一在士林分裂以后初期以东人,后期以南人的身份站在了相同的政治立场上,因此两家在党色上也是相同的。真宝李氏也从柳、金两家将退溪推崇为南人的儒宗,成为南人派。

基于这样的势力基础,他们作为岭南南人势力的根据地与畿湖地方的南人一起形成了对立于执政党——西人政权的有力的政治势力。执政党书院政权为从南人手中夺回对安东的主导权做出了诸多努力,但因以柳、金、李氏为中心的南人势力掌握了乡权和一带的经济权,西人势力并不容易渗透。安东的南人势力之所以能够对中央形成强有力的反对势力,是因为在坚定的同族基础之上以学缘和党色巩固了他们的纽带关系,而维持这种纽带关系和加强凝聚力的重要机构之一就是陶山、泗浜、屏山等书院。

英祖十四年(1738年),欲在这样的安东创建推崇西人的代表性人物金尚宪的书院,引发了反对势力岭南士林的巨大纷争,朝庭之中也是争论不休。安东是金尚宪的本籍,也是丙子胡乱以后他隐居终身的地方。因此西人尤其是老论很早就想在此地创建书院,但因为安东人的反对长久以来都未能实现。英祖十四年(1738年),在监司俞拓基和安东府使鱼有龙的主张下,在安东儒生安宪骏等三四人的主导下创建了书院。以安宅骏为首的老论势力想在南人势力范围内的安东建立自派系列的书院以形成今后对抗南人的根据地。

但南人对这一举动非常排斥,最终达到了将已建好的书院损毁的地步。事态发展至此,老论政权便抓进主谋者来治罪。对此,当时的兵曹判书、少论系的朴文秀支持南人称未经安东人众论建立书院是错误,并且批评主导这一创建的安宅骏并非为尊敬先正而发论,是为掌握一个乡村之乡权的私欲发起的建立书院之提议。

我们从安东一员为掌握乡权建立书院的问题不难看出，书院作为巩固同族、学派以及党派的结合与纽带关系媒介的巨大作用，而一个地方有势力的两班士族集团也将书院用作为保护自身的势力圈及生活圈内相互间的集团利益的一种方法。

三、书院的沟通方式和公论的形成

综上所述，书院的作用在政治、社会上变得巨大是因为 17 世纪后半期随着朋党政治以与性理学理念密切相关的名分和义气为中心转换，乡村士林的舆论开始对政治的方向产生着相当大的影响。因此，书院也在与中央政派密切相关下被运营。原来由山林学者担任的书院院长一职由中央的高官历任，而原来由书院的儒生担任的有司职分成了乡有司和缙绅有司，乡有司由儒生担任，而缙绅有司则委托中央的堂上以上的高级官员来担任。①

书院与中央官人之间的这种联结组织，让乡村士林的公论和对特定事项的舆论通过书院集约后传递给中央官员，书院从而起到了收集士林公论的窗口作用。代表性的例子可以从显宗年间的服制论争中可以看到。服制论争的起源是在孝宗丧中关于慈懿大妃的服制，宋时烈主张基年说（一年），尹鑴主张三年说。第一次争论以显宗决定基年说而告一段落。

服制争论以后，以安东为中心的岭南儒林势力进行了对仪礼的详细辨正和考证工作，并对得出的结果进行了相互的复核，还向列邑发通文收集了对礼说相关的意见，于 1666 年（显宗七年）上呈了以柳世哲为疏头的岭南千余儒生的联名上疏。这里值得瞩目的是，岭南儒林的礼论本身就是通过乡校和书院组织研究的，并且经过了相互的意见交换和讨论，还通过书院通文收集了道（区域）内儒林的舆论，从而形成联疏。这样看来，提交这一联疏的聚会所虽为乡校，但第一次形成讨论，意见被提出、收集，通文来往的据点就是书院。也就是说，位于各个乡内的每一个书院都会进行初次的舆论收集、调整后，再合并到乡校，便会传达到开设于一处的疏厅，最终定为道内的统一讨论结果。可见书院是乡村舆论发起和收集的初级据点，而书院在朝鲜时代的政

---

① 郑万祚：《朝鲜后期对书院的施策》，《第 3 回韩国学国际学术会议论文集》，韩国精神文化研究院，1984 年。

治上,尤其在以名分论和学说为主的朋党政治上的政治作用。①

而书院能够成为公论乡村舆论的舞台是因为这里基本上都是士子们的聚会所。书院标榜士子的藏修和教化,说自己是学校,从而可以避免官方的干涉,同时也能谋求士子集团的聚会和团结,结果就成为乡村活动的核心基础。尤其与乡约、乡校等不同,它只是乡村社会中有力士族们的聚会所,这一点决定了书院作为乡村舆论集结处的地位。后来经过17、18世纪保障乡案、乡约等士族间凝聚力的自治组织衰退的现象导致在乡村内书院的作用更加增大。

在前面我们也提到过,以书院为据点的乡村舆论的公论化过程中,主要手段为书院通文。通文中"书院、乡校、乡厅、儒生、结社等向关系机关通知、通告共同关心的事宜的文书",在整个朝鲜时代,不仅是士林,就连在一个家族门中也用作了收集共同的意见或公论共同关注的事情的主要手段。

安东是个以通文多著称的地方②,我们可以从安东地区代表性的书院陶山书院的通文能够很好地了解到公论的形成及书院在地区社会的运营上起到了什么样的作用。陶山书院是配享退溪李滉的书院,因退溪在朝鲜儒学史上具有不可动摇的地位,所以由退溪的弟子们设立运营的陶山书院也享有着全国性的地位。尤其到18世纪以后,岭南的南人从政治上输给西人系列,但以乡村社会为中心扩大了其基础,而陶山书院在配享了岭南学者的同时也是南人精神支柱的退溪,便具有了岭南南人的本山的绝对影响力。随着政治出路被阻,对退溪的尊崇更加强烈,而与书院配享的其他人物不同,退溪因为具有了全国性的知名度,因此配享了退溪的陶出书院的地位也只能是水涨船高。

不仅在安东,在整个岭南也成为代表性书院的陶山书院,担负起了代言该地区士论的重要角色,而作为收集这些士论的主要手段,积极应用了通文。翻看现在收藏于安东国学振兴院里的陶山书院的通文内容,有参加儒林大会、偷葬事宜、烈女宣扬、文集刊行、要求刷新士林的氛围等非常多样。这些文书大部分是从其他书院递到陶山书院的,可以看出相当依赖陶山书院的影响力。收录于通文中的事件不仅有当时的政治问题,还有能够撼动两班社会

① 郑万祚:《朝鲜朝代书院的政治、社会作用》,《韩国史学》10,韩国精神文化研究院,1989年。

② 李树健:《17、18世纪安东地方儒林的政治、社会功能》,《大邱史学》30,1986年。

根干的内容，可以看出书院是通过通文来收集舆论的。尤其是陶山书院，起着收集、协调其他书院之间意见的作用。[①] 也就是说以陶山书院为首的朝鲜书院，通过通文这一沟通方式收集了对于中央的政治问题及乡村社会当时所面临问题的意见。由此成为对中央政治问题收集乡村社会舆论后公论化的第一个据点，而另外方面也在他们自身的根据地乡村社会的运营上也起到了主导性的作用。

四、结　语

在上面概括了朝鲜书院的设立、发展过程，并关于乡村社会的统治秩序研究了书院的地位及沟通方式等。简单概括该结果如下。

担负着对统治阶层的教育和对先贤的祭享功能的朝鲜书院，通过它稳定地再生产统治阶层，起到了将性理学的统治理念传播到乡村社会的媒介作用。朝鲜最初的书院——白云洞书院的建立是以官学的衰退和士林势力的教学振兴策为背景的。之后借力退溪李滉的书院普及运动，朝鲜的书院在国家激励下急速增加。尤其以赐匾（赐额）的形式得到国家公认的书院在乡村活动中得到了很大的支持力量。忠于教育和祭奠的原本功能而表现出正常发展面貌的书院在 17 世纪后半期的频繁换局过程中，因各政治势力为扩张本派势力而竞相建立书院，数量骤然增加。而这些骤增的书院一方面助长了各政治势力间的纷争，另一方面也引起了招入壮丁和侵夺民田等弊端，结果书院沦为中央政府的限制对象。之后，相当一部分书院只是以为加强个别家族的地位而设的门中书院为主存续下去，而对后生的教育及教化的主要功能基本丧失殆尽。而对书院的物质支援被中断，大部分由子孙来运营，因此对百姓带来的弊端也不断深化。鉴于这种情况，1871 年（高宗八年）兴宣大院君对除了赐额书院 47 处以外的全国大部分书院进行了毁撤。

而在士族的乡村统治上带来巨大转机的是壬辰倭乱（1592—1598 年）。壬乱让朝鲜王朝不得不全面重组统治秩序，而它也同样给乡村的统治秩序产生了影响。在以战争中的义兵活动为基础，重建战乱后的乡村社会的过程中被加强的士族权，在与官权的一定合作下确立了以自身为主的统治体制。为

---

① 崔延淑：《19 世纪陶山书院的社会认识和沟通方式》，《通过陶山书院看到的朝鲜后期社会史》，新波浪出版社，2014 年。

确立以士族为中心的乡村统治秩序,当然要有能够联结士族间相互联系的媒介乃至聚会所,而书院也是符合士族们的这些需求的一个集会所乃至媒介。书院之所以能够成为公论化乡村舆论的舞台,是因为这里基本上就是士子们的聚会所。尤其与乡约、乡校等不同,成为乡村社会中有力的仅为士族们的聚会所这一点,决定了书院作为乡村舆论集结处的地位。另外,经 17、18 世纪,乡案、乡约等保障士族间团结自治组织的衰退现象也带来了更加增大书院在乡村里作用的结果。

在以书院为据点的乡村舆论的公论化过程中,书院通文被用作主要的手段。看陶山书院的通文内容,就可以了解到不仅有当时的政治问题,还有能够动摇两班社会根干的内容,而地区的书院是利用通文来收集舆论的。尤其还起着收集和协调陶山书院以外的其他书院之间的意见作用。像这样,以陶山书院为代表的朝鲜书院,通过通文这一沟通方式收集了对中央的政治问题及乡村社会当前面临的问题的意见。通过这一渠道,成为对中央的政治问题收集乡村社会舆论进行公论化的第一个据点,而在另外方面也对其根据地——乡村社会的运营起了主导性的作用。

如上所述,朝鲜的书院既是乡村社会统治阶级——士族们的聚会所,也是乡权的主要策源地。因此,对朝鲜的书院组织具体起作用的在乡村社会内的相对地位和性质问题的研究,在查明朝鲜后期社会结构过程中,是非常重要的课题。

(作者单位:韩国安东大学)

韩国的族契

◎ 朴　焞

传统时代韩国的乡村社会具有多样的乡村自制规则。这些规则当时被称为乡规、乡约、洞契等，这些乡村自制规则不管其内容和形式如何，大部分都竭力标榜南宋朱子的《朱子增损吕氏乡约》。因为制定各种自制规则而主导实行的人物就是当时的性理学者，可以看得出来，这样的情况是比较自然的结果，但是其内容采用《朱子增损吕氏乡约》，其项目按照各个乡村社会的实在情况体现了各个乡村社会的秩序，还有以统治身份的维持和职责及与地方官府之间的关系为中心而制定了。

这些乡村自制规则大部分实行于包含一个郡县或者几个村落的范围之内而获得约束力量。这次发表文章中所提到的族契，基本上以一个村落为单位而实行的，与其他自制规约有不同性格，又有其成员上明显的差别。严格来讲，其实族契也超越一个村落的范围，但是基本上针对一个村落和其村落成员而组织的。

这次发表文章以安东和与邻近安东地区组织运用的一两个族契为中心，探讨族契的成立过程和构成等实际情况。如果现存与族契有关的文书资料的话，以文书资料为中心进行论述，没有与族契有关的文书资料的话，引用文集等其他资料的内容而进行论述。

一、族契的意义

族契是"族"与"契"两个字结合而成的一个词汇，文献中记载宗契、门中契、门契、同姓契等多样的名称。"族"代表亲族的意义，朝鲜时代亲族的范围按照时代的转变有些差异,但是大体来讲大概壬辰倭乱前后,也就是以十六世纪末期到十七世纪初期为分歧点,出现了巨大的变化。

大体来讲,从高丽到朝鲜前期,男系和女系即是包含外孙的亲族范围已经确定好了,这样的情况经过朝鲜前期和朝鲜后期两个期间家谱之间的比较很快就可以确认。素称韩国最早的家谱安东权氏成化谱(1467 年)中已记载包括子女和女儿的孩子的名字,即是所有外孙的名字也在家谱中记载甚至家谱里记载的所有人物当中,外孙系列的人物比父系人物更多,看这样的情况就知道当时已经把外孙系列的人物包含亲族范围之内的事实。除了记载名字以外,把所有子女的名字按照出生日期记载了。但是没有记载"收养子"的记录。跟朝鲜后期的家谱不一样,记载女儿的时候,女儿的名字下面没有写上"壻"字,而直接写上"女夫",之后连女婿的名字也一起记载了。如果女儿再嫁的话,女儿的名字下面写上"后夫",之后连再嫁的丈夫的名字也一起记载了。换句话说,查看这些资料就可以确认,当时的亲族概念跟朝鲜后期完全不一样,具有很多差别。

出现这些现象的主要原因应有多样。高丽末期引进了《朱子家礼》,但是实际上支配还需要较长的时间,十六世纪末期还是普及阶段,婚姻风俗的壻留妇家婚,分配财产的子女均分继承,祭祀祖先的轮回奉祀等现象,透过先行的一些研究已经露出了。要之,当时决定亲族范围的时候没有男女差别,包含父系和女系的女婿,甚至外孙也包括在内。这些现象的主要原因就与当时的风俗有密切关系。

进入十七世纪之后,慢慢地坚定了《朱子家礼》的影响,随着婚姻的形态也转变成亲迎礼(半亲迎)。祭祀祖先和分配财产的风俗,也是以父系和嫡长子为中心,而慢慢地坚定了"家庭仪礼",亲族的概念也是转变成以父系集团为中心的情况,接着以父系集团为中心的"班村"开始形成,以班村为中心的族契也开始形成了。

"契"带着"赋有某种特定目的的组织"的词典上意思。"契"在中国也是使用合、投合、意气投合、符合、结盟等的意思,在朝鲜也一样对"契"的理解带有"合"的意思。

> 谓契者,合也。合者,表里无间而忧喜必共,好恶必同,然后可以谓之合之真也。至于面从心异口,若身违者,非真合也。德义相好而所劝惟善,所规其过,然后可以谓之合之正也。至于私昵曲从,苟同邪比也,非正合也。

以上文章中所说的，对真合和非真合及正合和非正合的说明，就可以了解这些词汇已经直接包括了朝鲜时代族契的设立目的和意义。

基本上族契就是谋求一个村落内生活的亲族之间的和谐结合体。但其实不只是针对在"一个村落"内生活的"亲族"。远离 5 公里以上居住的"亲族"也允许加入族契，有时居住一个村落内的外姓外孙也可以参与族契，甚至"乡里共井之人"也允许加入族契。

中国的族会、族规等很可能是与韩国的族契类似的一种组织。中国的族契可以定义为"宗法制度之下的家族法规"，这就是同姓家族所制定的公约适用于家族成员的规约。别的有家法、家约、家戒、族约、祠规、规范等名称。具体的设立目的和条目，因资料的不足无法正确地把握，而是在本文上节略了与韩国的族契比较的问题。

二、设立族契的目的

（一）族契的设立

其实韩国的族契大概在十五世纪前后发生，从十七世纪开始正式发展了。当然，人们所生活的过程中无论古今任何时代，每个社会都有互相帮助和互相纠检的一些"不文法"存在。

> 在昔先王盛时，设政施教，乡党间巷，贫贱相恤，患难相捄，死亡相助，庆吊相交。自夫政衰教弛，虽同宗一亲，涣散乖离，贫贱则轻之，患难则乘之，死亡则弃之。凡其可欲者皆夺之，以为己有而不恤。於乎！政教之行也，行路之人为胶漆；其废也，同气之人为仇雠，大观君子可无惕然于心乎。

以上所引用的文章，称为"先王的盛时"的表现，不一定是针对三代先王的词汇，而是意味着接着连续治世的不特定时代。并且"政衰教弛"时代就是与治世对立的乱世之一种表现，也就是表达上文的作者河弘度（1593—1666年）生存的十七世纪初期和中期的时代情况。这时期发生两乱，光海君之乱政，仁祖反正，李适之乱等事件，政治上极为混乱的一个时代，也就是复原战争的损害和气温低下的影响面临的生产力减少等，政治和经济方面都是非常艰苦的时期。因此，无论身份的贵贱都面临了不得不互相帮助的一个艰难的时代情况，这就是设立族契的一个背景。

尤其是壬辰倭乱的战争期间,当中商民所表现的积极活动,而商民的地位逐渐提高,甚至经常发生了对两班阶级的抵抗。针对这些变化,两班阶级设立或重修族契,强化或重修乡约和乡案,而透过这些方式应对变化。因此,十八世纪前后两班阶级更加活泼地进行族契的组织,这就是他们强化同族之间密切关系的一种手段。

每个时代和每个地区的族契,随着当时和当地的情况带着个别的结构和内容等特点而组成的组织,但是大体来讲,大部分的族契都具有以下几项结构。

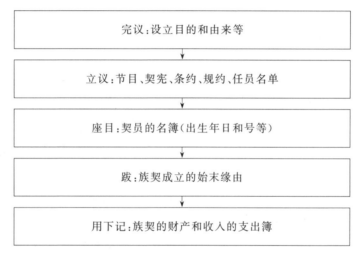

```
┌─────────────────────────────────────────┐
│ 完议:设立目的和由来等                      │
└─────────────────────────────────────────┘
                    ↓
┌─────────────────────────────────────────┐
│ 立议:节目、契宪、条约、规约、任员名单         │
└─────────────────────────────────────────┘
                    ↓
┌─────────────────────────────────────────┐
│ 座目:契员的名簿(出生年月日和号等)           │
└─────────────────────────────────────────┘
                    ↓
┌─────────────────────────────────────────┐
│ 跋:族契成立的始末缘由                       │
└─────────────────────────────────────────┘
                    ↓
┌─────────────────────────────────────────┐
│ 用下记:族契的财产和收入的支出簿              │
└─────────────────────────────────────────┘
```

这样的结构不一定每个族契上同时出现,查看多样的族契结构之后重新构成的结果。大多数的族契都没有具备座目、跋、用下记等,只有完议和条目。

(二)设立族契的目的

1.祖先追远

设立族契的最优先的目的,就是对祖先的追远。追远的方式随着每个族契的情况,而表现出各种各样的结果。首先,保护祖先的坟墓和继续维持祭祀。其次,家谱的刊出和重修。

夫奉先之义,有本有末。名分之守,爱敬之实,其本也。门族之和,节文之备,其末也。未有有其本而无其末,又未有有其末而无其本。盖必本末兼至,奉先之义尽矣。

奉先就是守着名分，爱敬就是根本，也就是最优先的。大体来讲，其根本就是守护祖先的坟墓和继续维持墓祭祀，为了这些目的一定先谋求后孙之间的彼此和睦。

看来抬起头守护祖先的坟墓和维持墓祭祀的问题，就是与朝鲜前期的婚姻风俗和分配财产的惯例等有密切的关联性。即是朝鲜前期男性结婚之后，跟着女性搬到女性的家或者女性居住的村落，这就是所谓婿留妇家婚。男性结婚之后因自己的缘故迁移到妻家乡，经过这样的过程，随着时间的过去，自然疏忽对祖先坟墓的守护。因此为了纠正这样的问题，出现的一种方式就是族契的设立。

谦庵柳云龙就是为了守护散在各地的祖先坟墓，又为了对先组坟茔的祭祀而组成了族契：

> 凡我同宗之人，虽在数息之地，平时邈不通好，至于吉凶亦不相知。有同路人，同宗之义，果安在哉！况先祖坟茔散在各处，年代久远，香火或绝，名为子孙，而不识墓门者有之，情理极为哀痛。今后每于八月二十日，有司以各墓附近子孙分定祭员，回文知委。子孙等精备壶果，斋进所定之墓，奠扫讫……

并且为了墓祭祀的具体实践，而规定于族契的条文，七项条文都是与祖先坟墓的祭祀有密切关系的内容。具体的条文如下：

·祭日：虽定于八月二十日，若有故则有司前期出文通知，为之进退，毋过九月望前事。后改以十月上旬。

·墓所：若有水火偷葬等事，有司趁即出文知会，奔赴省视，登时洒扫禁断事。

·祭员：一不会则罚米一斗，二不会则二斗，三不会则笞奴，四不会则损徒，五不会则削籍。其显有疾病事故，呈单子。备送酒果及伐草奴者，佥议减罚。罚米各其有司督俸，藏于陵洞斋，以为祭员支供之用。不纳米者，亦同未会之罚。有司不举者，笞奴事。

·各墓祭员中，亦以近居不动子孙，定有司，一年相递事。

·河回有故，会于陵洞斋饮福事。

·外孙中，如有好义思孝者，情愿展拜，则许会事。

·有司一年相递，必面看交代。不然，勿改，祭有司同。罚米不俸，有司勿改，期于毕俸事。（都有司：安东一员，礼安一员。祭有司：浦本一员。兹乙坡二员，马驾迈一员，幕洞一员，陵洞一员。）

守护祖先的坟墓和维持墓祭祀的重要性,西厓柳成龙的兄长谦庵柳云龙创制的"族中立议"叙述中解释:

> 墓山乃吾父母先祖体魄所托,其欲永久保守而不废者,子孙之情,所不能自已焉。止吾兄牧使公存时,常欲为守护祭奠之规,与族人立约,庶几子孙遵守而不替,意甚惓惓云云。

旅轩张显光也说:

> 尽爱之理,致孝之道,于其祖先者,果外于能爱其身而敬重之者乎!祖先相逾之身,虽已亡于百千万代之即往,而祖先相传之气脉,即吾一身而方在焉。此身即祖先之身也,敬重此身者,所以敬重祖先也。敬重此身之道,无人不能,无代可穷焉。为人子孙而推孝于祖先者,大于是乎。

这些内容就是设立族契的意义所在,那守护祖先的坟墓和维持墓祭祀的行为,就是找出自己根源之处的目的。

而且十九世纪初期赵有善(1731—1809 年)在自己写作的《密阳朴氏族契序》中,也说明为了筹备祖先坟墓的祭祀费用,而设立族契,制定座目和条约。看以上的例子可以明白了,无论时代的不同,设立族契的最重要目的,就是守护祖先的坟墓和维持墓祭祀。这样看来,族契与时代的走势没有任何关系,只是最重视奉先意识而组成的构成体。

其次,为了家谱的刊出和重修的目的,而组成族契。

> 天之生物也,由本而干,由干而枝叶,祖犹本也,宗犹干也,子孙犹枝叶也,祖宗子孙一气也。而人或二之,视兄之子,不犹吾之子,自吾父视之,有异乎? 从父之兄弟,自大父视之,从祖之兄弟,自曾大父视之,至于无服之兄弟,自祖宗视之,有异乎? 夫自一人之身,分而至于无服,无服则情尽,情尽则忘之矣。此吾辈之所以修谱牒列名录,详条目者也。

家谱就是为了确认自己的根源,而编辑出来的。家谱的刊出和重修的主要原因,首先自古以来的旧谱,至今有种种理由,近于失传的内情。因为家谱的失传,大宗之外究竟有多少小宗也不知,哪个分派繁盛也不了解,还有经过一代又一代,全国各地散居的亲戚,以前深情厚谊的密切关系,有了隔阂逐渐疏远。因此为了恢复亲族之间的和睦设立族契。壬辰倭乱结束之后,旅轩张显光再次重修族契的时候,具体地表明重修族契的目的,就是维持对祖先的墓祭祀和家谱的刊出。

> • 远祖坟茔,既不得知,而族中旧谱,经乱俱失。今多有未详处,此则不分内外孙,如或有闻见吾张氏先世事迹者,必皆随其所闻见详录,以

告于契中。

 • 吾契之初，只就姓中为之，及今虽异姓疏远，若与张谱相连，则皆入焉。此亦推先世之恩，广睦姻之道也。以先世视之，慈情岂间于内外哉！人莫不有子与女，以其情而体吾先世之心，则可以想矣。然则契中当不分同异姓，其相厚之义，则宜无间然。而但其追远等事，则在同姓者，必须自尽其诚。

2.互相扶助

设立族契的第二目的，就是为了谋求亲族之间的和睦，进一步互相扶助，互劝纠检。

 斯契也，何契也，为族人婚丧而设也。夫契之义，昉于周汉以前，而契之名见于魏晋以后，或乡或遂，以文以武，抑或以酒食，其事不一而足。而至如为族人婚丧而设者，惟东方近世之风为然。今吾所谓契者，其果出于此，而抑或有所慕而然欤！……盖人之贫富不同，事之吉凶无常，不如是则无以备，卒之用，而为久远之图，于养生送死之际，不能尽无憾之道也。

往古来今，亲族之间本来互相扶助，这是人之常情，但是没有顺利施行政教，连亲族之间的关系也遗失该有的和睦之情。以上文章中著者所慨叹的也就是这些情况。著者接着说明，为了谋求亲族之间和睦的目的而设立族契。

为了亲族之间的互相扶助，又亲族之间的和睦，而设立族契的情况，到了朝鲜后期集中出现。经过两次的对外战争，光海君之乱政，仁祖反正，李适之乱等事件，国内政治上极为混乱的一个时代。经过这些艰苦的阶段之后，为了复原战争的损害，面临经济方面的艰难情况，这就证明族契的设立与当时的时代情况有密切关系。

河弘度（1593—1666年）生存的时代，就是这段时期。他认为先王的全盛时期，圆满施行政教，乡党之内也施行贫贱相恤，患难相救，死亡相助，庆吊相交，但是政教一衰落，虽然同宗之间也互相分散，面临没有施行先王时期的互相扶助。因此河弘度对当时的时代情况悲痛万分。

本来非常亲近的亲族关系，但是经过很长时间，居住的地点也互相远离，就像路上偶然碰面的人一样陌生。究竟一家亲族，亲族之间再次居在一起互相扶助，互劝纠检，这就是施行先王的遗风，逐渐适用于个人家庭亲族国家，全天下能归仁。河弘度本人以极为观念的方式来表明族契设立的当为性，总归提出了设立族契的目的，就是十七世纪当时艰难的情况之下，不得不互相扶助的救急。

设立族契的目的就是互相扶助,显然看得出以下举例的族契。下面举例的族契,是1583年居住于安东周村的真城李氏家族的族契完议。于下面举例的族契中,明显地阐明了设立族契的目的,就是"平日修睦及吉凶相助之义"。

[契中完议]

万历十一年(1583年)十月初二日族会完议

族契之设,本为平日修睦及吉凶相助之义也。契中之人,既皆族党又同乡井。平常之日,既无以相聚欢好及其吉凶又无相恤,岂厚邻睦族之道哉。兹立条约,具列于后,终始一心,其永勿替。

1.春秋讲信事:春则内外设宴事十二硕;秋则○○会话事三硕。

2.有司二员,一年相递事。

3.婚姻扶助事:雉鸡中一首,各宅输送事,正租二硕公谷出给。

4.丧事扶助事:棺板一次除际广一尺八寸厚二村五分,油苞一次九丈付草席五叶,涂棺纸十丈,油纸五丈,草纸五卷,布一四。凡有故,有司回文轮告,各出壮丁一命,持粮米(缺),索十五把,薰索三十把,空石(缺)叶,亲自率归,期于毕役。

5.丧具豫备事:

—内棺四次,除际○广二尺厚四寸

—油苞四次,九丈付

—草席二十叶

—涂棺纸一卷

—油纸一卷

—草纸二十卷

—布四匹

上四件丧具准备,恒留有司随用随备,毋至缺○事。

6.契中之丧,公备面饼,各持壶果,会奠事。

7.丧具则一员处,毋过二度,婚姻毋过三度事。

8.讲信时,无缘不参,笞奴二十。

9.收送之物,或不如宪则轻罚事。

10.有司怠缓,所任不能则中罚事。

11.契中之人,或不知长少之节,或同相诘者,重罚事。

12.宝上谷石,恒留八十硕事,分给则正月二十日,捧上则十月二十日。

一重罚,永永损徒。

一中罚,一年损到,解时笞奴。

一轻罚,笞奴五十。

〈座目〉

真城李氏16个人,清州郑氏3个人,安东权氏1个人,奉化琴氏1个人,高氏1个人。

于契中完议中,说明设立族契的目的,就是同宗之间的互相修睦和吉凶相助。族契的条目具有十二个项目,大约分成春秋讲信,婚姻扶助,丧事扶助,丧具准备等。接着各项目下面写着罚则,因此可以看得出设立族契的目的,就集中于婚丧扶助。

但是这些条目到了1596年被重修,只不过是几年的间隔。查看条目的内容就发觉,反而有巨大的变化。

万历二十四年(1596年)四月二十三日契中完议

1.无缘不参,笞奴五十。

2.状辞不紧,笞奴三十。

3.摇动契中,笞奴四十后,纯三定罚为乎矣。不从契宪者,佥议黜契事。

4.凌蔑契中,笞奴五十后,纯五定罚为乎矣。不从契宪者,佥议黜契事。

5.宝上不纳,拒逆不纳者,笞奴五十后,从轻重定罚为乎矣。其中众所共知穷困者,通告契中处置事。

6.丧具,布一匹,草席五叶,棺椁一次,广无际隅一尺八寸,厚二寸五分。

7.讲信,七石,以春秋分用事。

8.宝上

〈座目〉

……

查看上文条目,就可以发现已消失婚姻扶助,减少丧具扶助。1596年快结束壬辰倭乱之时期,每个村落都面临极大的经济方面的困苦。

结果经济方面的扶助减少了很多,反而集中被提起具体的罚则,这很可能是为了纠正经济方面的困难和社会方面的混乱情况,而不得已实行的措施。

透过原文资料,比较契中完议重修之前和重修之后,很容易就发现互相扶助的数量方面有巨大的差异存在。

表1 重修契中完议差别表

内容	1583 年的契中完议	1596 年的契中完议
婚姻扶助	·婚姻扶助事(雉鸡中一首,各宅输送事,正租二硕公谷出给)	无
丧具预备	·内棺四次 除际隅广二尺厚四寸 ·油芚四次 九丈付 ·草席贰十叶 ·塗棺纸一卷 ·油纸一卷 ·草纸贰十卷 ·布四匹	·布一匹 ·草席五叶 ·棺榔一次(广无际隅一尺八寸,厚二寸五分)
丧事扶助	·丧事扶助事(棺板一次,除际广一尺八寸厚二村五分,油芚一次九丈付草席五叶,涂棺纸十丈,油纸五丈,草纸五卷,布一匹。凡有故,有司回文轮告,各出壮丁一命,持粮米(缺),索十五把,藁索三十把,空石(缺)叶,亲自率归,期于毕役) ·契中之丧,公备面饼,各持壶果,会奠事	无

结婚丧事虽然设立族契的具体目的之一,其实 1583 年扶助的数量到底够不够办结婚丧事也不太清楚。这很可能带着有意参加亲族之间红、白二事的象征性,反而认为足够的扶助并不太重要。尤其是当时面临的情况无论两班和商民,如果互相不帮助的话,过不了整体性的困难。朝鲜社会当时已经出现两班的上契和下下层民众的下契合并趋势,因此最近亲集团的族契也不例外。

再者,体现当时整个社会受混乱情况的影响,而加强了族契的罚则条目,与1583年的条目比较之后，就可以发现1596年的条目，更具体标明了罚则条目的结果。比较两种契中完议中的罚则条目如下：

表 2　契中完议罚则条目比较表

1583 年的契中完议	1596 年的契中完议
1.重罚：永永损徒 2.中罚：一年损到　解时笞奴 3.轻罚：笞奴五十	1.无缘不参：笞奴五十 2.状辞不紧：笞奴三十 3.摇动契中：笞奴四十后，纯三定罚为乎矣。不从契宪者，金议黜契事 4.凌蔑契中：笞奴五十后，纯五定罚为乎矣。不从契宪者，金议黜契事 5.宝上不纳：拒逆不纳者，笞奴五十后从轻重定罚为乎矣。其中众所共知穷困者，通告契中处置事

战争以前最严重的罚则，只有取消契员的资格，不让担任族契的职责，这就是所谓的损徒。1596年的条目，其实全部都是罚则条目，接着记载具体违规的项目和罚则，最严重的是所谓的黜契。1596年的条目变成罚则为主的主要原因，大概与当时还没结束的壬辰倭乱有密切关联。

四、结　语

韩国的族契，就是为了追远、互相扶助和相互纠检而成立的一个组织。设立时期每个族契都有早晚的差异，而大约十五世纪前后开始成立，经过十六世纪，到了十七世纪正式设立。

于本文章中概括查看韩国的族契，但是很遗憾，无法与中国的族契比较。因为著者对中国的族契毫无理解，只是非常小心谨慎推测中国的族规和家规，可能与韩国的族契有某种连贯性。中国的族规大部分收录于家谱的前头，但是在韩国几乎不可能查看中国的家谱。听说在中国传下来"国有国法，族有族规"的说法，这代表族规对族人的影响非常巨大的意义。

族规是族人之间制定的一些约束，也就是教化族人的家族法规。族规和家规表现为"一干双枝"，所以很难明确地区分。大约可以看出，族规比家规严格。族规的内容包括敦人伦，笃宗教，课子弟，正闺门，慎交游，勤职业，崇节俭,忍小忿,恤贫苦,睦乡邻等内容。家规的内容,在族规的范围之内决定。家规的内容包括敬祖宗,重宗长,禁犯上,睦宗党,重师友,重继嗣,安灵墓,凛闺教,重藏谱,恤患乱,急相助,禁欺凌,禁乱伦,禁争讼等内容。

总体来讲,族规和家规集中于尊祖和严格的嫡庶秩序,还有地位的高低,年龄的区分,儒学伦理和道德实行的尊礼奉孝。这样的族规,宋明以来显露出政治权力和宗族制度的互相补充关系,定位维持中国社会的重要原因。换句话说,只是推测中国的族规和家规其实与韩国的族契比较,稍微存在性质方面的差异。以上仅只提出比较研究的必要性,到此加以总结。

（作者单位：韩国国学振兴院）

从 17—18 世纪岭南地区日记看乡村公论与社会关系网的变化

◎ 崔恩周

公论虽然是指社会上多数、普遍的讨论,但很难认为它只是单纯地代言多数的意见。从发展的角度来讲,公论必须以大义名分为后盾,也必须具备能让所有人同意的合理性。但是就如理想与现实经常叠加在一起一样,在现实中,公论的生成过程生动形塑了集团舆论的性质,并且很容易根据集团的性格及立场被利用为势力战略。而且在像现在这种复杂、高度发展的产业社会,价值判断的标准越来越多样化,集团也越来越细化,对某种声音形成"公论"看起来几乎不可能。

朝鲜时代的公论也是如此。公共舆论,即面向"国家公共的议论",追求诸如国家的兴亡、儒学的盛衰等大义名分。但是从士林势力分裂后,很难与反映党派理解的党论区分。起初,士林势力为了应对由君主及少数勋戚主导的政治运作形态,大力引领公论政治。此时,他们推崇的名分便是通过扩大政治参与层,听取多种多样的议论。由此,全国的儒生便成长为实质性的公论形成层。但是随着时间的推移,政治势力与儒生之间的政治联合被强化并促进,出现了儒生们的公论演变成政治性党论的情况。①

关于朝鲜时代的"公论",积累着丰富的研究成果。以往的研究,主要是以在公论形成的主体从公卿、宰相的台谏,终于转至"作为在地士族的士林"的公认的理论为基础,与士林派及他们的政治活动相联系,关注"公论"的概念或"公论政治"的作用和结果。

围绕地区"公论"问题,欲查看的日记大体上可分为两种。一种是 17 世

---

① 薛锡圭:《朝鲜时代儒生上疏与公论政治》,先人图书出版社,2002 年。

纪前期,居住在庆尚道礼安县的溪岩金坽(1577—1641 年)写的日记;另一种是 18 世纪,居住在庆尚道尚州牧的清台权相一(1679—1759 年)写的日记。第一种被称为《溪岩日录》的金坽的日记,传递了自 1603 年(宣祖三十六年)7 月至 1641 年(仁祖十九年)3 月,约 39 年间的记录。第二种被称为《清台日记》的权相一的日记,记录了 1702 年(肃宗二十八年)1 月到 1759 年(英祖三十五年)7 月,因中间有遗漏的部分,传递了约 43 年的部分。以这两部日记为对象,可以从中窥探 17—18 世纪在这一地区公论如何成章、发展,并衰退的活生生场面。

本文即以现有的研究成果为基础,同时考虑日记资料的特性而成。在日记里,生动地记录了地区士林根据政治、社会需求形成地区公论,并利用这种公论的多种案例。它详细记录了由谁主导、如何开始生成公论,经过多长时间、多少步骤成为能够代表地区的公论的过程。与此同时,还反映了关于在这种过程中发生的集团或个人的选择、矛盾的问题,描述了因个案与条件无法成为公论的情况。

一、17 世纪岭南地区公论形成 的背景及社会关系网

人们均认为正确的,和多数人用同一种声音形成的公论是不一样的。朱熹说:"复以众说互相诘难,而求其理之所安,以考其是非,则似是而非者,亦将夺于公论而无以立矣。"①朱熹的这句话可以成为如何对待公论的一种回答。朱熹在很多层面上用了公论的概念。空间上,将范围从一个邑城的公论扩大到一个道及国家等公论;时间上,根据需要,强调了当前的公论与后代的公论,以及相信在时间上永远不会改变的公论等。关于公论的主体,扩张到了朝廷官僚的公论、士大夫的公论、特定阶层的公论、民众的公论等。②就如朱熹所说,在朝鲜时代,"公论"一词,根据使用的人和情景,其含义也变化无穷。

---

① 尹元贤:《朱熹的"公、私"概念和公论》,《栗谷思想研究》第 17 集,栗谷学会,2008 年,第 173~174 页。

② 尹元贤:《朱熹的"公、私"概念和公论》,《栗谷思想研究》第 17 集,栗谷学会,2008 年,第 177 页。

　　进入成宗时期，公论的威望被强化。首先，随着台谏的舆论活动越来越活跃，提及公论的本身大幅增加，台谏自己频繁自居为"公论的所在处"，清要职谈及公论的次数也增加了很多。委托台谏发起公论，提出的问题在很多情况下与阻止勋戚、外戚势力的跋扈并减少以官职姻亲为媒介的非法敛财或腐败相关，因此国王和大臣们不得不对"公论"倍感压力。① 由此，随着时间的推移，公论的意义与必要性持续扩大，公论的形成也越来越活跃。

　　其次，与此同时公论的负责层也逐渐变化和扩张，包含了如儒生、在地士族等统治阶层外缘的人们。儒生们以接纳自己的意见，并以此为基础，上疏到朝廷的方式宣扬公论。这种儒生上疏一直流行到18世纪正祖一代，但在不同时期呈现较大的起伏。大体上，经过中宗—明宗—先祖时代持续增加，到了光海君时代出现爆发式的增加，而到了仁祖时期，又呈现急剧减少的趋势。此后也更替着增加与减少的趋势。②

　　在这种政治、社会背景下，17世纪初期，岭南地区的士林也积极参与到了通过"儒生上疏"形成国家公论的行列。但是随着时间的推移，地区公论活动从很多层面上发生了变化。公论活动的重心从国家问题转移到地区问题，经常出现公论化过程不甚流畅的情况。当时的岭南社会，因作为退溪学派中心的南人正经历着政治影响及师生关系导致的内部分化，整体的凝聚力趋于弱化。同时，政治统治势力为了扩大他们的势力，深入岭南地区，收买当地人士，动摇了地区的人际关系网。被外部刺激动摇，因内部分化纠葛的岭南社会，逐渐被政治的中心部排挤，对国家问题公论活动的火种也渐渐熄灭。曾经为了形成能够代表地区的公论而努力的岭南人，渐渐因地区内代表学派及门中立场的公论相互矛盾、对立。

　　（一）国家热点，燃起的岭南公论：地区的对外凝聚

　　《溪岩日录》中记录的，为儒生上疏形成的公论化案例约有13次。第一次始于1604年，宣祖对官学儒生提起的关于请愿五贤宗社的上疏做批复时贬低晦斋李彦迪的事端。宣祖的批复，当时在朝廷引起了轩然大波，官学儒

---

① 宋雄燮：《朝鲜成宗时期公论政治的形成》，首尔大学博士学位论文，2011年，第13页。

② 薛锡圭：《朝鲜时代儒生上疏与公论政治》，附录16—18世纪儒疏分布，先人图书出版社，2002年。

生们希望他们的上疏能被广为流传,令岭南的儒生们也通过上疏传达其意愿。与此同时,当时的大司成金玏(1540—1616 年)也指示岭南儒生效仿官学儒生上疏,这样一来,在荣州士林的主导下岭南地区(左道)开始有条不紊地行动起来了。

让我们跟随《溪岩日录》中记录的公论化过程看一看。当然,这是金玲的视线。4 月 16 日,奉化三溪书院院长根据安东发来的回文,将地区士林聚集到书院。这是要开始讨论地区聚会了。5 月 13 日,传来庆尚道(左道、右道)士林将于当月 15 日聚到善山遵奉上疏向宫廷出发的消息。次日,即 14 日,金玲也向善山出发。疏会始于 5 月 16 日。金玲在这一天的日记里做了如下记录:

> 午到善山,诸士子多未至,而会者犹百五十余人。会所则客舍边广场东西设幕,相对列座,真盛事也。午后进烧酒及肉,俟毕至方议事。

(摘自 1604 年 5 月 16 日的日记)

这是以善山客舍为疏庭,欲开始议事的瞬间。次日,即 17 日,从各邑聚集的人几乎有 300 人,正式开始议事。首先,决定了疏庭的掌议和疏头。接下来原想选择上疏书,但从各处发来的上疏书达百余份,很难决定。经过两天的会议,到了 19 日下午才选出了星州一个叫宋远器的人物提交的上疏书。5 月 20 日,疏头与掌议遵奉上疏书而出,让每个人在自己的名字下面签名。结束签名后,遵奉上疏书到宫廷的 70 多名儒生启程,余下的人散去。当时宣祖虽然婉拒了宗社请愿,但为了安慰远道而来的岭南儒生,特别安排了廷试,最终让事态告一段落。

1608 年(宣祖四十年),高敬履的上疏成了导火索。由此触发,荣州士林为请愿五贤宗社计划上疏,在道内分发通文,于一个月后的 6 月 15 日在上州召开疏会。这天聚集了约 400 人,几天后为了上疏上京。这些人到京后,驻扎在首尔,一个月内上疏四次。这一时期公论形成的案例,意义在于岭南多地士林为达成一个目标,在短时间内非常有组织地行动,统一意见。

在光海君时期,形成了约五次公论。在光海君继位初期,岭南地区的公论形成过程与将这一公论传达到朝廷的过程非常顺利。从计划到执行,大规模士林有组织地行动,时间仍然不长。但是自从部分人物与当时掌权的北人勾结,岭南的关系网完全分裂为左道与右道(北人)后,开始塞滞。1611 年(光海君十三年),因右道的成泊等呈递的诽谤李滉与李彦迪的上疏出现了生成公论的契机。当时地区的氛围是恨不得马上到宫廷呼喊,但因为诸多限制被掣肘。最大的影响应当是因计划在安东和醴泉执行科举（监试与东堂试），所以没有组织疏会准备上疏的物理、精神闲暇。上州、荣州等地的部分士林强烈主张罢考，在没有疏会的情况下执行，但还是遵循了延后上疏为好的整体舆论。1621年（光海君二十三年），醴泉士林发布通文，提起要求刺死李尔瞻的上疏的公论。此时，地区内的亲大北势力直接、间接地介入公论形成过程，特意阻碍，任庆尚监司的大北系郑造也威胁士林，欲阻止疏庭聚会。但是在这种妨碍中，上疏行列依旧上京，驻扎在首尔，上疏四次后回乡。据《溪岩日录》，随着进入光海君后期，出现公论形成过程不顺的情况。其中一次是在具备契机，形成了公论的情况下，因多种原因不得不延后上疏，而最后一次是虽然因执政势力的妨碍碰壁，但最终促成上疏的案例。当然，复杂的过程需要的时间也是双倍的。

在仁祖时期，形成了约四次公论。这一时期，统一意见、形成公论，并以此为基础，上疏并非顺利。首先轰动士论的契机本身，名分薄弱。1626年的案例具代表性。当时，作为陶山书院院长的李由道因诉讼问题向监司上书，以文中有侵犯监司的内容为由入狱，在受审过程中死亡。因此，礼安的士林为了声讨监司的罪行，向道内发布通文，希望士林们署名参与。在这一过程中，陆续出现了立场与见解的差异导致的隔阂，特别是上州、咸昌、安东等地退回了礼安的通文，并答复如下：

> "且缘相讼，无与于士林，敢此奉还。"仍以礼安通文还送，其羞辱甚矣。（摘自1626年5月16日的日记）

礼安士林欲通过发布通文形成公论时，不无像金坽那样担心不同意的舆论。如上述例文，理由便是批判其与士林无关。金坽谴责："士林的举止何等重要，如何能以私人的诉讼为由。"最终，获得了59人的签名，但是到最后也有拒绝署名的士林，过程不是很顺利。此后出现的情况也没有很大的改善。在反对元宗祔庙时也好，由西人主导成均馆为了牛栗从祀向八道发布通文时也好，均没有出现犹如往常有条不紊的动向，缺乏能将地区士林整合起来的、强有力的大义名分。即便是有大义名分，召开疏会、执行上疏是需要另做判断的事情。这是因为随着立场与多种利害关系的交织，推进动力逐渐下降。到了1635年，准备辩论尹昉诬蔑并贬低李滉之事时，这种形态被完全地呈现出来了。虽然为了辩论计划上疏聚会，但是因士论分裂很难推进。好不容易于10月21日，在义城召开了疏会，但在此后一个多月仍无法获得共识，互相推脱不愿担任疏头，疏会停滞不前。对此，金坽发出了感慨：

作会已将二十日,而凡事犹未至就绪。盖以厌避之甚也。……往时辛亥攻仁弘,辛酉攻尔瞻,而犹不至如此。(摘自 1635 年 11 月 2 日的日记)

他的感慨,反证了当时停滞不前的疏会与之前形成公论的形态有明显的区别。金坽回想起 1611 年批驳郑仁弘,1626 年要求刺死李尔瞻时的情景,认识到形势已然不同。出于当时的这种情景,金坽还指出了一点:"让我过意不去的是,近来儒林沉寂,无人推进,很难终结与上疏相关的所有事情,以及提起上疏的一件事情。"

从他的这句话里不难看出,与他以及他的宗兄们积极参与上疏聚会,起到一定作用相比,在当时能起到与他们相似作用的阶层急剧缩小。说到最后一个案例,金坽自嘲:"岭南的上疏到现在都毫无头绪,只能自愧、慨叹。"

17 世纪初期,尤其热衷于议论国家热点的岭南公论,随着时间的推移,其"火势"越来越弱。而这种情况,在《清台日记》里变得越来越严重。

(二)地区热点,岭南公论的分裂:地区内部的分化

此时,以退溪学派为中心的南人,表面上看起来与大北及西人势力相抗衡,并且没有放弃地区、政治凝聚力,但是其内部却不断地持续着分化。随着地区内出现亲大北、亲西人分支,出现了政治矛盾,并且因纷纷推崇自己的老师,主导建立师友、配享书院,学派内的分歧也变得越来越严重。与此同时,有势力的门中之间还出现了冲突。由此,发生了立场与见解差异,很难统一士林的议论,即便宣扬此为公论,也很难获得名分与动力。

1612 年(光海君四年),月川系文人在推进陶山书院月川配享过程中发生的矛盾比较具有代表性。这是因为地区士林在赞成与反对的立场上势均力敌地持续着主导公论的争论。金坽在日记里指责:"起初发起月川配享时,明明向道内发布通文告知士林,确保了公论。但是金泽龙与金镜等阻止通文,并谴责他们一意孤行。"

根据日记,只有亲大北倾向的部分月川系文人支持月川配享,其余大部分士林均持不可能的立场。但是月川系文人,以其他地区与中央政府为中心,竭尽全力让他们的赞成意见成为公论,并在其中适当利用了"公论"。就月川配享案例,地区意见分裂为赞成和反对,持反对立场的金坽在日记里记录了地区尊长们的反对意见,或者声称邻近地区士林激烈抗议,持续记录了反对公论。以公论为名分的这种矛盾和争论,持续了 3 年以上,直到月川配享促成。

1620 年（光海君十二年），欲将柳成龙和金诚一合享在庐江书院时，也反复出现了这种情况。执行合享一侧主张士林对于此事达成了意见统一，而他们宣扬的士林的公论仅仅是持赞成立场的士林形成的共识。此事被传开，又因流程上的诸多问题发生意见差异，就出现了不少反对的舆论。这也是站在赞成、反对等各自立场上，以公论对决的形式。关键在于哪一方获得包括有影响力的人物在内的更多士林的支持。

可以在诸如此类的案例中了解到，在当时，政派、学派、门阀等各种势力出于各自的目的，陆续建立师友并开展书院配享。每一派推举的都是"士林的公论"，《溪岩日录》中记录了相当多的、与当时建立师友并开展书院配享有关的士论案例。

但是在《清台日记》中，则很难感知这种地区内公论对决的氛围。在很大程度上，这是因为国家严格控制师友的建立及书院配享，同时也与在有影响力的士林宗匠的配享差不多结束的情况下，先贤配享的问题转变为门中与门中之间单纯的对立矛盾有关系。换句话讲，能推举为公论且对立的地区热点也在减少。

二、18 世纪岭南地区社会关系网的变动与公论活动的衰退

《溪岩日录》呈现的 17 世纪岭南地区的公论活动，从大体上来讲正逐步走向衰退，但是"公论"这一概念及名分仍然发挥着一定的力量。不管是国家热点还是地区热点，是否获得多数士林的支持依旧是非常重要的问题，所以能获得更大范围、更广泛共识的"公论"的力量可以越来越强大。为此，地区士林无论如何欲将意见统一为自己的立场。但是如果随着《清台日记》探寻18 世纪的岭南地区，不难看出推进"公论"活动的动力被显著弱化。这一时期，老论与少论对立，轮番掌权，逐渐由老论作为执政势力完全掌握政界，南人夹在中间被孤立，越来越被中央朝廷排挤。而且老论为了扩大社会基础，夯实自己的权利，努力让自己的势力在南人根据地岭南地区扎根。钻进岭南的老论势力收买并唆使岭南士林，以"岭南"之名开展上疏。1710 年（肃宗三十六年）8 月，曾出现过就当时老少论悬案的太祖尊号问题，岭南的南人儒生们支持老论的主张上疏的事情。根据《实录》，金南甲与吕凤举等岭南儒生 80余人连着两次上疏，请愿奉上太祖尊号。此事始于 1683 年（肃宗九年），宋时

烈建议在太祖的尊号上附上正伦昭义,彰显威化岛回军的伟业。对此,包括
朴世采在内的几位人士强烈反对,从此便开始捕捉到西人(老论与少论)之间
的分裂征兆。此后,西人完全分离为老论与少论,尖锐地对立,尊号问题也成
为对立的悬案。1710 年,公认岭南的儒生们就追封太祖尊号上疏一事,可以
被看作是老论执拗地收买岭南获得的成果。

关于本案,权相一在《清台日记》中做了如下记录:

> 前秋星州进士吕凤举,醴泉文官金南甲辈,适往洛中,被嗾上疏,请
> 上尊号。盖不论事之是非而,只欲探上意也。此是小人情状,而出于所
> 谓南人之手,吾岭之羞甚矣,奈何奈何。(摘自 1711 年 4 月 16 日的日记)

记录着吕凤举与金南甲一行刚好到首尔,被(老论)嗾使上疏,要求追封
(太祖)尊号。权相一对这次上疏的看法非常明确。他慨叹作为南人,与老论
勾结行小人所为,是岭南的耻辱。虽然以"岭南"的名义行事,却不是岭南士
林的意向与公论。在这种情况下,岭南地区南人的公论活动只能更加萎缩。

虽无像《溪岩日录》里展现的那种如火如荼的气势,但《清台日记》中也偶
尔出现了生成能形成公论的契机,并以此为名分主导公论的案例。但是有时
也出现了历经艰难形成的氛围无法持续到最后,半途而废的情况,还出现了
勉强促成的上疏行列虽抵达首尔,却没能向君主传达上疏的情况。这些案例
大多是因执政势力的妨碍导致的。

其代表案例发生在 1721 年(景宗元年)。这年 1 月 4 日,日记中记载自安
东发起了猛烈的上疏议论,缘由不是很明确。而且前一年 12 月份的日记几
乎全部遗漏,把握准确的背景变得更难。不过,如果以当时的情况为基础推
测,应该与发生在 1720 年(景宗继位年)12 月 11 日的忠清道儒生李梦寅的上
疏案件有很深的关联。(权相一在 1721 年 1 月 10 日的日记里记录了这件事
情)继肃宗之后成为君主的景宗是禧嫔张氏所生,主导刺死禧嫔张氏的老论
倍感压力。所以老论边牵制景宗,边积极策划拥立延礽君(英祖)。在这一过
程中,老论主张刺死禧嫔张氏是肃宗的业绩,并在 1720 年 11 月为致祭肃宗
有清朝使团抵达朝鲜时,向使团公开延礽君的身份,多方面地压迫景宗。李
梦寅的上疏是批判老论的这种主张和行为的。但是兵曹堂上官拒绝李梦寅
的上疏并阻止其入宫后,他便提着斧子闯进宫廷。据《实录》记载,兵曹派军
卒打破疏函,撕碎疏本后赶出宫外。接下来要求治罪,并关押了三个人,金昌
集(老论)率先提出计策。权相一在 1721 年 1 月 18 日的日记中提到看到了李
梦寅的疏草,记录了其内容和评价:"其语耿直,如用斧头砍下搬威武值得嘉

奖,但偶尔出现趁机欺诈的形态,与儒生上疏的本面目差别很大。湖西人必然如此,又能奈何。"

在这种背景下,引发了当时对上疏的激烈议论。起初,权相一是持否定立场的。有可能是站在南人的立场上,觉得少论一方支持李梦寅的上疏并没有明确的名分。这仅仅是在老论与少论的对立中,支持少论的局面。权相一之所以在高度评价李梦寅的上述内容的同时,贬低其"偶尔出现欺诈的形态,与儒生上疏的本面目差别很大",也源于此。但是无论如何,在岭南地区难得形成了要凝聚公论的氛围。不过其过程并不顺利。首先,仅疏庭就变了三次。刚开始,将疏庭设置在上州的陶南书院,半个月后移到了上州境内的近岩书院(1月20日),过了20多天又转移到了醴泉的三江书院(2月12日)。将疏庭转移到三江书院,是因为近岩书院疏会上发生了士林之间激烈的争论。而疏头,也在经历了两次疏会后被艰难选出。这是因为在第一次疏会时,讨论转移到其他案件没能选拔。被选为疏头的人是权相一的叔父(记录为李叔),权相一对其因病数年来无法外出的情况很是担心。在这种情况下,权相一记录:"(李叔)本无处理公务的念头,但是疏庭已经形成,很难收回,不管是公共的还是个人的,非常担心。"

久违的疏会,但是规模并不小。这是因为地区共识能对形成公论起作用。第一次聚会,100余人出席会议,金海和晋州的儒生们为了随行上疏行列,云集到疏庭。接着2月16日,有200多人出席了三江书院(疏庭)的聚会。虽然在比较多的支持与响应下开始,但是事件的推进持续不顺。疏首的病势越来越危重,最终收合的五六份疏本的议论也有些杂乱无章,引起了大家的不满。选择疏本时,决定姑且从中选出一份,重新润色后奉上。(2月20日)到了2月26日,欲奉上上疏的儒生行列终于向首尔宫廷出发。上疏行列途经闻庆时,参与行列的人员达70人左右,权相一听到这个消息后,记录"并不是特别微不足道,很欣慰"。(3月7日)但是两天以后,途经丰基时,上疏行列大幅缩减为30多人。在这一天的日记里权相一做了如下记录:

> 各邑陪疏,安东四人,吕泉、晋州二人,龙宫、咸昌、善山、荣川、宁海、宁德、□尚州、居昌、蔚山,各一人。尚州则初定四人,而此面二人外,皆恸于官威,称托不去可痛。……豊基则,中路得时患停止,送纳资装,故咸昌加定一人云。一行合三十余人,近来岭疏比前宵壤。庚寅柳稷疏时,陪疏二百余人,其后多不过六七十人,□甚至二十余人矣。盖上道略干邑外,皆被新出西人夺据校院,资装一款,无路辨出故也。(摘自1721

年 3 月 9 日的日记）

以上例文是权相一指出的上疏行列规模缩小的原因。但是在当时岭南地区大部分邑城首领均为西人（老论与少论），慑伏于他们的威严，抑或被他们占领了乡校与书院，很难准备所需经费。不难看出，西人（老论与少论）势力作为领袖进军岭南地区，直接或间接地妨碍着岭南士林形成公论。

岭南的上疏行列，在出发快到 1 个月的 3 月 17 日抵达首尔。从 22 日起，为了奉上上疏，跑到宫廷门外开始请愿。但是这一天，兵曹以朝廷下发了禁止令为由，阻止上疏。对此，上疏一行要求查看朝廷的命令，兵曹也没能回答。因此，将大致的内容转达至承政院，承政院则表示不了解原委，（3 月 28 日）上疏一行只能在将近 10 天的时间内跪在宫廷门前请愿，但最终未能向景宗上疏。在连下级官员们都避开岭南的上疏行列不予理睬的情况下，上疏的儒生们沦落为因粮食短缺作罢回乡的处境。最终，上疏就这样落空了。（4 月 15 日）这是从开始到最后，因执政势力（老论）的直接、间接妨碍艰难形成的氛围，就毫无意义地结束。

1723 年（景宗三年）3 月，为了辩诬葛庵李玄逸召开疏会，形成公论。虽然是只有 11 人左右参与的小规模上疏，因进展顺利，3 月 20 日起为了上疏开始在宫廷门前请愿。但是一直拖了 20 天后，同样在没能递交上疏的情况下解散。这一案例也受到了执政势力的阻挠。（1723 年 4 月 6 日）

在这种社会氛围下，岭南的公论活动越来越萎缩。而且老论与少论为了执政，出于自己的立场，利用公论尖锐地对立着。在这两股势力之间，南人很难找到他们特有的强烈的名分与动机，这也是公论活动衰退的原因。

> 即今洛中，无论南少，皆怪岭疏之不来，而此盖浮薄无识之言。吾意不如嘿坐以待，君上处分，乃是恰当道理。或恐岭中亦多浮议，早晚为此举也。（摘自 1720 年 11 月 4 日的日记）

此时，出现了安东、醴泉、丰基、荣州 4 个邑城儒生们上疏，希望停止缴税时，被承政院拒绝回家的事情。权相一对此慨叹，这种事情只要纳入备边司即可，自称岭南儒生的人提请并不重要，仅仅惊动了人的眼睛和鼻子。权相一指出：认为岭南无上疏而感觉奇怪的是无知的看法。他还担心这种上疏不如不疏，今后还会出现这种事情。这种指责到头来反证了岭南地区公论的形成丧失了推进动力，失去了方向。

到现在依旧如此，公论如果想发挥其力量，就需要能一直坚持主导公论化的向心力。只有这样，才能防止中途不了了之，并且完成一种意见，还能在意见前面附上公论这个名称。出现在《清台日记》中的公论形成案例，展现出了在社会关系网的变动过程中，地区凝聚力被瓦解，由此导致公论化过程不顺的情况。丧失了形成公论所需的强有力的动机与名分以后，出现了公论无效的结果，这又与公论活动的萎缩相连接，逐渐很难找到 18 世纪岭南地区的公论活动。换句话说，这一时期能将岭南士林凝聚在一起的"向心力"趋弱。无论如何，岭南士林缺乏统一口径的确实动机是肯定的。

（作者单位：韩国国学振兴院）

朱子学、退溪学
与现代性研究

（2017年）

朱熹的编辑出版思想及其现代价值

◎ 林振礼

朱熹从青年时代初仕泉州编刻第一部唐人文集《禅正书》到他临死前手书黄榦告诀，交代收拾《礼书》文字，作为民间的学术领袖人物，同时也领导了该学派的编辑出版工作，是一位集作者、编者与刻书于一身的"编著刻一体化"的编辑出版家。然而其卓越的编辑出版思想，湮没于其理学的庞大体系之中而难以彰显。我们有必要使之从他的理学思想体系中剥离出来，让人们认识诸如"文化嫁接"、"寓作于述"的诠释方法，以及"止于至善"的审美抉择，"有补世教"、"传之来裔"的价值追求等思想的现代价值。

一、以编刻载体为儒家典据嬗变奠定基础

典据是哲学思想的经典理据，典据的置换是思想变化的晴雨表。从儒学典据的变迁可以窥见儒学哲学思想更新与变化的轨迹。[①] 中国封建社会前后期思想逐步精细化，是由汉唐以《五经》为主的经学到宋明以《四书》为主的理学典据嬗变为标志的。这种变化在唐中后期已悄然兴起，经宋初三先生、北宋五子的推动而不断深化，最后由朱熹总其成。"四书"之名由朱子首先提出：

> 某自卯读《四书》，甚辛苦。诸公今读时，又较易作工夫了。(《朱子语类》卷一百四)

> 今刻四古经，而遂及乎此"四书"者以先后之。(《书临漳所刊四子

---

① 刘泽亮：《从〈五经〉到〈四书〉：儒学典据嬗变及其意义》，《朱子研究》2002 年第 1 期。

后》)

然而,朱熹四书学的形成经历了从《四书集解》到《四书集注》的漫长过程,据他自己说,几乎是用毕生的精力为《四书》作注:

某于《论》、《孟》,四十余年理会。(《朱子语类》卷十九)

《中庸解》每番看过,不甚有疑。《大学》则一面看,一面疑,未甚惬意,所以改削不已。(《朱子语类》卷十九)

《四书》之中,他用功最多的又是《大学》:

某于《大学》用工甚多。温公作《通鉴》,言:"臣平生精力,尽在此书。"某于《大学》亦然。《论》、《孟》、《中庸》,却不费力。(《朱子语类》卷十四)

"不费力"的《论语》、《孟子》等尚且用 40 年时间反复修改,至于花费了平生精力的《大学》,所用的工夫可想而知。他在病逝的前不久[①],还在修改《大学章句》。

以上是朱熹集注《四书》总的情况。实际上,朱熹在成《四书集注》之前,于各《四书》注解之书反复增删修改,分合不定。束景南先生称之为前《四书集注》阶段,此阶段主要为编撰之功,其演变发展之迹如下:

(1)《孟子集解》—《孟子精义》—《孟子集注·或问》。

(2)《论语集解》—《论语要义·口义》—《论语精义》—《论语集注·或问》。

(3)《大学集解》(详说)—《大学章句·或问》。

(4)《中庸详说》(《集解》)—《中庸章句·或问·辑略》。[②]

自淳熙九年(1182 年)《四书集注》刊刻于江西婺州后,直至朱熹卒,可考者至少还有四次刊刻:一是于淳熙十一二年刻于广东德庆,是为德庆本;二是于淳熙十三四年刻于四川,是为成都本;三是于绍熙三年(1192 年)刻于南康,是为南康本;四是于庆元五年(1199 年)刻于建阳,是为定本。此外,绍熙元年(1190 年),朱熹于知漳任上主持刻印了四经四子。"四子"即《论语》、《孟子》、《大学》、《中庸》(因避以官钱刻私书之嫌,故只刻印"四子"而不刻印《四书集注》)。

---

① 庆元六年(1200 年)三月九日去世,二月以书遗廖子晦曰:"《大学》又修得一番,简易平实,次第可以绝笔。"(《朱子抄释》卷一)

② 束景南:《朱熹佚文辑考》,第 592~613 页。

在编刻活动中，朱熹始终处于领导者的地位（相当于如今的主编或总编辑），大如策划选题、次序编排、真伪校勘，小至寻找书工、刻工，以及纸张的使用，他都事必躬亲。

关于《四书》次序，朱熹尤为重视。他说：

> 某要人先读《大学》，以定其规模；次读《论语》，以立其根本；次读《孟子》，以观其发越；次读《中庸》，以求古人之微妙处。（《朱子语类》卷十四）

《四书》次序的这种安排，由浅入深，循序渐进，贯穿于他的编刻活动之中。

乾道八年（1172年）在建阳刻印《论孟精义》三十四卷。清王懋竑《朱子年谱》："乾道八年壬辰，《论孟精义》成。"《文集》卷八十一《书语孟要义序后》云："熹顷年编次此书，锓版建阳，学者传之久矣。……且更定其故号《精义》者曰《要义》云。"为了寻找书工，以缮写《论孟精义》，他写信给蔡元定说：

> 《孟子解》看得两篇，改易数处，颇有功。但涂抹难看，无人写得一草本。不知彼有后生醇谨晓文理、快笔札者否？俟某复来此，倩（请）得一两人来，草写出一本，大家商量为佳。

当时刻书事业发达，纸张供不应求，为了出版，朱熹自己为纸张奔忙。有一次，他弄到一万张纸，为了合理使用，他经过反复核算对其婿刘学古说："欲印经子及《近思》、《小学》二仪，然比板样，为经子则不足，为四书则有余。意欲先取印经子，分数以其幅之太半印之，而以其余半者印它书，似亦差便。但纸尚有四千未到，今先发六千幅，便烦一面印造，仍点对，勿令脱版为佳。"朱熹死后，"庆元党禁"解除。《四书集注》伴随着朱子其人的地位不断抬升，1209年，宁宗加封朱熹为"文公"。1212年，朝廷决定采用朱熹的《论语》和《孟子》注解为大学课本。[①] 1241年1月，宋理宗颁布敕令，全面接受朱熹为代表的理学为正统的意识形态，尤其肯定朱熹的理论成就，以及他的《四书章句集注》，能够使道昌明于世。而《四书集注》作为科举考试的标准答案，则"自元延祐复科举始"。此后，元明至清600年间，《四书集注》完全取代《五经》，"悬为令甲"，成为我国封建社会后期的主流意识形态。

总之，朱熹生平以编辑出版为载体，做出"四十余年理会"的艰辛努力，为《四书》代替《五经》的儒学典据异动奠定了坚实基础。

---

① 田浩：《朱熹的思维世界》，西安：陕西师范大学出版社，2002年，第278页。

二、"止于至善"的审美抉择

美与善的关系,一直是中国古典美学关注的中心。朱子以伦理诠释形上,以主体内在道德意志为宇宙人生的根本意义,因此以善规定、诠释美就是他的必然思路。"止于至善"的审美取向,体现于朱子从事编辑出版活动的各个相关环节之中。

(一)"逐字称等"的编辑加工原则

朱熹穷尽毕生精力集注群经,从中可以窥见他的编辑加工原则。他说:

> 某《语》《孟》集注添一字不得,减一字不得,公子细看。又曰:"不多一个字,不少一个字。"
>
> 《论语集注》如称上称来无异,不高些,不低些。自是学者不肯用工看。如看得透,存养熟,可谓甚生气质。
>
> 某于《论》《孟》,四十余年理会,中间逐字称等,不教偏些子。学者将注处,宜子细看。(《朱子语类》卷十九)

朱子晚年,在左目失明"已不可治",而"又颇侵右目"的情况下,仍然坚持编辑与刻书。他在写给林德久的信中说:"《中庸章句》已刻成,尚欲修一两处。以《或问》未罢,亦未欲出,次第更一两月可了。大抵日困应接,不得专一工夫。今又目盲,尤费力尔。不知天意如何,且留得一只眼了些文字,以遗后来,亦是一事。"[1]其具体而微的修改意见从《答蔡伯静》信中可以窥见一斑:

> 《启蒙》已为看毕,错误数处已正之。又欲添两句,想亦不难。但注中尊丈两句不甚分明,不免且印出,俟其归却商量……《筮仪》内前日补去者更错两字,今亦并注,可正之。……《参同考异》今以附纳,其间合改定处各已标注其上矣。《鼎器歌》中"七聚","聚"一作"窍",恐合改"窍"为正,而以"聚"为一作,不知如何?可更审之。若改,即正文此句亦合改也。[2]

朱熹一生中下功夫最多编纂而成的《大学》,其所以能达到"通贯浃洽"的境界,诚如其自言:

---

① 朱熹:《晦庵朱文公文集》卷六一,《答林德久》书六。
② 朱熹:《晦庵朱文公文集》、《续集》卷三,《答蔡伯静》。

逐字逐句——推穷，逐章反复，通看本章血脉；全篇反复，通看一篇次第，终而复始，莫论遍数，令其通贯浃洽，颠倒烂熟。[①]

似此可为后世效法的"穷推反复"，非"至善"而何？

(二)版本与书体字样之选择

朱熹重视版本的事例，则如其对理学开山周敦颐(1017—1073年)《太极图说》、《通书》的反复校订，而后作《太极图说解》、《通书解》。有感于"先生(周敦颐)之书，近岁以来既益广矣，然皆不能无谬误"[②]。为了不让后生枉生疑惑，误入歧途，乾道年间，他开始编撰《太极图说解》、《通书解》。乾道九年(1173年)二书完成，但他并没有公之于众。其后他又下了大功夫，校定《太极通书》的各种版本，如程门侯师圣本、尹焞本、祁宽本、春陵本、零陵本、延平本、时紫芝本、九江本、严陵本、婺源本，还有建阳麻沙本、九江故家传本，最后厘定首句为"无极而太极"。正如束景南先生所指出，像他这样收集各种《太极通书》本子不厌其烦进行反复细致校对的，在宋代可以说找不到第二人。

又如韩愈文集在宋代已有多种版本，各本互有异同，方崧卿所作《韩文举正》虽参校众本，实则唯以馆阁本为主，多所依附迁就，而且该书体例也不太妥当。朱熹因复加考证，作《韩文考异》十卷。朱熹自序说：

> 此集今世本多不同，惟近岁南安军所刊方氏校定本为号精善，别有《举正》十卷。论其所以去取之意，又他本之所无也。然其去取多祥符杭本、嘉祐蜀本及李谢所据馆阁本为定，而尤尊馆阁本，虽有谬误，往往曲从。他本虽善，亦弃不录。至于《举正》则又例多而辞寡，览者或颇不能晓知，故今辄因其书更为校定，悉考众本之同异，而一以文势义理及他书之可验决之。[③]

在吕祖谦刻印程颐《易传》之前，他反复比较诸本优劣，然后决定弃取，并要求书坊认真抄写核对，他在给吕祖谦的一封信中说："《易传》六册，今作书托刘衢州达左右。此书今数处有本，但皆不甚精，此本雠正稍精矣，须更得一言喻书肆仔细依此誊写，勘覆数四为佳。"[④]朱熹对宋代各种版本的优劣和真

---

① 朱熹：《晦庵朱文公文集》卷五二，《答吴伯丰》。
② 朱熹：《晦庵朱文公文集》卷七六，《再定太极通书后序》。
③ 朱熹：《晦庵朱文公文集》卷七六，《书韩文考异前》。
④ 朱熹：《晦庵朱文公文集》卷三三，《答吕伯恭》。

伪了如指掌。在他的著作里,多次提到了建阳本、四川本、福州本、鄂州本、婺州本、长沙本、黄州本、信州本、监本、馆阁本、漕司本、仓司本、石本,等等。每刻一书,他总是千方百计选取最好的底本。例如,他在给巩仲至的一封信中谈到《楚辞》福州本时说:"福州旧有《楚辞》白本,不知印板今尚在否,字书样版颇佳,岁久计或漫灭。然雠校亦不至精,不知能为区处,因其旧本再校重刻以贻好事否?"①他在给陈明仲的一封信中谈到《二程文集》长沙本时说:"程集荷借,及略看一二处,止是长沙初开本,如《易传序》沿流作沂流,祭文俇作犹子之类,皆胡家以意改者。后来多所改正,可从子飞求之,殊胜此本也"②。他在给宋深之的信中谈到《南轩集》黄州本时说:"南轩文此间镂板有两本,其一熹为序者差不杂,黄州亦有官本,篇帙尤多,然多是少作,可恨也。"③因为朱熹长期在福建建阳刻书,所以他对建阳本尤为熟悉。在他的作品中,谈到建阳本的次数最多。④

作为书法家,朱熹对刻书字体要求甚高。他认为建阳书坊刻本的书体"书白字画不方正,努胸垡肚,甚刺人眼。……不知乡里如何似此一向不识好字?岂不见浙中书册,只如时文省榜,虽极草草,然其字体亦不至如此得人憎也。"⑤因此,他在委托蔡渊刻书时,要求按"浙中字样"书刻。

(三)校书:凡 83 种,时称精善,尤辨其误

朱子校勘成果,或刊为定本(如二程著述),或本书与校注并行(如《周易本义》《诗集传》《四书章句集注》等,此种最多),或校注(校记为主)单行(如《韩文考异》),或载于题跋、读书记及师友讲论(散见于书信、语录),或通校整书,或仅及一隅,林林总总,蔚为大观。胡朴安、胡道静先生《校雠学》和蒋元卿先生《校雠学史》二书,最早概略地涉及朱子之校书。其后,钱穆先生《朱子新学案》专辟一部分,较细致地研究朱子校勘学;束景南先生《朱熹佚文辑考》《朱子大传》较多述及朱子校勘经历;孙钦善先生《中国古文献学史》宋代部分,有一节谈朱子的文献工作。吴长庚先生《朱熹文学思想论》书中,张全明先生《朱熹著、编、校书目考录》一文,亦有讨论。诸家研究,即如做得最好

---

① 朱熹:《晦庵朱文公文集》卷六四,《答巩仲至》。
② 朱熹:《晦庵朱文公文集》卷四三,《答陈明仲》。
③ 朱熹:《晦庵朱文公文集》卷五八,《答宋深之》。
④ 曹之:《朱熹与宋代刻书》,《武汉大学学报》1989 年第 2 期。
⑤ 朱熹:《晦庵朱文公文集》,《续集》卷三,《答蔡伯静》。

的钱穆先生在反映朱子校书的全貌上仍有欠缺。

上海市图书馆赵灿鹏先生在总结前人研究成果的基础上，又经反复钩沉索隐，考证朱熹校书共计 83 种。经部如《周易》、《周易程氏传》、《蓍卦辨疑》、《太极图》、《归藏》等 21 种，史部如《史记》、《汉书》、《后汉书》、《三国志》、《古史》、《四朝国史》、《稽古录》、《通典》、《江都集礼》、《集古录》等 17 种，子部如《孔子家语》、《曾子》、《管子》、《新书》、《上蔡先生语录》、《阵法》、《步天歌》、《潜虚》、《谈苑》、《珩璜新论》等 21 种，集部如《楚辞》、《陶渊明诗》、《李白诗》、《杜甫诗》、《韩愈诗文集》、《范仲淹文集》、《欧阳修文集》、《嘉祐集》、《黄庭坚文集》、《邹浩集》、《谢绰中文集》等 24 种。其中校勘《仪礼》于绍熙二年（1191年）以后，此书为难得之善本，时人张淳校本号称最精，朱子辨其犹多舛谬，又辨蜀中石经本尤其多误。编纂《仪礼经传通解》，集校多本。

朱熹在刻书中，极力反对独校。门人程舶将朱熹整理的《二程语录》拿去刻印，朱熹吩咐他要找几个学友同校，但程氏"只令叶学古就城中独校"。朱熹令其重校："千万与二丈三友子细校过。"[①]刻印《诗经传》，朱熹委付叶彦忠校对，并再三吩咐"校时须两人对看，一听一读乃佳"。[②]

三、"有补世教"、"传之来裔"的价值追求

孔子删述六经之后，直至西汉武帝时董仲舒始重《五经》，设立五经博士，使《五经》成为官学而政治化。两汉社会动荡之际，经学走向谶纬化的泥潭。汉末党锢而后，儒学经典章句注疏之风愈演愈烈，繁琐哲学从理论上窒息了其自身发展的生命力。隋唐时期，以佛教为代表的心性之学已成为时代的主流思潮。朱子之世，禅佛教的发展如日中天。因此，辟佛教融佛学，重铸新儒学理学的历史任务成为朱熹及其学派的学术文化使命。叶适《同安县学朱先生祠堂记》以"政之得民速，不如教之及民远"评价朱熹，是十分中肯的。"有补世教"、"传之后裔"（教及民远）正是朱熹编辑刻书活动的价值追求。

绍兴二十五年（1155 年），朱熹初仕泉州同安期间，泉州府征召他查访境内文物。朱熹在厦门岛的金榜山寻访到陈黯（昌晦）的后裔，得到"次辑旧闻"的陈黯文集《裨正书》，赵灿鹏先生谓《裨正书》得之崇安，稍有出入。这是朱

---

① 朱熹：《晦庵朱文公文集》卷三九，《答许顺之》书十五。
② 朱熹：《晦庵朱文公文集》，《续集》卷八，《与叶彦忠》书三。

子校定刊刻的第一书。朱熹为什么要重刊时久多舛,奇涩且难以句读的唐季文集呢?因读朱子序言,知其"微词感厉,时有发明理义之致而切于名教者,亦可谓守正循理,不惑之士矣"。①再读陈黯存世之文《代河湟父老奏》②(约作于唐宣宗大中初,827年),时陈黯正入长安应试。自中唐以来,河湟沦于外族之手,当地百姓深遭沦陷之苦,亟盼朝廷收复失地。陈黯深感河湟百姓的悲苦,为其爱国之情所动,故为之代言。文中他深情地记叙了边民的痛苦和爱国之心:"臣等世籍汉民也,虽地没戎虏而常蓄归心。时未可谋则偄俜偷生……虽力不支而心不离故居。河湟间,世相为训,今尚传留汉之冠裳。每岁时祭享,则必服之,示不忘汉仪,亦犹越翼胡蹄,有巢嘶之异噫。"进而希望唐宣宗收复失地,谓"今国家无事,三方底宁,独取边陲犹反掌耳。矧故老之心觖望复然。傥大兵一临,孰不面化"?此言实代表了当时广大人民的意愿,而他以一布衣而敢于为民请命,足见其爱国爱民的赤诚之心。③

河湟沦落异族之手与宋室南迁的遭遇何其相似。陈黯亟盼朝廷收复失地的爱国思想,切中南宋偏安苟且、不思恢复之时弊。青年朱熹力主抗金,但在主和派秦桧之流的政治高压之下,不可公开议论时政得失,只能借陈氏之酒杯,浇自己胸中之块垒。由此可见,朱熹刊刻《裨正书》的真正目的在于"有补世教"。其后来所编《八朝名臣言行录》则公开宣称这一价值追求。

> 予读近代文集及记事之书,观其所载国朝名臣言行之迹,多有补世教者。然以其散出而无统也,既莫究始终表里之全,而又汩于虚浮怪诞之说,予常病之。于是掇取其要,聚为此录,以便记览。尚恨书籍不备,多所遗阙,嗣有所得,当续书之。④

朱熹指出,出版是"四海九州千年万岁文字,非一己之私也"⑤。他认为宋代盛行的"自刊诗文"之风"极可笑又可叹也"⑥。他说:"平日每见朋友轻出其未成之书,使人摹印流传,而不之禁者,未尝不病其自任之不重而自期之不远也。"⑦有一次学官未经允许刻印了他的著作,他马上去信列举四条理由予以

---

① 朱熹:《晦庵朱文公文集》卷七五,《裨正书序》。

② 《全唐文》卷七六七,《代河湟父老奏》。

③ 吴在庆:《唐五代闽中四诗人论略》,《福州师专学报》2000年第1期。

④ 《八朝名臣言行录·自叙》,《朱子全书》第12册,第8页。

⑤ 朱熹:《晦庵朱文公文集》卷三九,《答许顺之》书十五。

⑥ 朱熹:《晦庵朱文公文集》卷六四,《答巩仲至》。

⑦ 朱熹:《晦庵朱文公文集》卷二六,《与杨教授书》。

劝阻,力述拳拳之意,并要求自己掏钱把已刻之版全部买下销毁。他在给杨教授的信中说:

熹昨日面恳寝罢镂版事,未蒙深察,窃自愧恨,诚意不孚,言语不足以取信于左右,欲遂息默,则事有利害,不容但已。须至再有尘渎,兹事之不之不可者四而长者未喻区区之心者一。此书虽多前贤之说,而其去取尽出鄙见,未心中理,或误后人,此不可一也。政使可传而修改未定,其未满鄙意者尚多,今日流传既广,即将来盖棺之后,定本虽出,恐终不免彼此异同,为熹终身之恨,此其不可之二也。忝为长吏于此,而使同官用学钱粮刻印己所著之书,内则有朋友之谯责,外则有世俗之讥嘲,虽非本心,岂容自辩,又况孤危之纵无,故常招吻唇。今乃自作此事,使不相悦者得以为的而射之,不唯其啾喧呫嗫使人厌闻,甚或缉以成罪,亦非难事,正如顷年魏安行刻程尚书《论语》,乃至坐脏论,此不远之鉴,此其不可之三也。近闻婺源有人刻熹《西铭》等说,方此移书毁之,书行未几,遽自为此,彼之闻者,岂不怪笑!其被毁者,岂不怨怒!此又使熹重得罪于乡党宗族,此其不可之四也……愚意迫切,不得不力恳于左右,幸辱矜照一言罢之,其所已刻者,熹请得以私钱奉赎毁去,而其已置之版却得面议,别刻一书,以成仁者开广道术之意。①

由此可见,朱熹对于"未必中理",恐误后人的不成熟之作,是宁愿毁版,也不刊刻流布的。②

东南三贤之一的张栻生前曾以"传之来裔"期望朱熹。这在淳熙七年(1180 年)六月六日朱子为南轩撰写的祭文中有所陈述:

兄乔木之故家,而我衡茅之贱士。兄高明而宏博,我狷狭而迂滞。故我尝谓兄宜以是而行之当时,兄亦谓我盖以是而传之来裔。③

朱熹以"传之来裔"自励,则如他因辞官而写给吕东莱的信中所说:"平生自知无用,只欲修葺小文字,以待后世,庶小有补于天地之间。"④

总之,"有补世教"与"传之来裔",不仅是朱熹作为著作家的价值追求,也是他作为编辑出版家的价值追求。

---

① 朱熹:《晦庵朱文公文集》卷二六,《与杨教授书》。
② 曹之:《朱熹与宋代刻书》,《武汉大学学报》1989 年第 2 期。
③ 朱熹:《晦庵朱文公文集》卷八七,《又祭张敬夫殿撰文》。
④ 朱熹:《晦庵朱文公文集》卷二五,《与吕伯恭书》。

四、朱熹编辑出版思想的现代价值

从儒学典据的变迁可以窥见儒学哲学思想更新与变化的轨迹。《四书》代替《五经》的典据嬗变在唐中后期已悄然兴起，至南宋由朱熹总其成。如果从庆元五年（1199 年）《四书集注》刻于建阳为定本算起，至今已有八百年之久。一百年前的五四运动，所谓"打倒孔家店"，实际批判的是经朱熹《四书集注》重新诠释的孔子。当然，也包括被曲解、被误读的朱熹。"周虽旧邦，其命惟新"。如果说，《四书》的基本精神，尤其是"格物穷理"、"修齐治平"、"已发未发"、"浩然之气"仍有其现实价值，为适应时代变化而对《四书》进行新的诠释，就显得很有必要了。那么，当年朱子集注《四书》有什么方法值得我们借鉴呢？答案是朱子集注《四书》所采用的是"文化嫁接""寓作于述"的方法。兹以朱熹作《大学》"格物补传"为例。

2000 年 10 月，在江西省上饶市铅山县举行的纪念朱熹诞辰 870 周年国际学术会议上，国家图书馆馆长任继愈先生作"朱熹格物说的历史意义"的学术报告，深入浅出地讲述了《四书》的产生，《大学》尤其是"格物补传"的蕴含与历史意义。任先生提出的"文化嫁接说"尤为发人深省。任先生认为，朱熹创立的格物说，丰富了中国哲学史，它成功地把天下万物众理归结为一理。这个理包括自然之理，也包括人心之理，从而构成了相当完整的哲学体系。这个体系以"格物"作为打开智慧之门的钥匙，作为内圣外王的起点，对满足中国古代分散的小农经济社会的需要，对多民族的我国形成坚固的文化共同体，有着重要的影响。对于朱熹继承程颐的观点，并加以补充、发挥写成的《四书集注》，任先生说，《四书集注》是用朱熹的观点解释《四书》的，原文是古人的话，注解是朱熹自己的话。按照传统的理解，"经"的价值是永恒的，只能信奉，不准怀疑。由于朱熹的注解与《四书》融为一体，与《四书》同时讲授。国家科举考试，以《四书》为基本教材，青少年必读之书。朱注依附于《四书》，取得与《四书》同样的权威地位。伴随着封建社会后期数百年的科考制度，其深远影响是无可比拟的。

《大学》原书有缺失，朱熹根据程颐的意思，作了增补 134 字的"格物传"：

> 所谓致知在格物者，言欲致吾之知，在即物而穷其理也。盖人心之灵莫不有知，而天下之物莫不有理。惟于理有未穷，故其知有不尽也。是以大学始教必使学者即凡天下之物，莫不因其已知之理而益穷之，以

求至乎其极。至于用力之久，而一旦豁然贯通焉，则众物之表里精粗无不到，而吾心之全体大用无不明矣。此谓格物，此谓知之至也。

根据哲学发展的线索及中华民族认识史来看，朱熹所增补的这一段"格物传"并不符合《大学》原义。因为孔孟时期，即使稍后的曾子、子思时期，都没有发展到本体论的阶段，"众物之表里精粗无不到，而吾心之全体大用无不明"这类问题，春秋战国还没提到日程。这类哲学问题只能产生在魏晋玄学本体论之后，而不能在它以前。不可用后来发生的思想诠释解释先秦哲学。[①]

因此，任先生指出："新文化与旧文化有衔接关系，不能一刀两断。只有吃透旧文化，才能更好地建设新文化。文化可以在适当砧木上嫁接，而不能焊接。"这就是任先生的"文化嫁接说"。对于任先生这一卓见，我们可以做进一步的申论：由此及彼，不独"格物传"，包括朱熹诠释《中庸》的"心统性情"的中和思想，用乃至整个《四书》互为融通呼应的体系（一体化），都可作如是观。因为"格物补传"不但讲本体论（众物之表里精粗），更重要的是落实到心性论（吾心之全体大用）。

"心统性情"这个命题是张载（1020—1077 年）提出的。张载从两个不同角度讲心体统一：从心的认知方面说，心小性大；从心的形而上道德本体方面说，"心统性情"。[②] 朱熹整合张载以下理学各系心性指诀，上窥先秦诸子之异，下视二程之失，从而形成心兼体用、贯上下、统性情，"浑然一理"的中和思想，并用以注解《中庸》。这种注解，正如任继愈先生所言，是"在适当的砧木上嫁接"。

总而言之，朱熹成功地诠释了中国传统文化，如《大学》、《中庸》，给以新的内容，虽不能说完全符合古代曾子、子思的原旨，却适应宋明社会的需要，使整个学术界、知识界、文化界接受了他的诠释，所以能维持七八百年不衰。朱熹的结论，今天仍然可以有选择地采用，朱熹走的道路，及其在民族传统文化和心理结构上找到最恰当的位置进行适应新时代（回应禅佛教挑战）的"文化嫁接"，重铸新儒学理学，这种继承和创新的方法值得借鉴。朱熹关于《大学》所作的"格物补传"，名义上是托程子之意，实际上是将自己的见解嵌入《大学》之中。

---

① 任继愈：《朱熹格物说的历史意义》，《南昌大学学报（社科版）》2001 年第 1 期。
② 张立文：《朱熹"心统性情"论和现代价值》，《迈进二十一世纪的朱子学》，上海：华东师范大学出版社，2001 年。

朱熹所处的时代距今八百年过去了,其"文化嫁接""寓作于述"的方法,仍然可以用于重新诠释经典;其"止于至善"的审美抉择,"有补世教"、"传之来裔"的价值追求,以及版权思想至今没有过时,仍然值得借鉴,仍有现实价值。

(作者单位:泉州师范学院学报编辑部)

朱熹义利观的时代价值
——兼论人类命运共同体的价值追求

◎ 张品端

　　在中国古代，如何认识和处理道德原则与物资利益，个人利益与集体利益的矛盾成了一个突出的社会问题，于是义利之争开始长达二千多年之久。

　　早在春秋周襄王时，《国语·晋语》中就记载有"义者，利之足也。……废义则利不立""义以道利"的思想。先秦儒家对"义利之辨"是最重视的。儒家创始人孔子说："君子喻于义，小人喻于利。"[①]这句话的本意是：对君子应告之于义，对小人应告之于利。也就是说，君子的行事标准在于是否合符公义，而小人的行事标准在于是否对自己有好处。孟子也说："上下交征利，而国危矣。"所以，孟子对梁惠王说："王何必曰利，亦有仁义而已矣。"[②]在这里，孟子特别强调了"仁义"的重要性，认为仁义是利益的根本。荀子则把义利问题提高到统治者个人荣辱和国家强弱的高度来认识。他说："先义而后利者荣，先利而后义者辱。"[③]又说："国者，巨用之则大，小用之则小"，"巨用之者，先义而后利"，"小用之者，先利而后义。"[④]所谓"巨之用"就是立足于大处，也就是"先义而后义"；所谓"小用之"就是立足于小处，也就是"先利而后义"，做法不同，取得的治国效果大不一样。可见早在先秦时代儒家就对"义利之辨"做出了明确的价值判断，其义利观是重义轻利。

　　到了宋代，"义利之辨"成为理学家讨论的重要命题。二程首先对义利问

---

①　朱熹：《论语集注·里仁》，《四书集注》，长沙：岳麓书社，1987年，第102页。

②　朱熹：《孟子集注·梁惠王上》，《四书集注》，长沙：岳麓书社，1987年，第291页。

③　《荀子集解·荣辱》（上），北京：中华书局，1988年，第68页。

④　《荀子集解·王霸》（上），第247页。

题做了阐释。程颢说："大凡出义则入利,出利则入义,天下之事,唯义利而已。"①程颐亦说:"君子未尝不欲利"、"盖只以利为心则有害"、"仁义未尝不利。"②"圣人于利不能完全不较论"③。可见二程既尚义,又不完全否定利。

朱熹进一步认为"义利之说,乃儒者第一义"④"事无大小,皆有义利"⑤"古圣贤之言治,必以仁义为先,而不以功利为急"⑥。在这里,朱熹强调"以义为先"的价值取向,并将"义利之辨"提到儒家的根本性的问题,视为首要的价值标准。

一、朱熹义利观的思想内涵

朱熹在前人义利观思想的基础上,结合当时的社会实际,对"义"、"利"及其义利关系作了新诠释。他既继承先儒"重义轻利"的一面,又在一定程度上给予"利"合理存在的空间。对于"义",朱熹认为:"义者,天理之所宜。"⑦"凡事皆有一个合宜底道理,须是见得分明,虽毫发不差,然后得是当。曰:义即宜也。"⑧又说:"义者,宜也。君子见得这事合当如此,却那事合当如彼,但裁处其宜而为之,则何不利之有。君子只理会义,下一截利处更不理会。"⑨这里的所谓"宜",就是指这事合当这样,那事合当那样。"合当"即"应当"或"当做"。"天理之所宜",也可以说是"宜之理",就是天理所当做的,便合乎义。譬如,做官的应当廉勤,这便合乎天理之所宜,故朱熹说:"如今做官,须是恁地廉勤。自君子为之。只是道做官合著如此。"⑩实际上,将"义"规定为"天理之所宜"和规定为"宜之理"两者没有什么区别,"只宜处便是义,宜之理,理之

---

① 程颐、程颢:《二程遗书》,上海:上海古籍出版社,2000 年,第 171 页。
② 程颐、程颢:《二程集》(上),《河南程氏遗书》卷一九,北京:中华书局,1981 年,第 249 页。
③ 程颐、程颢:《二程集》(上),《河南程氏外书》卷七,第 396 页。
④ 朱熹:《晦庵朱文公文集》卷二四,《与延平李先生书》,《朱子全书》第 21 册,上海:上海古籍出版社,合肥:安徽教育出版社,2010 年,第 1082 页。
⑤ 黎靖德编:《朱子语类》卷一三,北京:中华书局,1986 年,第 227 页。
⑥ 朱熹:《晦庵朱文公文集》卷七五,《送张仲隆序》,《朱子全书》第 24 册,第 2623 页。
⑦ 黎靖德编:《朱子语类》卷二七,第 702 页。
⑧ 黎靖德编:《朱子语类》卷二六,第 664 页。
⑨ 黎靖德编:《朱子语类》卷二七,第 702 页。
⑩ 黎靖德编:《朱子语类》卷二七,第 703 页。

宜,都一般"①,只是表达方式不同而已。

朱熹论"义",还强调"从民之所宜"的务民之"义"。他指出:"民之义,谓人道之所宜也。"②这就体现了朱熹的人民性思想。

朱熹对于"义"不仅认为是"天理之所宜",而且还认为义是"心之制"。他说:"义者,心之制,事之宜"③"'事之宜'虽若在外,然所以制其义,则在心也"④。所谓"心之制",是指义的本体来说,即主体心在意识中的道德价值和价值导向。这里所说的"制"是裁制,是指心对于"事之宜"的裁制。"人人得其本心以制万事,无一不合宜者,夫何难而不济"?⑤ 也就是说,以义心裁制万事,有什么难事而不济,无事不成。

对于"利",朱熹在诠释孔子"君子喻于义,小人喻于利"时说:"利者,人情之所欲。"⑥对这个"人情之所欲"中的"欲"之内涵,朱熹在诠释孟子"梁惠王章句上"时,进一步将其界定为"人欲之私"。所谓的"人情之所欲",是指口鼻耳目四肢之欲,即以追求肉体感性情欲为满足。而"人欲之私"是指为满足人欲而自私自利。"人欲之私"则"求利未得而害已随之"⑦。在这里,朱熹强调"利"作为满足主体需要的物欲价值,是需要克服的。他认为,"君子之心,虚名洞彻,见得义利分明"⑧,而"小人则只计较利害,如此则利,如此则害"⑨。这就是说,"利"就是小人只计较对自己个人有利,而不顾义理,小人为满足性情欲而不顾义理、廉耻。朱熹还举例说,李某人势利眼,看道学有势,上书极说道学好,而升了官。反之,便可说道学极坏。

朱熹还认为,利有公利和私利之别。对于"公利"与"私利"的界定,他说:"将天下正大底道理去处置事,便公;以自家私意去处之,便私。"⑩就看如何处置事件。在朱熹看来,"利"作为人欲之私,其来源是由于人生来的气禀制约的,因为气禀中原来就有恶浊的层面,而与人欲之私相结合。

---

① 黎靖德编:《朱子语类》卷二七,第 703 页。
② 黎靖德编:《朱子语类》卷三二,第 821 页。
③ 黎靖德编:《朱子语类》卷五一,第 1219 页。
④ 黎靖德编:《朱子语类》卷五一,第 1219 页。
⑤ 朱熹:《晦庵朱文公文集》卷七五《送张仲隆序》,《朱子全书》第 24 册,第 3623 页。
⑥ 黎靖德编:《朱子语类》卷二七,第 702 页。
⑦ 朱熹:《孟子集注·梁惠王上》,《四书集注》,第 292 页。
⑧ 黎靖德编:《朱子语类》卷二七,第 702 页。
⑨ 黎靖德编:《朱子语类》卷二七,第 701 页。
⑩ 黎靖德编:《朱子语类》卷一三,第 228 页。

对于"义利关系",朱熹说:"仁义根于人心之固有,天理之公也;利心生于物我之相形,人欲之私也。循天理,则不求利而自无不利;徇人欲,则求利未得而害已随之。"①他认为"义"心,是"天理之公";"利"心,是"人欲"之私,而循天理之"公"办事,则"不求利而自无不利",而徇人欲之"私"办事,则"求利未得而害已随之"。这真是"毫厘之差,千里之谬"。所以,他强调"而今须要天理人欲、义利公私、分别得明白。"②可见朱熹对"义利之辨"是非常重视的。

"义"与"利"也体现在"公"与"私"的问题上。儒家将义利之辨放到公共性论域中讨论,这在很大程度上就将义利之辨视为公私之辨。程颐就说:"义与利,只是个公与私也。"③朱熹认为,从政者不论官职大小,首先就要讲一个"公"字。他说:"官无大小,凡事只是一个公字。若公时做得来也精彩,使若小官人也望风畏服,若不公便是宰相做来做去也只得个没下梢。"④这里的"没下梢"意思是说为官不公,即使像宰相这样的大官,到后来也是下不了台阶的。朱熹自己在"公"字上便是身体力行者,例如,他杜绝亲友的私情求荐,坚持任人唯贤的原则。他说"亲戚固是亲戚,然荐人于人,亦须荐贤始得"⑤,坚持任人唯贤的原则。

可见朱熹倡导的明义利之辨,能够使"自天子以至于庶人,人人得其本心以制万事"⑥,而不去追求不应当得到的各种利,以义利来调整社会各种冲突。

二、朱熹义利观的价值取向

义利关系,是道德哲学的价值观念。朱熹说:"仁义根于人心之固有,天理之公也;利心生于物我之相形,人欲之私也。"⑦义是先天固有的,为天理之公的道德价值;利是来自后天物我关系之比较,为人欲之私的道德价值。

朱熹提出"义之和处,便是利"。他说:"义是吾心所处之宜者,见事合恁

---

① 朱熹:《孟子集注·梁惠王上》,《四书集注》,第292页。
② 黎靖德编:《朱子语类》卷一三,第242页。
③ 程颐、程颢:《二程集》,《河南程氏遗书》卷一七,第3176页。
④ 黎靖德编:《朱子语类》卷一一二,第2735页。
⑤ 黎靖德编:《朱子语类》卷二〇七,第2672页。
⑥ 朱熹:《晦庵朱文公文集》卷七五《送张仲隆序》,《朱子全书》第24册,第3623页。
⑦ 朱熹:《孟子集注·梁惠王上》,《四书集注》,第292页。

地处，则随而应之。"①而"君子之于事，见得是合如此处，处得其宜，则自无不利矣"②。朱熹认为，对圣人来说，"利涉大川，利用行师，圣人岂不言利"③；对帝王来说，"王所谓利，盖富国强兵之类"④。何以"义之和"则为"利"，朱熹说："利只在义之和。义本是个割截裁制之物，惟施得宜，则和，此所以为利。"⑤"凡说义，各有分别，如君臣、父子、夫妇、兄弟之义，自不同。似不和，然而各正其分，各得其理，便是顺利，便是和处。"⑥又说："利者义之和。义，疑于不和矣，然处之而各得其所则和，义之和处便是利"、"义之和，只是中节"、"凡事处制得合宜，利便随之，所以云：利者，义之和"⑦。这里所说的"各正其分"、"各得其理"、"各得其所"，是朱熹作为协调社会人际关系和国家关系的基本原则。朱熹提倡的"利者义之和"，强调"凡事处制得合宜，利便随之"，"义之和处，便是利"。这些精辟的见解，有着深刻的社会价值导向。

朱熹强调开发"物利"，要顺应自然本性。对于物利，朱熹说："所谓利也，利物。谓使物各得其所，非自利之私也。"⑧这里所说的物利，不是"自利之私"的"私利"，而是指广泛开发自然之物利来为社会服务的"公利"。自然之物只有运用来为社会共同利益服务，才能充分"使物各得其所利"。那么，对自然之物应如何发挥其"利"，朱熹认为，物利是物自然底"本性"，如："水自然润下，火自然炎上，便是利。"⑨又如："一粒菜子，中间含许多生意，亦须是培拥、浇灌，方得。"⑩所以，人类利用自然，开发物利，必须应顺自然界本身自然底"本性"，充分尊重物利的自然规律和法则，才能充分发挥物利为人类社会共同利益服务。

今天，人类从大自然中获取了巨大的"物利"，即物质财富，使人类生活日益丰裕。但是，如果人类不尊重自然界本身自然的"本性"的话，无限制地开

---

① 黎靖德编：《朱子语类》卷二六，第 662 页。
② 黎靖德编：《朱子语类》卷二七，第 702 页。
③ 黎靖德编：《朱子语类》卷三六，第 948 页。
④ 朱熹：《孟子集注·梁惠王上》，《四书集注》，第 291 页。
⑤ 黎靖德编：《朱子语类》卷二二，第 518 页。
⑥ 黎靖德编：《朱子语类》卷六八，第 1707 页。
⑦ 黎靖德编：《朱子语类》卷六八，第 1704～1705 页。
⑧ 朱熹：《晦庵朱文公文集》卷三九，《答范伯崇》（书五），《朱子全书》第 22 册，第 1777 页。
⑨ 黎靖德编：《朱子语类》卷五七，第 1352 页。
⑩ 黎靖德编：《朱子语类》卷一二〇，第 2883 页。

发自然之物,滥用资源,如人类过度残杀动物,到处乱伐森林,无限制地垦荒造田,使自然生态环境失衡。这必然导致自然生态环境日益恶化,直接危害着人类自身的生存。面对这一严重的生态环境危机,我们重新审视一下朱熹所强调的顺应自然界本身自然的"性",尊重物利的自然规律和法则,是可以从中受到有益的启示的。

朱熹义利观作为价值导向,具有不同的特征。他认为,"义"是求主体行为是否合乎"天理之所宜","利"只求主体行为满足自身的物欲。换言之,"义"只求竭尽全力,鞠躬尽瘁,不计主体自我能否获得利益、功业。"利"只求行为目的、效果的实现、以此获得功利,包括实体形态的物质利益和非实体形态的名誉、地位、权利等客体。小人"往往两件事都有利,但那一件事之利稍重得分毫,便去做那一件事"①。小人做官,"他只道如此做,可以得人说好,可以求知于人"②,为求升官发财,丝毫不顾道义。

朱熹认为,义与利的区分表现在日常的生活中,在具体的小事件中,可以看出一个人的道德素质的好坏。朱熹举例说:"且如有白银遗道中,君子过之曰:'此他人物,不可妄取。'小人过之,则便以为利而取之矣。"③君子讲义,不宜得就不取,拾金不昧是君子的道德行为,小人则是为"物欲所昏",求利而忘义,"妄取"非属自己的他人之物。朱子又指出,"朋友若以钱相惠,不害道理者可受……若以不法事相委,却以钱相惠,此则断然不可"④。朋友正常的礼尚往来,不违背道德原则,是合符当然之理,然而为"不法事"作权钱交易,是出卖道德原则的邪恶行为,则"断然不可"。

在朱熹看来,义利对待,但亦不绝对排斥,因为物欲价值是人所不可无,而义的价值追求,也包含着功业、利益等行为的结果。从这个意义上说,义蕴含利。朱熹说:"君子之于事,见得是合如此处,处得其宜,则自无不利矣。"⑤虽然义包含行为结果的利,但不能先有利,"义未尝不利,但不可先说道利,不可先有求利之心"⑥,否则心就向邪恶那边去了。这就是朱熹所说:"循天理,

---

① 黎靖德编:《朱子语类》卷二七,第 702 页。
② 黎靖德编:《朱子语类》卷二七,第 703 页。
③ 黎靖德编:《朱子语类》卷二七,第 702 页。
④ 黎靖德编:《朱子语类》卷一三,第 242 页。
⑤ 黎靖德编:《朱子语类》卷二七,第 702 页。
⑥ 黎靖德编:《朱子语类》卷五一,第 1218 页。

则不求利而自无不利；徇人欲，则求利未得而已随之"①的意思。就此而言，朱熹义利观是"先义后利，义利兼得"的价值取向。

三、朱熹义利观的当代价值

在全球化时代的今天，义利之辨、公私之分仍然是判断人的行为的最高标准，大公无私仍然是人们所要追求的高尚的精神境界。朱熹"以义为先""义之和处便是利""义利兼得"的义利观，对处理当今市场经济中的"义利协调"发展，对于处理国家利益与人类公义的矛盾都具有重要的现实意义。

当代义利观的构建尤为迫切，已经成为社会普遍关注的重大问题。正确处理义利关系正是当今全球化时代社会主义市场经济发展的需要。于是我们首先要承认人们追求利的欲望的自然性、事实性。承认追求利的欲望对于发展市场经济，增进社会利益，推动社会进步有积极意义，承认追求利益的合理性，对人们通过自己的勤劳与智慧去创造财富，满足自己的利益需求，无疑是有益的。这种提倡人们对合理的个人利益追求的正当性，显然与朱熹义利观是相一致。

其次，对利的追求是不能离开应有的道义的。我们倡导社会主义的义利观，最根本的是要引导人们正确处理义利关系。发展市场经济就是要强调利益原则，我们不忌讳讲利，我们承认个人正当的实际利益，而且我们非常重视和保护并发展这种利益。但是我们要坚持"以义为先"的原则，把国家和人民利益放在首位。如果以"利"来衡量一切，人就会被物化为冷酷的机器。市场经济虽然具有追求利益的属性，但这并不是它唯一的属性。

市场经济也是道德经济，道德作为引导社会经济和制约人们行为的精神力量，也是市场经济不可缺少的属性。马克思主义认为，社会性是人的根本属性，人创造了社会关系，又受社会关系制约，人注定要与社会、与集体、与他人处于一种特定的关系之中。朱熹所倡导的"义"，就是要告诫人们，不能违反道德去取不义之利。义和利作为社会的精神力量和物质力量，它们的相互作用是人类社会发展的强大动力。

朱熹义利观，可从世界国际角度来审视。在国际关系中，国与国之间的关系是一种公共生活，类同于共同生活中个体与个体的关系。就人类世界而

---

① 朱熹：《孟子集注·梁惠王上》，《四书集注》，第292页。

言,人类命运实际上是共同共通的,其间有某种"公义"在,这个"公义"是人类意义上的共同利益、长远利益。但是在人类历史进程中,不同国家的存在使得普遍的世界中又存在着不同国家的具体利益,有着特定的国家"私利"。人类利益的"公义"和不同国家的"私利",在一定意义上也构成了"义利之争"。

当今,经济全球化、区域一体化快速发展,国际关系上的"义利之争",表现为人类普遍存在的公共道义和不同国家的特殊利益之间的矛盾。如当代世界存在的全球化和逆全球化、世界主义和民族主义的矛盾。按照朱熹"以义为先,义利兼得"的思想,各个具体国家应该放弃部分私利而促成人类的公义、道义,让渡一国的部分利益,以促成人类的永久和平。如何界定国家利益与人类公义以及如何协调两者之间的矛盾,依然是重大的现实问题,就此而言,朱熹的义利观在当代的国际政治中仍有思想资源的意义。朱熹"以义为先""义之和处便是利""义利兼得"的义利观,对于各国正确认识和把握国际关系实践中的义利关系,推动构建人类命运共同体,具有重要的理论和实践意义。也就是说,世界上还存在着人类的共同"公义",这个"公义"需要各个国家让渡部分利益来成全、实现,这是人类命运共同体的必然要求。

在儒家的"大同"理想社会设计里,如同"义利之辨"一样,也要求人们首先必须让渡部分"私利",以实现社会"公义"从而达到"大同"。儒家的"大同"理想在《礼记·礼运》中做了很好地表达:"人不独亲其亲,不独子其子,使老有所终,壮有所用,幼有所长,鳏寡孤独废疾者皆有所养,男有分,女有归。货恶其弃于地也,不必藏于己;力恶其不出于身也,不必为己。是故谋闭而不兴,盗窃乱贼而不作,故外户而不闭。是谓大同。"在儒家的设想里,"大同"理想社会的出现前提在于个体的"人"必须落实"不独亲其亲,不独子其子"等要求,即让渡个体的部分私人情感与利益,或者将个体的私人情感与私人利益融入公共关怀与公共利益中,这样才能实现社会的公共之善。朱熹的义利观与"大同"理想中的"天下为公"在逻辑上具有一致之处:朱熹义利观希望人们重视公义,以公义为动机来安排自己的行为。而"天下为公"同样要求人们从动机上要以"公"为方向,只要人人都为"公"天下才能真正属于"公",而不是一家一姓之天下。可见义利之辨中的公义高于私利,"私"让位于"公"都是以公共性优先作为指导性原则,所做的价值选择。"大同"理想与朱熹的义利观一样,都是人们将"如何更好地成全公共生活"作为自己过好私人生活的前提性思考。

　　从上可见，朱熹强调"以义为先""义之和处便是利""义利兼得"的义利观，在历史长河中渐渐内化为人们的价值取向和精神追求。其价值导向有利于市场经济中的"义利协调"发展，有利于人类命运共同体的价值追求。

（作者单位：武夷学院朱子学研究中心）

以直报怨　以义解仇

——从朱熹《家训》看儒家对"仇""怨"的解决

◎ 冯　兵

朱熹的《家训》通常被称为《朱子家训》,朱熹"把《童蒙须知》和《小学》中的道理抽象出来,从哲理的高度用极其精练的语言写了一篇《朱子家训》"、"用通俗、精练的语言规范了人之为人的基本哲学信条,划出了一条做人的底线,深刻而隽永"①。譬如在他的《家训》中,他告诫后世子孙"仇者以义解之,怨者以直解之"。其理论背景和蕴意就十分宏阔深刻,其中对"仇""怨"的解决所秉持的态度与方法均有所不同,令人颇费思量。

一、"仇""怨"之辩

首先我们来看"仇""怨"的释义。许慎在《说文解字》中释"仇"为"雠也"。段玉裁则于《说文解字注》进一步解释道:"雠犹应也。"释"仇"为匹配、对应。随之又以《左传》"嘉偶曰妃,怨偶曰仇"为据,说:"仇为怨匹,亦为嘉偶。如乱之为治,苦之为快也。"按《说文解字》的理解,"仇"具有明确性、外在性、对应性的特点,通常是人际间明朗化的两相对应关系,既可为嘉偶,也可是仇敌。而随着时代的发展,后一层意涵逐渐占据了主导地位。关于"怨",《说文解字》释曰:"怨,恚也。从心,夗声。"按《辞源》的说法,"怨"主要指:1."不满意,埋怨";2."恨"。而怨"从心",似乎具有隐晦性、内在性、单向性特点,是个体自我心理状态的投射与表现,被"怨"的对象则往往不一定具有相应的情感或心理。

---

① 朱杰人:《深刻而隽永的〈朱子家训〉》,《光明日报》2016 年 8 月 9 日第 10 版。

很显然，就人际关系的矛盾来看，"仇"与"怨"应分属两个不同层面和阶段。"怨"是矛盾尚未彻底激化或公开化的阶段，"仇"是矛盾公开化、极端化的阶段，"仇"往往是"怨"的进一步发展的结果。

二、"怨者以直解之"

朱熹在《家训》中要求"怨者以直解之"，其意出于《论语·宪问》："或曰：'以德报怨，何如?'子曰：'何以报德? 以直报怨，以德报德。'"其中"以德报怨"一语最早见《老子》六十三章："大小多少，报怨以德。"老子出于谦下处柔、无为不争的理念，主张以德报怨。但在孔子看来，若以德报怨，将以何报德? 这无法体现应有的社会公平与正义。朱熹在《论语集注》卷七中就指出：

> 或人之言，可谓厚矣。然以圣人之言观之，则见其出于有意之私，而怨德之报皆不得其平也。必如夫子之言，然后二者之报各得其所。然怨有不仇，而德无不报，则又未尝不厚也。

在朱熹看来，以德抱怨其实是出于刻意为之的私心，有违大义。他对此曾举例说："如吕晦叔为贾昌朝无礼，捕其家人坐狱。后吕为相，适值朝廷治贾事，吕乃乞宽贾之罪，'恐渠以为臣与有私怨'。后贾竟以此得减其罪。此'以德报怨'也。然不济事，于大义都背了。"（《朱子语类》卷四四）最关键的是，以德报怨会导致"怨德之报皆不得其平"，是"以私害公""以曲胜直"，因此必须"当报则报，不当则止"，不得妨害"公平忠厚"（《论语或问》卷一四）。

清人刘宝楠则在《论语正义》中引吴嘉宾的观点说：

> 以直者不匿怨而已。人之性情，未有不乐其直者，至于有怨，则欲使之含忍而不报。夫含忍而不报，则其怨之本固未尝去，将待其时之可报而报之耳。至于蓄之久而一发，将至于不可御，或终于不报，是其人之于世，必以浮道相与，一无所用其情者，亦何所取哉? 以直报怨，凡直之道非一，视吾心何如耳。吾心不能忘怨，报之直也，既报则可以忘矣。苟能忘怨而不报之，亦直也，虽不报，固非有所匿矣。怨期于忘之，德期于不忘，故报怨者曰"以直"，欲其心之无余怨也。报德者曰"以德"，欲其心之有余德也。其心不能忘怨，而以理胜之者，亦直以其心之能自胜也。直之反为伪，必若教人以德报怨，是教人使为伪也。乌可乎?

此说是从怨恚心理的合理解决的角度出发，认为"怨期于忘之"，而"吾心不能忘怨"，人若有了怨恚，是无法轻易放下的（当然，能自行放下也是好的），要妥善解决怨恨,就必须使之适当地发泄出来,不至于"匿怨"。因为让怨恨久藏于心中一来会有失控的危险,二来会让人变得虚伪,贻害不小。

另据《礼记·表记》载:"子曰:以德报德,则民有所劝。以怨报怨,则民有所惩。"《论语》说"以直报怨",和《礼记》讲"以怨报怨"仍有不同。以怨报怨固然能让"民有所惩",从而"戒于树怨"。然而一旦坚持以怨报怨,终将引起怨恚的恶性循环,自然不是止怨的最好办法。至于以德报怨,孙希旦说:"以德报怨,则天下无不释之怨矣。虽非中道,而可以宽容其身,亦仁之一偏也。"(《礼记集解》)但皇侃则认为:"所以不以德报怨者,若行怨而德报者,则天下皆行怨以要德报之,如此者,是取怨之道也。"(《论语集解义疏》卷七)可见无论如何,以德报怨都不是消除怨恚心理的好办法,至少不是符合中道的最好办法,最好的办法只能是"以直报怨"。

那么,究竟什么是"直"呢?朱熹释"以直报怨"之"直"道:"于其所怨者,爱憎取舍,一以至公而无私,所谓直也。"(《论语集注》卷七)"直"就是指大公无私。但要注意的是,这种大公无私是在"爱憎取舍"这一人人皆有的普遍性的情感欲望之中的"无私",并非超越于情感之外。儒家的"无私"绝非"无情",只是强调公义之下无偏私不当之情而已。另在《论语·子路》中,叶公对孔子说:"吾党有直躬者,其父攘羊,而子证之。"孔子答曰:"吾党之直者异于是。父为子隐,子为父隐,直在其中矣。"朱熹对此评论道:"父子相隐,天理人情之至也。故不求为直,而直在其中。"(《论语集注》卷七)在朱熹看来,父子相隐既是天理之当然,也是人类普遍情感的必然,这一举措完全合乎天理与普遍之人情,自然是"至公而无私"的。今人亦认为:

> 孔子的"直"有主、客观两层蕴涵,其在客观视角上有公正、无私或正当之意;主观视角则关涉个人的私德,意为正直、坦直。也包含个体在实践活动中的情感反应内容,其胜处在于它的非功利性或非工具目的性之转折思量。"直"作为真纯素朴的人格构成"仁"的基础性要素,而所谓的"礼"之"质"也在于此。[①]

而无论"直"是指公正无私或正当,还是正直、坦直,孔子和叶公的"直"事实上都应包含了这些伦理意涵,真正的区别只是在于各自针对"直"的价值判断所依据的理论背景不同。

---

① 李洪卫:《孔子论"直"与儒家心性思想的发端——也从"父子互隐"谈起》,《河北学刊》2010年第2期。

孔子所论之"直"的理论依据显然是礼。如孔子论"以德报怨"仅为"宽身之仁"①，郑玄注道："宽，犹爱也，爱身以息怨，非礼之正也。"孔颖达进一步疏释说："'宽身之仁'者，若以直抱怨，是礼之常也。今'以德报怨'，但是宽爱己身之民，欲苟息祸患，非礼之正也。"（《礼记正义》）郑玄与孔颖达明确将"以德报怨"与"以直报怨"纳入礼学范畴，显然"直""应受到礼俗的规导"②。并且，"以直报怨"的"报"象征着强调对等性原则的"礼尚往来"，原本也就是礼的基本要素。③ 而礼的产生与发展则缘于"人情"，朱熹就说："先王制礼，本缘人情。"（《晦庵先生朱文公文集》卷三六）这在《礼记》中也早有体现，如《礼记·丧服四制》："凡礼之大体，体天地，法四时，则阴阳，顺人情，故谓之礼。"以及《礼记·礼运》："故圣王修义之柄、礼之序，以治人情。故人情者，圣王之田也。"等等，都充分说明，在儒家这里，"人情"是圣王关注的重心，用来顺应和修治"人情"的，则是礼（乐）。但在所有的情感关系中，父子亲情又最为根本，是一切"人情"的起点和基础。有鉴于此，孔子就当然要主张父子互隐了，并认为这才是本然的正当与公正。其所依据的，就正是儒家以宗法血缘为中心的礼。

与之相对应的是，叶公一任于法，其或为申、韩一系的法家式人物。这一系的法家注重刑名法术，轻视人之情感需求，反对礼教，不仅与儒家大相径庭，也和重礼的管仲一系的法家不同。其中最显著的便是韩非子的"计算社会"论。韩非子认为所有的人伦关系全是出于利益的算计，即便是父母与子女之间也不例外："且父母之于子也，产男则相贺，产女则杀之。此俱出父母之怀衽，然男子受贺，女子杀之者，虑其后便，计之长利也。故父母之于子也，犹用计算之心以相待也，而况无父子之泽乎！"（《韩非子·六反》）可谓"无情"至极。正如东汉刘观等人所撰之《东观汉记·卓茂》所说："律设大法，礼从人情。"很显然，礼顺人情，而律不容情，在社会治理中强调概循律例的"无情"的法家不会给予人的情感行为以道德意义的理解。因此，当儿子面对父亲的"攘羊"行为时，叶公必然要主张严格按照律令"证之"才是真正的正直与公平。可见孔子讲"吾党之直者异于是"，所"异"的是他依循的为礼，叶公依循

① 见《礼记·表记》："子曰：'以德报怨，则宽身之仁也；以怨报德，则刑戮之民也。'"
② 陈探宇、丁建峰：《"直"的情感维度——从中国文化的生命观看"父子相隐"》，《西南民族大学学报（人文社科版）》2010年第4期。
③ 如郑玄释《礼记·表记》。"子言之：'仁者，天下之表也；义者，天下之制也；报者，天下之利也。'"一句中的"报"为："报，谓礼也。礼尚往来。"见《礼记正义》。

的是法。

综上所述,孔子讲"以直报怨",这个"直"就绝非简单的冲冠一怒、直舒胸臆,而是情理交融中的"当报则报,不当则止","当"与"不当"的标准便是礼。换言之,儒家的"以直报怨"也就是以礼报怨。朱熹在《家训》中主张"怨者以直解之",同样是基于此。而无论是儒家的礼还是法家的法,都是指明确的行为规则,"以直报怨"中的"直"对"礼尚往来"式公平正义的追求,所体现和强调的也正是严格的规则意识。

三、"仇者以义解之"

"怨"是一种并不明朗化的怨恚情绪,"仇"在一般情况下往往是"怨"的进一步激化、深化和公开化。朱熹强调"仇者以义解之,怨者以直解之",解"仇"之"义"同样也是解"怨"之"直"的内涵的升华与深化。又如前所述,"直"的理论依据是"礼",而《礼记·礼运》说:"礼也者,义之实也。"《左传》中也有"礼以行义"(《僖公二十八年》《成公二年》)、"义以出礼"(《桓公二年》)的说法,都说明"礼"是"义"的具体呈现与形下实践,"义"则是"礼"的形上升华和依据。因此人们又往往"礼义"并称,并以之构成了"人之大端",即使"礼虽先王未之有",也"可以义起也"(《礼记·礼运》)。

"义"作为五常之一,是中国哲学中非常重要的概念,《礼记·中庸》释为"义者,宜也"。《说文解字》即以此为"义"做注。另按段玉裁的说法,"义"与"谊"也为"古今字","周时作谊,汉时作义,皆今之仁义字也"。(《说文解字注》)因而许慎《说文解字》也解"谊"作"人所宜也。"可见"义"的主旨就是"宜",即合宜、适度与正义、正当等。《礼记·礼运》称"义"为"艺之分,仁之节","礼"是其"实","仁"为其"本",便是对其性质较完整的概括。因此,"义"既象征着实践层面的方法论智慧,也有着充分的道德形上学意味。那么,朱熹在《家训》中要求"仇者以义解之",具体又该作何理解呢?

要深入理解朱熹的"仇者以义解之",我们不得不考虑到儒家历史上有关"仇"的态度的两个重要理论背景——以春秋公羊学和《礼记》等为代表的儒家"大复仇"理论,以及以宋儒张载为代表的"仇必和而解"的朴素辩证法思想。前者主要体现的是"义"作为一种道德形上学原理的内涵,后者主要强调的则是"义"在具体应用中充满辩证智慧的方法论意义。

（一）"大复仇"

"大复仇"的理念在《周礼》和《礼记》中有不少的论述，如《周礼·秋官·朝士》中说："凡报仇雠者，书于士，杀之无罪。"强调只要事先在官府报备，杀死仇家是无罪的。《礼记·檀弓上》则记载：

> 子夏问于孔子曰："居父母之仇如之何？"夫子曰："寝苫枕干，不仕，弗与共天下也；遇诸市朝，不反兵而斗。"曰："请问居昆弟之仇如之何？"曰："仕弗与共国，衔君命而使，虽遇之不斗。"曰："请问居从父昆弟之仇如之何？"曰："不为魁，主人能，则执兵而陪其后。"

此处也强烈主张复仇，只是根据血缘关系的亲疏远近而对复仇的态度和方法做了不同的限定，将复仇行为完全纳入礼制之内，并由此赋予了其充分的合理性。而真正张大和发扬儒家的复仇精神的，是以董仲舒为代表的公羊春秋学。董仲舒在《春秋繁露·王道》中说："《春秋》之义，臣不讨贼，非臣也。子不复仇，非子也。"将臣为君讨贼与子为父报仇并置，所以《白虎通德论·诛伐》就明确指出："子得为父报仇者，臣子于君父，其义一也。忠臣孝子所以不能已，以恩义不可夺也。"认为臣为君、子为父报仇，在"义"上是一致的。

蒋庆将公羊家对大复仇的论述，根据其内容的不同分为三种类型：（1）国君复国君杀祖杀父之仇。（2）个人复国君杀父之仇。（3）臣子复乱贼弑君之仇。

从中可见，春秋公羊学对儒家的"复仇"主张比礼学更进一步做了范围的限定。而公羊家"大复仇"也有着特殊的时代背景：

> 公羊家在《春秋》经中礼赞复仇，是肯定在天下无道的时代个人可以凭借一己之力来恢复历史中的正义。公羊家之所以提出大复仇说，有其时代的背景。我们知道，在春秋、战国及秦汉之际，天下无道，政治失序，诸侯相灭，君臣相杀，社会生活中缺乏最基本的公义，故灭人之国，绝人之世，杀人之父，残人之子者比比皆是，社会中的怨毒仇恨极深。在这种情况下，周天子已丧失庆让诛绝的公权，不能通过合法的政治力量来解除社会中的怨毒仇恨，而社会中的怨毒仇恨如果不化解，人们即不堪在此极度不公的社会中生活。为解决此一问题，公羊家提出了大复仇说，赞同通过复仇的方式来恢复社会中的正义，使人类历史不致因为政治失

序而陷入完全的不义与邪恶。①

　　若据此来看朱熹所说的"仇者以义解之",其"义"就正是指儒家所要维护和宣扬的社会正义,在价值层面上与追求"公平忠厚"的"直"具有内在的一致性,"复仇"则是其重要手段。但在东汉时期的一些文献里,却也存在着和解仇怨的思想,如《风俗通义》中对弘农太守河内吴匡的相关叙述:"今匡与瓊其是矣,剖符守境,劝民耕桑,肆省冤疑,和解仇怨,国之大事,所当勤恤。""和解仇怨"被视作了朝廷官吏应当"勤恤"的事务性职责。刘向在《新序》中也对统治者的为政之道做了道德上的要求:"外举不避仇雠,内举不回亲戚,可谓至公矣。"(《新序·杂事一》)并表扬"齐桓公用其仇,而一匡天下"。(《新序·杂事三》)"外举不避仇雠""用其仇",就不仅是和解仇恨,而且还举荐任用仇人,以公义超越了仇恨。这与张载的"仇必和而解"之说在一定程度上有相合之处。

(二)"仇必和而解"

　　"仇"的初始意思是指事物间的两两配应或对立关系,"仇恨"意涵实属后起。而两两对应关系最典型的表述就是"阴阳"。中国古代的思想家很早就对阴阳观念做了形而上的系统化表述,如《易·系辞上》明确指出:"一阴一阳之谓道。"将阴阳及其运行变化视为"道",《说卦传》说得更清楚:"立天之道,曰阴与阳;立地之道,曰柔与刚;立人之道,曰仁与义……故易八画而成卦,分阴分阳。"认为天地间万事万物都天然具有阴阳相对的两面。宋儒程颢更进一步说:"天地万物之理,无独必有对,皆自然而然,非有安排也。"又道:"万物莫不有对,一阴一阳,一善一恶,阳长则阴消,善增则恶减。"(《河南程氏遗书》卷一一)从理学层面讨论了阴阳作为天地万物之理的绝对性以及阴、阳间的对反消长的辩证关系。张载则在此基础上于《正蒙·太和》中云:"有像斯有对,对必反其为;有反斯有仇,仇必和而解。"张载也指出,宇宙间的具体事物中总是存在阴阳的对立两面的,阴阳之间又彼此转化、相互依存。因此,有了阴与阳的对立便有了"仇",而阴阳之间的转化相依又必然会走向"和"。

　　关于"和",《国语·郑语》道:"以他平他谓之和,故能丰长而物归之,若以同裨同,尽乃弃矣。故先王以土与金木水火杂,以成百物。""和"的"以他平

---

　　① 蒋庆:《公羊学引论——儒家的政治智慧与历史信仰》,沈阳:辽宁教育出版社,1995年,第315页。

他"是指天地间不同质事物（即阴阳）的彼此对立与统一，而非简单地同化或同一。《左传·昭公二十年》中，晏婴则进一步认为"和"是事物间的"济其不及，以泄其过"，以及人的"以平其心，心平德和"等，强调"和"对社会与人心具有重要的调节功能。因此，针对张载的"仇必和而解"，冯友兰先生就指出："张载认为，一个社会的正常状态是'和'，宇宙的正常状态也是'和'……在中国古典哲学中，'和'与'同'不一样。'同'不能容'异'，'和'不但能容'异'，而且必须有'异'，才能称其为'和'。"①可见"仇必和而解"，强调的就是以和而不同之道在对立中求取辩证的统一。这一辩证智慧告诉人们，所有的对立最终都将走向"和"，人际间的怨仇自然也是如此。因此，相比先哲与时贤的思想，张载更加明确地揭示和凸显出了"和"在阴阳辩证关系中的终极价值导向的地位，也更加充分地阐明了不同事物之间或事物内各要素之间的对立统一的朴素辩证法原理。而事物之阴阳两面走向"和"的过程，则是"义"的具体呈现。

（三）"义"的性质与实践

孔子所讲的"以直报怨"，强调的是根据正当性原则将"怨"解决于激烈与公开的冲突发生之前。这一原则有一明确的现实依据，那便是礼。春秋公羊学和礼学中所阐扬的"复仇"理念，则是在特殊的情境中为了维护宗法伦理与宗法制度所做出的不得已的选择，可以说是"以直报怨"的极端化延续，其终极目的乃是"以杀止杀"，以维护作为社会体系最高价值的"和"。当然，这也是"仇必和而解"的一种极端化表现，其不仅同样属于礼的范畴，更是上升到了"义"的层面。

在早期的社会观念体系中，礼、法之间的畛域并不分明，礼作为宗法伦理的成文规范与意义象征，是"法之大分，类之纲纪"（《荀子·劝学》），因此以礼代法是较为普遍的。在这样的情况下，律法，尤其是儒家的社会治理理论体系中的律法，对于《周礼》《礼记》与公羊春秋学所宣扬的通过"复仇"来维护社会的"自然公正"的行为并不具备足够的约束力。但是随着时移世易，社会法

---

① 冯友兰：《中国现代哲学史》，广州：广东人民出版社，1999年，第253页。

制体系愈显发达,礼、法在形式与功能上的界分愈发明确。① 因复仇而杀人越来越受到律法的限禁。既然通过"复仇"以维系宗法伦理意义上的社会正义的行为,其合法性慢慢受到了质疑,这一原本"合礼"的行为就必然要因应时势的变化而进行调整,此即《礼记·礼运》所强调的礼"以义起"。

对于"义",朱熹一方面视"义"为天理的运动流行法则,赋予其理学的形上意味,说:"义者,天理之所宜。"(《论语集注》卷二)另一方面,朱熹又强调"礼即理",认为礼是天理的现实呈现与实践,因而"义之所在,礼有时而变"。(《孟子集注》卷四)要求在礼的具体实践中"酌其中制,适古今之宜"(《晦庵先生朱文公文集》卷四〇),以"义"的辩证之道通达礼的古今之变。所以,朱熹对"仇"的解决求之以"义",要求"仇者以义解之",就既强调了对社会普遍的公平与正义(并不限于宗法伦理)的维护,也强调了方法论意义上的辩证智慧,乃道德准则与实践智慧的统一。因此,相比"直"来说,"义"是对"直"所代表的确定性规则的超越、升华与完善②,正如美国哲学家麦金太尔指出:"在这些情形下,现存的法律不能提供任何清楚的答案,或者也许根本就没有任何答案。在这些境况中,法官也缺少规则,也必须运用理智,如同立法者当初一样……就只能以某种方式超出已有的规则……这不仅是为了正义,也是为了把各种美德充分的具体实例化。"③这段话即可视作是对儒家之"义"在日常社会生活中运用的直白浅近的阐释。

当代中国社会,经济蒸蒸日上,科技日新月异,人们的生活日渐便捷富裕的同时,面临的压力却也越来越大。在高强度的竞争与快节奏的生活中,人际间的矛盾往往难以避免,甚至显得更加复杂。朱熹在《家训》中主张"仇者以义解之,怨者以直解之",其中所体现出的传统儒学对社会公平正义的价值追求及解决矛盾的富于辩证色彩的方法论智慧,在今天无疑仍有着较为重要的启示意义:"怨者以直解之"主张不要"匿怨",将心中对他人的不满与怨恚"当报则报,不当则止",强调以正当和坦诚的方式予以及时解决,如此既能维

---

① 当然,这种界分并不是说传统的礼、法本身是两种完全不同甚至对立的观念与制度体系,事实上,二者恰是相辅相成的。这在先秦时期儒、法两家的礼法学说中就已如此。(参见杨振红)

② 尽管"直"的"当报则报,不当则止"同样不乏辩证色彩,但其主体仍是强调"礼尚往来"的显性规则,而无法达到"义"的形上学高度。

③ 麦金太尔:《谁之正义? 何种合理性?》,万俊人等译,北京:当代中国出版社,1996年,第170页。

护基本的社会公平与正义，也保障了个体的心理健康。而与之相关的"以怨抱怨"易陷于人际矛盾的恶性循环中，"以德报怨"又无法成为常态。"仇者以义解之"则告诫我们面对既成的、较为强烈和明确的仇恨，不仅要更为慎重地考虑解决仇恨的行为的正当性、合理性，也要充分考虑手段的有效性。而最终的目的，便是仇恨的合乎情理的解决，其实质实乃充满辩证智慧的"仇必和而解"。总之，"仇者以义解之，怨者以直解之"，核心精神都是和而不同、求同存异，归根结底，仍不过是一个"和"字。无论是人际关系，还是国际关系，都是如此。

（作者单位：华侨大学）

鄱阳湖地区朱子学的当代价值

◎　冯会明

鄱阳湖地区是程朱理学开源之地和发展的核心区域之一,素有"理学渊薮"之称。朱子学在鄱阳湖地区兴起、传衍的过程中,形成了鲜明的个性,呈现出尊信程朱、捍卫道统的执着性;和会朱陆、兼容并蓄的融合性;砥砺节操、慕道安贫的理想性;实学经世、学贵践履的务实性和文节俱高、刚正义烈的忠诚性等五大特征。

鄱阳湖地区的朱子学者具有强烈的忧患意识与担当情怀,主张积极入世,以斯道觉斯人;他们慕道安贫、砥砺节操,明理去欲,注重品性修养与道德自觉;致力于创办书院,培育人才,教化民众,使书院成为化俗乡里的道德高地,培育了鄱阳湖地区崇文重教的民风和刚正义烈的文章节气。这在当代社会,仍然有重要的价值,一定程度上可以解决市场经济蓬勃发展带来的人们精神缺失、价值迷惘的困惑与烦恼,弥补物质丰富的当代社会人们心灵空虚的缺憾,给予精神的慰藉,寻觅灵魂的家园。

一、强烈的忧患意识与担当情怀

鄱阳湖地区的朱子学者有着强烈的忧患意识,表现出对国家和民生的深深忧虑,他们不仅忧国忧民,且忧道忧人,尤其对"学绝道丧"特别忧患。"学绝"就是学术断绝,"道丧"就是价值迷失,表现出对大道不行、人性堕落的忧心,对国家盛衰兴亡和人民命运的终极关怀。

正是这种忧患情结成为君子修身和安人治国的持久动力,使他们有强烈的责任感和使命意识,产生了无限的爱人及物、推己及人的仁爱精神,促使他们积极入世，改变现状，以减轻生灵之疾苦，重建道德之秩序，形成一套完整的价值体系，主导了人们的行为、价值观念，促进了中华民族凝聚力的形成。正如陈来先生所言："朱子学对中华民族价值观的形成、巩固发挥了重要的作用。"①

朱子学者以"为天地立心，为生民立命，为往圣继绝学，为万世开太平为职志；以建构伦理价值本体，给出安身立命、精神家园为标的；以格物致知、修养心性、自立自律、存理去欲为工夫。他们是当时的社会脊梁和社会良知的担当者，是时代精神和价值理想的创造者"②。他们倡导"以天下为己任"的使命和"铁肩担道义，妙手著文章"的社会担当，主张积极入世，以斯道觉斯民。程颐认为学者有传道和行道两大使命，一是"得不传之学于遗经"，发明圣人所传"道"；二是要"以斯道觉斯民"③，把"道"推行到家、国、天下之中，以觉悟君王及天下百姓。

鄱阳湖朱子学家们这种强烈的忧患意识，"就是以对国家、民族及社会发展前途的极端关注为根本内容，高扬以天下为己任的爱国主义情感。是中国传统思想文化中极其优秀的部分"④。这种忧患意识是民族精神的重要组成部分，对当代社会仍有积极意义。

二、慕道安贫，注重品性修养与道德自觉

鄱阳湖地区的朱子学者厉行品性修养，崇尚道德人格，追求心灵净化，将人格修养，视为人生的第一要义，以圣贤之道，指导自己的日常修行。他们笃行仁义，安贫乐道，甘受寂寞，以克己安贫为实地，不醉心于科场成败，不汲汲于功名的追求，保持了理学家的风骨气节，成为时代的脊梁和社会良知的担当者。

他们慕道安贫，砥砺节操，认为要行道就须安于贫贱，忘却物质的贫乏，往往升华为一种悲剧性的道学人格。他们对"道"的汲汲追求，"构成了道学忧患意识的主要内蕴，他们普遍都具有一种为道受苦、为道献身的迂阔的悲

---

① 陈来：《朱子学的时代价值》，《光明日报》2015年5月14日第15版。

② 张立文：《宋明理学研究》，北京：人民出版社，2002年，第3页。

③ 程颐、程颢：《二程集·河南程氏文集》卷一一，《明道先生墓表》，北京：中华书局，1981年，第640页。

④ 许凌云：《儒家文化与忧患意识》，《齐鲁学刊》2000年第2期，第81～85页。

剧热情"①。使他们具有以道自任、为道献身的勇气,"天下有道,以道殉身;天下无道,以身殉道"②,成为其人生的追求。

他们重视为己之学,严责自守,经受艰苦的磨炼而穷不改节。吴与弼说:"至于学之之道,大要在涵养性情,而以克己安贫为实地。"③他生活贫困,躬耕自食,但淡泊自乐,严守操行,"非其义,一介不取",④一生"随分、节用、安贫","盖七十年如一日,愤乐相生,可谓独得圣贤之心精者"。⑤ 在贫病交加之中守节依旧,"誓虽寒饥死,不敢易初心",其人品"有孔门陋巷风雯之意"⑥。

胡居仁也是"慕道安贫,日寻孔颜之乐",⑦虽然"家贫甚,鹑衣箪食,尚不继,或为之虑"。但他却说:"身已闻义,屋已闻书,大处足矣,不必琐求。"⑧他淡泊名利,"与人语,终日不及利禄"⑨。"一切势利纷华,举不足以动其心"⑩。时刻以圣贤标准要求自己,笃志力行,用苦行僧式的修炼,期望为成为凡间的圣人,以高尚的品德赢得了世人的尊重。侯外庐先生评价他们"是封建社会的'正人君子',安于贫贱,刻苦自励,授徒著书,以此终身。他们不同于口谈仁义,行同狗彘的那些假道学"⑪。这也正是鄱阳湖地区朱子学者的写照。

朱子学的主旨是内圣而外王,修己以安人。主张正心诚意,存理去欲,注重品性修养与道德自觉。认为王道德政的关键系于人心,欲治天下者先正人心,而路径就是"存天理,灭人欲"。必须节制自己的欲望,让其受道德的制约。他们把正心诚意作为人生的追求,作为实现完美人格与天下大治的根本途径。认为整个社会的沉沦,是由于一己之心的堕落,要从灵魂自我净化,从自我涤洗做起,才能消除罪过,提高社会的道德水准。

---

① 束景南:《朱子大传》,北京:商务印书馆,2003 年,第 1104 页。

② 孟轲著,万丽华、蓝旭译注:《孟子》卷一三,《尽心上》,北京:中华书局,2010 年,第 232 页。

③ 黄宗羲:《明儒学案》《师说·吴康斋与弼》,北京:中华书局,1985 年,第 3 页。

④ 张廷玉:《明史》卷二八二,《儒林传一》,北京:中华书局,1974 年,第 7240 页。

⑤ 黄宗羲:《明儒学案》,《师说·吴康斋与弼》,第 3 页。

⑥ 李贽:《续藏书》卷二一,《聘君吴公》,北京:中华书局,1974 年,第 1391 页。

⑦ 杨希闵:《胡文敬公年谱》,北京:北京图书出版社,1999 年。

⑧ 区作霖、冯兰森修,曾福善纂:同治《余干县志》卷一二,《人物志二理学》,清同治十一年(1872 年)刻本。

⑨ 张廷玉:《明史》卷二八二,《儒林传一》,第 7232 页。

⑩ 张吉:《居业录要语序》,见胡居仁撰,冯会明点校:《胡居仁文集》,南昌:江西人民出版社,2013 年,第 6 页。

⑪ 侯外庐:《宋明理学史》,北京:人民出版社,1997 年,第 50 页。

"在内忧外患的时代,一些有道学良心的理学家们找不到救世强国拯民的物质力量,只有乞灵于'心'的精神力量,于是他们从炽热的功名外求走向静穆的道德自敛"。① 试图用道德价值的尺度,去解决社会存在的问题,期望通过个人心灵的净化与人性的自我完善,达到整个社会素质的提高,实现社会的清平大治。

鄱阳湖地区的朱子学呼吁正心诚意,存理去欲,反对欲望的过度膨胀,按伦理道德要求规范自己的言行,具有一定的合理性。面对当今市场经济浪潮的冲击之下,个人欲望的过度泛滥,拜金主义、享乐主义甚嚣尘上,诚信缺失、人际冷漠、道德失范等现实问题,朱子学的存理去欲思想可以发挥历史的镜鉴功效。

三、创办书院培育人才,崇文重教化俗乡里

鄱阳湖地区的朱子学者热衷于创办书院,作为传播理学的学术平台,并以此为阵地,授徒讲学,教之以修齐治平之道,经世安邦之策,使平民士子接受文化的熏陶,在科举考试的助推下,培养出大批人才,也培育了浓郁的读书风气,形成了崇学重教的社风民俗,使鄱阳湖地区成为一个文化高地。

鄱阳湖地区空前发达的书院教育,造就了大批有用之才。欧阳修曾赞叹:"区区彼江西,其产多材贤。"② 黄榦称誉"江西素号人物渊薮"③,大批学子通过科场,获得官爵,走上仕途,光宗耀祖,在他们榜样作用的推生下,更加营造出了"人知向学"、"好学从礼"的社会氛围。

宋仁宗时,吴孝宗在《余干县学记》中对鄱阳湖地区的重文风气有过生动的描绘:"江南既为天下甲,而饶人喜事,又甲于江南。盖饶之为州,壤土肥而养生之物多,其民家富而户羡,蓄百金者不在富人之列。又当宽平无事之际,而天性好善,为父兄者,以其子与弟不文为咎;为母妻者,以其子与夫不学为辱。其美如此。"④ 同样,饶州府"有邹鲁遗风……多俊秀喜儒,以名节相

---

① 束景南：《朱子大传》,第 820 页。

② 欧阳修：《欧阳修集》卷一《送吴生(孝宗)南归》,哈尔滨：黑龙江人民出版社,2005 年,第 79 页。

③ 黄榦：《黄勉斋先生文集》卷一,《复江西漕杨通老》,北京：中华书局,1985 年,第 11 页。

④ 洪迈著,穆公校点：《容斋随笔·四笔》卷五《饶州风俗》,上海：上海古籍出版社,2015 年,第 276 页。

高……其人喜儒,故其俗不鄙……士如东汉诸君子……多茂美好学"①。可见鄱阳湖地区不仅经济富庶,且富而重教,普遍形成了求学、重学的社会风气。"富而重教,在北宋时期已是社会共识"②。

理学家们把"文章、道德、气节"作为人生的三大追求,以自身良好的道德修养,为民众做出了道德的表率,以社会清流维系着世道人心,在维护社会正义、淳厚社风民俗等方面起了重要的作用。蔡元培先生也说:"宋之有晦庵,犹周之有孔子,皆吾族道德之集成者也。"③

他们秉承"儒者在本朝,则美政;在下位,则美俗"的传统④,致力于道德教化,对敦伦化俗表现出极大的热情。正如唐君毅所说:"宋明理学家之精神,则几全用于教化。"⑤强调学者修己治人的同时,也要以礼化民,以礼化俗,整顿世风日下的社会,肃明伦理,扳正民心,养成良好的公序良俗,实现"教化行而习俗美"的良好愿望,实现国家的长治久安。

而书院往往成为当地的道德高地。通过书院的讲学,让书声透过讲堂,使鄱阳湖地区弥漫着崇文重教氛围,促使了社会的儒教化,形成重教尊师的风气,耕读传家的观念得到了普遍的认同,一些家族纷纷创办私塾,置买学田,延请名师,训导子弟,一批书院学子通过科举成名,踏上仕途,成为乡民效法的标杆,更激发了乡民们的读书热忱。可以说,"书院努力传授圣贤文化,教学经史而使乡民熟悉儒家伦理纲常,产生了'邻里化其德'的社会影响。因此,忠孝节义,耕读传家的信念深入民心"⑥。有助于鄱阳湖地区公序良俗的形成,对该地区社会风气和百姓生活产生了深远的影响。

四、培育了刚正义烈的文章节气

鄱阳湖地区的朱子学者注重名节,有杀身成仁、为道殉情的书生意气,有贫贱不移、威武不屈的凛然正气。他们视名节忠义为立身之本,不断涌现出

---

① 谢旻:雍正《江西通志》卷二六,《风俗》,《影印文渊阁四库全书》第513册,台北:商务印书馆,1996年,第843页。

② 许怀林:《江西通史》(第6卷)、《南宋卷》,南昌:江西人民出版社,2009年,第309页。

③ 蔡元培:《中国伦理学史》,长沙:湖南大学出版社,2014年,第110页。

④ 杨柳桥:《荀子诂译》,济南:齐鲁书社,1985年,第153页。

⑤ 黄克剑、钟小霖编:《唐君毅集》,北京:群言出版社,1993年,第284页。

⑥ 许怀林:《江西通史》(第5卷)、《北宋卷》,第263页。

文节俱高的刚介之士，"豫章理学节义，为海内师表"，"文节俱高"被视为江西士人的独特品格。

疾风知劲草，患难见真情。他们的"文节俱高"，在关键时刻尤为突显。在庆元党禁森严，朱子学说饱受打击之际，部分门生弟子畏祸回避，托辞而归。黄榦不禁感叹："向来从学之士，今凋零殆尽。……江西则甘吉父（节）、黄去私（义勇）、张元德（洽）。江东则李敬子（燔）、胡伯量（泳）、蔡元思（念诚）。……大约不过此数人而已。"①一时间，朱门冷落，弟子星散。

但鄱阳湖地区的朱门学子却奋勇向前，对朱子的尊崇不因时局而改变，依然孜孜以求，不舍不弃。在"伪学之禁方严"时，对那些"为远害思归者"，董铢正色责之，喻以理义，使"诸生翕然以定"。滕璘宁绝于仕途，也不屈于韩侂胄的权势。时"韩侂胄当国，或劝先生一见，可得掌政。先生曰：'彼以伪学诬一世儒宗，以邪党锢天下善士，顾可干进乎？'"②时任崇政院说书的柴中行，移檄令自言非伪学。但柴中行却明确表示："自幼习读程氏《易传》，如以为伪，不愿考校。"③朱熹去世后，周谟、李燔、黄灏等鄱阳湖弟子，不顾朝廷严令，戴星徒步，不远千里前往会葬，表现出威武不屈的节义精神。

鄱阳湖的朱子学者注重名节，廉介恬退，如许月卿、马端临、谢叠山等都是以气节闻名的学者。他们在宋、元鼎革之际，注重国家大义，高标民族气节，以风节相砥砺，临大节而不可夺，表现出凛凛正气，铮铮铁骨和忠义之心。宋亡之后，他们安贫乐道，隐居不仕，抵抗元朝政府的征召，宁做南宋的遗民，也决不做蒙元的高官，或是慷慨赴死，或是绝食殉国，保持了理学家的风骨气节，展现了鄱阳湖理学文化刚正义烈的内核。

康熙二十二年（1683年），江西学政高璜在《江西通志》序中，反驳了时人评价江西士人"立异而难服"的论调，他说："夫立异者，矜之疾；难服者，愚之疾。诚有之，不知立异，则无工言语、识形势之习；难服，则不顾利害、去就，与天下争是非。可杀，可去，而不可使为不义。此人君乐得之以为臣，人父乐得之以为子，人士乐得之以为友。"④认为"可杀，可去，而不可使为不义"是江西士子的重要特征，文章与节义成为士人遵循的人生信条和追求目标。

---

① 黄榦：《黄勉斋先生文集》卷四，《复李贯之兵部书》，北京：中华书局，1985年，第72页。

② 黄宗羲：《宋元学案》卷六九，《沧洲诸儒学案》，第2292页。

③ 黄宗羲：《宋元学案》卷七九，《丘刘诸儒学案》，第2638页。

④ 高璜：康熙《江西通志》序，见谢军总纂《江西省方志编纂志》附录，北京：方志出版社，2001年，第272页。

总之,鄱阳湖地区是理学之渊薮,朱子学在这里萌生、传承、发展,使鄱阳湖文化打上了深深的理学烙印,呈现出鲜明的个性。"文化是民族的血脉,是人民的精神家园",朱子理学文化对鄱阳湖民众的人格精神产生了深远的影响,渗透在日用常行之中。可以说,朱子学不仅浸润了鄱阳湖民众的血液,且积淀于民众的心理,安顿了百姓的灵魂。

(作者单位:上饶师范学院朱子学研究所)

退溪学的现代化、日常化、大众化方案

——从退溪学到退溪文化

◎ 朴璟焕

退溪李滉留给了后人各种面貌。他既是寻求朱子学的私塾先生，是集朝鲜性理学大成的学者，也是在官场体现儒学理想的政治家。他晚年隐居在故乡村庄，以溪上书堂和陶山书堂为中心，成为培养无数后进者的教育家。另外，他对家人和弟子等周围人的儒雅及仁爱之心感动了他人并受到尊敬。[①]退溪李滉将这种情感投影到事物中，创作了 2000 多首诗，还创作了《陶山十二曲》的歌词和歌曲，是边游边唱的音乐家。

一、退溪李滉，为己之学所造就的全面人格

就像孔子所说的"君子不器"一样，以前儒生们追求的人格不是局限于某一阶段的德性和力量，而是无论在哪种情况下对哪种对象，都以最好的应对方式对待日常的事物，使最好结果变为可能的德性和能力。退溪李滉就是这种"不器"的代表人物。虽然他具有学者、政治家、教育家、诗人、音乐家等不同的身份，但这其实是贯穿于一体人格追求的结果，是多样的表现形式。孔子提出这种追求的核心是"为己之学"，通过儒士终身的学习和实践来追求。此后，这些想要追随孔子之路的人将这种学习和实践的终点称为"圣学"，在重点研究这一过程时，又将之称为"道学"。

---

① 《退溪集》，《言行录·成德》："禹性传在花山，安东，见到当地的人们，即使是卑贱的人，也一定会称呼退溪先生，大家都有尊敬和敬仰之意。作为乡下人，即使是不入先生门下的人，又害怕又爱慕，不敢乱来。是这样，做不正行为的人，怕退溪先生知道，所以他的教化影响了别人。"

（一）退溪"为己之学"

为己之学是指通过学习和实践，实现从天而降的人类完成可能性的过程，并在其过程中渐进地学习和修养。《论语》中的许多轶事都在各种情况中说明了这些学习，《孟子》中提出了在战国时期，将焦点放在执政者身上，通过政治实现这些学习方案。在《中庸》和《大学》中，那种孔孟思想奠定了方法依据。如果说《中庸》中的首三句通过性、道、教三个关键词提出了这种力量可能的根据和实践方法，那么《大学》中的修、齐、治、平就是将这种学习和实践从自身内涵的修养出发，扩大适用范围和对象到外部事物。退溪李滉也经常强调了为己之学的重要性。①

我们很容易把为己之学的理解局限在道德人格的狭隘层面，为己之学就是与实现全人、人格和力量相关的学习。除了在性理学说上的贡献和道德人格，之前提到退溪的多种面貌也是追求为己的结果。作为学者，退溪的主要成就"性理说"并不是讲述理论上的天赋，而是为了人格上力量觉悟以及表现关心和努力的产物。因此，出师从政后走向政治家的道路，体现为君主对百姓应有道理的实践，在教诲上体现为迎合弟子的力量，树立用亲切有效的方法传达知识的诚实教师形象，在对待自然事物时，通过诗和音乐表现内心的情怀。最终，退溪作为大人物的多种面貌以毕生"至敬"的态度通过自我修养，向着"成德"的方向发展，在追求为己之学的过程和结果中显露出来。当然这不是一朝一夕所能达到的，虽然处于"天生的资质接近道，聪明过人"的退溪，但"我的身体、心灵和性情加上亲身经历的实行奖赏功勋，得寸保寸，得尺保尺。在平静的状态下保存内心，品性由内越来越严谨，行动起来观察行为越来越仔细"，通过不断勉励自己的学习和实践达到境界。弟子金成一对老师的那种境界有如下总结：

> 平易分明的是先生的学问。光明正大的是先生的根本。如春风般柔和祥和的云朵是先生的功劳，像贝娜明珠一样质朴，像豆子或谷子一样淡淡的是先生的文章。心底明亮，像装着秋月、冰块的玉瓶一样明亮洁白，气度温和纯真，像精炼的金和美丽的玉一样。重如山，深似池，一

---

① 《退溪集》，《言行录·教人》，"为了自己的学问，就是把道理当我们应懂的东西，把德行当我们应得的东西，从远近处，从内到外开始学习，用心去领悟，身体力行。"

看就知道是有德的君子。①

从退溪外面流露出简单而明确的学问、温和的德行、淡泊的句子是内心光风齐月等心态和温和纯粹的气象，这是长久学习和实践为己之学的功劳。

（二）退溪的延伸视线，从学到文化

其间，关于退溪的接近和理解的中心是"退溪李滉的性理学说及其思想为中心的学问体系"——退溪学。实际上，根据对退溪李滉相关历代研究现状的分析研究可知，在哲学领域的研究占据主流。以 2009 年为基准，关于退溪李滉的研究成果中，硕士、博士学位论文有 277 篇、单行本约 200 种、学术刊物论文有 1600 余篇。宋正淑通过对退溪李滉研究相关先行成果的分析表示："到 20 世纪 80 年代为止，是关于退溪学的研究领域或研究方法等整个退溪学方面的客观的讨论；从 20 世纪 90 年代开始，在对文学的研究成果进行检查的同时，以哲学为中心的研究方法问题被提出，在心理学领域对退溪心学进行心理学理论化验证的问题进行了讨论。进入 21 世纪，讨论的中心仍然是哲学，并探讨如何与现代沟通。其中还提示要接近文献学、礼学、道学。由此可以看出，对退溪的研究以哲学领域的研究为主。"②包括有关退溪研究在内的相关注集中在以性理说为主的退溪学上，退溪的最大贡献是对韩国性理学说的奠基。从他的其他思想核心是性理说和"退溪学派"的活动以退溪性理说为中心进行这两方面来看，都可以说是自然现象。

尽管如此，对退溪的关心也有必要从过去的复原和意义上的求解转变为现在的求解和活用。应该把对退溪的视线从退溪学转移到退溪文化上。这种必要性需要两个方面：一是像前面提到的那样需要突出退溪的全人面貌，二是根据现在的需要。

退溪给我们留下的不仅仅是《心经后论》、《易早敬家停疑》、《宋季元明理奉通论》、《宋季元明理奉通论》等性理学相关著作中的性理说。《退溪集》中收录的诗文和书简、言行录等体现了退溪作为生活人，具有温和的日常人间的面貌、与自然沟通的文学感性诗人的面貌、亲切诚实的教育者面貌，富含山水之间游玩的乐趣，以及对寻找和照顾梅花等植物的喜爱。由此我们可以看到先儒们寻找乐趣时风流家的样貌。

① 《退溪集》、《言行录·资品》。
② 宋正淑：《退溪李滉研究的现状和课题》，《退溪学研究论丛》15，退溪学釜山研究院。

除了退溪学派这方面的学术和精神史的流转延续至今之外,蕴藏着他足迹的陶山书院、清凉山等自然和人文的空间和建筑仍留存至今。它不局限于退溪当代。沿着他的道路走过许多地方的学者们来到留下退溪痕迹的地方进行记录,他们铭记退溪的教诲、生活、学习、宗宅、斋舍、书院等也是地区有形和无形的文化遗产。

比空间和建筑物更重要的是,退溪及其后学们几百年在这里生活时所追求的精神价值和日常生活的真实写照。韩国国学振兴院在退溪及其后学生活过的地方受托保管的日记、古文书文集、书版和匾额等记录遗产达 48 万件。其中包括列入联合国教科文组织世界文化遗产名录的 4.6 万多张儒教书籍和列入亚太文化遗产记录的 550 多张匾额。大部分文化遗产是退溪李滉播下种子发芽、开花,经过 450 多年最终获得的生活记录。这些遗产是复原和重构过去的根据,也是今天我们设定生活方向和基于传统文化享有的重要文化财产。

如果说挽救退溪及其后学们记录和留下的思想和生活整体面貌的研究是以专业学者为中心,在退溪学的领域进行过去的复原,那么这些研究给活在今天的大多数人带来了感动和教训,我们享有着现在重新构成和大众心目中的退溪文化。应该从退溪学向退溪文化扩张视线,那就是将过去以少数人为中心享有的传统文化发展为"现在这里的我们"所享有的文化,是传统和现代之间应该存在的法理创新工作。退溪文化的现代化、日常化、大众化的必要性就体现在这里。

儒学不是高远抽象的道理,而是在日常生活中追求与我们相关的真理和意义。在《中庸》中,他写道:"道是一时半刻也离不开,可以离开的话就不是道了。"①孟子在《离娄》篇中曾告诫人们:"道理很近却到很远的地方去寻求,事情很容易却按困难的方法去解决。"②退溪也在弟子李德弘(音)的话中说道:"都离得很近,只是人没有察觉而已。离开日常事物,怎么会有别的道理呢?"③退溪思想其在内的圣人面貌,这可能关乎成为在我们日常生活中需要追求的重要时事。

另外,对于礼的实践,朱子说:"在实行礼法的时候,时机非常重要。即使

---

① 《中庸》:"道也者,不可须臾离也。可离,非道也。"
② 《孟子·离娄》:"道在尔而求诸远,事在易而求诸难。"
③ 《退溪集》,《言行录·教人》。

让圣贤施行礼法，也不会完全遵从过去的礼法，而是将过去的礼法进行封闭，并遵从当今时代的礼法。"①虽然这是关于礼的讨论，但从接近朱子当代传承传统文化的方法的角度来看，与退溪文化的传承及活用有着不少的暗示。也就是说，以儒学的核心——礼尚往来，或者以儒家价值为核心的传统文化，应该根据今天的生活条件和需要被重新解释和改变，给予我们教训和感动，有时通过文化享受来带给我们快乐的方式，与我们今天的生活相契合。在这里有人提出，有必要将对退溪的视线从退溪学扩张到退溪文化，探索退溪文化的现代意义和用途。这是将退溪文化打造成"现在这里我们"的现代和日常化、大众化的课题。

二、退溪文化的现代化、日常化、大众化

传统文化不能脱离那个时代的大众生活，也不能停留在少数专家知识探索对象的学问层面上。现在我们传承的传统文化也是过去特定时期，根据社会的需要和要求，通过与当代社会的沟通和理解，重生为当代文化并在今天得以传承。今天我们也应该通过继承和消化继承的传统文化，生产出这个时代的文化，传给下一代。在这里，我们将以构成退溪文化的几个要素为中心，提出退溪文化的现代化、日常化、大众化方案。

（一）传统价值变成今天日常的价值

在阅读退溪的《言行录》时，让我们深受感动的是它作为一个理论，在实际生活中，实践具有儒学价值的贯知行合的态度。"禹性传"将师生退溪教的核心定义为忠信、笃实、谦虚、恭逊②，那就是退溪自己在这日常关系中追求并实践的。弟子郑惟一《日记》如下：

> 待人温顺谦恭，平易近人，其乐融融，敞开心扉与人交谈时，其内心豁然开朗。而且喜欢虚心向别人问话，并放弃自己的主张，学会听从别人的意见。人有一点善心就自喜，自己有一点过错，匹夫有言，改之

---

① 《朱子语类》卷八四，《礼》；"礼，时为大。使圣贤用礼、必不一切从古之礼。疑只是以古礼减杀。从今世俗之礼。"

② 《退溪集》，《言行录·教人》。

无吝。①

退溪这种对待他人的态度贯穿于亲疏或贵贱的交往对象之中。退溪说："对家里人以严肃来治理,以爱来交流;对下人以恩惠来抚慰,以威严来控制";"对文人或学生如朋友,以宽厚仁德来对待。"②"即使是年轻人,也把他指名道姓,不叫'你'。接送调停时守礼恭敬,入座后必先问其父兄好。"③退溪强调,这样的心性不仅适用于家庭成员和学生,也适用于生活在一起的所有人。

凡是君子,就是要对自己的父兄严加孝悌之理,抬高自己的父母以达到别人父母的地位,恭敬自己的长辈以达到别人长辈的水平。如《西铭》中的"父亲是天,母亲是地,百姓都是我的同胞"的意思,那么天下为一家,全国百姓为一人,凡天下年长者都是我一家的大人,怎能不以服侍兄长之心来服侍他呢?④

因此,退溪说:"在待人处事上,贵贱不分,贤惠愚钝,从未尽过礼,无论多么粗疏的客人来,都必须下到院子里迎接。从来不因德高望重而自傲,只在乡村里如此。在当官、以君代主、以下待民时,一贯主张敬爱民。"⑤

退溪在制定、实施礼安乡约的过程中,不顾包括金富弼在内的弟子们的反对,坚持"不管身份高低,都要根据年龄而坐"的主张,就是体现他对人的这种态度的事例。除此之外,孙子李安道请家中的女仆去当小儿子的奶妈。引用《近史录》中"杀死别人的子女来救活自己的孩子是非常不正确的"的话,表示拒绝,传到铁匠出身的弟子裴淳的轶事不胜枚举。⑥

在各种日常人际关系中,对退溪的一贯形象是无论地位高低,对见面对象都给予的仁爱之心。这是儒学追求的个人幸福和理想社会实现的核心钥匙,也是能带来今天我们社会可行的、有效结果的实践规范的核心。

我们都知道,在日常生活当中,我们感受到的心灵幸福来源于内心的满足,以及关心、关怀、尊重等对方给予自己的心态和态度。众所周知,内外接收到的情感则各占一半。在日常关系中,我们所经历的失望、不快、痛苦、愤怒等带来的不幸,都源于对方对我所表现出来的漠不关心、无视、排斥、蔑视。

---

① 《退溪集》,《言行录·资品》。

② 《退溪集》,《言行录·居家》。

③ 《退溪集》,《言行录·交际》。

④ 《退溪集》,《言行录·处乡》。

⑤ 《退溪集》,《言行录·言行通述》。

⑥ 《退溪集》,《言行录·家训》。

减少这种对待人接物等日常生活中的不幸感,增加幸福感是不言而喻的。即以真心仁爱之心和态度对待日常关系中的对方。而具体的实行正如孔子所说,从"自己不愿意的,对别人也不愿意的"出发。① 儒学从来不是追求宏伟抽象的真理,即通过询问我们在日常生活中遇到人和事物时应该做什么事情,来追求与他人的和谐生活。

重要的是,将儒学的价值和退溪的实践重新用"今天这里我们"日常人际关系的实践伦理来表现出来。为适应这种需要,陶山书院成立了儒生文化修炼院,每年以 10 万名各阶层市民为对象运营修炼课程,韩国国学振兴院也通过各种教育研修课程普及传统价值,特别是以青年大学生为对象的在线普及运动"青年书生"项目。

但可惜的是,除了这种传统价值的教育研修之外,在传统价值中,把今天所需要和适合的东西体现到日常生活的市民运动层面的组织化活动或项目非常少。根据孔夫子和退溪两人阐明并实践仁爱原则和"不求己者勿施于人"方针,制定符合实践纲领和条目,并开展符合各领域和职业种类的活动。其主体是青年儒道会、乡校等儒林团体或市民团体等民间团体,而不是地方自治团体等官员。

对此,发表者希望提出一个方案,就是将目前由庆尚北道主办、韩国国学振兴院主管的"宗家论坛"与此相关联,朝着新的方向运营。目前,宗家论坛仅限于一年一度宗家及儒林团体成员聚在一起,谋求友谊、宣传宗家文化价值的学术发表和以展示演出为中心的大规模一时性活动。即将这种一时性活动的宗家论坛常设组织化,执行上面提到的任务。为此,应该以有关宗家文化的重要问题为中心,设立分科委员会,将相关主题改编为持续讨论和实行的组织。例如,设立"礼仪分科、古宅保存活用分科、社会服务分科、传统家齐昌达分科"等,在各分科委员会中根据关心的领域和专业性、经历等赋予其作用,同时为了帮助他们提高分科委员会的专业性,让外部专家也参与其中。分科委员会根据需要随时聚集在一起,展开对相关悬案的讨论、长期的宗家文化发展方向相关问题的讨论和政策性对策的提出等相关活动。各分科委员会活动的成果要在每年一届论坛总会上进行报告和收集,必要时召开宗家论坛学术发表及听证会等,将成果发行成资料集,由论坛成员共享并对外普及,以此宣传宗家文化的价值,并作为有关宗家文化的政策资料。

---

① 《论语·颜渊》,"己所不欲,勿施于人。"

宗家论坛在宗家相关成员们的联谊图谋和传统文化与价值宣传方面更进一步，以宗家为中心进行保存，将传统价值转化为公共资产，并使其成为韩国社会需要的日常实践规范，起到提出并解决韩国社会面临的矛盾等问题的作用。宗孙继承传统价值，身体力行，是能够很好地履行教诲社会的老师职责的人。为了不让宗家论坛成为被选择的人们的封闭性聚会，也需要拥有自己的资历和先辈传下来的传统价值，走向社会实践的社会参与和服务活动。

韩国，特别是在退溪文化的影响圈——韩国地区的宗家是孝道、义理、自我复苏、清白精神等传统价值的温床。这种精神随着工业化带来物质价值的重视而被忽视，今天我们社会经历的诸多阵痛都是由于这种精神价值的消失而引起的。因此，宗孙们应该继承他们的先辈退溪及其后裔们为国家和地区社会共同体而履行过的传统，起到觉醒今天我国社会问题的重要性、提出并实现对策的作用。对此，有必要在宗家论坛成为枢纽之前以传统价值为基础，考虑制定并实行今天我们社会可行的实践纲领和条目，以及相应行孝、行仪、清白吏等针对市民的表彰制度等。传统价值的宣传和表彰事务虽然由部分机关和地方自治团体实施，在影响效果方面，可以带来最大的影响力并得到社会的关注，这就是宗家的宗孙成为主体实行的方案。

对于宗家论坛主体的传统价值日常化，应该考虑举办纪念宗家人物的写作大赛和运营文学奖。各宗家都把孝行、节义、清白精神上闪耀的人物作为先祖，纪念他们的精神，重温今天生活的方法之一就是举办以他们的意志和人生为主题的写作大赛。另外，在安东地区，聋岩李贤辅、退溪李滉、松岩权好文等因文学成果而声名远扬的人物，以及奖励相关精神的文学形象化的文学奖颁奖或创作基金的颁发，也将成为值得考虑的事业之一。

最后，举办由宗家论坛主办的相关学术大会和大众演讲会也将成为传统价值普及和日常化的方案之一。以宗家论坛为例，比起以专门研究者为中心的学术天赋，选择符合今天我们生活和大众现实要求的主题，举行大众性的学术大会和演讲会，可以为与时代沟通的传统文化的日常体现做出贡献。

像以上方案是将退溪李滉和他的后裔们追求儒学价值的核心——自我欲望的节制和对他人共鸣性关怀的认识，从过去的价值转换为现在的日常价值。另外，这些方案的传统价值将被重新诠释为反映当今时代要求的价值，并在我们日常生活中实行并体现出来。

(二)传统的山水之乐成为大众的乐趣

退溪李滉不是贫瘠的道学家。无论是在自我告白中,还是在学生对导师的记录中,我们都能发现他与圣贤留下的儒学经典一样,天生喜欢山水,是在山水间追求游玩乐趣的人物。据孙子李安道透露,退溪申请到忠清北道丹阳郡守的外职的理由中包含了对丹阳出色山水的喜爱。实际上,在担任忠清北道丹阳郡郡守期间,退溪在公务间隙到龟潭、岛潭等风景秀丽的地方游玩,兴高采烈地写诗。在成为郡守后,他开始往返于荣州和丰基之间,只能抬头望见小白山,并在梦里和心中奔走,直到40年后终于登上,并留下了《游小白山录》[①]。退溪对清凉山一生一贯的喜爱和游山就更不用说了。另外,退溪还经常在陶山书院前的濯缨潭与子弟或朋友一起乘船逆流而上,享受着苏轼的"前赤壁赋"中移步换景的风景。

金诚一记录说,老师在溪上建了一个"寒栖庵",在名为"光影塘"的莲花池种下了梅花和柳树,并在这之间开辟了三条路,山明水秀,犹如世外桃源。在那里,老师将书堆在左右,点燃香火静静地坐着,记录着他的样子。[②] 郑裕一也在退溪晚年建造了陶山遗址,并在此读书,他说:"偶尔在开花的早晨或月亮明媚的晚上,一个人乘小船沿着水湾上下,等到火尽时再回来。在心中品味着经籍,在溪山贴上红字,似乎没有对世界的想法。"

在道山风景的联作诗《陶山杂咏》的序言中,退溪对山水的爱表白如下:

> 俯视宇宙,瞻仰宇宙,如果产生兴趣,就会"盖上书,挂着拐杖出去观澜轩"观看浮友塘,登坛寻找节友社,在田里种草,在森林中摘花。有时坐在岩石上观泉水,爬上竹子望云,在钓鱼台观鱼,在船上接近海鸥,随意游来游去,遇到好景时,红香缭绕,尽情地游来游去,回家后安静的房间里堆满了书本。[③]

退溪在上面的序文中把世人追求山林和山水的宗旨分为"思慕贤虚,享受高尚的人"和"享受道义,养成心性的人"两类,前者担心被世俗玷污,与世隔绝,有时候与禽兽生活在一起。后者呢,快乐只是其表面,其根本追求是真正的道义,但道义越想得到却越得不到,不尽人意呀!尽管如此,如果一定要

---

① 《退溪集》卷四一,《杂著·游小白山录》。
② 《退溪集》,《言行录·乐山水》。
③ 《退溪集》卷三,《诗·陶山杂咏并记》。

在两种类型中选择的话,后者会更好。退溪是警惕像道家的隐士一样抛弃人间、埋在山水中的志向。后者是警惕山水之间游玩、与自然对象交涉是出于"义礼",和这是在警惕在"心性陶冶"这一意图性目的意识下追求的东西。通过"俯仰宇宙,产生结果,就盖上书本,拄着拐杖走出去"山水间徘徊的契机,"随心所欲地游来游去,遇到好景物,会自然而然地站起来,尽情游玩,再回到堆满书本的安静房间里"的情境,可以看出通过读书探索义理和山水间游走的兴趣对退溪来说,是极其自然的转变。在不亚于他探索性理说的成果的2000多首庞大诗作中,占据多数的山水自然风光和其中大奖的景致,这些诗都是他那种心态与自然对象相遇后自然而然产生感动的产物。

在退溪的嬉戏和交流中,"油然而生情怀"的快乐对象和空间以人文和自然的遗产留在我们身边并传承传至今。陶山书院景区内有郑宇堂,寺庙内有天然带,走到外面就会看到先儒或游玩的景观沿着洛东江展开,最后一个地点是退溪经常光顾并读书的清凉山。清凉山是退溪在幼年时期为了和堂兄们一起读书而来到的地方,他自己曾写过 55 首诗和一篇跋文,甚至说:"从小就跟着堂兄背着包袱,来往于这座山读书,简直无法估量。"现存的《陶山杂咏》和《陶山十二曲》等陶山书院内外和清凉山名胜的文学作品,生动地表达退溪在那里感受到并享受的快乐。特别是从陶山书院到清凉山的路线,在退溪死后,他的后裔们寻找"老先生"的足迹,缅怀老师并回味其感兴和情绪,成为留下遗产和旅程记录的圣地,增加了其人文的意义与文学的感性。这些人文、自然空间和景观等与退溪有关的文学作品,是今天大众休息和修养并存的新休养文化中丰富的传统文化资产。现在访问陶山书院只是为了观赏,追求行乐的乐趣,甚至只是停留在传达退溪的道学精神和意义上,却并没有能体会到退溪处处感受到的"油然而生情怀"的快乐程度。

这就是为什么在陶山书院考察中需要完善能够体验退溪山水之乐和文学感性境地的解说内容和开发项目。另外,我们还应考虑在一年中选择特定日子,在夜间也开放的方案,例如在月圆之夜"陶山杂咏"中开发参观低洼空间和对象的特别体验项目。有必要结合陶山书院到清凉山的美丽空间和景物与退溪及其后辈们的诗一起进行考察的项目。特别是清凉山,考虑到以登山为兴趣的人口广泛,需要强调遗产的意义,开发将退溪和后辈们的文学融为一体的遗产项目。为此,有必要考虑制作将自然地理信息与历史和文化相结合的人文信息遗产地图。它可以成为方便携带的小册子或小折形式的刊物,也可以成为登山手巾形式的地图。

（三）今天重振传统记录文化

退溪留下了包括专门著作类和文集在内的大量记录遗产，使我们今天能够理解他的思想和生活。在那些各种类型的记录中，我们特别关注的是大量的信件。退溪把向弟子、儿子和孙子等周边人传达性理说以及对生活态度和态度的教诲作为重要手段，那是他自己写的。其根据是编纂《朱子书节要》时对以下书信形式文章的效用性的理解。他说：

> 大体上，关于整本《朱子大全》来说，土地承载了万物，大海包容了所有万物，无所不在，但很难得其重点。但书信文各随其才高低，按学问深浅，看病用药，随物淬火。①

在退溪 58 岁那年，为了从自己的信中挑选出重要内容作为自我反省的镜子，还特意编了《自省录》。在序文中，退溪写道："我之前以学问的名义和多位学者朋友谈了很多事情。光是这件事就觉得很丢脸，但是我还记得收发的内容和交谈的内容，但我忘了些什么，我也忘记了一些事件。这不至羞耻的程度，但更接近于随意度过人生的怠慢，真是令人害怕。所以想翻开旧字箱，抄写遗留的信件放在桌子上，随时阅读，反省自己。"因此，退溪积极利用信函与朋友和弟子们进行学术讨论和子女教育。根据郑锡泰的相关研究，退溪的书信有寄给 190 多人的 3100 多封，比至今为止传出的 2312 首诗和其他 296 篇散文的总和还多 500 多封。②

在退溪的信中，包括儿子和孙子在内，寄给亲朋好友的信达 810 封，其中寄给孙子李安道的达 150 多封，寄给长子李俊的达 510 多封。特别是给孙子李安道（音）的信中，流露出祖父担心和勉励孙子的心情。对于信中记述的内容，郑时烈表示："把身在首尔的李安道作为自己的代理人，让他在各种事情上有所作为，积累了丰富的经验，使他对家里的大小事了如指掌，使他在日后成为家族的继承者这一方面毫不逊色。另外，他只是为了年幼的孙子而为人生的忠告者，在学问上的前辈作用上也没有疏忽。"

退溪的信对包括孙子李安道在内的子孙和弟子们的人性和学问的形成以及他们在世的生活态度的影响是巨大的。与在膝盖前面对面直接对人进

---

① 《退溪集》卷四二，《序·朱子书节要序》。

② 郑锡泰：《以书简为中心的文集出现》，《退溪集》；《关于退溪集诸异本的考查》，《退溪学论集》。岭南退溪系学研究院，2015 年。

行的教导不同,通过信函的教诲就像退溪在编纂《自省录》时所说的那样,从"读数诗反省自己"的角度来看,具有持续而深远的影响力。

在日常生活中,包括书信形式在内的这种写作文化值得重新修复。信息化时代,对我们来说,安慰和祝贺爱敬词、传达恳切的嘱托和爱心信函的传统几乎消失。仅在30多年前,因升学、入伍或就业等原因,父母、子女之间或相爱、思念的恋人之间、人生的前辈和后辈之间,通过书信和慰问文章进行互相问候、传达心意和交换信息的情况非常普遍。这样互相交换的文字被放置在箱子里,一直打开看,有时会作为反省整理自己,有时还会以全新的感谢之心来交流和感谢与他人的回忆,起到媒介作用。

随着信息通信技术的发展,通过电话和因特网发送的电子邮件代替了这些信件。不仅是电话通话和信息,信件内容也因为形式上的限制变得无趣。更大的问题是,由于这种媒体具有"挥发性"和"消失性"的特性,很快就会散去或消失,很难像在纸上写的信和文章会起到持续的作用。正因如此,在所谓的数字时代,要求写出模拟性的感性与形式的文章。不顾不便和麻烦,重新恢复以前包括信件在内的文字所具有的回忆功能。在送别仪式上,给从工作转移到其他地方而分手的同事写前别的文章,给建造住宅或购买新家园的亲朋好友写篇文章,保留传统雅趣,写上祝贺的文章。对于复原"收到后感到高兴、感到安慰,铭记在心、依靠它生活"的写作传统,包括退溪的信件在内的传统记录遗产将成为重要的契机。

在先人们留下的传统记录遗产中,还有一个值得关注的是牌匾。在退溪及其后代的生活根据地岭南地区,到处是他们生活的印记,研修各种不同用途和功能的传统建筑和建筑物,包括各种匾额。特别是韩国国学振兴院以捐赠形式收藏的550多块匾额,其价值得到认可,曾在2016年被列入联合国教科文组织亚太地区记录遗产,其中大部分都挂在了退溪及其后辈们痕迹的空间和建筑物上。

与其他文化圈不同,匾额文化在包括中国在内的东亚儒教文化圈内非常普遍。从文学作品和经典的句子中直接取名或引用建筑用途或居住在这里的人所追求的价值,赋予建筑物正面和各建筑的构成要素,从而根据其用途和价值,在空间中生存的就是匾额文化。

在今天,有必要让这种传统的匾额文化复活。包括庆尚北道新道厅主楼在内的各种附属空间已经考虑到其功能,注明了名字和匾额。安东市最近也按照庆尚北道厅的先例推进了此事,并且应该将其扩大到民间。在安东,城市再生事业正在如火如荼地进行。生活和经济中心转移到外围的新居住区和商业区，为共同发展的市中心注入新的活力。在传统聚落结构上，安东的书院、宗宅、楼亭等都是在外围，市中心传统行政空间内的邑城等多种建筑在日本帝国主义强占时期被破坏，现在重建那就更困难了。因此，访问安东的人们首次见到旧市中心地区时，看不到传统安东的风貌。

在旧市中心再开发中，有必要进行以商铺和住宅为对象的匾额文化复原事业，通过政策上的支持，改变"精神文化之都"安东的面貌。另外，在普遍化的居住空间——公寓中，除了识别符号"数字"外，还应同时挂上写有"居住空间中人们的愿望"和"生活志向"名字的匾额。在民间层面，作为制定并推进运动和实行的主体，地方自治团体有必要寻求从政策上给予支持的方案。与此同时，收藏着各种类型的匾额、拥有相关专业人才的韩国国学振兴院也有不小的贡献空间。

（四）传统空间变成日常的文化享受空间

在退溪和后辈们形成学脉和婚脉重叠关系而生存下来的地区，他们的古宅、书院、阁楼、斋舍等各种建筑与其他地区相比仍然完好无损。

在古宅，随着他们出生、长大、死亡的人生旅程，按照婚丧嫁娶的礼仪，来往于各种关系的人们讨论门庭和乡亲的大小事。在书院和乡校，会定期或不定期地举行演讲会并提供暂住的功能，实现为己之学和过去为研究学问的探索。楼亭中通过与自然同在的山水之乐，重新充实因日常学习而疲惫的身心，有时还祈祷能举行诗会、诗会等文学风流的聚会。斋舍是守护祖先的坟墓、谋求一族和睦的空间。而且，这些空间也是无数诗篇创作和创作的对象，也是运营地区共同体或为谋求友谊而举办各种契会、契术的场所。在这里举行的各种交流和聚会留下的痕迹包括文学作品，让我们了解到了今天我们的具体面貌。例如，安东地区从 1478 年（成宗九年）开始至今的友东乡的记录《牛乡启安》中记载了包括能动斋士在内的 5 个宗门中的斋士，在这些空间里轮流举行戒会的详细明细，在大山李相正背乡的高山书院举行的讲会记录是《高山讲会录》。

以安东地区为例，这些地方中的书院像陶山书院或屏山书院一样，常年有很多市民前来参观，也有像儒生文化体验院一样开设教育研修课程并加以利用的情况，但大多是除春秋盛事外，没有其他活动可去的地方。古宅的情况还算不错，不少古宅由主人居住或出租，通过古宅住宿等运营传统文化休闲项目。斋舍以安东地区为例,共报告 117 处,[①]大部分用于举行包括年中时祀在内的几场以门中成员为中心的活动。虽然被调查的大多数祭祀都是小规模,但其中不少祭祀具有一族成员多聚会的空间特性,像能够祭祀、太宗祭祀等具有相当规模的地方。从楼亭的情况看,安东地区约有 217 处楼亭存在,其中 30 处楼亭,大部分位于优越的自然环境中,具有很高的利用价值。[②]

在这些空间中,书院和斋舍是举办较大规模学术及演出活动的有效空间。考虑到书院本身的功能和空间因素,对申办人文学相关学术会议具有有利条件。分散在全国各地的人文学相关学会按季节定期召开学术会议,如果把这些学术会议与地区文化遗产考察联系起来申办的话,不仅能发挥这一书院本身的讲学功能,还能解决书院在年中大部分时间里都处于闲置的问题。

从楼亭的情况看,与出色的风景相比,大部分位于幽静的外围,因地理条件的原因,楼亭是利用率最低的空间,因此,潜在的利用可能性反而比其他空间更高。以安东地区为例,由于社会关系网和系会的传统,属于系会的现代性联谊会和交流会特别多。像其他地区一样,安东地区大部分都在市内的餐厅或会议室等地举行这样的聚会,从传统空间的日常利用层面来看,有必要研究引导这些聚会在楼亭召开的政策性支援方案。特别是文学、音乐、美术等艺术相关演出和聚会,只要有最低限度的照明和音响等支持,就可以在优美的风光中,使古人的风流韵味重现在今天。在安东市,首先可以考虑以下方案:首先以地区的楼政为对象,调查接近性、周边风光、空间特性等,选出适合小规模艺术表演和集会的候选地,然后接受每年次年度希望举行的文化艺术相关演出和聚会申请,经过一定的审查后选出。如果制作包含每年年末在次年度地区楼顶举行的文化艺术相关聚会和小规模演出信息的"楼顶文化活动月历",并作为在线和 ofraine 进行公告,不仅地区居民,就连来到安东感兴趣的游客也可以参与进来。

从市民享受文化的角度来看,地方自治团体提供或支持的大规模演出也是必要的,利用楼亭,激活市民自发主办并参与的小规模艺术演出,打造市民新模式的"草根演出文化",这也将成为安东地区值得尝试的传统文化日常化和大众化的方案。

（作者单位：韩国国学振兴院）

---

① 安东民俗博物馆,"安东的斋舍 1—4"。

② 安东文化院,《安东文化》7。

退溪学的现代意义和价值

——以理的能动性理论为中心

◎ 张允洙

"理"是性理学的核心概念。集成性理学的朱子也强调理,退溪及其后辈也展开理的哲学。退溪运用理的能动性理论,主张"理活物性",他的这种理论到后来被继承者用作道统的典据,相反被反对派学者批评为无理的余地。在这里,我们要考察主张"理"能动性的退溪哲学的理论特征,并思考其志向是什么。

一、理是什么?

首先让我们了解一下什么是理。字典的意思,理是形成者,玉是意思,里是音。这种形成结构意味着理比其他类似的概念形成得较晚。实际上,迄今为止,发现的甲骨文和金文中找不到"理"字的用例。到宋代为止,与理合二为一的概念"气",其先例在甲骨文和金文中均有发现。原来"理"指的是石头或玉中的"结"和"条理"。因此《说文解字》中把理解释为"修玉"。①就像珠子里有"结"一样,人和社会里也有"结"(原理、法则、规则、条理),其中蕴含着利用这一点好好治理的隐喻性想法。清代的段玉裁对"理"这个词表示:"是分开的意思。玉是极为坚固的,但沿着其纹路加工就不难制作器物。"②说明

---

① 许慎:《说文解字》:"理,治玉也,从玉里声。"
② 段玉裁:《说文解字注》,"理"条注解:"是理为创析也。玉雕至坚,而治之得其能理以成器不能。"

"理"有"应该如此"和"自然会如此"两种意思，[①]在哲学立场上，前者的意义是中心。

理字在周代的古书《诗经》、《左传》、《国语》中可以找到用例，在更远的后代形成的《孟子》、《庄子》、《韩非子》、《礼记》等中也偶尔出现，但并未被作为重要的概念加以提及。正式使用理为哲学概念的是佛教，其中还有华严宗。那就是"以法界"、"以事爱法界"、"无理事无事法界"的理念。[②] 在儒学中，理成为核心概念是到了宋代性理学时代。性理学是在里边寻找世界秩序。"理"不仅适用于人类，也适用于自然事物。在东亚儒学的历史上，对理的理解大致分为两种立场。首先正如包括朱子和退溪在内的多数学者所主张的那样，无论以何种方式，理都具有"有影响"的力量，在逻辑上处于领先地位。这种想法甚至可以理解为在某些情况下，理就像一个宗教神一样。另一种是，基论者的主张具有代表性，根据他们的立场，理只不过是一个属性，属于内部条规、规则、秩序等概念。其中一些极端的学者强烈批评理学专政性，而清朝戴震就是典型的例子。他反问说，人犯法死有可怜之嫌，但被理犯法死到底是谁有可怜之嫌，对朱子学理学的"虚构专断"进行了严厉的批评。

像这样，"理"字的使用范围和用例非常广泛。自宋代以来，在东亚社会，儒家知识分子展开自己的理论时，经常使用这一用语。对"理"概念的追踪最终会如同写东亚近代思想史一样。[③] 因此，在提到"理"的时候，一定要有"谁的理论"和"某种脉络"中使用的概念等具体限制。在儒家哲学中，理虽然比气更抽象，思辨性概念的特征较弱，但和气一样，具有系统地理解人类、世界、自然的"世界观"的性质。

二、对于朱子的理相关理论

很明显，北宋时代先驱儒学者的思想对朱子理论的形成产生了很大的影响。但是除实现朱子学派渊源的程伊川之外，其他学者对朱子学具体产生了何种影响，目前尚不得而知。但是以气哲学家而闻名的张横渠对朱子学的形

---

① 沟口雄三：《外除金锡瑾和石根》，参照《中园思想文化事典》，民族文化文库，2003 年，第 75 页。

② 李东哲外编：《21 世纪的东洋哲学》，2005 年，第 63～70 页。

③ 参考《中国思想文化事典》，第 87 页。

成产生了很大的影响。

张横渠希望通过气哲学克服道家思想和佛家思想的世界观。但正如张横渠所说，一切反正都只能回到不散的境地，这样的话，我们哪有积极谋求自己人生的必要性呢？这显然是张横渠气哲学的局限。像这样，张横渠的气哲学本身就具有明显的优点和局限性。朱子虽然认识到了张横渠形而上学体系的重要性，但同时也清楚问题的所在。看来这种问题意识对朱子学的形成做出了相当大的贡献。朱子改善张横渠哲学的盲点。首先他想把不变的存在理由和目的加入团结、分散的情绪中。① 他将这种存在的理由或目的称为太极或理。

形式上，朱子的思想由理气二元论组成。他把程伊川所说的物以己相理解，与理对峙，在人类的行为和自然中都展开了理与气理论。他"从经验上"把握了可以迟到的一切（形而下），把气的作用和运动规律及气的秩序理解为形而上学。② 因为朱子有理、有气的同时，认为气的流行，可以发育万物。朱子的这种想法是主张"存在"而不是"作用"。对于朱子来说，与其说是真正的"力量"，不如说是宇宙形成过程背后的"理"。从严格意义上来说，理并不是活动作用，而是奠定创造过程的"存在根源"。也就是说，理作为"统一指向性"和"实践适应力"，两者之间是分工的关系。③ 朱子眼中的概念上特点就是理的"形而下"世界中存在的事物、自然事件和现象区分开来，这无论如何都只不过是"形而上"的三个系。

对于朱子来说，理决不会改变，只顾贪念而已。但是将这种朱子的理哲学运用到道德价值领域时，就会产生问题。如果按照主人的观点，理就是人的本性，理就是人的自我实现，即人本性的幸福就是道德人性的最终目标，那么理本身是否有能力实现这样的道德目标呢？早先朱子主张理的无为，"理没有什么感情，没有算计，没有炒作，气聚合起来就是理。如果理只是叫'干净空旷的世界（净洁空间）'，而没有面貌或痕迹，无法操作，那么气就会变化，

---

① 姜信柱：《哲学 vs 哲学》(2010 年)，第 667～668 页。

② 沟口雄三：《外除金锡瑾和石根》，参照《中园思想文化事典》，民族文化文库，2003 年，第 82 页。

③ 杜维明：《退溪对朱子学的独创性解释》，《退溪学研究论丛》9，庆北大学退溪研究所，1997 年，第 91 页。

团结起来生出万物。有气在,理就在其中"①。即他否定了理的运动性,认为具体的万物生产能力只有气力。那么,究竟无为的理怎么能在道德世界里自露头角而行动起来呢? 这就是问题,而退溪哲学的优点是在这些问题上发挥力量。

三、"理之能动性"理论及其在退溪哲学的意义

(一)退溪学和明代初期朱子学的关联性

退溪时代相当于中国明代中期,这个时代中国思想界的思潮清一色是阳明学。包括退溪在内的大部分韩国性理学家们对此持批判的态度。② 但是大约在一百年前的明代初期,中国思想界的主流是朱子学。从当时具有代表性的性理学者的思想来看,就好像看到了退溪哲学的特征,两者具有很强的相似性。虽然很难准确分析退溪从这些思想中具体受到了哪些方面的影响,但是从外在流露出的思想相似性与明朝的知识交流史,可以推测出退溪从明朝初期就开始受到相当大的影响。③ 特别是在退溪的思想中成为核心的"持敬论"、"心性的道统论"、"理发论"等,很有可能与明代初期的学者在学问上有所联系。但一些学者试图将退溪的哲学,受到明代初期朱子学者的思想影响这一事实本身予以否认或最小化。有些人误认为受到影响的事实本身会对退溪哲学的伟大性和独创性造成很大的伤害。但是任何哲学家、任何思想都无不是时代的产物,无不是思想史上的交织物,退溪哲学也是如此。退溪的伟大性与其从"最初"或自主的"创案"的意义上寻找,不如进一步深化和综合朱子学的基本理论,从一生都在实践朱子学的全人格中寻找它。因此著名现

---

① 黎靖德编:《朱子语类》卷一一,《理气上》《太极天地上》:"理却无情意,无计度,无造作。只此气凝聚处,理便在其中。……若理,则只是个净洁空阔底世界,无形迹,他欲不会造作,气则能酝酿凝聚生物也。但有此气,则理便在其中。"

② 这些事实很清楚地表现在李廷龟《大学讲语》中。该书是壬辰倭乱时来院的明朝平简略宋愿昌的"年门招置的春坊学士李廷。这是一本编辑了《情》《桃梦》和明朝军官的演讲内容的书。当时明朝的军官们站在阳明学的立场上,理解'大学',而我国学者则从朱子学的视角来解释'大学'"。

③ 退溪的高弟月川始穆说:"经常看着薛瑄的《银书线》,他一边看着一边亲手把其中重要的话弄圆放在桌子上。《神道碑铭序》)亲手把其中重要的话缩成一圈放在桌子上。"从这些记录可以看出,退溪自己也在明代初期接近了朱子学者的著作。

代中国哲学者杜维明表示："退溪是朱子遗产的真正继承人。在中国学者中，可以与之相提并论的是被称为明代最早的儒学者薛瑄。但是设计与退溪比较只是出于思想的纯粹性，并不是深度和广度的意义。谁也没有表现出像退溪所取得的成就一样，对朱子一代综合体系的应对其毫不逊色。"[①]

(二)理动论和理发论

朱子学的根本体系论关联理气二元论，但是重点是到哪儿为止是理，退溪学的特征也是如此。对于退溪学来说，与朱子学相比还更加强化了理。尤其在退溪哲学的深性论上，"理的强调"更加突出。[②] 退溪将四端七情的问题与通过理发的人性论相结合，精密地运用于心性的概念分析和解释上，这成为在后代韩国儒学的思想史潮流中，比起宇宙论，更致力于心性论的契机。作为退溪哲学的特征，最受瞩目的一点就是强调了"理"。退溪以强调理的方式主张理的优越性，并主张其真实性和能动性。因为要想从根本上取得优越性，理必须是实在的，如果是实在的，就应该是能动的。但问题是跑者的理论。因为退溪如此尊重的候选人，否定了理的运动性，认为具体的万物生产能力只存在于器皿中。而朱子认为理是普遍的，所以认为其没有感情、没有想法、没有行为。[③] 那么，退溪主张并非单纯的物化、死物化的理，而是"直接"移动具有能动性的理，这种理论与朱子的主张相冲突。怎样解释无为的理在道德世界中凸显起来，是退溪哲学的课题和特征。退溪的哲学在这方面发挥优势。退溪不仅是朱子哲学的忠实传达者，也是独创性的解释者。[④] 他通过自己的解释法，独创性地发展了朱子的哲学，这在主张理的能动性部分中得到很好的体现。

那么退溪如此强调理和其能动性的理由是什么呢？退溪强调理的真实性就是要强调道德生活和行为的意志表现，即退溪把理作为客观依据，认为在世界中间充满了善意志。他认为这种善意不仅在宇宙，在个别人的内心也

---

① 杜维明：《退溪对朱子学的独创性解释》；《退溪学研究论丛》9，庆北大学退溪研究所，1997年，第91页。

② 安秉柱：《退溪的学问观》，《退溪李滉》，艺文书院，2002年，第161页。

③ 《性理大全》卷二六，《理气一》"总论"："益气，则能凝结选作，理却无情意、无计度、无造作，只此气凝聚虑，理便在其中。"

④ 杜维明：《退溪对朱子学的独创性解释》，《退溪学研究论丛》9，庆北大学退溪研究所，1997年，第95页。

给了一个客观的道德依据,所以①我认为这就是理。因此,退溪认为,体现这样的道理才是所有存在的责任,也是世界存在的理由。

退溪主张理的能动性,使用了多种表达方式,其中最多的是移动、理勤、理发、理道的表达方式。如果一定要区分三种用语,移动从存在论的角度,理发从心性论的角度,理到从认识论的角度来使用。在这里,移动和理发是为了主张理的能动性,具有共性,而且存在论和心性论具有相互联系性,所以没有必要用不同的概念来区分。但是"意图"有必要与之前的两个用语区分开来,因为移动和理发是为了强调理的实在性和优越性而使用的,前提是理和气的对立。反之,以认识主体和客体的对立为前提,提出了物理的"能自度性、能自到性",所以与前面的情况一脉相承。先来看看移动和理发。

关于"移动"的问题,到底是"理"是"动"的存在,还是"静态率"的问题,基本上是形而上学的特点。但是这个问题对社会伦理及道德自我提高也具有广泛的意义。这里最基本的争论点是,最终的实在只是"存在",还是同时具有"作用"的功能。如果最终地实在只是存在而不是作用,那么最终的实在能否成为具有创造力的存在,就产生了疑问。如果最终实在是没有创造力的话,宇宙的产生就会丧失其本体论的地位,"理"作为人类的本性,为了通过道德修养来实现自己,就必须被其他任何存在赋予活动性。其结果,道德性不是自律性的,而是他律性的。正如前面所述,跑者定义理和气,说明"理"没有活动能力。但是朱子的这种解释方式,稍有不慎,就会让人把理单纯地当作气的内在规律性。

如果理被称为"气的法则或原理",那么在解释人类的心灵时,将遇到比解释自然世界更大的困难。也就是说,如果人的心和精神也只不过是"气"的作用,就很难对我们的想法和行动做出道德性的判断。我们在自律性上很难确保可以做出好的想法和行动,相反也是可以做不好的想法和行动的根据。"理"和"气"是存在论的主要概念,"性"和"情"或"四端"和"七情"是"心性论"的主要概念,但"性"和"情"、"四端"和"七情"也是根据"理"和"气"的概念。因此退溪说:"人与万物在出生时,天生的性都是天生的理,天生的形体都是天生的气。"正如宇宙由"理"和"气"构成一样,人也由"理"和"气"构成。② 他将七情作为气质结合进行说明,以区别于仁义、礼智、仁义、机智的流露——

① 尹天根:《如何看待退溪哲学》第 2 版(世界,1995 年),第 220~221 页。
② 李完宰:《退溪的人间观和退溪李滉》,艺文书院,2002 年,第 131 页。

"四端"。

孟子曾说人的本性是善的,他主张道德的完成欲望不是通过经验知识获得的,而是通过人性的自发表现,从内在产生动机。四端就是人类本性的"胚"和"芽"。四端不是道德性的潜在状态,而是"如火焰初燃、泉水初涌一样",内部发生的活力力量。实现人类完全存在的真正可能性的力量是"如果填满这个空间,就足以保护世界"①宇宙的潜在力。但是这一切都取决于"理"作为自律性中心,能够不断为人类和自然的生成注入活力,并生发骨髓的"理"。

所以退溪说,学问之路不管其气质是否天生好,只取决于是否清楚天理,能否完整地实践天理。退溪表明学问的终极目的在于领悟天理并付诸实践。正确认识和实践天理,那就是"道德"。如果说人类的目的在于实现这一道德,那么退溪的人类观就是"道德的人类观"。② 因此可以说,退溪庞大的性理理论最终目的是查明人类的道德根据。对于他来说,人类的道德根据是出生时从天而降的理,即性。退溪哲学的性理论就是源于这样的信念。众所周知,他通过与高峰奇大升的书信往来,展开了四端七情的论辩,通过此论辩可以整理出自己的心性论体系。退溪并不只关注朱子的教说的理论层面。他不仅关心一般的道德行为,对某种特定政治形态,对书也有着明确的界定标准。不仅是"真理",连"实效性"也是退溪关心的领域。③ 他不仅仅是朱子学的信奉者,还表现出了明显的独立性。可以说,退溪主要关心的是通过将人心转化为道心的总体努力力来"拯救世界"。④ 所以他说:"高官大爵不是我想做的事,只想安安稳稳地住在乡里,希望善良的人越来越多,这不是天理吗?"⑤ 这样的诗也是有的。"希望善良的人多起来(所愿善人多)"的愿望就是通过努力把人心改变成城市中心,与拯救世界的渴望相通。退溪在与高峰的争论中让步了很多,但对于自己将善恶根据分为理和气的根本立场,他始终没有让步。退溪之所以在这方面如此坚持自己的主张,是因为他想通过明确理的

---

① 《孟子·公孙丑章句上》:"苟能充之,足以保四海。"
② 李完宰:《退溪的人间观和退溪李滉》,艺文书院,2002 年,第 135～136 页。
③ 杜维明:《退溪对朱子学的独创性解释》;《退溪学研究论丛》第 9 辑,庆北大学退溪研究所,1997 年,第 79 页。
④ 李滉:《退溪集》卷一,《和陶集饮酒二十首》(其二十):"圣贤教世心。"
⑤ 李滉:《退溪集》卷一,《和陶集饮酒二十首》(其十九):"高蹈非吾事,居然在乡里,所愿善人多,是乃天地纪。"

独立性来确立道德的根据。① 退溪在弟子金就礪(1526—?)对四七理气论产生疑问后,强调高峰最终也顺从了自己的立场,并强调"四七理气之辨,至今没有疑点,这是什么原因呢? 高峰以前也怀疑那个说法是错误的,所以极力排斥,但最近从湖南发信后自言自语,说'仔细地参究之后,这才明白没有错'。然后制作了《总说》和《后说》分两篇寄来了。因为这句话出自正中,所以认人的眼光已经变高了,不主张成见,而是超然处之,能获得光明和广阔的境界,就如是"②。

（三）理到论

理到论和理动论、理发论一样,也是强调理的优势性和能动性的理论。但是,理到具有可以与移动、理发相区分的特征。移动是为了确保理对己的优越性,而理发是为了强调七情(气)的四端(理)的优越性,因此形成的概念或理到是在讨论认识的主客问题时产生的。即"理到论"是指认识对象的"理"和认识主体的"理"合二为一,从而建立认识主体的"理"理论,也就是说,不仅是认识主体的"理",就连认识对象的"物理"也包括在内。所以理动、理发的用例和理道的用例是两码事。

在格物的过程中,退溪的立场是理到达自己人生最后一年的书信中明确地阐述了出来。如果想正确理解退溪认识论的特征,首先应该了解朱子的格物论。朱子主要将认识格物的过程比喻为"镜子",寻找在特定事物中内在的"理"的最典型表现是"心静则理明"。以这种方式被大家所熟知的"理"就像影像图像一样,只有在镜子明亮时才会出现。但是根据退溪的想法,理的出现让人类认识了自己。如果能戏剧性地表达这种退溪的主张,就可以说在心理的认识功能和这种认识的努力中,"理"的积极参与是充满活力的。

理动是主张理对气的优势,而理发是主张对感情的道德性优势,两者具有相似的意义。但是理也该和四端七情的论辩区分开来,这是与退溪晚年之前的讨论不同而展开的又一场辩论中产生的。简单地说,理到并不是出自理和气,也不是出自四端七情的对立格局,而是来自认识主体的理与客体的理

---

① 李完宰:《退溪的人间观和退溪李滉》,艺文书院,2002 年,第 136 页。
② 李滉:《退溪集》卷三〇,《答金而精》(丙寅年):"四七理气之辩,尚不能无疑,何耶明彦旧亦疑其设之谬,力加排摈。近在湖南寄书来,自言子细参究,始知其非误。因著总说二篇来,其言粹然一出于正,乃知人眼目既高,不以先入为主,而能超然独得于昭旷之原如此。"

之间的对立。

从这些言论中可以看出，退溪虽然接受了高峰提出的问题，在"理发"上战胜了"气随"，可见他的本意仍然在于"四端是理的发表"。也就是说，理到不是理和气之间的问题，而是理和理之间的问题产生的概念。退溪只认为认识主体的"理"掌握对象，但高峰指出，认识主体的"理"可以"自知"。那么，认识对象中的"理"能够自己做到这一点，在什么层面上可以理解呢？虽然这一主张有些不同，但这里有必要提及"宗教背景"。退溪虽然支持朱子理学的形而上学，但并没有完全放弃具有宗教超越性的"天的观念"。对他来说，宗教的超越性并不是哲学上的理性，而是一种宗教上的感性。[①] 退溪被中国新儒学者赋予了宗教性质褪色、形而上学原理性意义得到强化的理的概念和"能动性"。他主要从原理和道理上理解了理的能动性意义，但到了晚年，受到高峰的指点，重新确认了《大学讲义》等经典，结果看到了理概念的"宗教性"、超越性和实在性。因此，退溪以现实、具体、生动的意义，将朱子学中只作为原理提出的天与理的存在带入了我们的生活中。至此，退溪学的另一个中心"敬"，超越了不单纯地关注其他事情，消极地"主一无适"的意义，以"敬天"之意扩张了地平线。像这样确信理的活物性，强烈主张能动性的话，最终会对超越性存在性的"宗教性"方面产生关心。但退溪的这种宗教倾向只停留在确认其"宗教感受性"的程度。

（四）理的能动性理论所具有的指向性和意义

退溪说虽然当时中国占主导地位的知识潮流对朱子哲学非常批判，但他还是"重新发现了朱子学的价值"。他不仅重新找回了《朱子语类》中包含的意义，而且他所形成的思想体系比朱子原来的思想更加成熟和发展。[②] 退溪首先将世界解释成理气二元，理气既有不同又相互依存的关系，意味着气动的根源法则，气作为形质的存在，根据理气法则具体化。像这样，退溪在主张二元论的同时，在更根本的层面上明显表现出了以"理"为中心的倾向。他把表现为太极或理的形而上学者视为人类善良本性的终极根源。这就意味着退溪的学问在"人类学"方面具有其特征，从而提高了人类的尊严。

---

① 查尔斯·傅：《作为朱子学继承者的退溪哲学的独创性》，《退溪学研究论丛》第9辑，庆北大学退溪研究所，1997年，第112页。

② 杜维明：《退溪对朱子学的独创性解释》，第96～97页。

但是把退溪学理解成人类学的时候,理概念比气概念更有用。退溪哲学是站在儒学的道德主义的脉络上,追求理的自发性,即立足于道德客观主义的自我完成境界。即退溪具有将世界的存在形式和理由以道德主义为基础进行明确奠基的意图,从这样的意图来看,强调"理"比强调"气"更正当或有用。而且以这种退溪的方式,最具戏剧性地表现儒家道德世界观精髓的思想就是理的能动性理论。主张理的能动性,归根结底是主张理的实体性,这是认为道德是客观的,认为道德生活和行为是有意义的意志表现。① 即退溪赋予随机无作为的"理"主动性,通过四端七情强调"理"的能动性,其意图在于唤醒作为善良的本然性、本然性的"理"的本有和自发性的"发觉"。②

朱子认为,"理"之所以然"理"之体,因"理"之所当所需然"理"之用而更有价值。这些想法在退溪这更加具体。退溪认为,人类的所以然是人间的所当然,其价值极大化,只有履行这种能发能生的所当然的道理时,人间的道路才会被打开。像这样,退溪的哲学立场是重视所当然,即价值和伦理,他通过自私、互发论、互动论,区分了四端和七情,关注了道德特殊感情和一般感情的"价值区别"。正是在这样的背景下,退溪将四端的根源地放在理,七情的根源地放在气上,强调了理的主动性自发性。③ 如果把这种退溪哲学的倾向性与栗谷哲学的倾向性相比,其意图更加明显。退溪主张理的发用,其本来意图是价值论的观点,但是栗谷不承认理的发用,因为从存在论的角度,不承认形而上者的发用。退溪是为了尊扬作为天理的理,警惕气的欺骗,但栗谷希望通过气的变化来守护理的善。④ 退溪真正关心的是如何才能让善良的人越来越多,以及怎样才能实现道德的社会。他就是在这种脉络下,赋予道德和良心的根据理活动性。"人类"的概念本身既有事实、技术、事迹、叙述的,也有理想、规定、逻辑的。⑤ 在儒家哲学中,"君子"的概念是理想的人类观,也是人的存在方式本身。不仅是要达到目标,还是要为了达到理想的目标而不断努力。理也一样,"理"是性理学的理想价值观,同样是人类需要不断努力

---

① 尹天根:《如何看待退溪哲学》(第2版),《21世纪的东洋哲学》,乙酉文化史,2005年,第221页。

② 李相宜:《四七论辨对说·因说的意义》,《退溪李滉》,艺文书院,2002年,第326页。

③ 黄义东:《退溪和栗谷的哲学精神》,《哲学研究》第107卷,2008年,第403页。

④ 黄义东:《退溪和栗谷的哲学精神》,《哲学研究》第107卷,2008年,第404页。

⑤ 新五贤编:《人类的本质》,萤雪出版社,1980年,第45页。对人类的概念,栗谷定义与退溪相比,相对更具有"事实记述的"的性质,而退溪的视角则比栗谷更"理想规定的"。

达到的价值观。就在这点上，需要理的能动性理论。

当为了想得到道德性，必须先了解事实世界，即存在的世界。在这里，出现了存在与当为、所以然之故与所当然之则、事实与价值、理论探索与道德实践、认识论与伦理学相互对立的儒家哲学的理想。这种理想如果站在西方哲学的分析框架中，可能会被指出是二律背反式的逻辑混乱，[①]但在人类尊严的大前提下，对于认真地思考"应该怎样生活"，并想要在生活中体现这种想法的他们，现在仍然具有相当的意义。

四、退溪学，圣人之指向学问

在《孟子》之前的儒家经典中，认为"圣人"的境界是普通人很难达到的，也是现实的。但孟子认为，这样远的圣人境界通过人类的努力是可以实现的。每当他说本性善良时，他就会称尧舜帝，并强调他们与我们的本性并无二致。所以他引用成觊的话说："那些圣贤也是人，我也是人，我怎么能怕那些圣贤呢？"又引用颜渊的话说："舜王是怎样的人呢，我是怎样的人呢？做伟大事情的人也等就于舜王。"[②]朱子评价说："孟子当时的人们根本不知道本性是善的，所以凡人努力后无法达到圣人的境界，而孟子认为圣人和凡人的本性本来相同，所以通过后天的努力可以达到圣人。"[③]孟子对圣人的这种想法对中国宋代的新儒学，特别是朝鲜朝的退溪学产生了很大的影响。

被誉为宋代新儒学先驱的周濂溪在《通书》中写道："学习圣人的境界，能到达吗？答：道：可以。"[④]并"宣言"后天的努力才能成仁。在这里，学问的目的是从出身等世俗的"价值"转变为以圣人为目标的"道德价值"。

在退溪哲学中，理的能动性理论就是在这种背景下起步的。一言以蔽之，退溪的学问是在任何人都可以成为圣人的信念下，诚实地为成为圣人而努力，是面向成年人的学问。在退溪里，理是本性的善根据，强调确保善本性

---

① 新五贤编：《人类的本质》，第291页。

② 《孟子·滕文公章句上》："成觊谓齐景公曰：彼丈夫也，我丈夫也，吾何畏彼哉。颜渊曰、舜何人也，予何人也？有为者亦若是。"

③ 朱熹：《孟子集注》，《滕文公章句上》："时人不知性之本善，而以圣贤得不可企及。故世子于孟子之言，不能无疑而复来求见。盖恐别有卑近易行之说也。孟子知之，故但告之如此，以明古今圣愚本同一性，前言已尽，无复有他说也。"

④ 周敦颐：《通书》，《圣学》："圣可学乎？曰：可。"

的道德自发性就是理的能动性理论。如果将理看作是事物,那么就很难学为圣人的主体性活力。退溪七十年如一日努力的境界,以及想要成为圣人的努力,都是不可或缺的。所以在退溪哲学中,所谓"理",与其问"理是什么",倒不如好好品味一下"通过理想说什么"。"理"的能动性理论也一样,如果只局限于"有理在动"这句话的事实性和逻辑性,很难猜测退溪的本意。应该深入思考退溪一生所期盼的是什么,以及他为了实现这个愿望主张了什么理论。

(作者单位:韩国大邱教育大学)

退溪学的教育性使用方案

◎ 李贤智

一、前 言

今天人类正面临着第四次工业革命的新时代。由于第四次产业革命将全面改变人类的生活及其急进的变化速度，成为人们主要关注的对象。第四次产业革命以迄今为止人类文明物质发展的成果为基础。无法预测终点的科学技术发展为人类提供了丰富的生活基础，也给人类从成为生活中心的劳动中解放出来并获得新生活的机会。

面对这样的变化，人类究竟是将这个机会变成迈向新时代的契机，还是因破坏性的选择而走向自取灭亡，尚不得而知。这个选择可以说掌握在人类的手中。面对第四次工业革命的时代，人类为了做出明智的选择，应该有反省人类本体性和世界观的机会。最近，包括学界在内的社会对第四次产业革命的关注度非常高。如此关注第四次产业革命的理由是什么呢？

第一，第四次产业革命已经对人类的生活产生了影响。人工智能在韩国的日常生活中随处可见。另外，我们不难接触到提供信息的单纯功能的机器人，以及能够识别人类感性的机器人。① 人工智能时代已经成为现实，由此引起了生活的迅速变化。在第四次产业革命加速进行的对未来的预测中，最令人类不安的是职业市场的缩小。在第四次产业革命的研究报告中，对将发生

---

① 《走向剧场的机器人，面向人类的心》，《时事杂志》2017 年 9 月 28 日。

变化的职业市场和将被机器人代替的劳动市场的分析层出不穷。①

第二，第四次产业革命所产生的波及效果将超过人类的想象力。专家们一致认为，由于第四次产业革命的结果，人类无法预测所面临的变化世界将会是什么样子。② 因为产业革命的不可预测性，人类应该有怎样的规划，应该做怎样的准备，并没有答案。另外，不可预测性也是造成人类对未来不安的原因之一。在这种情况下，对未来社会如何规划是一个重要的话题。"未来不是等来的，而是创造的"，对未来社会的预测从这个意义上来说是具有价值的。

第三，随着技术的发展，人们提出的生活变化要求支配现代所有模式的变化。因为支配现代社会的现有模式不仅具有无法接受变化的结构性局限，而且如果执着于现代这一框架，就会因为不符合时代的世界观和价值观，把人类引向不幸。在范式变化的要求中，成为变化的核心争论焦点是教育。对第四次产业革命和教育的各种研究不断涌现，要求教育新模式的论点日益突出。③

本文首先将分析面临第四次产业革命这一时代变化的现代教育的现状。其次，我们将在退溪思想中分析能够培养符合第四次产业革命时代要求的人类型人才的人性教育，以及解决其开放性和信赖的方法。最后，我们通过这些来阐明退溪思想被用于第四次产业革命时代的人性教育的意义。

迎接第四次工业革命时代，我们可以在教育方面探索各种方法。本研究想要在退溪思想中寻找其解决方法的理由，并不是想讨论只有退溪思想才能成为解决方法。本研究的目标不是探索解决方法是不是退溪思想的问题，而是说明人类应该通过多样的关心和努力，探索对未来教育的答案。这里要说明的是，在第四次产业革命时代，特别需要对教育的重要争论点之一——人性教育的展望丰富地蕴含在退溪思想之中。

二、对现代教育的诊断

对于现代教育现状的评价，否定的一面占很大比重。韩国社会对教育的

---

① 朴英淑、杰罗姆格伦：《世界未来报告书 2055》，商务书刊，2017 年，第 144 页。
② Kevin Kelly：《Invitable 未来的真面目》，青林出版社，2017 年，第 10 页。
③ 李贤智：《儒家师生关系的超现代内涵》，《初等道德教育》第 45 卷，2014 年，第 417 页。

高度关注,迅速取得了现代化和社会发展的成果。相反,过度的教育热导致了私人教育费负担、以高考为主的教育、公共教育的危机等多种问题。实际上与教育相关的当事者们的不幸是反映现状的实际原因,而不是因成绩悲观、自杀或过度竞争导致的学生非人性化等严重问题。根据资料可以轻易发现韩国社会学生、父母、教师的不幸。

延世大学社会发展研究所利用联合国儿童基金会的《青少年幸福指数》问卷,以全国 7343 名小学、初中、高中学生为对象进行了主观幸福指数调查。结果显示,在 OECD 的 22 个成员国中,韩国排在第 20 位。主观幸福指数是以学生的"健康状况"、"学校生活满意度"、"生活满意度"等指标。在同样的调查中,韩国学生的物质幸福指数在 22 个国家中排名第二。物质幸福指数由"贫困家庭比率"、"教育材料和书籍拥有比率"等构成。①

虽然物质生活丰富了,教育环境改善了,但韩国社会的学生们为什么却很不幸呢?这可以从多种角度找出问题的原因,在正式研究中,首先应分析韩国社会现代教育的目标。可以说,现代教育的首要目标是培养具有社会所需要的劳动力和知识的人才。把"人类存在的意义"规定为劳动能力,为了占据有限的工作岗位,把学校变成了准备过程和竞争的场所。在这样的教育现实中,学生们被逼向竞争,成长为知识能力较强,但对共同体感性脆弱的现代人。

现代教育对教育应担负的使命没有明确答案,缺乏根本性的问题意识和指向性研究。现代教育的前提如下。

第一,现代教育是以"为占有有限资源的竞争社会"的社会结构为前提的。现代教育是像岛屿一样,被教育者作为分离独立的个体,通过教育积累更多的知识,培养竞争力。在用成绩评价学生并排序的教育环境,学生无法摆脱竞争。被逼入竞争的学生们很难培养出发现自己真正的价值、尊重对方的能力。

第二,现代教育是以支配现代社会的现代人类观为前提的。现在的人性观倾向于集中理解作为欲望而存在的人类。用这种现代的人生观去看待人

---

① "韩国学生 5:OECD 幸福指数倒数第一,贫困家庭比例等物质幸福是第二",《朝鲜日报》2017 年 5 月 2 日。

类,就会认识到"利己狂"这类人的存在。[①] 赋予满足拥有更多的东西和消费欲望的价值,成为发现人生真正意义的障碍因素。

第三,现代教育是以劳动的存在对人的绝对价值为前提的。现代人有在年薪或职业地位上确认自己存在感的倾向。失业或退休时,有时会失去生活的意义,有时甚至会因此而失去健康。现代人对劳动的这种盲目性价值赋予也对现代教育产生了影响,导致丧失教育指向的真正意义,将培养劳动力当作教育目标这种本末倒置现象时有发生。[②]

当然,现代教育在一定程度上实现了教育的大众化,对现代文明的建设和维持做出了巨大贡献。我们不能忽视现代教育在培养健全的市民、让被教育者内心化方面做出贡献的道德教育和市民教育方面所取得的成果。[③] 最近随着第四次产业革命的到来,教育发达国家已经开始尝试改变多样化的教育模式。

在德国和美国等地,将开发创意力、强化沟通能力、培养协作能力等作为教育目标,正逐渐成为现实。韩国也在进行创意融合教育、扩大前途教育、施行自由学期制、强化 digital 教育等多种努力。2016 年 12 月教育部发表的学士制度改善案,以扩大创意用合教育、提供远程授课为重点,这是为了应对正在全面进行的第四次产业革命。

但是,这些努力的共同点就是要提高对新时代的适应力,而不是积极培养引领新时代的人才。当然,在第四次产业革命完全实现之前,对于仍然受现代教育影响的当今学生来说,这种适应性的多样教育是必需的。但这不能成为新教育的一切,而且也不可能成为。

第四次产业革命预示着一个全新的时代。人工智能时代不是争夺有限资源的社会,劳动的意义会减弱,资源的意义也会发生变化。对于满足人类欲望的方法及其意义,也会出现新的观点。尽管如此,他们仍然未能摆脱旧时代培养具有竞争力的劳动者的教育目标。

在第四次产业革命时代,人工智能、互联网、大数据等将创造新的社会结

---

① 洪承杓、洪善美:《心灵的主体——Ego 和 Self》,《原佛教思想和宗教文化》52(2012年),第 220 页。

② 郑在杰:《现代文明与教育》,《庆北的儒学与儒生精神》,庆北宣比亚学院,2014 年,第185 页。

③ 李贤智、郑在杰、洪承杓:《作为心灵教育哲学的关于"主角"的思考》,《教育哲学》49(2013 年),第 190 页。

构。现代教育的目标和方法不符合新的社会结构。在现代教育中,实施学习更多知识和培养更强理解能力的学习方式无法适应变化的现实。搭载人工智能的机器人比人类背诵得更好、理解得更好、利用得更快。

在这样的时代教育应该承担什么?那就是培养符合第四次产业革命时代特征的人才。为解答这一问题,本研究将研究下列第四产业革命时代特征的人才培养思路:首先看一下根据第四次产业革命时代的特征,所要求的品德是什么。

第四次工业革命正在进行中。面对正在进行中的时代变化,人类应该具备怎样的品德呢?最重要的是对世界提出挑战性的、开放的认识。另外,第四次产业革命的结果,人类将迎来怎样的世界,具有无法预测的特点。

对未来的不可预测性会因恐惧或不安而破坏生活。在这种情况下,为了让人类未来创造积极的氛围,就需要社会成员之间的相互信任。通过这些努力,人类可以共存,通过合作创造更好的世界。

下一节从退溪思想中具体分析符合以上第四次产业革命时代特征的人性教育的智慧。对人性教育的概念性规定很有广度。根据人性教育所包含的目标,内容也多种多样。当然,最近教育界正在努力与人性教育振兴法的施行一起达成协议点,研究也在积极进行中。[①]

在这篇文章中,关于人性教育的概念将以自我反省的方面[②]和人类本性表现的方面[③]为中心。而且作为人性教育的主要品德,将以与第四次产业革命时代特征直接相关的开放性、挑战性姿态和信赖为中心,分析退溪思想。

三、修行的人生和充满挑战和开放的姿态

儒学强调修行的意义,即发现自己的过程。儒家思想认为,通过持续修行可以发觉人类的本性。在儒家生活中,修行是实现道学家人生的实践性方法。当然,也有不少人以儒学者们不通过政治实现自己的信念,只专注于内

---

① 宋贤珠等:《自我反省写作和人性教育》,《社会思想和文化》第18卷,东洋社会思想学会,2015年,第427页。

② 李贤智、朴修浩:《孔子教育的人间像和超现代的意蕴》,《社会思想和文化》第29卷,2014年,第192页。

③ 郑在杰、李贤智:《儒学的本性和脱现代教育》,《初等道德教育》第44卷,2014年,第413页。

部修养为由,对"实践性"评价提出了反对意见。这里值得关注的是,作为个人,儒学者追求在自己的人生中帮助并融为一体的修行人生,不能忽视其生活对共同体带来的积极影响和由此产生的实践能力。

具体分析儒家思想中提倡的修行生活,可以找到以下启发人类本性的意义。

第一,修行的人生目标是要成为圣人。成为圣人就意味着向往接近儒家的理想的人类生活。意思是持续地照顾自己的生活,关注"道"不脱离"道",并且努力生活在一起。这是对道德生活具有明确指向的挑战性姿态,具有为了达到理想的人类形象,想要发展自己的开放性态度。在《中庸》的下一段中,对儒家思想的帮助和成圣人的立场非常明确。《中庸》曰:

> 诚者,天之道也;诚之者,人之道也。诚者,不勉而中,不思而得,从容中道,圣人也。诚之者,择善而固执之者也。博学之,审问之,慎思之,明辨之,笃行之。

从儒家思想上讲,像上面所说的"圣人"是志向,为了成为圣人,要广学深问,慎重思考,光明正大,踏踏实实地去做。成圣人是一件需要付出巨大努力的事情,并不容易。因此,不顾一切地树立成为圣人的人生目标,怀着想要接近那个人生的方向生活,可以说是一种开放和挑战的姿态。

这种姿态在退溪的学问中也得到了很好的体现。张允洙对退溪学做出了如下评价:"只要学问的修行目的是模仿道德上最好的人类——圣人,实现最好的自我可能性,那么学问之路就是阐明心智先天具备的天理,并遵循此理[1]。"退溪就像朱子一样,把圣人视为最高理想,自己也为了达到圣人的人生目标,这一点充分体现了退溪学所具有的开放性和挑战性。

在儒家思想中,对人类本性,性善说和性恶说是对立的,但在立场的差异和儒家传统中,没有必要在这里讨论这些立场。但值得注意的是,性善说和性恶说的两种立场共同表示,为了像人类一样的人生,需要通过"执行者慎独[2]"、"礼与法的教化"等特别的努力。这就要求人们对自己的人生具有开放性的认识,追求变化的挑战意识。

第二,在儒家的修行生活中可以发现其不断的学习态度。学习是以对自

---

① 张允洙:《庆北北部地区的性理学》,深山出版社,2013年,第78页。

② 朴义秀:《儒家传统的人性教育》,《教育问题研究》第28卷,高丽大学教育问题研究所,2007年,第8页。

己生活的开放性和挑战为前提的。在退溪思想和人生中，其不倦的学习态度得到了很好的体现。不仅是退溪，儒家思想家们的修养学也表现出了对学习的姿态。退溪修养学是学界已取得丰硕研究成果的主题。这不仅是退溪学中的核心主题，而且退溪的生活离自己的理论主张并不遥远，因此更受到高度评价。下面让我们关注一下对退溪修养学的评价。

思维和自身精神也是存在和开放的努力。原来，人可以扩大自己的存在，也可以缩小自己的存在。存在的决定权当然取决于个人。说起来人就如己所愿。思维和自身精神就是在这种问题意识中不断开放自己的存在，使他人乃至万物都融为一体。退溪的修养学中的存在论意义就在这里显露出来。①

在上面的句子中，在开放性中发现了退溪修养学所具有的价值。包括退溪在内的儒家人士在实现自己人生中儒家道学的理想方面表现出了开放的姿态。我总是把成年人的生活作为自己人生的指向点思慕着，想要从日常生活中醒来并去实践。为了把自己的人生推向成年人的生活，他不断努力，不断奋发向上。在追求实现人类本性的儒家的传统中，很容易发现对于自我变化的开放性和到达理想人类的挑战性。退溪思想的闪光点也在于此。下面我们来看一下句子。

退溪的学问和人生观的基本及基础最值得敬重。他是用七十年写成经而付诸"赏践躬行"的学者。②

退溪学的教育指向了被称为圣人的儒家理想人物形象。另外，为了接近这种理想的人物形象，人没有停止自己人生的挑战，从人性教育的角度来看，这具有很大的意义。退溪的人生可以评价为，以不放弃透彻的修养和学习，彻底贯彻的有价人生之本。③

退溪在侍奉国王时，为了强调修养的必要性，希望其成为圣君，写了《圣学十图》。他通过发表《圣学十图》的文章《进圣学十图札》说，宣祖要成为实现儒教理想政治的圣君，必须努力做到心中有数。④ 像这样，退溪认识到向往修行人生的不懈学习态度，不仅是自己，也是任何人都要坚持的人生态度。

---

① 金起炫：《退溪的修养学》，《退溪学报》第 129 卷，退溪学研究院，2011 年，第 6 页。

② 张允洙：《庆北北部地区的性理学》，深山出版社，2013 年，第 76 页。

③ 朴义秀：《儒家传统的人性教育》，《教育问题研究》第 28 卷，高丽大学教育问题研究所，2007 年，第 8 页。

④ 金起炫：《退溪的修养学》，《退溪学报》第 129 卷，退溪学研究院，2011 年，第 6 页。

四、对人其根本的信任

退溪学正在关注自觉地实现人类本性。退溪是如何认识人本性的？以下是退溪对人类观的研究的一段话。

退溪确实认为人的本性是善的，那种善的地方就是人心。[①]

退溪认为人类本性是善的，致力于将善的本性作用理论化、系统化的心性论的研究。退溪思想对人的观点是以对下列人的根本信任为基础。

第一，退溪思想的基础是谁都能够发现人类的本性，对人类的根本信任。善人本性这一概念包含多种论点。首先，具有是否存在善的人类本性这个问题；其次，存在相信善良的人本性，是否认为不是善的问题。如果说第一个问题是应该用理论和科学进行解释，那么第二个问题是能否信任人类。根据能否相信善良的人本性的区别，看待世界的观点会完全不同。

从这个意义上讲，退溪学对人类本性的表现持肯定立场，对人类本性持有根本性的信赖立场，从这一点来看，在人性教育中利用的可能性较大。退溪根据对人类本性的立场，以理气论为基础，把如何调整心态的"心性论"发展成"四端七情论"。

对此的哲学争论点，不是本文的主要内容，而且学界已经进行了丰富的讨论，因此不会进行详细讨论。在这里，对于退溪深造中出现的"人类任何人都可以通过修行成为圣人"的立场，应该作为核心论点。

据《心学图》介绍，敬是从警戒和害怕的戒惧，"天理之保存的学习"为开始，包括让独自了解的心变得正直（慎独—正心）、"控制人欲的学习"等各种方法。这就是尊天理知人欲，存天理退人欲的学习。但是这里必须要完善身体实践的学习，这一点通过《圣学十图》的最后两幅画——第九图《敬斋箴图》和第十图《夙兴夜寐箴图》得到了很好的体现。[②]

前句讲的是退溪的《圣学十图》中内在的关于学习的主张。退溪不仅强调心灵学习，而且表示无论是谁，都希望通过这种学习成为圣人，并以此为志向。这种退溪的主张是以对人类本性的信赖为基础的。另外，通过不断学习

[①] 宋锡九：《退溪的人间观》，《退溪学报》第 75 卷，退溪学研究院，1992 年，第 122 页。

[②] 金敏宰：《从冥想的角度看退溪"敬"思想的教育启示》，《哲学论集》第 37 辑，2014 年，第 340 页。

来体现本性,阐明要追求道德生活。

退溪在承认天生的人类本性的同时,还强调了后天修养的必要性。这与对人类本性的肯定立场和否定立场无关,主张通过儒学中强调的修养来过人本色的生活,前提是对所有人都能通过修养到达理想的境界——人类的信赖。这种对人类的信任,对于生活在复杂而相互联系的世界人类来说,是必不可少的品德。

这种信任可以成为追求和实现作为道德存在的人生观点的基础。从这个意义上讲,对道德指向型人生的追求可以作为在人性教育中活用度高的主要争论点。《中庸》的"天命为性,从性为道,修道为教",很好地体现了儒家思想中教育是什么。

在儒学中,教育是为了了解本性,根据本性生活,不脱离本性生活而执行的。从这个角度来看,儒学的教育归结于人性教育,人性教育的基础是"谁都可以成为圣人"。或者对"谁都可以成为好人"的人类存在有信任感。

这种观点在儒家如何看待人类本性的观点上更为明确。人的本性是上天赋予的,是道德性的品行。作为道德的本体,他被称为天命之性。人类本性的表现没有什么差别。

韩正佶对以上《中庸》中所说的本性和教育做了如下解释。他说:"自我行为和实践的终极依据是上天赋予自己的本性,遵循这个本性就是人类正当的生活道路。"不脱离那条路的努力是修养,通过修养可以达到理想的生活境界。

第二,通过退溪学的修养成为道德性存在的方向是以人的自发性为前提,这样的立场基于对人的根本信任。在追求道德生活方面,将修行者的主体性完整地托付给修行者这一点更加强化。因此,儒学们选择作为道学家的人生,恢复本心道德本性是退溪心学的核心内容。[①]

慎独这一儒家的学习方法可以成为这种主张的根据。从字典意义上讲,慎独是指"即使是独处时,也要做到不违背道理的'三鉴'"。慎独是指不依赖外部因素,自己成为学习的控制者或主宰者。作为退溪的具体"敬"学习方法的整齐严肃、主一无适、常惺惺等也在这一方面强调了修养者的主体性。

在颜子的四勿和曾子的"三责"中,所见、所闻、所言、所行、相貌、言行等

---

① 张允洙:《修身,书生的自我完成》,《朝鲜时代书生》,庆北政体性论坛,2015 年,第 113 页。

学习,是所谓节制外向、培养内向的东西。程子曰:"只整齐严肃,则心便一,一则无非僻之干矣。"朱子曰:"持敬之要,惟衣冠正,思齐一,整齐严肃,敢不欺人。"亦即心静内敛,内外合一,何乐而不为?[①]

退溪以颜子与曾子的学习为例,明确了学习法的意义,并穷究了朱子思想的知经之要体。通过整齐严肃的心灵学习"自己没有偏僻"、"没有欺骗"、"没有傲慢"等,要求修行者有自发性。不是以外在的标准为依据,而是以修行者的自发性这一主体性方面为标准。即上面所说的自己不欺骗自己的本心,以主体控制"经"的学习方法。

在下面的引文中,还可以看到另一种学习方法之一"主一无适"中出现的"人类信赖的根据"。

> 敬就是指主理的。[②]

主理是指专心于心。通过对自身尽最大努力,集中精力,达到令人惊叹的程度。如果缺乏对人类本性的信任,就不能认为人类会像他们一样,为发觉自己的本性而努力。下列句子是退溪对常惺惺的说明:

> 大凡日思夜想,知其所生,则心平气和常惺惺是指求理。[③]

该句子中"敬"学习法的常惺惺是从对自身的自觉开始的。通过向主体倾斜的努力,清醒成为敬学习法的核心方法。[④] 承认退溪具有自我心灵的控制、凝聚心灵的集中能力、自我感觉的能力等人类心灵的主宰能力。[⑤]

在这种退溪思想中体现的对人类存在的根本信任,为生活在不可预测的时代的人提供了可以信赖人类存在的思想基础。信赖是第四次产业革命时代要求能够实现合作生活的重要品德。

[①] 《退溪全书》卷三一,《答禹景善问木》。

[②] 《退溪全书》卷一,《答虚伊齐》:"敬者何主一之讲也。"

[③] 《退溪全书》卷二三,《答赵士敬》:"盖日日念廉,在在处处才觉有透漏,便即收摄整顿,得惺惺是之调求。"

[④] 卢熙善:《退溪的教学观研究》,全南大学教育学科博士学位论文,1998 年,第 57 页。

[⑤] 金正日:《在性学十度出现的退溪的喜庆和教育》,大邱教育大学硕士学位论文,2008 年,第 28 页。

五、退溪学的教育学活用的意义

本研究中分析了在第四次产业革命时代，预测人类生活完全变化的新时代，退溪思想如何被活用为人性教育，为什么关注人性教育的意义呢？把焦点放在人性教育上的理由是，面临第四次产业革命时代的人类对如何应对这一变化陷入混乱，必须探索以何种价值观认识并应对这一状况的答案。现在还在以惊人的速度进行社会进步，而且无法预测最终的终点是什么样子，因此混乱加剧了恐惧感。对于这样的人类来说，能提出什么样的未来发展蓝图呢？将第四次产业革命时代利用为考察人类整体性和世界观的契机，成为探索更好的世界蓝图的机会，是人类义不容辞的责任。[①]

是的，人类拥有把未来变成什么样世界的选择权。人类如果对变化持开放态度，可以选择新的挑战机会，对于无法预测的未来，只要相互信任，就能得出共存与合作的结果。

从这个意义上讲，人性教育作为面向新时代的未来教育具有广阔的前景。本研究分析退溪思想如何被活用为人性教育的原因也在于此。

退溪思想为教育的时代使命提供了非常鲜明的答案。世界在变化，不仅是教育，所有社会系统都要谋求彻底的变化。特别是对现代教育模式的变革要求很高。生活在第四次工业革命时代的我们，应该通过教育学到什么，教育培养出什么样的人？对于这个问题，退溪表示"会回答是通过修养来发现人的本性"。在人工智能完全支配人类生活、机器人可以代替所有劳动力的世界成为现实的时代，不是计算系统或融合知识，"修养"能否成为教育的答案？

人工智能和科学的发展速度是以前所无法比拟的。在这篇文章中，与其说没有必要准备和应对科学和知识领域的问题，倒不如说人类对其必须面对的已经失去刹车的科学发展方向"人工智能"并没有必要准备和应对。为了明智的选择，最重要的是培养能够探索共存与合作的未来发展前景的力量的教育具有意义。从这个意义上讲，退溪思想的"修养"在教育上被利用的可能性很高。

---

① 克劳斯·舒博普：《克劳斯·舒博普的第四次产业革命》，宋庆珍译，2016 年版，第 34 页。

现代社会中也有很多人提出有必要进行人性教育,他们非常关注通过人性教育培养能为建设更好的社会做出贡献的人才。但是现代人性教育对全面人性教育的实现关注度较低,出现了注重人性评价的倾向。另外,在教育的主要关注点上,对人类的理解也有疏忽的一面。

从物质文明发展的角度来看,在可视性取得最高成果的现代社会,现代人毫无防备地暴露在忧郁症中,并诉说着不幸。从多方面来看,出现这种问题的原因固然重要,但也不能忽视作为首要因素支配现代社会的世界观问题。现代社会过度的竞争只能使人类丧失本性,将现代人逼向现实。

同时,由于缺乏对人类存在价值的深刻省察,对人类仅是一面之地的欲望、满足欲望的欲望被误认为是人类本身。如果用这样的观点理解人类,很容易沦落为欲望的奴隶,执着于满足欲望的生活,因而只能过着被排斥的生活。这种对人的理解不能说是全面的。因此,为了发现生活的价值和意义,需要做出努力。

在儒学中,我们无需多言所谓的教育就是人性教育。退溪学也没有脱离这样的评价。从这个意义上来说,退溪学的心学是代表性的例子。最近,"从功能和现象学的角度审视性理学和大脑科学说明的人类行为调节体系理论的研究"曾成为热点话题。这项研究分析了退溪心学与现代医学对人心理解的相似点。研究者们认为退溪心学的学习法暗示了医学的学术发展具有可利用性,强调本然之性的性理学的学习法可以对医疗人文学的发展和人性教育做出贡献。①

像这样,关于退溪学的人性教育性活用研究,今后将会进行更广泛的讨论。对于正在迎来文明大转换期的人类来说,退溪学蕴含着丰富的智慧,可以作为人性教育的实践答案。② 本研究以修行人生中表现出来的挑战性、开放的姿态和对人的根本信任这两大品德为中心。

两种德行是应对第四次产业革命时代以几何级数速度进行的变化而必须具备的。因为这一变化正在发生,生活在这个时代的人类应该具有挑战性和开放性的姿态,为了不被不可预测的未来的恐惧所支配,需要相互信任,并

---

① 金钟星、金甲中、朴柱成:《关于行动调节的性理学与大脑科学理论现象学相通性和医学内涵——以退溪心学为中心》,《儒学研究》第 39 辑,忠南大学儒学研究所,2017 年,第 22～23 页。

② 林光圭:《退溪教育观研究——教育的人道主义接近》,汉阳大学硕士学位论文,1898 年,第 84～85 页。

得出肯定的结论。当然，将退溪学活用为人性教育时，不能只发现对两种品德的智慧。从这个意义上讲，今后对退溪学的人性教育含义有望进行更加丰富的研究。

本研究的目标是以第四次产业革命时代的特征为中心，探索对面临这种时代变化的人类如何在教育上加以利用的一个方案。希望该研究能为今后更广泛地研究退溪学的人性教育意义起到一个论点的作用。

（作者单位：韩国启明大学）

退溪学的展开和继承情况

◎ 全圣健

一、导　论

可以说朝鲜王朝是以体现仁政和王政为目的而建的。仁政是以追求孔子所说的"仁"来实现人伦为目标的,从以人的尊严为最高价值的人道主义观点可以解释。王政从孟子所说的希望百姓恒产和恒心的民本主义观点来解释。为了体现这样的王政和人情,现实性源泉之一就是作为圣命、理学、义理的性理学。

但是为实现这种儒教共同体设计的国家计划,在灌输理念的同时,还需要时间进行制度的整顿。因为过去遗制和遗俗的改换不是短时间内就能完成的,再加上性理学理解的成熟,成为将国家主道的"从上到下"企划转变为"从书生主道"的"从下到上的企划"的基础。

所谓士林派成为政治主体。围绕政治主导权的这些政治主体之间的对立,即训词和士林的主体对立已经开始。正如众所周知的那样,在这个过程中发生了士祸这一士林祸乱事件。① 经历过这样的痛苦时期,在走向新秩序的时空间隙中存在的人物就是退溪李滉(1501—1570 年)。

退溪经历了己卯士祸和乙巳士祸,检讨了士林派的失败,探索了知耻主

---

① 初期士林派在燕山君时期的戊午士祸(1498 年)和甲子士祸(1504 年)中受到打击,在中宗时期的己卯士祸(1519 年)和明宗即位年的乙巳士祸(1545 年)中瓦解。

义渐进成功的理论。该理论的顶点有深造和礼学，为实现这一目标，他选择了渐进和稳健的方式。如果说退溪是为了以理学为主的心学而确立了敬的哲学，那么为了以士家为主的儒教礼制，为家礼、乡礼、学礼等的制度改革奠定了基础。这种由退溪的心学和礼学的全貌及后学所发展和扩张的学问所组成的思想，我们称之为"退溪学"。另外，退溪学可以说是体现以至治主义为宗旨的士林精神的企划。

退溪在思想上尊敬同乡出身、江湖文学的大主干笼岩李贤辅（1467—1555 年），政治上受冲斋权筏（1478—1548 年）、晦斋李彦迪（1491—1553 年）、慕斋金安国（1478—1543 年）的影响，通过他们受到了静庵赵光祖（1482—1519 年）的影响。另外，通过慎斋周世鹏（1495—1554 年）设立儒学教育机构书院，其社会实践也受到了影响。①

笼岩放弃政治的实现，试图在自然中寻找性理学的理想，冲斋为逐步确立性理学的政治秩序而奋斗，晦斋关注性理学道德规范的理论依据，而慎斋重视性理学道德规范的社会实践和普及倾注关心的姿态。

这些都是在朝鲜王朝士林派形成过程中直接或间接地发挥重要作用的人物。他们都用义气精神武装自己，虽然方式不同，但都体现了朝鲜王朝至治。吸收他们的义理精神，探索士林派道学义理理论的人就是退溪，其理论的核心范畴就是心学和礼学。

如果把退溪的心学和礼学等诸般学问统称为"退溪学"，这就要归功于退溪自己的学问和处世及他的弟子。退溪学派的大概展开如下，退溪学派在退溪死后分立为月川赵穆（1524—1606 年）、鹤家金诚一（1538—1593 年）、西里柳成龙（1542—1607 年）、寒冈郑逑（1543—1620 年）等 4 个派系，仁祖反正后与西里柳成龙和愚伏郑经世（1563—1633 年）派系，由寒冈郑逑和旅轩张愿光（1554—1637 年）等主导，葛庵李玄逸（1627—1704 年）使退溪学派的主导权再次被鹤峰学派占据。②

本文具体结构如下。

第二部分把退溪的学问分为心学和礼学。像这样将退溪的学问分为两

---

① 金基柱：《初期士林派的政治挫折与退溪学——以李贤甫、李彦迪、朱世鹏为中心》，《阳明学》第 23 卷，2009 年，第 415 页。

② 金鹤洙：《对葛岩学派性质的探讨——以诸派的接受情况为中心》，《退溪学》第 20 卷，2011 年，第 67～68 页。

个部分,是为了从"德性的涵养"和"价值的实现"的层面来看待退溪的思想内容和政治面貌。德性的涵养是"心与理合一"的退溪的"心"理论,而"知耻"的实现是为了确立礼学秩序,重现"用王政和仁政统治朝鲜王朝"的退溪政治理念。因为仅通过作为当代涵养书籍的《小学》和《礼记》等的学习,很难同时体现退溪所期待的道学者的思想层面和政治层面。①

退溪时代除了程朱理学之外,佛教的习气,所谓的气学和阳明学等并存。退溪批判气学和阳明学有佛教的迹象,想建立以理为主的学问。而且以理为主的学问的目标就是理能与心融为一体。他奠基了与陆王心学不同路的新脉络上的心学。从这一点来看,退溪虽然尊崇朱子学,但并不是墨守成规。因为对他来说,思想上的自得很重要。因而退溪被评价为"朝鲜最高学者、韩国朱子学者"。

另外退溪还研究了《家礼》,想订立包括婚丧嫁娶在内的各种礼仪。虽然朱子学被受容已有 150 多年,但高丽的儒家制度和乡村的礼俗制度依然如故。这种退溪的"家礼"研究扩展到书院运动和乡约推进等,通过他的弟子们成为进一步发展和扩散的契机。更进一步讲,退溪的礼学归根结底包括了礼治问题,因此其重要性也超过了心学的层面。

在第三部分和第四部分中,描写了退溪学的思想史和政治史开展情况。从纪实"退溪学"的立场来看,思想和政治可能不是两码事。从退溪时代的脉络来看,学术性争论不能看作是党派性的争论,但是退溪死后,在栗谷学派对退溪学的批判观点中除了学术性争论之外,还积极介入政治争论。士林派内部开始与以往不同的另一场政治斗争。在该文中,介入历史,使用"思想史"和"政治史"的用语,是为了从时代发展的侧面来观察退溪学的展开。

首先,从退溪学的思想史脉络中可以观察到的是对退溪互发论的理解方式。退溪在与高峰的争论中试图将互发说的立场贯彻到底。

他重视了道德感情的教育学意义。但是道德感情不同于生理感情,其优越性的主张将会陷入逻辑性问题,在党派背景上只能成为对方论派争论的对象。因为不能因"逻辑"忽视情感的一元化,互发说还成为攻击退溪全部学问的借口。因此,今后有必要对栗谷学派的理论说辞进行逻辑性的应对,作为

---

① 特别是《小学》作为代表初期激进士林派精神的书,成为史话时期禁书。退溪不仅重视《小学》,还重视《心经》、《近思录》、《家礼》等强读,可以理解为他早期在控制士林派理念激进性的同时,建立理念依据的理论,建立基于此的制度,逐步体现地治主义的意图。

次要对策,不得不在理论说辞中分别说理。

其次,从政治史的脉络来看,对义理的理解方式立足于朋党论的视角。退溪死后,退溪学派的政治权力虽然处于沉浮的过程,但随着朝鲜王朝逐渐呈现出以老论的政治权力一元化的形势,不得不经历以义理和名分批判现实政治问题的过程。但此后,屏虎是非(1620年)和甲戌换局(1694年)等原因,对老论权力的全面批评未能取得进展,如果西势东渐的世界史政治力学关系混乱,只能转向主导义兵运动和独立运动的方向。

二、退溪的心学和礼学

退溪通过批判程朱学以外的学问,试图统摄朝鲜后期知省事。其对象大致是从花潭徐敬德(1489—1546年)的气本体论到整庵罗钦顺(1465—1547年)的"理气—物论",再到象山陆九渊(1139—1993年),到阳明王守仁(1472—1529年)的"陆王心学"。对于花潭,他批评没有正确认识理其根本的关系,认为理是气度。① 对于象山,定性为舍弃儒正而陷于神和邪中的人。② 对于阳明,他提出了一个问题,即由于缺乏道问学的学习,与佛教没有什么不同之处。③

退溪对这些问题的解决方案是重新构想并深造"理与心一元化"的方式。④ 可以说,这是退溪自得的学习论,即如果能长久地积累真理,那么"心"和"理"就会融为一体。为了实现这个目标,持敬的实践非常重要。知经是兼顾思想和学习,贯通行动和安静,内外合一,将暴露和隐微融为一体的一小部分,在安静的涵养中保存心灵,进行学术活动时通过穷尽道理来实现的。⑤ 借《中庸》之名,尊德性、道学道问的线布,凭《大学》之名,可以说是居敬和穷理。

---

① 李滉:《退溪先生文集》卷四一,《非理气为一物辨证》。
② 李滉:《退溪先生文集》卷四一,《心经后论》。
③ 李滉:《退溪先生文集》卷四一,《心经后论》和《白沙诗教传习录抄传因害其后》。
④ 李滉:《退溪先生文集》卷七,《进圣学十图札并图》:"至于积员之多,用力之久,自然心与理相涵,而不觉其融会贯通。习与事相熟,而渐见其坦泰安履,始者各专其一。今乃克协于一,此实孟子所论深造自得之境。"
⑤ 李滉:《退溪先生文集》卷七,《进圣学十图札并图》:"持敬者,又所以象思学,贯动静、合内外,一愿微之道也。其为之之法,必也存此心于斋庄静一之中。穷此理于学问思辨之际,不睹不闻之前,所以戒耀者,愈最愈敬,急微幽独之处,所以省察者,愈精愈密。"

理和心是一元化的,从追求精神的脉络来看,这便是"敬的心学"①。

众所周知,退溪追求通过地境完成心学的学问,与退溪对真德秀(1178—1235 年)的《心经》和程敏政(1445—1499 年)的《心经附注》的关心与关注有关。退溪的弟子黄墩是"心经附注"的初作者,其在担任科举考试的试官时偷偷卖课题被罢职,以及他具有象山学的学术倾向等不同意见后,虽然经历了相当多的困惑,②通过《心经后论》的著述这个契机,退溪加深了对自己心学的理解。③

但是在退溪去世后的宋时烈(1607—1689 年)的《心经释义》和南塘韩元震(1682—1751 年)的《心经附注札疑》中,明显地表现出对退溪观点的悲观态度。即退溪学派对"心经附注"的关注,在退溪的"心经后论"之后达到了顶峰,但在栗谷学派持续露骨的批评后,其又在重新批判的过程中取得了进展。从学问发展的角度来看,可以说是积极的,但是通过学问随着政治关系变质的样子,也可以确认当时存在的问题。

作为对栗谷学派批评的再批判的退溪学派的代表作,由训斥埙叟郑万阳(1664—1730 年)和虎叟郑葵阳(1667—1732 年)兄弟撰写的《心经附注札疑》和大山李象靖执笔,在他的门下生川沙金宗德(1724—1779 年)完成。前者是从退溪学派的角度批判了尤庵的《心经释义》的内容,是首次对栗谷学派对《心经后论》的批评进行再批判,意义重大。后者则认识到应该编纂包含退溪的《心经附注》定论正本的必要性。

此后,关于退溪学派的《心经附注》的讨论和著述也持续不断。不求而废的退溪学派对《心经附注》的理解的基本论点或方式,是《心经后论》中确定退溪自己观点的部分,第一、尊德性与道文学的学习关系;第二,人心与道心的关系;第三,程敏政和他的著作《心经附注》的评价④从退溪学的立场上如何理解和整理。尊德性与道文学是从应该并进的观点出发理解的,人心与道心的关系从四端与七情的观点中出发理解的,而黄墩则归结为解决其经过的真伪

① 崔载木:《退溪的"敬的心学"和阳明的"良知心学"——〈退溪先生言行录〉和〈传习录〉的〈言行〉比较》,《退溪学与儒教文化》第 41 卷,2007 年。

② 月川条目中的"心经稟质"、雪月堂金富伦的"心经札记"、李德弘的"心经质疑"、山川才李咸亨的"心经讲录"、池山赵浩益的"心经质疑考误"等均属于此。

③ 李滉:《退溪先生文集》卷四一,《心经后论》。

④ 金基洙:《〈退溪学派〉和〈心经附注〉,不同时期的问题意识和特点》,《东洋哲学研究》第 55 辑,2008 年,第 190 页。

问题。

另外，退溪比当时学者更深入地研究了晦庵朱熹（1130—1200 年）的《家礼》。因此《家礼》与朱熹的政论存在差异，《家礼》本身具有与考证的准确性、解释的明确性、行礼的简便性的有关问题，以及《家礼》想要在朝鲜现实中实行时出现的各种变礼，都是经过深思熟虑后得以回答的。其成果就是"退溪丧祭礼答问"。

《退溪丧祭礼答问》以古礼为中心处理了多样的变礼，对于古礼和俗礼的冲突点确立了各自的原则，提出了解决《家礼》本身存在问题的方式和对策。[①]从《退溪上祭礼答问》中可以看出，退溪的礼学研究的重要支点是没有礼文或应对变例情况时所适用的义理解释。"义气"的意思是，根据义气重新提出以前没有过的例子。[②]

退溪死后，退溪学派的礼学分为岭南的退溪学派和京畿的退溪学派。16—17 世纪由岭南的退溪学派的礼学主导，18 世纪初开始，京畿星湖学派的礼学与岭南退溪学派的礼学相遇，退溪学派的礼学迎来全盛期。岭南的退溪学派在退溪以来传承下来的义理学文法中发展着礼说学，因为与京畿的星湖学派的相遇，又给他们增加了博学和考证考究的文法。

岭南的退溪学派根据退溪的问题思想，通过古礼来补充"家礼"的层面，接着芝山曹好益（1545—1609 年）的《家礼考证》。另外，由对抗畿湖学派、确立退溪学派礼论的五休子安玑（1569—1648 年）的《家礼附赘》，再以一庵辛梦参（1648—1711 年）的《家礼集解》合流加入。在此基础上更进一步，大山李象靖的《决松场补》和东岩柳长源（1724—1796 年）的《常变通考》，通过古礼的《家礼》的补充，向着超越《家礼》的新家礼书确立方向展开。[③]

他认为退溪是出生在东方的朱子，可与孔子相媲美，星湖李瀷（1681—1763 年）[④]的礼学也是体现退溪礼学的精髓。星湖指出，退溪的门人赵基百

---

① 韩在塙：《通过〈祭奠答题〉部分，参照退溪的俗套考查》，《退溪学报》第 128 卷，2010年。

② 《礼记·礼运》："礼也者，义之实也。协诸义而协。则礼难先王未之有，可以义起也。"参考与类推和义气相关的解说—韩在塙：《退溪礼学思想研究》第 4 章《义理的解说展开》，高丽大学博士学位论文，2011 年。

③ 张东雨：《〈朝鲜后期家礼谈论〉的背景和地域特色——以〈朱子家礼〉的注释书为中心》，《国学研究》第 13 卷，2008 年，第 105～107、112～121 页。

④ 李瀷：《星湖先生全集》卷五四，《退溪礼解跋》，"东方有退陶，如周末生圣人，仰如乔岳，信如金石"。

(赵振,1535—?)编撰了《退溪丧祭礼答问分类》①,但这只是编辑了关于退溪的礼学书信而已。从这点来看,退溪的礼说存在时间差异,考据也不详细的问题。然后重新整理了退溪的丧祭礼相关著述,按照项目分类,并加上题目编撰了《李先生礼说类编》。

另外,星湖认为有必要重新制定针对像自己这样的笔友能够执行的普通百姓的家礼规范,并重新制定了在自己家里使用的家礼规范。那就是《星湖礼式》。在星湖门下《星湖礼式》的运用方案分两个方向展开,一个是星湖礼式经过简化的原因,根据《家礼》的体制进行完善,从而缩小与《家礼》的差异。另一个是立足于古礼的原则,朝着订立超越《家礼》和《星湖礼式》的家礼的方向发展。前者主要出现在顺庵安静福(1712—1791年)的门下,后者主要出现在茶山丁若鹤(1762—1836年)。②

三、退溪学的思想史展开

众所周知,在退溪的学问形成中,占据最大一部分的就是四端七情论。退溪与高峰奇大升(1527—1572年)争论的四端七情论,以高峰的《后论》和《总论》为结尾。因为高峰意识到了修养和实践的必要性,而不是理论的妥当性。③

此后,对退溪的"四端七情论"的批评据说一直持续到从栗谷李珥继承了他的学问的右岩宋时烈和南堂韩元震等。当时站在党派立场上,退溪学派人物中再次批评栗谷的退溪四端七情论的代表人物就是葛庵李玄逸。葛庵关于四端七情论的著述就是《栗谷李氏论四端七情书》。而且葛庵在退溪学派思想史上的意义之一就是他的政治、学术立场超越了岭南南人的团结,得到了京畿南人的接纳。

葛庵通过和京畿南首领眉叟许穆(1595—1682年),他最信任的龙洲赵絅(1586—1669年)、息山李万敷(1664—1732年)等人的交流,共享学问和政治。就这样,葛庵纠集了首尔及近畿地区南人名家的子弟,扩大了退溪学派

---

① 《退溪丧祭礼答问》的详细分析是韩在勋。通过退溪的《丧祭礼答问》分析退溪的俗礼观考察,参见《退溪学报》第128卷,2010年论文。
② 全成健:《〈四礼家式〉的研究》,《大山学》第19卷,2011年;全成健:《以〈星湖学派和大山学派的定位家礼〉的理解为中心》,《韩国实学研究》第22卷,2012年。
③ 李相恩:《退溪的生涯和学问》,礼文书院,1999年,第241页。

的范围。之后,清台权相一(1679—1759 年)和以星湖李瀷等为代表的岭南南
人和近畿南人的学术和政治合作奠定了基础。[①]

葛庵的第三个儿子密庵李栽(1657—1730 年)从父亲那里继承了朱理哲
学和经世论传给了九思堂金乐行(1708—1766 年)、大山李象靖(1711—1781
年)和小山李光靖(1714—1789 年)等人,其中核心人物就是大山的李象靖。
大山是密庵的外孙,是继承了葛庵和密庵的学问和思想精髓的人物。尽管如
此,大山的哲学思想与密庵和葛庵的哲学思想多少有些不同。最具代表性的
就是大山的"理主气资说"。

但是可以说大山的这种"理主气资说"在一定程度上反映了当代退溪学
派前辈的思想、历史潮流。据研究,大山的学说受到了当代旅轩张显光、愚潭
丁时翰(1625—1707 年),克斋、申益滉(1672—1722 年)等学问的影响。旅轩
的学说表面上受到退溪学派学者的批评,这是因为退溪根据互发说的分介说
以"浑沦理发说"的观点进行批判。[②] 这样的批判可以称为是旅轩的经纬说—
克斋申益滉的初期说—大山李相正的理主气资说为连续的一种潮流。[③]

而且与大山时代最接近的九思堂金乐行在重视古文的尚古精神下[④],栗
谷李珥(1536—1584 年)提出的"理通气局"命题。[⑤] 离开政派性质的文脉,"理
通气局"这一性理学命题本身并不存在问题。结果,这些事实说明退溪学派
内部对理气互发说提出了问题。也就是说,现在是需要新的解释时代了。

被称为小退溪的大山学问也向东庵柳长源学习,再传承给定齐柳致明
(1777—1861 年)等,继续传承于西山金兴洛(1827—1899 年)等,从 19 世纪开
始到 20 世纪初,对儒学者们产生影响,在朝鲜王朝失去国权时,其学问成为
义兵运动和独立运动的思想基础。定斋柳致明和西山金兴洛继承了大山的
理主气资说,发挥着理为主的作用,坚持气只是其基础和工具的立场,这就是

---

① 金鹤洙:《对葛庵学派性格的探讨——以各派接受形态为中心》,《退溪学》第 20 卷,
2011 年,第 67~68 页。

② 安永尚:《大山李相贞的浑沦·理发说的著勤》,安永尚:《大山李相贞的浑沦·理发说
其基础上旅轩说的影响及其意义》,《儒教思想研究》第 27 卷,2006 年。该论文推测说,旅轩、
张显光、克斋,申益愰的初期浑沦理发说间接影响了大山的性理说。而且大山的"理主气资
说"最终是综合了退溪重点的"分类说"和旅轩主推的"浑沦理发说"。

③ 安相英:《大山李相正的浑沦基础上旅轩说的影响及其意义》,《儒教思想研究》第 27
卷,2006 年,第 46~47 页。

④ 金乐行:《九思堂先生文集》卷二,《与李讷翁光庭·壬成》。

⑤ 金乐行:《九思堂先生文集》卷五,《答李学甫宗洙·甲子》。

明德主理论。

定斋在师从大山修学的时候与东庵柳长源和损膏南溪朝(1744—1809年)为师生交往,西山像定斋学习。根据定斋的记载,从婚伦深邃的角度来看,四团和七情包括了"情"这一观点,而"性发为情"、"性特情"的理论是"大本达道"的命题。① 而且这个命题再次与心统性情的另一个性理学的命题相联系。心统性情包括性和情的含义,以及心作为性表现的含义。明德主理说登场的原因就在于此。

对于定斋和西山来说,明德的意思是光明洞彻,这不是后天明朗的心灵,而是和心灵本来所谓良知良能的同义词。② 这样的明德主理论是在大山的理主气资说的基础上,设定本心明德,主张唯一的根本——理的存在和作用。而且这种态度可以唤起"存在论的判断",即世界和人类根本上是理主宰的,善比恶优先会引发"道德根本"的问题。③

总之,退溪学思想史的展开以退溪的学问和思想为中心,在前弟子们的引领下得以扩张、发展,在政治十字路口由葛庵继承,通过栗谷学的对决构图得以发展,之后通过大山、定斋、西山扩大。也就是说,如果说"栗谷"对退溪的互发说的批评是经过葛庵和密庵父子再次批判的努力,那么大山、定斋和西山则承认混沦的观点,并试图在其中确保明确的视野。而且这种思想又以实现义理世界为目的,通过独立运动得以继承。

四、退溪学的政治史的展开

在退溪学科的政治史中起到重要作用的代表人物也是葛庵李玄逸。葛庵在肃宗十五年出师山林时,以高深的学问为基础,深得肃宗的信任,在"庚申换局"中,他实现了被化解的南人身份等,发挥了作为南人的政治力量。密

---

① 柳致明:《定斋先生文集》卷一一,《答崔保汝》:"四七说,四在七中,非谓四端名目,在于七情之中。言浑沦说时,未发为性,已发为情,则不分四与七。理发气发,包摄在其中云尔。"

② 柳致明:《定斋先生文集》卷一七,《读书琐语》:"谓之明德,则又有光明洞彻之意,不全是性之体段也。"金与洛:《西山先生文集》卷七,《答崔肃仲问目》:"明德非性外之物,然人之性所以为贵者、以其得正且通之气也,故合面言之日明德。然所主者在乎理,故日便是仁义礼智之性钦。"

③ 金乐真:《定斋柳致明与西山金兴洛重视本心的哲学》,《栗谷学研究》第16卷,2008年,第122页。

庵李栽继承了父亲的学统，促进了退溪学派的发展。密庵在葛庵死后整理了父亲的遗稿，并推进父亲其身份的伸冤事业，但由于受到老论政权的残酷镇压，遭受了各种羞辱和痛苦。

密庵在与适庵金台重（1649—1711年）之间展开的王霸论争中提到"王霸一途论"是"所不敢闻也"，否定了王霸的逻辑。王道得到了天理的庇护，达到了人伦的至诚，而霸道是出于私心，是顺应了仁义的偏向，所以主张王霸本来就不一样。① 通过这种"密庵的政治论"，可以确认他是重视义理名分的理学家，而不是重视功利或私功。

密庵的义理与名分论的重视，是对批判退溪学派互发说的栗谷学派其"气发理乘一途说"的批评，这可以说是把不服从天理、顺从人欲的人理解为"栗谷学派"所产生的非常朋党论视角的政治立场。② 密庵称知义理为生死路头，义理分辨不透彻，所谓学者也是假的。③ 通过辨别君子和小人来批判老论的立场，并主张南人的正当性，从中可以看出他的政治论。

对葛庵和密庵的栗谷学派和老论权利的学术性、政治性的批评，因为内部是屏虎是非（1620年），外部是甲戌换局（1694年），而无法取得进一步的进展。即随着时间的推移，屏虎是非问题变得更加激烈，通过甲戌换局，老论的执政开始对前南人士进行残酷的报复，这种内外问题的出现不仅削弱了南人在首尔的势力，还制约了山林活动。尽管如此，退溪学派的潜力还体现在岭南寓人疏（1881年）和衡正斥邪运动及主导义兵运动和独立运动上。

特别是定斋柳敬智将引发"屏虎是非"的大山李象靖的学问，以他所生活的安东苏湖里为鉴，将之定为"湖学"，并尽全力确立"退湖学"。郑蛮在通过

---

① 李栽：《密庵先生文集》卷三《答金彦兼》："来谕云云，其说虽多，其归不过曰伸而王屈而霸而已。其所以为说之意，又不过以为古今异宜，末俗难治，苟可以便于事，则虽不尽合义理，圣人亦须为之，是固区区所不敢闻也。夫粹而王驳而霸，其分之不同，不翅碔砆之与美玉，则拿山王氏之云，不免为法门罪人，高明其忍从而为之辞乎？程伯子之言曰得天理之正，极人伦之至者，尧舜之道也用其私心，依仁义之偏者，霸者之事也。"

② 李栽：《密庵集瓵余》书二，《请勿以金长生从祀文庙疏》。"自是以来，其徒宴繁，其党用事转相祖述，假伪眩真，使人心日坏，世道日非。以长生言之，则缔交朋比，渐染党习，侵诋异己，矫诬名贤，言论风旨，常落在这一边。其流之弊，至于宋时烈而极矣，珥以是传之长生，长生以是传之时烈，渊源来历，毕竟以贪权乐祸，贬降君父，为归宿究竟地，知礼者固如是乎？有道者固如是乎？"

③ 李栽：《密庵先生文集》卷一○，《锦水记闻》："孔子所谓仁者不忧，小人长戚戚，其亦由此而分乎？是知喻义喻利，真个生死路头，若不透打此关，所谓学者皆伪也。"

以书院和乡校为中心的城市会议或讲会提高退溪学的地位,通过这样的活动,其在岭南的学术地位大大提高。特别是他参与了 1855 年纪念庄献世子 120 周年诞辰时邀请庄献世子到祔庙祭拜的岭南万人所,从而巩固了其政治地位。

定斋的学问包括西山金鸿洛和拓庵金道和,还有东林柳致皜(1800—1845 年)、万山柳致俨(1810—1876 年)、慎庵李晚悫(1815—1874 年)、星台构世渊(1836—1899 年),与西坡、柳必永(1841—1924)等相同的人物被继承。这些人都是在阅读退溪和大山的文集,和柳致明一起进行城市及讲会的过程中坚定敌统意识的人物。他们在西势东渐正式开始的时候,主导义兵运动,登上了历史舞台。①

册岩或星台等人后来参与义兵场活动,西陂还积极介入了巴里藏书事件。拓庵弟子东山柳寅植(1865—1928 年)以安东地区为中心,开展了爱国启蒙运动;西山弟子海窓宋基植(1879—1949 年)和石州李相龙(1858—1932 年)还积极开展了孔子教运动。② 像这样,退溪学派一方面向往卫正斥邪和义兵运动,另一方面想正面交锋当时的现实问题。

退溪学思想史的展开和政治史的展开并不是二元化的进行。从朋党论立场上的一元化发展,可以说在政治、经济、文化等各方面都是如此。退溪通过著述前辈学者的业绩、行迹和碑文等,确立了道学的理论,这是为了共享士林精神,为士林政治奠定基础。可以说,确立文学论、建立书院、制定乡村秩序等,都是通过士林精神,为至治主义的渐进式努力。

退溪逝世后,退溪学派继承了退溪的学问和思想,在士林精神的旗帜下积极运用退溪的心意理论,将儒教礼扩大到家礼、乡礼和国家礼为止,努力形成礼仪化。如果说朝鲜王朝支撑 500 多年是基于士林文治主义的义理精神的意志体现,那么其中发挥最大作用的人就是退溪并非没有道理。

五、结 论

经过士祸而衰退的士林,从明宗末年到宣祖初期开始在政治上发出声

---

① 李相浩:《定斋学派性理学的地区性展开形态和思想特性》,《国学研究》第 15 卷,2009 年,第 64～65 页。

② 金钟奭:《近代安东地区儒学人员接受孔子教的形态》,金钟奭:《近现代岭南儒学人员的现实认识和应对情况》,韩国国学振兴院,2009 年。

音。他们共享学问上的关心事项，标榜道学，鼓吹士林精神。而继承鼎岩赵光祖的道学精神并实践其精神，成为学问共享中心的人就是退溪。但即便如此，也不能说他是积极反抗训斥势力的人物。因为退溪是综合了自己直接或间接的思化经验、拥有柔弱的身体、需要渐进性变革的理由等的人物。

尽管如此，他之所以能够成为代表 16 世纪时代精神的学术性史表，首先是因为他与当代年轻的士类们有着共同的历史意识，其次是因为辛辣地批判了和谈的基论和陆王学的深学，从理学和礼学的立场出发，合并了当时的知识界。"批评退溪的学术成就和理论是士林派道学的一个轴心"①的评价理由也在于此。

站在栗谷学的立场上，面对西人势力对退溪学的批判倾注力量的理念攻势，如果说 17 世纪的葛庵和密庵父子想通过重新反驳栗谷学来守护退溪学，并纠合当时正在西化的岭南南人的势力，那么 18 世纪的大山在继承葛庵和密庵功绩的同时，统一了对岭南南人内部存在的退溪哲学的理解方式，进而取缔了退溪学。

到了 19 世纪中后期，老论失去国政运营动力的专制政治落下帷幕，由于包括日本在内的西方列强的入侵，国内乃至国外都面临朝鲜王朝的存亡危机。因此退溪学派有必要发挥义兵运动和独立运动等其他作用，应该是超越朋党式视野的时代已经到来。

另外，退溪学派的儒学政治具有道德政治的指向，但也应该根据时代的变动和现实情况表现出变化。例如，在葛庵时代可以直接或间接地参与当代政治，但在密庵和大山时代则无法实现道义，即因为处于进入干预政治的道路被堵塞的时代，所以只能站在与葛庵时代完全不同的立场参与政治。在现实层面，不是所谓的国政，而是参与乡政的方式；在理念层面，只能局限在所谓以君权为主的政治哲学和制度改革的模式提案的时代。

尽管如此，退溪学派的思想和政治还是表现出了对朝鲜王朝的重要立场和观点。所谓儒教国家运营主体的三大条件，即政治权力、经济权力、文化权力的角度来看，退溪学派被排除在政治权力之外，但作为在地土族，确保了西

---

① 金庸宪：《16 世纪朝鲜政治权力的地形和退溪李滉的哲学》，《韩国学论集》第 56 卷，2014 年，第 173 页。金庸宪在该论文中将道学的三个轴心，第一是金宏弼和郑汝昌身上看到的"小学"的日常实践，第二是赵光祖和己卯名贤全面化的道学的政治实践，最后是基于道学实践的理论构建。

方的经济权力,将退溪学的精髓作为文化权力,为退溪学的维持、继承、发展而全力以赴。

今天退溪学派的根据地岭南—安东也起到了"精神文化首都"的作用。就像过去的退溪学不局限于安东—岭南那样,不仅安东大学的退溪学研究所,在全国各地也有很多退溪学研究院和退溪学研究所等有关退溪的学术机构,而且中国、台湾、日本、美国等地也正在积极研究退溪学,我们统称为"现代退溪学"。①

"现代退溪学"的前提是,从现代的观点出发,发展退溪的学问和思想,找出能够与现代时代精神相连接的东西。通过名门古宅、服饰、饮食的复原和启发,了解他们的生活,同时寻找相关景点,准备旅游地,对于现在生活的我们来说也是必要的。但我们最终需要寻找的是,为了智慧地解决当前的问题,应该向过去的时空走近一步,冷静地观察一下占据这个空间生活的他们为了什么目的,采取什么方法,如何生活。

(作者单位:韩国安东大学)

---

① 李海英:《李滉与退溪学的展开》,《退溪学》第 13 卷,2002 年。

朱子学、退溪学与修养论

（2018年）

君子为己，躬行持敬，思学相资

——从《续近思录》简析李退溪的为学观

◎ 程水龙

李滉(1501—1570 年)，初名瑞鸿，字景浩、季浩，朝鲜安东府礼安县温溪人。他幼年丧父，接受母亲严格的儒教教育，12 岁随叔父李堣(松斋)研习儒学。22 岁进入成均馆学习。中岁居退溪之上，自号退溪。晚年筑舍于陶山，自号陶翁、退陶。历经李朝燕山君、中宗、仁宗、明宗、宣祖五代。中举后历任礼曹判书、艺文馆检阅、公州判官、丹阳郡守、大司成、大提学等官职，官至左赞成。谥号文纯。著有《天命图说》、《启蒙传疑》、《非理气为一物辩证》、《圣学十图》、《朱子书节要》、《心经释录》、《四端七情论》、《传习录论辨》等。

李朝社会因李滉倡行宋代新儒学，而使得李朝"诸贤绍修洛闽《近思》之学"。在仰慕李滉之学的社会风尚浸润之下，李汉膺(1778—1864 年)仿照清代汪佑《五子近思录》的编纂思路与手法，将中国南宋东南三贤朱熹、张栻、吕祖谦与李朝李滉这四人精要之语计 1062 条编辑成书，名曰《续近思录》。其十四卷"篇目一依《近思录》例"，分别是：道体 92 条，为学 122 条，致知 162 条，存养 137 条，力行 59 条，家道 71 条，出处 49 条，治道 45 条，治法 25 条，临政处事 56 条，教人之道 47 条，警戒 79 条，辨别异端 37 条，总论圣贤 81 条。李滉语录主要选自《退溪先生文集》、《退溪先生言行录》。李汉膺在李朝哲宗八年(1857 年)作序说，此续编"又为《近思录》之阶梯，而以及四子、六经，退翁所谓'溯伊洛而达洙泗，无往而不可者'是矣"[①]。因而此书成为李朝后期学者入门这四位大儒的要津，由此可通达圣学。

李退溪在《与奇明彦》的书信中说："尝怪吾东方之士，稍有志慕道义者，

---

① 李汉膺：《续近思录·序文》，李朝时期木板本。

多罹于世患。是虽有地褊人浇之故，亦其所自为者，有未尽而然也。其所谓未尽者，无他，学未至而自处太高，不度时而用于经世。"①面对当时儒学之士频遭世患，李滉就学者自身为学来探究其中原因，即学者在修身为学上尚未达到最高境界。可见为己之学是一门古老而又时新的大学问，东亚儒学文化圈的历代学者皆有过阐发，今在此仅就李汉膺《续近思录》卷二"为学"所辑录的朱熹、李滉语录稍做比较，以探析古朝鲜李退溪关于"为学"的言论。

一、为学方法

在为学方法上，朱熹、李滉皆主张通过熟读精思先穷究义理，但此卷辑录的李滉语录，则更为重视主敬、思学相资。

为学有法可寻，若一味刻苦则易至身心受伤害，因而东亚学者皆重视为学方法的探讨。李退溪自不例外，他重视为学之方，根据自己早年的亲身体会告诉后学，若"昧其方，徒以刻苦过甚得赢瘵之疾"，则不可取。

李退溪敬仰南宋朱熹，在为学方法上基本上是承接朱子所论，主张为学须用功，精思玩味。朱熹说："为学之道更无他法，但能熟读精思，久久自有见处。尊所闻，行所知，久久自有至处。"②朱熹所持为学方法，强调熟读精思，去自得。

对此，李退溪也持相同见解，李滉说："为学只在用功密切，读书精熟，玩味之深。积久之余，自当渐见，门户正当，端绪分明。"李滉所言为学"只在用功密切"、"精熟"、"玩味"、"积久"，与朱熹"熟读精思"、"久久"基本相同，强调求学者若"趋向正"，最终则能"自见"通往圣贤的门户。

朱熹作为宋代理学集大成者，其关于"为学"的主张比较侧重于穷究义理的为学之道。朱熹说："为学之道莫先于穷理，穷理之要必在于读书。……此不易之理。"面对当时士子热衷于科举的社会现象，朱熹努力探寻其病源，认为此类求学者"最是先学作文干禄，使心不宁静，不暇深究义理"，其为学之方有误，如此即便"诵数虽博，文词虽工"，也会被此为学心态所害。朱子特重为学之方，认为正确的为学之道是先究义理。若要"穷理"便要"读书"，通过熟

---

① 李滉：《与奇明彦》，见李滉《增补退溪全书》(1)卷十六，汉城：成均馆大学校大东文化研究院，第403页。

② 李汉膺：《续近思录》卷二，以下未特别注明出处的引文同此。

读精思,加之时日便可自见。而退溪所主张的"习之之方",当如颜渊"非礼勿视听言动"、曾子"正颜色出辞气"。

李滉认为为学穷理的方法,是求学者在平时的言行日用中,"最先除去粗浮气象,以庄敬涵养为本,沉潜研索为学"。如此积习悠久,则能"融释脱洒",进入"造道积德之地"。他认为读书穷理出言制行,先除去粗浮气象,以庄敬涵养为本,沉潜研索为学,亲切体认,经过无限行程阶级才可至圣道。

李退溪在中国传统儒学为学思想基础上,就为学之方又生发出明显的个人主张。这可从两个方面来体察,一方面李退溪特别重视为学"当敬以为主",在伦常日用上下功夫。另一方面,李退溪实践学问的方法颇具特色,体现在他"思学相资"的主张上。

持敬,是对所有人和事的一种"尊敬"。李退溪与朱熹一样,有虔诚的持敬精神,退溪云:"知'尊德性',则必不忍亵天明,慢人纪,而为下流之事;知'收放心',则必勉于持敬,存诚、防微、慎独,而窒其欲,守其身矣。"①从《续近思录》卷二辑录的李退溪语录考察,其主张的为学要法就是"敬",他说:"大抵人之为学,勿论有事无事,有意无意,惟当敬以为主,而动静不失。则当其思虑未萌也,心体虚明,本领深纯。及其思虑已发也,义理昭著,物欲退听,纷扰之患渐减,分数积而至于有成。此为要法。"退溪认为,只要是为学就要以"敬"为主,不被思虑烦扰,动静也就不失其偏差。

李退溪"敬以为主"所表达的思想情怀,正如朱子所云,持敬"尤须就视听言动、容貌辞气上做工夫",持敬之道是从外部的视听言动、容貌辞气上做工夫,可使内心纯净,有无放僻邪侈之功效。在世人为学的问题上,退溪表达了其切实可行的治心之道,以为持敬工夫当从具体的外在的言行举止上做起,近思而切问之,自然涵养内心,达到心的专一纯粹。

其实,李退溪关于"敬"的主张与朱熹"居敬"、"主敬"的学说,在内容上都一致,都强调敬贯动静、敬贯始终、敬贯知行。朱熹论为学工夫,主张"主敬以立其本,穷理以致其知,反躬以践其实"。说:"学者工夫惟在居敬穷理二事,能穷理则居敬工夫日益进,能居敬则穷理工夫日益密。两项都不相离,才见成两处便不得。"南宋以降,儒者多赞同朱子之说,"主敬"是本,"反躬以践其实"是用,圣贤之学由本及末,明体以达用。

作为朝鲜朱子学的主要代表人物,李滉对"敬"体认真切,说:"程夫子所

---

① 李滉:《李子粹语》卷二。

谓敬者，亦不过曰'正衣冠，一思虑，庄整齐肃，不欺不慢而已。'……故朱子又尝言曰：'心体通有无，贯动静，故工夫亦通有无，贯动静，方无透漏。'正谓此也。先生尝答何叔敬书，略曰'持敬尤须就视听言动，容貌辞气上做工夫。盖人心无形，出入不定，须就规矩绳墨上守定，便自内外帖然'。"①可见朱、李二人关于持敬工夫都主张敬通有无、贯通动静。

至于如何去持敬，在朱熹看来，持敬是从外部的容貌举止上做工夫，以致产生极强的道德意识与宗教意识。朱熹说："正其衣冠，尊其瞻视。潜心以居，对越上帝。足容必重，手容必恭。择地而蹈，折旋蚁封。出门如宾，承事如祭。战战兢兢，罔敢或易。"②

理蕴藏于日用伦理常行中，学者居敬以穷理，当在伦常日用上下功夫。对此李退溪体会真切，云："思虑纷扰，古今学者之通患。今欲救此，故莫如程子'惟是止于事'之语。故大学知止而后有定静安之效，虽则然矣，徒守此一语，亦不济事。乃知朱门大居敬而贵穷理，为学问第一义。"③李滉认为居敬是可以救治思虑纷扰的，赞同朱门将居敬与穷理相结合。

道无处不在，也无顷刻或停，人能不间断地居敬穷理，那么不论做何事都会无差失，进而可入圣域。关于"敬"的实践，李滉说得很清楚，他在《夙兴夜寐箴图》说："道之流行于日用之间，无所适而不在，故无一席无理之地……作圣之要，其在斯乎。"在退溪看来，以"敬畏"为基础的实践伦理的日常生活，则是为学之"道"藏身之处。就此而言，在持敬的实践工夫上，李滉超越了朱熹。

李退溪实践学问的方法，体现在他的"思学相资"主张上。李滉在答金士纯时说：探究义理，"某以为莫要于敬义夹持、思学相资也"。退溪在此除强调敬义夹持外，明确肯定"思"与"学"二者相互依存，只有相互并进，才能完成学问。他在《圣学十图札》（辑录在《续近思录》卷二）中说："孔子曰：'学而不思则罔，思而不学则殆。'学也者，习其事而真践履之谓也。盖圣门之学，不求诸心，则昏而无得，故必思以通其微。不习其事，则危而不安，故必学以践其实。思与学，交相发而互相益也。"很显然，退溪在此将求学圣学的方法分作"思"

---

①　杨汉祖：《从当代儒学观点看韩国儒学的重要论争》，上海：华东师范大学出版社，2008年1版，第349页。

②　（宋）朱熹：《晦庵先生朱文公文集》卷八十五《敬斋箴》，见朱杰人、严佐之、刘永翔主编：《朱子全书》（修订本），上海：上海古籍出版社，合肥：安徽教育出版社，2010年，第24册，第3996页。

③　李滉：《答崔见叔》，引自《李子粹语》卷二。

与"学",二者不可截然分开,相互间能相资相益。退溪在札中接着说,在思与学上持敬用功者,"所以兼思学,贯动静,合内外,一显微之道也。其为之之法也,存此心于齐庄静一之中,穷此理于学问思辨之际、不睹不闻之前,所以戒惧者,愈严愈敬;隐微幽独之处,所以省察者,愈精愈密。"

可以说,退溪所主张的思与学不只是要显露在外,而是在学之前持庄静之心,在独处幽微之处能时时省察,保持持敬、戒惧之心。在此基础上,为学之人通过学问的思考与日用躬行的实践,不断积累,从而获得真知灼见,不知不觉中便可到达圣学的境界。

二、为学工夫

在为学工夫上,东亚儒学者都主张用功于日用之间、时习之。李滉持论虽大体与朱熹所言相近,然也存在微异之处。

朱熹特别注重日用工夫,李退溪又如是。

朱熹说:"为学之道无他,莫论事之大小、理之浅深,但到目前即与理会到底。"求学路上不可分事之大小、理之深浅,当从目前所及不懈探究,直到义理分明才可。

朱熹又说:"为学工夫不在日用之外,检身则动静语默,居家则事亲事长,穷理则读书讲义,大抵只要分别一个是非而去彼取此耳,无他玄妙之可言也。论其至近至易,即今便可用力;论其至急至切,即今便当用力。"朱子强调为学的工夫就在当下,在自己平时的一言一行之中,即重在"今"上用力,"只从今日为始",随时随地用功,日积月累,便可到"纯熟"、"光明"。

对于在日用眼前用功为学,朱熹不止一次论及,他说:"据某看,学问之道只在眼前日用底便是,初无深远玄妙。"又说前辈中有人虽内省深、下问切,"然不肯沛然用力于日用间,是以终身抱不决之疑。此为可戒而不可为法也"。朱熹结合前人的失误,警戒后学,即便有志于为学,也须将工夫用在日用躬行上。

在《续近思录》卷二中,李汉膺辑录了与朱熹见解类似的李退溪语录,李滉说:"随时随事不废持守体察之功,而苟得余暇近书册,须寻取所尝用力处,义理趣味浇灌心胸,玩适游泳日复一日,久久渐熟,则自当有得力之时矣。"又说:"圣人教人之法多在孝悌忠信之类,而就言动周旋应接处用工,不专在于静处也。"他认为"道理时常在心目之间",那么为学者当在日用言行处用工，去探究蕴藏其中的"道"。李滉要求求学者读四书、五经、小学、家礼之类的图籍，"务为躬行心得，明体适用之学。当知内外本末轻重缓急之序，常自激昂，莫令坠堕。"这便是教人读书躬行，明体适用。

在读过朱熹著述之后，退溪便明确地告诉求学者，读晦庵书后知原来"此理洋洋于日用者，只在作止语默之间、彝伦应接之际，平实明白，细致曲折，无时无处无不显在目前，而妙入无朕"。接之告诫求学者，不可好高骛远，"遽从事于高远"，则不可得其理也。要穷理就须在动静语默之间、日用伦常事物上穷，不必穷高极远。"一进一退，莫不以学为主"。在进退日用言行上用工为学，才是正道。如李退溪对柳而见说："随时随处量力加功，常以义理浇灌栽培，勿令废坠。"如此道理便在心目之间可求得。

朱熹、李退溪均赞成"学贵于习"。

朱熹承继程子"学贵于习"的思想，强调"学贵时习"，认为为学者学习时，"须是心心念念在上，无一事不学，无一时不学，无一处不学"。时时处处，不可含糊，做此工夫就像一刀两断那般分明。朱熹还说："为学之要，惟事事审求其是，决去其非，积习久之，心与理一，自然所发皆无私曲。"他主张为学之要在于求是去非，并要"久之"。可见朱子的"时习"侧重于持久、不断地积累，朱熹还说："古人说'学有缉熙于光明'，此句最好。"即肯定只要持之以恒地学，就能达到无比光明的境界。

李退溪也赞同程朱之说，说："学贵于习，习能专一时方好。"他不仅坚持"贵于习"的思想，而且接着程朱之说继续发挥，突出"习"而"专一"。既然求学者当在视听言动上做工夫去学，能专一持久用功，那么则可得为学之真谛。李滉的"专一"以整齐严肃为前提，说"整齐严肃则心便一，一则自无非僻之干"。显然，李退溪在朱熹的基础上更强调"一以贯之"之旨，希望学者时习而专一。

李滉的"专一"包含专心之意，他在札中曾表明为学应专心的主张，说："就一图而思，则当专一于此图，而如不知有他图。""至于积真之多，用力之久，自然心与理相涵，而不觉其融会贯通，习与事相熟，而渐见其坦泰安履。"

三、为学目的

在为学目的上，东亚儒学文化圈皆主张"为己之学"，李退溪也坚守此观念，且因地制宜教诲学者。

朱熹在为学目的上坚守孔孟之道，主张为学当切实为己。朱熹说："为学须是切实为己，则安静笃实，承载得许多道理。若轻扬浅露，纵使探讨得说得去，也承载不住。"朱子所坚持的为己之学，在于"切实"、"笃实"，不可"轻扬浅露"，躐等陵节。

李滉在继承朱熹"为己"之学主张的同时，带着所面临的社会问题去教导当时的李朝学者如何为学。李滉虽不是乙巳（1545年）士祸的直接受害者，但却是该士祸的见证者，人到中年的他结合自己的切身体会，即他自身遭际与耳闻目睹的士祸，强调为己之学才是君子应该追求的学问。他认为那些追求学问的学者们之所以遭遇惨祸，其中原因除当时的社会责任外，学者自身也存在问题，即自身人格的为己之学尚不到工夫。因而李滉说："人有饰智矫情、掠虚造伪以得名者，其陷于祸败，固所自取。"又说："君子之学，为己而已。所谓为己者，即张敬夫所谓无所为而然也。如深山茂林之中有一兰草，终日薰香，而不自知其为芳，正合于君子为己之义。"他将为己之学的学问比作深山茂林中终日薰香的兰草，认为这才是求学道学的君子追求的境界。

李滉自幼便对《论语》"弟子，入则孝，出则悌"有明确的体悟，注重修身为学。在经历世事之后，希望通过学习去探求人生的真谛，以更好地理解人和事。如他多次主动辞去官职，意在使自己品行端正地问学。在知天命之年，隐居陶山书院，据"退而居于溪边"之意，取号为"退溪"。他面对当时追求学问的士人多次遭受士祸，很想探究其中缘由。他以为："尝怪吾东方之士，稍有志慕道义者，多罹于世患。……其所谓未尽者，学未至而自处太高，不度时而用于经世。"①他认为国民轻薄的原因主要是学者自身努力不够，未达到很高的境界，但是他们自己却自处过高，又不能审时度势，并过于勇敢，想改革现实世界，以致祸患临头。他认为若学者自身进行为己之学，则能免遭惨祸。

在论说"为己"之学的问题上，李滉虽与其崇敬的朱子观点一致，但却有具体的发挥，其"兰草"之喻是他追求圣学历程中的切身感受，因为圣学是自我完成的"为己之学"，不图光耀门庭、名利地位。据李滉《进圣学十图札》的文字可知，李滉关注的"学问"就是"圣门之学"，而"为己之学"是普遍适用于人类的学问，人们通过问学与实践，逐步将学识扩大，将自己的学问推广到社会，便可达到修己治人的理想。

---

① 李滉：《与奇明彦》，见李滉《增补退溪全书》(1)卷十六，成均馆大学校大东文化研究院，1992年，第403页。

为学的目的是"切实为己"，也是中国儒学，乃至东亚儒学普遍的共识，但是李退溪所论为己之学则更接地气。退溪曾多次以体弱年老为借口，向国王上书请求退职。晚年定居故乡，建立书院，从事教育和著书事业，被公认为是朝鲜王朝最权威的教育哲学家。他不仅因势利导劝谏国王，助其治世，而且能结合国情给那些志慕道义者以指导，教其如何用功。

除了上述李退溪在为学之法、为学工夫、为学目的上与朱子大同而微异外，诸如为学的态度、品性等，退溪与朱子也是大同小异，多复述朱子所讲。如在为学态度上，朱熹、李滉皆主张立志笃诚，不畏艰辛。朱熹说："惟有志不立，直是无着力处。"以为"贪利禄"者，其病在于不立志，立志方能成就大事业。李退溪同样认为："人之为学趋向正，当立志坚确为贵，不为浇俗所移夺，刻苦工夫久而不辍，何患无成？"又说："夫士之所病无立志耳。苟志之诚笃，何患于学之不至而道之难闻耶！"李滉很明显肯定立志可贵，有志者则事竟成。

朱子说："学者须是耐烦、耐辛苦。"畏惧烦难，不愿辛苦，则难明道理所在。又说："为学正如撑上水船，一篙不可放缓。"逆水行舟，不进则退，这时就需要有坚韧的品格，敢于拼搏，只有"拼命生弃死去理会"，才能领会道理。李滉在分析普通人求学无成的原因时，认为是这些人求学时，"一觉其难，遂撤而不为。若能不疑不撤，毋以欲速而过于迫切，毋以多悔而至于扰夺，讲究践履，久久渐熟，则自当见意味浃洽，眼目明快"。他希望为学者不要迫切，久久践履，便可迎难而上，故他主张为学者能"欣然忘食"，"进锐退速"，说"为学只在勤苦笃实无间断，则志日强而业日广"。这也与朱熹主张废寝忘食、"不可求欲速之功"相契合。

朱熹、李滉都认为求学者应有方正、刚直的品性。朱熹说："圣贤之心正大光明"，求学当"仰不愧，俯不怍"。又说："学者须要有廉隅墙壁，方能担负得大事。"认为曾子、子思、孟子能贫贱不移，"刚果决烈"，"世间祸福得丧一不足以动其心"。这样的求学者"意诚而后心可正"，方可进学。李滉说："以忠信不欺为主本，须熟读《论语》主忠信章，《大学》诚意章。潜心玩味，涵咏体验，久久自当知之。"可见退溪很看重为学者要有忠信的品质，所以他对柳希范说，"居处恭、执事敬，与人忠"，"先事后得"，这才是为学者应有的品性。

总之，仅就李汉膺《续近思录》"为学"卷所辑朱熹、李滉的主要语录论说文字考察，李退溪以朱子为宗，继承并发展了朱子学思想，肯定学问在日用躬行之中，并且李滉将中土的朱子之学改造成为李朝的朱子学，注重民生实用，例如在为学目的、工夫等方面,退溪的论说能结合本民族的社会背景、文化形态等,提出了一些颇具其特色的见解,被称为"海东朱子"。其主张的持敬穷理工夫、学思相资、行君子为己之学,都是非常切实有用的,也是儒学内圣之学的重要理论,可丰富史上东亚"为学"思想的研究。

(作者单位:温州大学人文学院)

基于南宋理学学派关系研究范式的省察

◎ 周茶仙

在宋明理学的形成发展过程中,南宋是一个高峰,不但人才辈出,出现了像朱熹、张栻、吕祖谦、陆九渊那样十分重要的理学家,而且学派林立,出现了如道南学派、湖湘学派、朱子学、象山学、婺学、永康学、永嘉学等之类的许多派别,对后世产生了无可估量的影响。南宋理学学派在形成和发展的过程中,不仅包括前后的纵向承续,而且包括同时代的横向交流,各学派既互争雄长、相互诘辩,又互相交流、相互融合,同中有异、异中有同,层进层深,不仅分享着理学的信念,有着许多共有的立场,而且在相互的冲突批评中不断反思,正是在这样的双向活动中,南宋理学得以日趋精微走向成熟。由此,学界对南宋理学学派关系研究投注了大量的精力,做了许多饶富意义的探索,并在此过程中,形成了独具特色的研究范式。回顾、省思南宋理学学派关系研究范式,对于推动研究的全面展开与进一步深入尤为必要,毕竟这是丰富南宋理学学派关系研究之必须,还是深入理解南宋理学思想之必然。

一

范式一词是从希腊动词"并排展现"派生而来的,初意为规范,决定着研究的方法和程序。对于范式问题,美国著名科学史家、科学哲学家托马斯·库恩有过专门和详细的论述。他认为范式"就是一个公认的模型或模式","是一种在新的或更严格的条件下有待进一步澄清和明确的对象"。在他看来,范式其实就是"科学共同体的信念,这种共同的信念建立在某种公认并成为传统的重大科学成就(如牛顿的万有引力说、达尔文的进化论等等)基础上，为共同体成员提供把握研究对象的概念框架、一套理论和方法论信条，一个可供仿效的解题范例，它规定了一定时期中这门科学的发展方向和研究途径，同时也决定着共同体成员的某种形而上学的信念及价值观"。① 在此，他明确指出范式对于共同体成员展开研究具有极其重要的作用。因此，省察南宋理学学派关系研究范式，不仅能够辩证地看待范式，统合量化研究的价值，而且能够对未来研究范式的创新以启迪，为深入地展开研究提供导引。

南宋是理学发展的重要时期，推动南宋理学发展的原因，除却宋室南渡前后百年间的王学、洛学的升沉和消长的原因外②，主要是南宋相对宽松的学术与思想环境。得较为宽容的文化政策庇护，南宋理学蔚为大观，步入辉煌之境。不仅理学名家辈出，而且学者争相拜师，学派云蒸霞蔚。正是有了这种各具特色的学派存在，使得南宋理学以至南宋以后的全部儒学更加丰富多彩。一般来说，理学学派之间既存在差别或相对、角立，甚至竞争，又存在交流或诘辩、论争，甚至融合（我们把这种既竞争又融合的关系称为竞合关系）。在竞合中，相互间的思想交锋和学术论争影响深刻广泛，不仅使双方会在认真考虑对方批评的基础上丰富、发展、完善自己的思想，促进各自的观点进一步明确，而且对当时及后世儒家学术文化的发展乃至走向产生了重大影响。由此，理学学派关系在中国儒学发展史上占有十分重要的位置，成为自南宋而至清季学人非常关注并进行重点研究的一个重要话题，直至今日学者对之仍饶有兴致。目前，学界一方面正在深化对具体内容的研究，另一方面伴随着研究的深入开始对研究范式进行反思与批判。南宋理学学派关系研究的范式颇多，在多样化的研究范式与路向选择中，大体存在两种倾向：一种是以思想的内在理路为重点，以经典文本的诠释为路径，通过字里行间的反复推敲来理解士人、学派的微言大义，注重把握思想的根本及走向；一种是以思想与环境关系为重点，以环境对思想影响的考量为路径，重点掌控思想的原貌及演进。研究南宋理学学派关系时，经典文本的解释固然不可缺少，但由于"任何一个学派的产生和发展，总是与一定的社会历史环境紧密相连的，它多少反映了社会的某些要求，代表了一定的社会思想，并表现出相应的时代特

---

① Kuhn，T.S.，The Structure of Scientific Revoluions，University of Chicago Press，Chicago，1996.转引自陈胜前：《当代西方考古学研究范式述评》，《考古》2011 年第 10 期，第 21～22 页，第 85 页。

② 陈植锷：《北宋文化史述论》，北京：中国社会科学出版社，1992 年，第 183 页。

征"。① 因而研究者如果只把注意力放在文本上,就会忽视思想的其他维度,极有可能抹杀理学学派思想演进过程中的变化。为此,早在 20 世纪 60 年代,就有人明确指出:"作为我们研究与理解的对象,光有文本本身是不够的。"②进而有人提出:"思想史不仅要研究公认的经典文本,还应在更宽广的范围内探究每个社会都在谈论的不断变化的政治语言。只有置身于这种大背景下或不同的语境中,才能更好地理解这些思想。"③如此,研究南宋理学学派关系自然也不能例外。

由于南宋理学一般被归属为哲学史或思想史的研究范畴,因此,哲学思想史的研究方法便成为学界探讨南宋理学最主要的研究方法,相对应,这种方法也成了研究理学学派关系的最主要方法,并俨然成为一种范式,长期占据并主导了南宋理学学派关系的研究。在学术研究领域,固然不必夸大研究方法的重要性,但研究方法在学术研究中确实是不可忽视的因素。哲学思想史的研究方法虽然是基于哲学和思想的双维视角思考的产物,但都是在哲学层面上来展开的,而且"哲学"和"思想"并不对立。总的来说,这种方法着眼于对文本的诠释、哲学概念的疏解及学人思想体系的重构以及思想的内在逻辑与结构,对于揭示学派思想异同、考辨思想流变具有其他研究方法不可取代的优越性。例如,侯外庐先生主编的《宋明理学史》便是这方面研究的代表作,他针对理学中程朱理学和陆王心学两大派别的相互诘辩,相互渗透与合流的趋势,通过对其产生与演变的历史条件,提出了自己的看法,强调研究南宋理学学派思想必须跳出文本,不能就文本而研究文本,专著具有极高的学术价值,是研究南宋理学问题的必读之书。除此之外,还有很多的学者运用这一范式对南宋理学学派关系展开研究,既研究它们之异,又研究它们之同,有许多成果问世,蔚为大观。笔者不想用一种巨细靡遗的方式罗列相关成果,但需要指出的是:在此过程中,研究者形成了惯常的研究框架与思维定式,这对学术研究而言其实是一种不负责任的做法,因为它抹杀了南宋理学发展演进过程中的变化和其他因素,极不利于学术的多元与深入。而且当我们思考各个学派创始人的思想何以能够形成一个新的学派,而且快速蔓延、

---

① 方如金等著:《陈亮与南宋浙东学派研究》,北京:人民出版社,1996 年,第 3 页。

② Quentin Skinner,Meaning and Understanding in the History of Ideas,Visions of Politics.Regarding method,Cambridge:CUP,2002:89.

③ 昆廷·斯金纳:《自由主义之前的自由》,李宏图译,上海:生活·读书·新知三联书店,2003 年,第 120 页。

转化？怎样的政治、社会、学术环境支持了这波学术运动的展开？各学派如何透过对其他学派学术版图的占领而建立自己的学术阵地等。这些问题时，显然无法简单以思想内涵来解释，虽然思想内涵也绝非无关紧要，然而重要的是还有很多值得我们考量的因素。于是作为南宋理学学派关系研究的理论基石，哲学思想史范式开始不断遭到批评。从 20 世纪 90 年代以来，学界除了继续坚持原有的研究范式不断深化研究之外，开始对哲学思想史研究范式进行反思，并不断尝试新的学术实践，主张通过哲学史式的"理性重建"的方法，通过阅读"文本"去探寻隐藏在经典文本中的思想家们的"微言大义"。然而正如有学者评论的那样："哲学史研究范式可能忘记了思想家的意图完全可能是研究者在一种回溯式理解中构造出来的。即'一个得到回溯式阐释的意图更显然是一种阅读或解释，因为它很少是作者在写作的'原初'时刻所想说的东西的翻版'。"[1]为此，学术界在反思这一范式的基础上，每每从地方文化的立场出发展开南宋理学学派关系研究，以个案式的方法触碰这些问题涉及的某些方面。

二

就思想论思想是思想史的根本工作，但同时思想史应该广泛地与许多领域相结合。倘若只用一种范式，往往会造成一叶障目，所以要在历史和逻辑之间寻求一种新的张力。有人说："不理解过去的人们的思想，也就不能理解过去的历史。从这个意义上讲，一切历史都是思想史。"[2]可见思想是与历史融合在一起，理解思想就意味着理解历史，只有历史地理解，思想才能揭示它的多样性，并呈现出它的丰富多彩。思想之于社会就像血液透过微血管运行周身，它必定与地方社群、政治、官方意识形态、宗教、士人生活等复杂的层面相关涉，故应该关注思想观念在实际生活世界中的动态构成，并追寻时代思潮、心灵的复杂情状。南宋理学学派关系研究必须从这样的认知出发，才能有新的发现，特别要注意的是思想世界中多种元素间的相互竞争、相互渗透，以及思想家是如何运用其思想资源说服大众的过程，而不是把思想看作静止

---

① 参加黄其松：《论政治思想研究的四种范式》，《政治学研究》2010 年第 6 期，第 63～64 页。

② ［英］柯林武德：《历史的观念》，北京：商务印书馆，2007 年，第 244 页。

不动之物。南宋理学学派大多是在一定地域内产生、传播和发展起来的,产生、传播、发展于一定区域的理学学派,必将对该地区的地域文化产生深刻影响。因此,在南宋理学学派关系研究中,个案研究由此成为最根本性的工作。

在个案研究层面,学界做了大量的努力,进行了广博的探索,成果甚多,在总量上占了多数。这些研究往往是由单个学人开始拓展到区域性学派,在描述各自思想内在的同时,试图揭示各区域学派的地方特色并勾画出某些跨地方性的联系。例如,陈谷嘉、朱汉民的《湖湘学派源流》提出并论证了划分学派的两个标准,这是基于学界对于理学学派的划分缺乏统一标准的思考。他们认为划分学派的标准是"第一,学术宗旨的理论标准;第二,学术师承的学统标准"。与此同时,他们对张栻与湖湘学派展开研究[①],给湖湘学派做了一个准确的定义,认为它是"南宋时期在湖南地区形成的以胡安国、胡宏、张栻等人为代表的理学学派"。不仅如此,他们还对湖湘学派的思想渊源、学术成就、学派特色、代表人物、师承关系及其传统走向,与同时代的主要学派——朱子学、陆学、浙东事功学派之间的学术异同,对湖湘文化产生和发展的影响,与当代海外新儒家,以及学派湮没的原因等诸多方面进行了全面的总结。周梦江的《叶适与永嘉学派》则以叶适为轴心,展开了纵横的考证、联系、比较,不仅系统地勾勒出永嘉学派的思想特征及深刻的经济根源,而且还探讨了永嘉学派与当时的其他地区不同学派的广泛交往,并比较了他们的不同。[②] 而方如金等的《陈亮与南宋浙东学派研究》不仅探讨了南宋浙东学派的社会环境和学术背景,包括"浙东学派"概念的由来及涵义、学派产生的社会基础以及学派的三个分支(永嘉学派、永康学派和金华学派的创立、形成和发展)情况,还探讨了学派的学术思想渊源,细致分析了学派与传统儒学、其他传统思想以及浙东传统学术的关系,厘清了陈亮与金华学派、永嘉学派各学者的关系等,而且概括了宋代学术发展的特点:"学术争鸣异常活跃,它不仅发生于不同学派之间,也常出现于同一学派内部,致使'学中有学'、'派中有派'现象相当普遍"。该书资料翔实丰赡,论点确凿可信,值得品读。近年来,还有一些青年学者也有志于此。王宇博士在前辈学者研究的基础上,对永嘉

[①] 参见陈谷嘉:《张栻与湖湘学派研究》,长沙:湖南教育出版社,1991 年;陈谷嘉、朱汉民著:《湖湘学派源流》,长沙:湖南教育出版社,1992 年。

[②] 周梦江:《叶适与永嘉学派》,杭州:浙江古籍出版社,1992 年,第 16 页。

学派进行了更为社会科学化的研究。① 还有刘京菊则梳理了道南学派产生的历史环境，使道南学派无可否定地屹立于南宋诸多学派之间，同时还梳理了从二程到杨时、游酢到罗从彦到李侗再到朱熹集大成的思维逻辑演化过程，凸显了道南学派注重发扬儒经义理的治学方法。② 相较于国内学者的研究，日本学者市来津由彦有关朱子学的研究有值得我们借镜之处，他在讨论朱熹门人集团形成时，不仅论述了二程之学于北宋末南宋初在福建的发展，更细致梳理了朱子的交友、讲学及传授的关系史，还用"地域讲学"与"广域讲学"两个概念，分析了朱子一生讲学的实态以及程学广域讲学网的形成。值得注意的是，市来将吕祖谦与朱子的讲学结合的形态分别归结为：来自参与中央王朝的统治机构（包含官僚、科举机构等）的结合与在地域社会上的结合。此外，书中对朱子与何镐、廖德明、陈文蔚、吕祖俭交往讲学的个案也做了细致的调查。③ 当然，还有很多的研究成果，不胜枚举，恕不赘述。这些个案研究爬梳史料丰富，分析归纳准确，是进一步研究南宋理学学派关系的必读成果。

然而，不能不承认，个案研究因为注重单个学派的静态描述，对于纵向上深入研究学派问题大有裨益，但对于学派之间的横向联系拓展不够，而且因为对象的锁定，在对南宋理学学派关系的动态把握上是受到限制的。因此，个案研究应该与更广阔的历史思想背景结合，才能使该问题研究整体得到推进。

三

从 20 世纪以来，道学或理学已经被划入哲学史的研究范畴，因此学界特别关注理学中关于形而上的思维，而这样的看重反而使儒家传统的部分遭到割舍。从这样的哲学化研究的倾向，便难以使我们清楚地去理解"思想"与"观念"在当代的影响，或者与当时人们互动的情形。所以在理解宋代理学的发展时，要避免把理学作为一个自足的系统，而强调理学是儒学整体的一部分，应从宋代儒学史的整体性格和发展中来理解理学。例如，余英时的《朱熹的历史世界——宋代士大夫政治文化的研究》揭示了朱熹思想和道学发展的

---

① 王宇：《永嘉学派与温州区域文化》，北京：社会科学文献出版社，2007 年，第 4 页。
② 刘京菊：《承洛启闽：道南学派思想研究》，北京：人民出版社，2007 年。
③ ［日］市来津由彦：《朱熹门人集团形成的研究》，创文社，2002 年。

另外一面,把我们的注意力从抽象的"内圣"转到"外王"——具体的政治斗争的方向。本书是关于宋代文化史与政治史的综合研究,尤其注重二者之间的互动关系。① 在本书的叙述中,理学士大夫对当时政治的高度关注被突显出来,与从前人们所理解的理学家的面貌很不相同。根据余先生的分析,朱陆的异同,异在内圣,同在外王。也就是说,不管道学有何特色,不管道学内部有何分歧,道学不论是整体还是个人,都作为儒学的一分子而分享着宋代儒学的政治文化和理念。为此,陈来评价道:朱熹的研究一向以哲学、思想的取径为主流,学者一贯重视其"思想世界"。但此书则把研究的注意力转向朱熹所生活、所参与的"历史世界",这不仅在"知人论世"方面深化了我们对朱熹的理解,更在有关于朱熹的历史研究方面开了新的境界。无疑,相对于长期以来的对朱熹的"哲学研究"而言,本书是对于朱熹的"史学研究",使得朱熹研究的格局变得更为合理。② 田浩(Hoyt Tillman)的《朱熹的思维世界》则以南宋道学史为主题,致力于论明朱熹与南宋道学群体的广泛交往互动,并认为这种互动是道学运动发展的主要动力,给了我们一段完整的南宋道学运动思想史,这段思想史根植于政治史及与运动成员结合在一起的社会网络,这真是一个崭新的面相。这部著作代表了南宋理学思想史研究的一个新方向,即在一个更丰富的话语和历史环境中,更具体地把握和理解南宋道学的多元展开。③ 而何俊的《南宋儒学建构》则以"儒家的精神"界定为核心,依据南宋儒学的演进,呈现南宋儒学与政治的关联,阐述"洛学"成为主流之后其内部的分歧与内在冲突,探讨了朱熹时代的儒学及朱熹后时代的儒学的转型。一方面对南宋儒学做了哲学史的分析,另一方面又能够兼采思想史的视角,关注思想与环境的互动。正是因为有着这种方法论的自觉,因此能够以南宋儒学建构为主题,详论南宋儒学的演进历史,并思考回答了南宋思想如何由歧见纷呈到整合一体,又如何迅遭挑战并由此产生回应,复有如何由思想向文化转型以及此一过程中思想与环境的互动等问题。④ 就这些问题的解答路径来看,可以看到三者思想史研究不同的关怀与取向,即力图将思想史研究放

---

① 余英时:《朱熹的历史世界:宋代士大夫政治文化的研究》,北京:生活·读书·新知三联书店,2004 年。

② 陈来:《从"思想世界"到"历史世界"——余英时〈朱熹的历史世界〉述评》,《二十一世纪》2003 年 10 月号。

③ 田浩(Hoyt Tillman):《朱熹的思维世界(增订版)》,南京:江苏人民出版社,2011 年。

④ 何俊:《南宋儒学建构》,上海:上海人民出版社,2004 年。

回历史原有的脉络中。

就思想史的研究而言，一项主要任务就是要对这种思想与社会的互动过程做出合乎历史事实的解释，而这种历史的解释又必须以对历史事实的了解，以对思想家的个人经历、其思想的自身结构及其与不同学派之间关系的了解为基本前提。注重思想的社会背景、思想史与社会史交互为用的研究，便能够把思想的发展放在当时的文化、学术、社会、政治等情境中求得了解。[①]南宋理学学派林立，精彩纷呈，不论他们的思想观点及学术成就如何，他们都是在一个由醒目的地域和家族力量操纵的历史环境中诞生的。相应的，理学学派间的关系亦充满了地域社会的文化传统及家族组织的家学传统的影响，因而学派的确立与分裂可以视之为是家族士人的生存性策略或出于某种地域性的文化认同共同作用的结果。地方家族、地方精英及地方士人的思想世界是一个可塑的同时也是一个自为的过程，正是他们的加入并积极运作，才实现了思想的代谢更新，使思想命脉能够历经朝代鼎革而在历史的硝烟中得以延续与发展。

尽管近来已有学者对思想史研究中将某些思想或学术流派归约到地方宗族、阶级等下层社会基础的研究范式进行反思，但需要说明的是，这样的研究不是多了，相反还很不够，只有多关注地方、乡里层次以及个人的思想活动，从地域、家族、学术交游及社会变迁，包括局部的地域社会的思想传统、家族组织的家学传承以及学术交游圈的聚合等独具社会文化史的视角出发，才能使南宋理学学派关系问题得到新的诠释，有更深刻的揭示。

四

诚然，研究范式是思想史研究的基础，哲学思想史范式长期主导南宋理学学派关系研究，不仅引领着研究的展开与深入，而且还进行着一些跨地域的比较考察，但特重地域学派学术特色的整理而对地域思想整合认识不足。同时，尽管能在更为广阔的历史空间中思考思想问题，但对整合过程的地域性特色的讨论又稍显淡薄。因此，在思考南宋理学学派关系时，应致力于思考各种地域性学派的士子学人是经由何种社会网络融入更为广阔的思想潮

---

① 范立舟：《深思慎取、气象浑厚：评何俊〈南宋儒学建构〉》，《湖南大学学报（社会科学版）》2006 年第 6 期。

流中的,或者说区域性的地域社会结构、家族发展及学术交游圈在南宋理学学派的竞合关系中究竟发挥了何种作用的问题。有鉴于前人已对各学派有了较多的研究,故应有意识地舍弃学派的主要领袖不论,而去寻找更有代表性的地方性家族及其士子作为考察的主要对象,即选择其他不为世人所重的学派士人进行研究,从而能够在深度和广度上做进一步的挖掘。若从范式选择的角度来说,不妨通过对现有范式的适度融合或者经由学科交叉的范式创新以及经由研究方法变革的范式改良等多种路径进行。学术研究没有一劳永逸的解决方案,社会在发展,时代在进步,学术研究必须与时俱进,方法论也必然会随之更新。思想史研究既要在传统哲学史范式中进行深入而综合的革新,又必须转向更广阔的文化精神及其展现与接受的研究,重点要从对思想本身的关注转向对思想建构方式的关注。这样,才能对南宋理学学派及其关系演变做出最合理的解释,也才有可能对研究空间的扩展做出具有说服力的推测。可以预见,新范式下的学术成果将不断涌现,从而真正深化对南宋理学学派关系问题的研究。

(作者单位:上饶师范学院朱子学研究所)

朱子工夫论新论

◎ 王志阳

工夫论是朱子学派修身、齐家、治国、平天下的基础,也是朱子学派核心理论之一,已经成为朱子学研究的重要领域。但因学者注重使用西方的各种概念来解读传统学说,忽视了朱子学理论的本土特色,使得众多学者在谈及朱子工夫论之时,少有学者重点研究朱子工夫论的根源及其实现途径,使得朱子学的工夫论研究始终停留于就工夫论而论工夫论,难以完整呈现朱子学说集中国儒学之大成的特征。因此,本文将从朱子工夫说的根源入手,探究其实现途径和保障制度。

一、礼学:朱子工夫论的根源

工夫论不是朱子首创,但是朱子工夫论被后世学者所关注,这主要是因为朱子为宋儒的工夫论找到了经学依据,使宋儒的工夫论上接汉唐儒学的发展脉络,使儒学的发展轨迹再次走向了一个大回环的过程。对当时学术界的风气与朱子治学之特殊处,钱穆有言:

> 盖当时理学界风气,读书只贵通大义,乃继起立新说,新说愈兴起,传统愈脱落。此风在北宋诸儒已所不免,而理学家尤甚。即南轩亦仍在此风气中。惟朱子,一面固最能创新义,一面又最能守传统。其为注解,无论古今人书,皆务为句句而解,字字而求,此正是汉儒传经章句训诂工夫,只求发明书中之本义与真相,不容丝毫臆见测说之参杂。此正是经学上传统工夫。明得前人本意,与发挥自己新意,事不相妨。故经学之与理学,贵在相济,不在独申。合则两美,分则两损。朱子学之着精神处

正在此。①

钱穆所言情形隐含了一个重要的观点,即汉儒乃经学之儒,先秦儒学乃子学之儒,实则宋儒越过汉唐经学之儒回复到先秦子学之儒,但因经学之儒是儒学的重要发展阶段,任何创新过程若仅以破旧而未充分吸收旧学的内容,这种创新存有诸多缺陷,即宋儒因为创新而割裂经学之儒与子学之儒的弊端,被清儒目为异端。事实上,钱穆对宋儒之学有一句经典描述,即"若依《汉书·艺文志》之学术分类,则汉儒如史汉儒林传所举,当多入六艺略,而宋儒则转回到子学之儒,故宋儒不仅有疑子,亦复又疑经",实属"子学之变相"。② 正是宋代儒学已属子学之儒,故朱子经学在宋代学术界成为再次衔接汉唐儒学传统的关键节点。

事实上,朱子学派本身的学术发展过程亦呈现从重义理的子学之儒回归重视经学的汉唐儒经学传统的趋势。朱子从学于李侗,完成逃禅归儒的过程,接续道南学派注重义理之学的传统,为晚年政治争论与学术争议的失败埋下了伏笔。《朱子语类》载:

> 在讲筵时,论嫡孙承重之服,当时不曾带得文字行。旋借得《仪礼》看,又不能得分晓,不免以礼律为证。后来归家检注疏看,分明说:"嗣君有废疾不任国事者,嫡孙承重。"当时若写此文字出去,谁人敢争,此亦讲学不熟之咎。③

此条语录为万人杰庚子(1180 年)以后所闻录的内容。另外,此条文献收录于"内任",又注曰:"丙辰后"与"杂言行"④。且又据内容放置于"宁宗朝",点校者郑明等人在"宁宗朝"章末有校勘记说:"朝鲜本作小字注文,上另增'今上'二大字。"⑤则此条文献内容宋孝宗过世(1194 年 6 月),光宗内禅(1194 年 7 月),宁宗登基之后,那么此条文献当是载录于宋宁宗即位的绍熙五年(1194 年)七月之后,即朱子 65 岁之后。又据此文献口吻"当时"可知,此条文献显然属于回忆性质材料,而作为朱门弟子的万人杰得闻其言,则此条文献当是朱子返乡之后了。更值得我们注意的是此条文献至少包括三方面内容:

---

① 钱穆:《朱子学提纲》,北京:生活·读书·新知三联书店,2002 年,第 31~32 页。

② 《朱子学提纲》,第 12 页。

③ 黎靖德:《朱子语类》,《朱子全书》,上海:上海古籍出版社,合肥:安徽教育出版社,2002 年,第 3489 页。

④ 《朱子语类》,第 3486 页。

⑤ 《朱子语类》,第 3509 页。

当时《仪礼》的郑玄注文、贾公彦疏尚未成为学者必备的典籍，故仅借得《仪礼》而已，此其一；朱子对宋代实用型的礼仪制度——礼律的熟悉程度远大于《仪礼》，此其二；郑玄注文、贾公彦疏的社会地位已经非常高了，至少在朱子看来是无可比拟的程度了，故有"写此文字出去，谁人敢争"之语，此其三。

既然郑注贾疏具有很高的社会地位，为何未成为学者必备的典籍呢？既然礼律是宋王朝的典章制度，为何未能约束朝廷礼仪呢？这两方面的矛盾，实则是朱子时代政治的矛盾情况和朱子本人学术思想矛盾情形的集中反映。以朱子时代而言，礼律虽为朝廷制度，却未能有效约束朝廷的礼仪礼节，可见执政者忽视礼律的有效性及其权威性。以朱子个人而言，虽高度重视郑注贾疏，推崇其权威性，但是朱子却有"读书不熟之咎"。可见朱子注重《仪礼》的观点是后来才形成的，而在政治争议之时，包括朱子在内的学者并未真正重视传统礼学，士大夫甚至把属于宋代典章制度的礼律放置于无足轻重的地位。

正是朱子经历文献不熟的问题，故为了避免弟子重蹈覆辙，他在晚年组织大批弟子编撰《仪礼经传通解》，由此培养了黄榦、杨复等礼学家。但更为重要的是朱子在编撰《仪礼经传通解》之时，把注重礼学的思想渗透入理学思想当中，深刻改造了理学的基因。

以卫护师门最有力，又是朱门理学思想影响最为深远的学者陈淳为例，其吸收和发展朱子学的机会主要有两次，一次为朱子任职漳州期间，一次是朱子过世前三个月的问学，前后相距将近十年，可见陈淳的学术思想正是朱子晚年学术思想的继承者和发展者。但是陈淳的学术成果却不是帮助朱子从事礼学典籍的编撰工作，而是从理学的概念入手，条分缕析朱子学含义的《北溪字义》，这实为朱子礼学对理学思想的改造成果。《北溪字义》载：

> 性即理也。何以不谓之理而谓之性？盖理是泛言天地间人物公共之理，性是在我之理。只这道理受于天而为我所有，故谓之性。性字从生从心，是人生来具是理于心，方名之曰性。其大目只是仁义礼智四者而已。得天命之元，在我谓之仁；得天命之亨，在我谓之礼；得天命之利，在我谓之义；得天命之贞，在我谓之智。性与命本非二物，在天谓之命，在人谓之性。故程子曰："天所付为命，人所受为性。"文公曰："元亨利贞，天道之常，仁义礼智，人性之纲。"[①]

---

① 陈淳:《北溪字义》,北京:中华书局,1983 年,第 6 页。

陈淳对性与理、性与命之间的关系,论述甚为详细,更值得注意的是陈淳对仁义礼智与天命之间的关系的论述。仁义礼智是人性的核心内容,而天命与人性之间的关系就犹如大池与小池之间的关系了。那么天命是怎么呈现出来的呢? 其最为重要的原则便是天命是通过人事来呈现,而人事又是人性的自然流露。陈淳说:

> 文公曰:"礼者,天理之节文,人事之仪则。"以两句对言之,何也? 盖天理只是人事中之理,而具于心者也。天理在中而著见于事,人事在外而根于中,天理其体而人事其用也。"仪"谓容仪而形见于外者,有粲然可象底意,与"文"字相应。"则"谓法则、准则,是个骨子,所以存于中者,乃确然不易之意,与"节"字相应。文而后仪,节而后则,必有天理之节文,而后有人事之仪则。言须尽此二者,意乃圆备。①

由此可见,天理只是人事之理,人事之理的呈现形式便是人事的规则,而人事的规则又是以礼为表现形式。事实上,人的所有行为都要受到礼的节制,而守礼的程度便是普通人、贤人与圣人之间的差异了。《北溪字义》载:

> 仁义礼智四者判作两边,只作仁义两个。如春夏秋冬四时,分来只是阴阳两个。春夏属阳,秋冬属阴。夏之通畅,只是春之发生盛大处。冬之藏敛,只是秋之肃杀归宿处。故礼仪三百,威仪三千,只是天理流行显著处。智之是非确定,只是义之裁断割正处。文公曰:"礼者,仁之著;智者,义之藏。"②

"礼仪三百,威仪三千",语出《礼记·中庸》"礼仪三百,威仪三千,待其人然后行"。孔颖达疏曰:"'威仪三千者'即《仪礼》行事之威仪。《仪礼》虽十七篇,其中事有三千。'待其人然后行'者,言三百、三千之礼,必待贤人,然后施行其事。"③那么礼仪与威仪均属人事之礼无疑,而礼又是"天理流行显著处",其言外之意便是礼实属天理的节文无疑了。那么义是否也是天理流行呢? 答案是肯定的。陈淳说:"何谓义礼智都是仁? 盖仁者,此心浑是天理流行。到那礼仪三百,威仪三千,亦都浑是这天理流行。到那义,裁断千条万绪,各得其宜,亦都是这天理流行。到那智,分别万事,是非各定,亦都浑是这天理

① 《北溪字义》,第20页。
② 《北溪字义》,第23页。
③ 郑玄注,孔颖达正义:《礼记正义》,上海:上海古籍出版社,2008年,第2031页。

流行。"①由此可知,仁是天理流行,而礼亦是天理流行,义、智也是天理流行的内容,仅属天理具体显现的形式差异而已。与之相对的,自然顺应天道的是圣人,努力修养自己达到遵守天道的便是贤人。又据儒家学说圣人与下愚不移,则儒家学者工夫之论,便是遵循礼的原则来修炼自己,从而达到与天理合一。

由此可见,朱子晚年的工夫论实则是以礼学入手,通过掌握礼学礼仪而达到掌握工夫论的真谛。

二、小学工夫:朱子工夫论的修习途径

朱子于《大学》开篇有言:

子程子曰:"《大学》,孔氏之遗书,而初学入德之门也。"于今可见古人为学次第者,独赖此篇之存,而《论》、《孟》次之。学者必由是而学焉,则庶乎不差矣。②

此处点出了《大学》一篇的重要性,属于儒家学习顺序的纲领性文件。对此大纲,朱子在注释"大学之道,在明明德,在亲民,在止于至善"。时说:

大学者,大人之学也。明,明之也。明德者,人之所得乎天,而虚灵不昧,以具众理而应万事者也。但为气禀所拘,人欲所蔽,则有时而昏。然其本体之明,则有未尝息者。故学者当因其所发而遂明之,以复其初也。新者,革其旧之谓也,言既自明其明德,又当推以及人,使之亦有以去其旧染之污也。止者,必至于是而不迁之意。至善则事理当然之极也。言明明德、新民,皆当至于至善之地而不迁。盖必其有以尽夫天理之极,而无一毫人欲之私也。此三者,大学之纲领也。③

此要有三:第一,人的本性皆是善,却容易为气所影响,受到气的清浊影响而呈现不同的特征,但是这不影响人的本性是善良的原始特性;第二,人需要通过自身的工夫而达到回复自己本性的善良,并通过自己的修炼,达到使周围的人也能够回复到善良的本性;第三,所谓至善的境界就是天理之极,而修炼到至善的过程便是去除私欲的过程。上述三条内容由自身的明德,到新

---

① 《北溪字义》,第22~23页。
② 朱熹:《四书章句集注》,北京:中华书局,1983年,第3页。
③ 《四书章句集注·大学章句》,第3页。

民,再到自己与民同时达到符合天理的境界,呈现出环环相扣的内在特征。

但是上述内容仅属纲领,勾勒出的是由自身到新民,并使自身与百姓共同达到"至善"的天理境界,尚未呈现具体的路径,这便是大学首章的内容:

> 古之欲明明德于天下者,先治其国;欲治其国者,先齐其家;欲齐其家者,先修其身;欲修其身者,先正其心;欲正其心者,先诚其意;欲诚其意者,先致其知;致知在格物。物格而后知至,知至而后意诚,意诚而后心正,心正而后身修,身修而后家齐,家齐而后国治,国治而后天下平。自天子以至于庶人,壹是皆以修身为本。其本乱而末治者否矣,其所厚者薄,而其所薄者厚,未之有也!①

这条内容被朱子定为《大学》的"经",具体内容分为两大部分:前部分是"明明德于天下"至"致知在格物"共有八项内容,被朱子定为"大学之条目"②;后部分则是由"物格而后知至"到"国治而后天下平"属于修身与与新民的次序。这两部分均以修身为本源,故朱子注曰:"壹是,一切也。正心以上,皆所以修身也。齐家以下,则举此而措之耳。"③可见朱子注解此章所持的重要原则是:修身是新民的基础,只有通过修身才能达到新民的效果。但是此章仅勾勒出学者修养过程的宏观轮廓,尚未详细设计具体修养方法,即如何格物,则要归根于小学工夫,正如朱子所言:

> 古者初年入小学,只是教之以事,如礼乐射御书数及孝弟忠信之事。自十六七入大学,然后教之以理,如致知、格物及所以为忠信孝弟者。④

小学是学做事,即如何做礼乐射御书数及孝弟忠信之事,而大学则是学习上述做事的内在之理,正是"小学者,学其事;大学者,学其小学所学之事之所以"⑤。由此可知,朱子对小学与大学之间的分工甚为明确,即小学工夫重在学具体之事,大学重在学习内在之理。但是朱子却将修身工夫的重心放在小学工夫,而且重视程度随其年纪的增大而增强的。兹证如下:

第一,在个人修养的内容中,小学工夫是基础,大学工夫仅是小学工夫的提升而已。

前文已言,小学是承担教习具体事务的任务,大学是教习做事规范之理,

---

① 《四书章句集注·大学章句》,第3~4页。
② 《四书章句集注·大学章句》,第4页。
③ 《四书章句集注·大学章句》,第4页。
④ 《朱子语类》,第268页。
⑤ 《朱子语类》,第269页。

正如朱子所言："小学是事，如事君、事父、事兄、处友等事，只是教他依此规矩做去。大学是发明此事之理。"①言之甚明，似乎以理学自居的程朱学派而言，明理更为重要，故历代学者对于朱子之学的研究，更多着眼于程朱学派的各种概念、理念的研究，忽视了朱子学派在理学名义下的格物方法的研究。事实上，朱子对于修身的方法，更注重小学工夫，故朱子说：

> 修身大法，《小学》备矣。义理精微，《近思录》详之。②

此条语录是李闳祖戊申（1188 年）以后所闻录的内容，朱子时年 59 岁，已属晚年成熟观点了。此处《小学》属朱子自编著作，其标准正是依据朱子对教育内容的重要性的认识。《朱子语类》载：

> 安卿问："《曲礼》'外言不入于阃，内言不出于阃'一段甚切，何故不编入《小学》？"曰："此样处漏落也多。"又曰："《小学》多说那恭敬处，少说那防禁处。"③

朱子明确其编撰《小学》的主要原则是着眼于恭敬的行为规范，较少涉及防禁的规则。细考《小学》一书，朱子所言不虚，其内容主要着眼于学习者当如何行事以培养恭敬之心。这并非朱子不重视防禁行为，而是朱子以当时学者忽视小学工夫，故朱子以敬为方法来应对小学工夫缺失的挑战。《朱子语类》载：

> 古者，小学已自暗养成了，到长来，已自有圣贤坯模，只就上面加光饰。如今全失了小学工夫，只得教人且把敬为主，收敛身心，却方可下工夫。又曰："古人小学教之以事，便自养得他心，不知不觉自好了。到得渐长，渐更历通达事物，将无所不能。今人既无本领，只去理会许多闲泪董，百方措置思索，反以害心。"④

此条文献由叶贺孙辛亥（1191 年）以后所闻录，至少含有三方面内容：学习小学工夫，经长久练习能够养成圣贤坯模，距离成为圣贤仅缺少"光饰"而已，此其一；朱子教人以敬为主的原因是小学工夫缺失已久，只能够先让人学习如何持敬，达到古人通过小学工夫而获得的效果，此其二；现在学者在少儿启蒙时期没有经过小学工夫的系统培养过程，故成年之后，再花心思去学习

---

① 《朱子语类》，第 269 页。
② 《朱子语类》，第 3449 页。
③ 《朱子语类》，第 3449 页。
④ 《朱子语类》，第 269 页。

小学阶段的各种礼节内容,仅增添了思想负担而已,效果不理想,违反日常行为习惯,有沽名钓誉的嫌疑,此其三。由此可知,朱子提倡小学工夫的最佳落实阶段当属幼儿少年时期,一旦错过了,则仅能采取持敬工夫,方能获殊途同归之效。由此可知,朱子注重持敬工夫的原因在于扭转无法普及小学工夫之际而采取的变通工夫。

与之相对应,持敬工夫已经是诚的范畴。《朱子语类》载:

> 问:"诚意是如何?"曰:"心只是有一带路,更不着得两个物事。如今人要做好事,都自无力。其所以无力是如何?只为他有个为恶底意思在里面牵系。要去做好事底心是实,要做不好事底心是虚。被那虚底在里裹夹杂,便将实底一齐打坏了。"①

"诚意"的意义是心只有一个想法,集中于当下所做的事情,不再考虑另外一件事,顺利完成预定任务。在这个过程中,诚字不再是现代人所理解的动宾结构,反而是表示动作,正如朱子所言:"'诚其意',只是实其意。只作一个虚字看,如'正'字之类。"②这与前文所言教人持敬的效果是一致的,即持敬要达到"收敛身心"的效果,与诚意的效果完全相同。这正是持敬工夫诚意的过程。

虽然我们未能找到朱子把"诚其意"与持敬工夫等同为一的确凿证据,但是上述结论亦正合朱子后学对朱子学术观点的理解。《北溪字义》载:

> 主一只是心主这个事,更不别个事来参插。若做一件事,又插第二件事,又参第三件事,便不是主一,便不是敬。文公谓"勿贰以二,勿参以三",正如此。③

陈淳把持敬的具体行为理解为一次只能做一件事,不允许分心,一旦分心便不敬。虽然陈淳明确说:"诚与敬字不相关,恭与敬字却相关。"④但是陈淳此处所言的仅是敬与诚在表现上的差异而已,并非持敬与诚之间具有极其巨大的差异,因为陈淳又言:"格物致知也须敬,诚意正心修身也须敬,齐家治国平天下也须敬。敬者,一心之主宰,万事之根本。"⑤可见持敬是诚意的基础,而诚意则是持敬的良好效果。

---

① 《朱子语类》,第515页。
② 《朱子语类》,第514页。
③ 《北溪字义》,第35页。
④ 《北溪字义》,第34页。
⑤ 《北溪字义》,第35页。

由此可知,持敬属于心诚的范畴,而诚意的内涵正是属于理的范畴了,亦属大学的范围了。正是敬已然属于理了,亦是大学范畴了,而至于如何达到"敬",则是属于小学工夫的行礼过程的内涵了。

综上所述,小学工夫是大学的基础,缺少了小学工夫,只能从持敬入手,专心于一事,从而获得大学的实践效果。

第二,在个人修养的效果方面,小学工夫是修炼成圣贤坯模,而大学工夫则是要达到圣人的水平,虽然大学工夫任务高,却往往是达到贤人已属不易,圣人则属理想而已。故小学工夫是朱子高度重视的内容,大学工夫仅属朱子立志学说的内容而已。

《礼记·大学》开篇所言"大学之道,在明明德,在亲民,在止于至善"。已然是从自我修养为起点,通过新民的过程,共同达到至善的境界,属于儒家"达则兼济天下,穷则独善其身"中"达"的范畴。事实上,圣人的出现次数极少,而其出现的条件极为苛刻,需要天时地利人和,故有五百年必有一圣人出,而圣人出则黄河清之说。传说定为五百年与黄河清的内涵便是圣人的出现条件极为苛刻,而历史上能够被定位为圣人的仅有孔子而已,正是圣人可以期待却难以计划的现实,使得朱子虽然高度重视学者的立志,却更为注重学者的具体修养工夫。

立志是朱子非常重视的内容。朱子说:

> 凡人须以圣贤为己任。世人多以圣贤为高,而自视为卑,故不肯进。抑不知,使圣贤本自高,而己别是一样人,则早夜孜孜,别是分外事,不为亦可,为之亦可。然圣贤禀性与常人一同。既与常人一同,又安得不以圣贤为己任?……圣贤千言万语,只是使人反其固有而复其性耳。[①]

圣贤与常人相同,禀性亦是相同,那么圣贤与普通人之间差异又是如何呢?朱子说:"圣贤只是做得人当为底事尽。今做到圣贤,止是恰好,又不是过外。"[②]则圣贤与普通人之间的差异点在于圣贤更认真地做人该做的事情,而其关键是反其固有的禀性而已。因此,朱子说:"学者大要立志。所谓志者,不道将这些意气去盖他人,只是直截要学尧舜。"[③]由此可见,朱子注重人要立志当圣人。

---

① 《朱子语类》,第280页。
② 《朱子语类》,第280页。
③ 《朱子语类》,第280页。

但是古往今来只有孔子被称为圣人,孟子亦仅达到亚圣而已,入祀孔庙的其他学者仅属贤人而已。可见成为贤人已属不易,要成为圣人实属难如登天,其中的原因是什么呢?朱子说:

> 学者立志,须教勇猛,自当有进。志不足以有为,此学者之大病。①

学者立志当以圣贤为己任,但是单有志向,仅属开端,更需要在行为上勇猛落实圣贤的行为,要努力实践志向,才能够达到圣贤的境界。那么该如何去勇猛实践呢?朱子说:

> 世俗之学,所以与圣贤不同者,亦不难见。圣贤直是真个去做,说正心,直要心正;说诚意,直要意诚;修身齐家,皆非空言。今之学者说正心,但将正心吟咏一饷;说修身,又将圣贤许多说修身处讽诵而已。或掇拾言语,缀缉时文。如此为学,却于自家身上有何交涉?这里须用着意理会。今之朋友,固有乐闻圣贤之学,而终不能去世俗之陋者,无他,只是志不立尔。学者大要立志,才学,便要做圣人是也。②

如果没有立志,即使诵读百遍圣贤之书,亦属敷衍了事而已。但是仔细考察上文可知,朱子的论述过程,却蕴含有更为深刻的内容,那便是立志做圣贤,不是仅仅熟读圣贤的学说,而是要把圣贤的学说与其学说的落实过程看作一个整体,那便牵出记录圣贤语言行为的文献与圣贤的实践内容。综合考察此条语录可知,朱子把世俗之学与圣贤之学区分开来的标准是圣贤言行一致,而俗学则仅是对圣贤理论熟读成诵而已。由此可见,成为圣贤的关键不是熟读圣贤理论,而是熟读圣贤理论之后,要逐一落实圣贤的理论。

既然俗学与圣贤之学的差异点在于是否落实到具体实践过程,那么圣贤之学的实践内容是什么呢?笔者认为朱子所言的圣贤之学实践过程,不是《大学》,更非《中庸》与《论语》、《孟子》等理论,而是小学的礼仪内容。《朱子语类》载:

> 圣人教人,大概只是说孝弟忠信日用常行底话。人能就上面做将去,则心至放者自收,性之昏者自著。如心、性等字,到子思、孟子方说得详。③

---

① 《朱子语类》,第281页。
② 《朱子语类》,第281页。
③ 《朱子语类》,第276页。

此条有小字注曰:"因说象山之学。"①可见此条的内容是针对陆九渊的心性之学而发论,实为朱子从儒学理论的源头对圣人的观点与心性之学的观点进行立论。再结合朱子与陆九渊之间学术纷争开启的源头——鹅湖之会的情形可知,朱子不否定心性之学,却更赞同用孝弟忠信之学来达到收放心、磨砺内在之性的效果。虽然朱子未深入提炼圣人教人之法,仅用"孝弟忠信日用常行底话"来概述,但是在朱子语录的情境中,"孝弟忠信日用常行底话"就是指礼学。细考现有关于圣人的言论,不外乎保存于《论语》、《礼记》等先秦典籍中,其内容主要以礼为主,这不是我们主观臆测所得结论,而是朱子所处时代,对于礼仪的使用基本是用"孝弟忠信"和"洒扫应对"代替礼学一词。朱子说:

> 古者初年入小学,只是教之以事,如礼乐射御书数及孝弟忠信之事。

自十六七入大学,然后教之以理,如致知、格物及所以为忠信孝弟者。②

又如《朱子语类》载:

> 陆子寿言:"古者教小子弟,自能言能食,即有教,以至洒扫应对之类,皆有所习,故长大则易语。今人自小即教做对,稍大即教做虚诞之文,皆坏其性质。某尝思欲作一小学规,使人自小教之便有法,如此亦须有益。"先生曰:"只做禅苑清规样做,亦自好。"③

此处的"洒扫应对"就是指教孩童习礼之事,而其原因是用洒扫应对等礼仪的初级内容来教孩童习礼。正如朱子所言:"天命,非所以教小儿。教小儿,只说个义理大概,只眼前事。或以洒扫应对之类作段子,亦可。每尝疑《曲礼》'衣毋拨,足毋蹶;将上堂,声必扬;将入户,视必下'等叶韵处,皆是古人初教小儿语。《烈女传》孟母又添两句曰:'将入门,问孰存。'"④那么朱子所言"洒扫应对"的内容正是《曲礼》之类的礼仪规范内容。由此可见,朱子时代"孝弟忠信"与"洒扫应对"正是指礼仪规范内容,当可定谳。

因此,朱子虽然未明确指出圣人之学的具体内容,但是由前述可知,圣人之学的内容便是礼学的内容已无疑问了。

第三,小学是社会文化与制度的基础,而大学则属士大夫阶层的内容,两

---

① 《朱子语类》,第276页。

② 《朱子语类》,第268页。

③ 《朱子语类》,第270页。

④ 《朱子语类》,第271页。

者之间是有民众和精英之间的差异,且前者是士大夫产生与立足的根基,地位远比后者来得重要。

儒家历来强调达则兼济天下,穷则独善其身,其内在的逻辑是每个人都独善其身,则天下均是翩翩君子,社会治理的成本自然降到最低程度了。让每个人都达到自觉按照社会规则行事的方法,便是每个人都从小自觉学习社会规范——礼仪。《朱子语类》载:

> 小学是事,如事君、事父、事兄、处友等事,只是教他依此规矩做去。大学是发明此事之理。①

朱子此处所言内容有两层含义,一是小学所学之事,仅是社会规范的具体条款及做事的具体方式,至于圣人制作行事规矩的内在之逻辑,则要留待大学阶段进一步学习,并依据礼仪的内在精神,进行权衡或者制作规矩。二是大学着眼于总结概括现有处事原则的内在原理,并提升其理论水平,以便能够灵活处理好各项规则。

那么小学之事与大学之事之间,如朱子所言"古者初年入小学……自十六七入大学……"②呈现的是一种时间的顺序。事实上,小学与大学之间的先后顺序有着十分久远的历史传统。《大戴礼记·保傅篇》对小学、大学的分工就有了十分明确的记载:

> 古者王子年八岁而出就外舍,学小艺焉,履小节焉;束发而就大学,学大艺焉,履大节焉。

卢辩注曰:"小学,谓虎闱,师保之学也。大学,王宫之东者。束发,谓成童,《白虎通》曰:八岁入小学,十五入大学是也。此太子之礼。《尚书大传》曰:'公卿之太子,大夫元士嫡子,年十三始入小学,见小节而践小义。年二十入大学,见大节而践大义。'此王子入学之期也。又曰十五入小学,十八入大学者,谓诸子姓既成者,至十五入小学,其早成者,十八入大学。《内则》曰'十年出就外傅,居宿于外,学书计'者,谓公卿已下教子于家也。"③朱子十分熟悉卢辩的注语,因为他在此处下一条按语:"虎闱,见《周礼·师氏》:'居虎门之左,教国子弟。'《保氏》:'掌养国子,守王闱。'一作'庠门'者,非是。又按:姓,

---

① 《朱子语类》,第 269 页。

② 《朱子语类》,第 268 页。

③ 朱熹等:《仪礼经传通解》,《朱子全书》,上海:上海古籍出版社,合肥:安徽教育出版社,2002 年,第 592 页。

孙也,或恐当作'性'。既,或恐当作'晚'。"①朱子仅对卢辩注文的"虎闱"与"姓"、"既"二字的内容进行注解与校勘而已。因此,朱子完全认同卢辩注文。由前文可知,小学与大学所教内容是非常确定的,而小学与大学的入学时间则是与入学者身份和资质有直接关系。但是更值得我们注意的是,卢辩的注文中依然隐含了小学与大学的制度是和入学者身份紧密相关,而且从公卿以下已经是"教子于家"。

那么先秦两汉时期的小学与大学实则是一种官方举办的高级教育场所,这从小学与大学的师资力量亦可以得到明证。《礼记·王制》有言:

> 有虞氏养国老于上庠,养庶老于下庠。夏后氏养国老于东序,养庶老于西序。殷人养国老于右学,养庶老于左学。周人养国老于东郊,养庶老于虞庠,虞庠在国之西郊。②

此文被采纳入《仪礼经传通解·学制篇》,朱子全引郑玄注文,其言曰:"皆学名也,异者,四代相变耳,或上西,或上东,或贵在国,或贵在郊。上庠、右学,大学也,在西郊。下庠、左学,小学也,在国中王宫之东。东序、东郊,亦大学,在国中王宫之东。西序、虞庠,亦小学也,在西郊。胶之言纠也,庠之言养也。周之小学为有虞氏之庠,制是以名庠云。其立乡学亦如之。胶,或作'绿'。"③据此可知,大学由地位较高的国老来承担教学任务,而小学则是由庶老来承担教学任务。这亦是朱子所承认的历史事实,故朱子在郑注之后有按语曰:"此一节详见《五学篇》。"④依据朱子提示,我们看到《仪礼经传通解》第十九卷《五学》篇亦有上引经文文献,只是朱子在《五学篇》用按语"郑注已见《学制篇》"⑤省略了郑玄注,全不采用了孔颖达疏文,其文如下:

> 养老必于学者,教孝悌之处,故于中养老。熊氏云:国老,谓卿大夫致仕者。庶老,谓士也。皇氏云:庶老,兼庶人在官者。其致仕之老大夫以上当养,从国老之法;士养,从庶老之法。……⑥

朱子分开郑注与贾疏的内容于两处,其目的在于郑注强调学校制度,正合《学制》之内容,而孔疏则重在强调学校的功能,亦合《五学》的内容。我们

---

① 朱熹等:《仪礼经传通解》,第592页。
② 朱熹等:《仪礼经传通解》,第381页。
③ 朱熹等:《仪礼经传通解》,第381页。
④ 朱熹等:《仪礼经传通解》,第382页。
⑤ 朱熹等:《仪礼经传通解》,第608页。
⑥ 朱熹等:《仪礼经传通解》,第608页。

从孔疏内容可知,虽然熊氏与皇氏对国老与庶老的具体构成存有差异,但是国老的政治地位高于庶老则是非常明确的。有关大学与小学具体内容分工,到朱子时代,定为小学学做事,大学学其中之理,但是古代的各级学校制度却不是所有人均有机会能够从小学读到大学,因为学校的数量与质量存在着巨大差异,故《学记》有载:"家有塾,党有庠,术有序,国有学。"①郑注云:

> 门侧之堂谓之塾。古者二十五家为闾,同共一巷,巷首有门,门边有塾。里中之老有道德者,为左、右师坐于两塾。民在家之时,朝夕出入,恒受教于塾。五百家为党,万二千五百家为遂,遂在远郊之外。国为天子所都及诸侯国中。②

由此可知,各级学校在各自范围内承担着教化百姓的职责,而其遴选人才过程,则有一套完整的制度作为保障。故朱子在《学制》篇引用了《尚书大传》之言曰:

> 使公卿之大子、大夫元士之适子,十有三年始入小学,见小节焉,践小义焉。二十入大学,见大节焉,践大义焉。故入小学知父子之道、长幼之序,入大学知君臣之义、上下之位。故为君则君,为臣则臣,为父则父,为子则子。③

此文献虽有涉及入学的年龄问题,但是朱子认为入学年龄对于学制方面不甚重要,故下按语曰:"入学之年,诸说不同,见后《保傅篇》注。"④此处所谓《保傅篇》注文,实际就是指我们前文所引卢辩注解《大戴礼记·保傅》之文,无需再引述了。此处文献值得我们注意的是朱子并非局限于注解古文献,亦不是限于古人的观点,而是在此按语之下,特地补充了程颐的观点,其言曰:

> 程子曰:古者八岁入小学,十五入大学。择其才可教者聚之,不肖者复之农亩。盖士农不易业,既入学则不治农,然后士农判。古之士者,自十五入学至四十方仕,中间自有二十五年学,又无利可趋,则所志可知。须去趋善,便自此成德,后之人自童稚间已有汲汲趋利之意,何由得向善?故古人必使四十而仕,然后志定。只营衣食却无害,惟利禄之诱最害人。⑤

---

① 《仪礼经传通解》,第 380 页。
② 朱熹等:《仪礼经传通解》,第 380~381 页。
③ 朱熹等:《仪礼经传通解》,第 380 页。
④ 朱熹等:《仪礼经传通解》,第 380 页。
⑤ 朱熹等:《仪礼经传通解》,第 380 页。

程子之言实难在前引《尚书大传》文献中找到确切依据,甚至在现存文献中都无法找到确切记载,但是朱子所引内容却又与上文关系甚大,因为程子实际上是依据宋代科举考试的具体情形,结合自己学术观点,系统论述小学与大学之间的差异。故朱子取其观点,补充汉唐注疏之不足。据程颐所言,小学与大学之间并非全部升学,而是有一个考核的过程,其方法是"择其才可教者聚之,不肖者复之农亩"。那这就意味着小学是每个人都要接受的普及性教育,而大学则是要成为士人才会经历的提升教育。那么小学所学内容实则属于基础教育,大学所学内容则属于高等教育内容了。

由上述内容可知,小学是属于社会基础教育内容,而大学则属于士大夫阶层的特有教育内容了。但是不管是务农者,还是士大夫阶层,都需要通过小学阶段来完成基础教育内容,是社会主流意识传播的重要阶段。

三、小学制度：朱子工夫论的制度保障

小学是传统教育的基础,只是在传统小学教育缺失而又难以弥补的情形之下,朱子提出了以"持敬"为核心内容的修身之法,但是在面对众多的政治挑战与学术挑战之后,朱子取得了学术上的巨大成功,成为一时学术的权威,并由此获得了政治精神领袖地位,正如余英时所言:"说的是政治上的朱熹,而理学各派在政治上则都奉他为精神领袖。"[①]但是朱子却在现实的政治斗争中,处处碰壁,最终在庆元党禁之中,走向生命的终点,无力扭转社会风气。故朱子在晚年由自身参与政治的经历,采取了一项复归传统小学教育的措施——编撰《仪礼经传通解》。

对于朱子编撰《仪礼经传通解》的起因和过程,殷慧《朱熹礼学思想研究》从学术层面和现实层面两方面进行研究,甚为详细,她说:

> 在现实层面涉及学术、政治的礼学讼争中,朱熹的主张往往因缺乏经典依据,难以服众议而屡屡受挫,这促使他下定决心编撰《通解》。[②]

细观殷慧的论证过程,其观点大体正确,但是殷慧对朱子编撰《仪礼经传通解》的效果上,仅着眼于朱子论述《仪礼经传通解》的编撰旨趣以及在朱熹

---

① 余英时:《朱熹的历史世界:宋代士大夫政治文化的研究》,北京:生活·读书·新知三联书店,2004 年,第 601 页。

② 殷慧:《朱熹礼学思想研究》,湖南大学博士学位论文,2009 年,第 100 页。

学术思想中的地位,忽略了《仪礼经传通解》在改造社会学术风气中的作用。事实上,朱子关于编撰《仪礼经传通解》的原因有各种各样的表述,亦不断调整编撰体例,但是始终如一的是《仪礼经传通解》的编撰目标,即恢复普及诸种经学的基础——礼学,而礼学的经典又是以《周礼》《仪礼》《礼记》为基础。因此,《仪礼经传通解》所呈现的结构是以三礼学为基础,以涉及礼学的古代文献为补充的编撰体系。

至于朱子编撰《仪礼经传通解》的过程,殷慧《朱熹礼学思想研究》从"《通解》的准备和试编阶段""《通解》正式全面编修阶段"方面考察甚为详细,[①]无需我们赘述。更值得我们关注的是朱子在生前谈论到其参与朝廷政治斗争所遇到的困境,能够更详细考察朱子编撰《仪礼经传通解》的内在苦心。《朱子语类》载:

> 祧禧祖之议,始于礼官许及之、曾三复,永嘉诸公合为一辞,先生独建不可祧之议。陈君举力以为不然,赵揆亦右陈说。文字既上,有旨,次日引见。上出所进文字,云:"高宗不敢祧,寿皇不敢祧,朕安敢祧?"再三以不祧为是。既退,而政府持之甚坚,竟不行。唯谢中丞入文字右先生之说,乞且依礼官初议。为楼大防所缴,卒祧禧祖云。[②]

此一事件涉及了中国古代的祧庙制度,限于篇幅,难以详述,但是此事件的内在政治意图更是值得我们重点关注的内容。殷慧考察当时政治形势后说:

> 南宋高宗无嗣,选太祖后裔孝宗承继大统,这就导致当时朝廷上下开始重新理解并试图复兴太祖开创的以"祖宗家法"为核心的政治制度。在议祧庙议中众儒主张正太祖东向之位,无疑也就具有鲜明的政治意义。朱熹却认为,不能以功业来论庙制,如果吸纳在正太祖东向之位,虽然暂时达到了政治目的,但这无形中却否认了自太宗以来的政治脉络,会导致"一旦并迁禧、宣两祖,析太祖、太宗为二之失",这对于国家的长治久安无益的。[③]

可见朱子考虑问题的角度并非单纯的学术问题,而是着眼于稳定政治局势。朱子的出发点是正确的,但问题在于朱子在宁宗为孝宗着承重之服的问

---

① 殷慧:《朱熹礼学思想研究》,湖南大学博士学位论文,2009年,第107~118页。
② 《朱子语类》,第3489页。
③ 殷慧:《朱熹礼学思想研究》,湖南大学博士学位论文,2009年,第106页。

题上，追求的是正统经学原则，而在祧禧祖之庙的问题上，使用的是临事用权的方法，两者之间已然属于经权的关系了。陈淳说：

> 经所不及，须用权以通之。然用权须是地位高方可，非理明义精便差，却到合用权处亦看不出。权虽经之所不及，实与经不相悖，经穷则须用权以通之。柳宗元谓"权者，所以达经也"，说得亦好。盖经到那里行不去，非用权不可济。如君臣定位，经也。桀纣暴横，天下视之为独夫，此时君臣之义已穷，故汤武征伐以通之，所以行权也。男女授受不亲，此经也。嫂溺而不援，便是豺狼，故援之者，所以通乎经也。如危邦不入，乱邦不居，此经也。佛肸召，子欲往，则权也。然须圣人理明义精，方用得不差。①

所谓经与权是指："经与权相对，经是日用常行道理，权也是正当道理，但非可以常行，与日用常行底异。"②经与权之间的难以把握的程度由此可见一斑。我们看到朱子在礼仪的斗争中，使用了经学原则，也行使用权之术，呈现了培养高度经学修养之后的状态，也正是朱子在用经与用权之间的处理技巧的高超性，反而引起了另外一层混乱，即祧禧祖之庙以权来做，而承重之事则是用经，在经与权之间涉及如何持中的问题，而要实现执两用中的标准，则又需要学者在掌握礼学的基础上，充分领会礼学的内在精神方能实现。

正是面对用经与用权之间的矛盾，朱子从学者掌握礼学的基础上开始了其改造社会的一个最为大胆的举措——编撰《仪礼经传通解》，而其最终的目的是从学制上恢复传统小学工夫。《乞修三礼札子》有言：

> 《六经》之道同归，而礼乐之用为急。遭秦灭学，礼乐先坏。汉晋以来，诸儒补缉，竟无全书。其颇存者，《三礼》而已。《周官》一书，固为礼之纲领，至其仪法度数，则《仪礼》乃其本经，而《礼记郊特牲》、《冠义》等篇，乃其义疏耳。前此犹有《三礼》、通礼、学究诸科，礼虽不行，而士犹得以诵习而知其说。熙宁以来，王安石变乱旧制，废罢《仪礼》，而独存《礼记》之科，弃经任传，遗本宗末，其失已甚。而博士诸生又不过诵其虚文，以供应举。至于其间亦有因仪法度数之实而立文者，则咸幽冥而莫知其源。一有大议，率用耳学臆断而已。③

---

① 《北溪字义》，第51页。
② 《北溪字义》，第51页。
③ 《仪礼经传通解》，第25页。

此文历来为研究朱子礼学的研究者所关注,但是研究者注意到了其涉及编撰《仪礼经传通解》的目的,如殷慧《朱熹礼学思想研究》引用上文说:"此文概述了编纂礼书的目的所在,陈述了前期努力和成果,并申呈目前遇到的困难。朱熹试图奏请朝廷,希望朝廷能够提供检阅的书籍、修书的场地以及适当的人员,由朱熹来召集旧日学徒来编撰以《仪礼》为本经的礼书。"①但是朱子编撰礼书的目的,看似已经成为学术界的定论了,而仔细查考可知,朱子编撰礼书的目的并非简单地恢复礼学而已,更为重要的是通过编撰礼学典籍,为学礼者提供教材,终极目的则是实现六经的回归。

由上述内容可知,朱子通过编撰礼书的最为重要的目的是回归经学,而回归经学的最为重要的举措正是通过传授小学工夫。

朱子后学正是在积极推行小学制度方面做出了极其巨大的努力,使朱子学走出政治阴霾,不断壮大,成为影响宋末元明清的学术正宗地位。以被元朝"国子监以颁示郡邑校官,为学者式"②的程端礼《程氏家塾读书分年日程》为例,程端礼依据"日程节目,主朱子教人读书法六条修。其分年,主朱子宽着期限,紧着课程之说修"③的原则确立了读书节目。其顺序如下:

> 八岁未入小学之前,读《性理字训》。……八岁入小学之后,读小学书正文。……小学书毕,次读《大学》经传正文,次读《论语》正文,次读《孟子》正文,次读《中庸正文》,次读《孝经刊误》……次读《易》正文……次读书正文,次读《仪礼》并《礼记》正文,次读《周礼》正文,次读《春秋经》并三传正文。④

程端礼的读书顺序实以经典文献教学的顺序为主,并未全部融入朱子所言小学之事,但是程端礼为避免单纯的书本教学,特地在《程氏家塾读书分年日程纲领》中列入朱子《白鹿洞书院教条》、饶鲁《程董二先生学则》、真德秀《西山真先生教子斋规》及辅广《朱子读书法》等内容。我们细读上述内容,实是以学生的行为规范为主要内容,尤其是真德秀《西山真先生教子斋规》列有

① 殷慧:《朱熹礼学思想研究》,湖南大学博士学位论文,2009年,《朱熹礼学思想研究》,第111页。
② 宋濂:《元史》,北京:中华书局,1976年,第4343页。
③ 《程氏家塾读书分年日程[附纲领]》,第1页。
④ "次读《书》正文"与"次读《仪礼》并《礼记》正文"之间有"次读《书》正文"当属印刷错误,今删去。参见程端礼:《程氏家塾读书分年日程[附纲领]》,丛书集成初编本,上海:商务印书馆,1935年,第1~8页。

八条学礼、学坐、学行、学立、学言、学揖、学诵、学书共八条制度,使得日常礼仪贯彻于学习者的日常生活的训练中。程端礼把学习规范作为纲领列于卷首,日程列之于后,纲领为朱子、饶鲁、真德秀有关教育的实践内容,日程则是具体的文献学习内容。由此可见,程端礼的教育侧重点实则是以行为规范作为学习的重点,亦属把小学工夫作为学习的重点,知识性的学习作为纲领性学习之后修习的内容。

程端礼《程氏家塾读书分年日程》被定为元代的教育大纲,影响到各个层次的教育实践,而其客观的效果正是通过小学教育的制度化保障朱子工夫说的顺利推行。

综上所述,朱子的工夫论是以传统礼学作为底色,并通过小学工夫来达到朱子工夫说的预期目标,而其制度保障正是小学制度。

(作者单位:武夷学院朱子学研究中心)

朱熹的主敬说:会通直觉主义
和理性主义的工夫论

◎ 周元侠

主敬说在朱熹的思想演变过程中具有重要意义,朱熹在对道南学派"默坐澄心"和湖湘学派"先察识而后涵养"思想进行反思之后,确立起"敬义夹持"的工夫论,完成了由道南学派的直觉主义工夫论向程颐的"涵养须用敬,进学则在致知"的理性主义工夫论的回归。就朱熹思想体系的自身逻辑来说,主敬说强调人的主体修养,尤其强调心在修养过程中的主宰作用,毫无疑问,这种内心修养有利于格物穷理这一理性认知行为的展开。主敬说正是朱熹为了避免格物穷理的外向性可能导致忽视道德修养这一问题而提出的,尽管在理学以后的发展中还是出现了朱熹所力求避免的种种现实弊病,但不可否认,主敬说为程朱理学向阳明心学的转变提供了理论契机,元明时期出现的会通朱陆的理学家中大都强调主敬,进而强调心与理的统一。理学史的发展表明,程朱理学转向阳明心学具有其理论必然性,在这一过程中,朱熹的主敬说是会通程朱理学和陆王心学的关键。

一、主敬说促使朱熹从道南学派的直觉主义
转向程颐的理性主义工夫论

主静是佛道两家的主要修养方式,亦是周敦颐的基本修养论。程颐提出"涵养须用敬,进学则在致知"的工夫论,将"主静"变为"主敬",但在程门后学中,"主敬说"并没有完全取代"主静说",杨时主张"体验未发时喜怒哀乐气象"本质上仍是"主静说"。直到朱熹历经从学李侗、丙戌之悟、己丑之悟之后,逐渐确立起"涵养须用敬,进学则在致知"的工夫论之后,才真正完成了理

学由"主静"向"主敬"修养的转变，在修养方式上与佛道两家彻底划清界限。

"主静"向来是道南学派的基本修养方法，罗从彦与李侗一生都在"体验未发"上着力。朱熹说："先生（李侗）既从之（从彦）学，讲诵之余，终日危坐，以验夫喜怒哀乐未发之前气象如何，而求所谓中者，若是者盖久之，而知天下之大本真有在乎是也。"① 又说："李先生教人，大抵令于静中体认大本未发时气象分明，即处事应物自然中节，此乃龟山门下相传指决。"② "静中体验未发"在本质上是直觉主义的工夫论，与热衷于章句训诂的朱熹始终不能契合，朱熹自言："余蚤从延平李先生学，受《中庸》之书，求喜怒哀乐未发之旨，未达而先生没"③。"昔闻之师，以为当于未发已发之几默识而心契焉……向虽闻此而莫测其所谓"④。尽管朱熹始终没有体验到"静中体验未发"的境界，但他却由此入手去思考未发和已发的关系，通过两次中和之悟，逐步确立了涵养进学、主敬致知的工夫论。

两次中和之悟既是朱熹对李侗"体验未发"方法的反思，亦是对湖湘学"先察识而后涵养"修养论的检讨。朱熹在《中和旧说序》中说："一日喟然叹曰，人自婴儿以至老死，虽语默动静之不同，然其大体莫非已发，特其未发者未尝发尔。"亦即"心为已发，性为未发"。本质上这是一种以性为体，以心为用的观点，与湖湘学派的基本观点不谋而合。从这种心性论出发，朱熹大力推崇湖湘学的"先察识后涵养"的修养方式。但在己丑之悟时，朱熹认识到"先察识后涵养"工夫存在问题，朱熹说：

> 然未发之前不可寻觅，已发之后不容安排，但平日庄敬涵养之功至而无人欲之私以乱之，则其未发也镜明水止，而其发也无不中节矣。此是日用本领工夫，至于随事省察，即物推明，亦必以是为本而于已发之际观之，则其具于未发之前者固可默识。故程子之答苏季明，反复论辩，极于详密，而卒之不过以"敬"为言。又曰"敬而无失即所谓中"，又曰"入道莫如敬，未有致知而不在敬者"，又曰"涵养须用敬，进学则在致知"，盖为此也。向来讲论思索，直以心为已发，而日用工夫亦止以察识端倪为最初下手处，以故缺却平日涵养一段工夫。⑤

---

① 朱熹：《晦庵朱文公文集》卷九七，《延平李公行状》。
② 朱熹：《晦庵朱文公文集》卷四〇，《答何叔京二》。
③ 朱熹：《晦庵朱文公文集》卷，《中和旧说序》。
④ 朱熹：《晦庵朱文公文集》卷四〇，《答何叔京四》。
⑤ 朱熹：《晦庵朱文公文集》卷六四，《与湖南诸公论中和第一书》。

在朱熹看来，湖湘学主张的"先察识"，主要是在已发时心上用功，而在思虑未萌、事物未至时心的未发阶段"欠缺一段工夫"，即缺少静中的涵养工夫。此时朱熹正向李侗所说的"静中涵养"修养论回归，为此他在同年的一封信中说"旧闻李先生论此最详，后来所见不同，遂不复致思，今乃知其为人深切，然恨不能尽记其曲折矣"①。通过两次对未发已发的反思，朱熹由原来主心为已发转为心有已发未发、心贯乎已发未发，同时在修养方法上确立起以"主敬"、"致知"为宗旨的工夫论。因而朱熹的主敬说既不同于李侗的"静中涵养"，致知说也超出了湖湘学派"察识良心"而更多容纳了知识论的内容，而是以程颐"涵养须用敬，进学则在致知"的工夫论为自己的学问宗旨，这种工夫论本质上是把道南学派的直觉主义转向程颐的理性主义工夫论。

二、主敬说为格物说提供心理认知基础和道德修养前提，尽量避免了单纯格物穷理可能造成的现实弊病

从理论渊源看，朱熹的主敬说克服了道南学派专注于"体验未发"的直觉主义工夫论，也超越了湖湘学着重于已发的"先察识而后涵养"的修养方式。这意味着朱熹的主敬说包括了未发和已发两个层面的基本涵义，所谓"大抵敬有二：有未发，有已发。所谓'毋不敬'，'事思敬'，是也"②。朱熹及其弟子常常在不同意义上使用"主敬"一词。

首先，主敬涵养是指未发时的收敛，偏重于静的状态，所谓"敬只是常惺惺法，所谓静中有个觉处，只是常惺惺在这里，静不是睡着了"③。又说："持敬以静为主。此意须要于不做工夫时频频体察，久而自熟。但是着实自做工夫，不干别人事。"④李方子所谓"主敬以立其本，穷理以致其知，反躬以践其实"⑤，正是从未发涵养的层面说主敬。穷理、致知着重在已发阶段，"主敬以立其本"则立足于静中涵养对致知、穷理的辅助作用而言。朱熹认为，主敬能够收敛身心，排除心中杂念，使心安定集中，从而有助于穷理致知。他说："然

---

① 朱熹：《晦庵朱文公文集》卷四三，《答林择之十二》。
② 黎靖德编：《朱子语类》卷一七，北京：中华书局，1986 年。
③ 黎靖德编：《朱子语类》卷六二。
④ 黎靖德编：《朱子语类》卷九。
⑤ 王懋竑：《朱子年谱》，《朱子年谱序》，北京：中华书局，1998 年。

敬有甚物？只如'畏'字相似。……只收敛身心，整齐纯一，不恁地放纵，便是敬。"①又说："人常须收敛个身心，使精神常在这里。似担百十斤担相似，须硬着筋骨担！"②"主敬之说，先贤之意盖以学者不知持守，身心散慢，无缘见得义理分明，故欲其先且习为端庄严肃，不至放肆怠堕，庶几心定理明耳。"③在朱熹看来，注重未发涵养的"主敬"工夫能够为穷理致知提供主体修养的功能，为格物打下心理认知基础。在这个意义上看，"这种未发涵养完全为了理性地认识事物之理而确定，自身并无独立的价值，也没有其他的体验功能"④。

其次，主敬还包括已发及力行的"主一"，贯穿知行、未发已发、动静内外的全过程。黄榦以"敬"概括朱熹思想便是着眼于这一层面，他说："其为学也，穷理以致其知，反躬以践其实，居敬者所以成始成终也。谓致知不以敬，则昏惑纷扰，无以察义理之归；躬行不以敬，则怠惰放肆，无以致义理之实。"⑤在黄榦看来，朱熹的"主敬"之敬具有敬贯动静、敬贯始终、敬贯知行的全面性。这也非常符合朱熹的论说，朱熹说："盖圣贤之学，彻头彻尾只是一个'敬'字。致知者，以敬而致之也；力行者，以敬而行之也。"⑥"但看圣贤说行笃敬，执事敬，则敬字本不为默然无为时设，须向难处力加持守，庶几动静如一耳"⑦。所谓"彻头彻尾"、"动静如一"是指主敬要贯穿到包括格致诚正治国平天下在内的所有节目。因此主敬不仅指未发时收敛身心，而且指已发的专一集中，所谓"主一只是专一"⑧，"主一之谓敬，只是心专一，不以他念乱之，每遇事与致诚专一做去，即是主一之义"⑨。因为强调"敬"的实践性、主动性，朱熹将之区分为"死敬"和"活敬"。他说："今所谓持敬，不是将个'敬'字做个好物事样塞放怀里。只要胸中常有此意，而无其名耳。"⑩又说："敬有死敬，有活敬。若只守着主一之敬，遇事不济之以义，辨其是非，则不活。若熟后，敬便

---

① 黎靖德编：《朱子语类》卷一二。
② 黎靖德编：《朱子语类》卷六二。
③ 朱熹：《晦庵朱文公文集》卷五九，《答方子实》。
④ 陈来：《朱熹哲学研究》，上海：华东师范大学出版社，2000年，第63页。
⑤ 黄榦：《朱先生行状》，束景南编：《朱子年谱长编·附录》(下)，上海：华东师范出版社，2001年，第1466页。
⑥ 朱熹：《晦庵朱文公文集》卷五○，《答程正思四》。
⑦ 朱熹：《晦庵朱文公文集》卷五○，《答周舜弼七》。
⑧ 黎靖德编：《朱子语类》卷一九。
⑨ 黎靖德编：《朱子语类》卷六九。
⑩ 黎靖德编：《朱子语类》卷一二。

有义，义便有敬。静则察其敬与不敬，动则察其义与不义。如'出门如见大宾，使民如承大祭'，不敬时如何？'坐如尸，立如齐'，不敬时如何？须敬义夹持，循环无端，则内外透彻。"①"死敬"是指内心虽然做到主一，但仅仅是消极持守，不能在实际运用中把握主动，相比之下，"活敬"是指在实践过程中将"敬"与"义"结合起来灵活运用方可。

当主敬说作为贯穿未发已发过程中的工夫论时，主敬为穷理奠定良好的认知基础，朱熹说：

> 人之为学，如今雨下相似：雨既下后，到处湿润，其气易得蒸郁。才略晴，被日头略照，又蒸得雨来。前日亢旱时，只缘久无雨下，四面干枯。纵有些少，都滋润不得，故更不能蒸郁得成。人之于义理，若见得后，又有涵养底工夫，日日在这里面，便意思自好，理义也容易得见，正如雨蒸郁得成后底意思。若是都不去用力者，日间只恁悠悠，都不曾有涵养工夫。设或理会得些小道理，也滋润他不得，少间私欲起来，又间断去，正如亢旱不能得雨相似也。②

在朱熹看来，主敬工夫能使穷理工夫事半功倍，穷理离开主敬工夫的平常"滋润"，终日格物穷理即便一时见得义理，仍无法守住。王阳明格竹子的例子大致能说明单纯注重格物的后果往往不仅达不到理明心定，而且会导致身心失调，精力分散。事实上，朱熹提出主敬说正是为了解决"格物致知"这一理性主义的知识性追求可能带来的问题。

在朱熹看来，主敬涵养和格物致知不能说先后轻重，应说二者"并进互发"，朱熹说："主敬以立其本，穷理以进其知，使本立而知益明，知精而本益固。"③又说："主敬者存心之要，而致知者进学之功，二者交相发，则知日益明，守日益固。"④"交相发"是指主敬涵养与格物致知两种工夫相互联系，相互促进。即主敬涵养能为格物致知打下良好的心理基础，反过来，致知穷理可使主敬涵养更加自觉，二者关系基本平行，朱熹常用"人之两足"、"车两轮"、"鸟两翼"来说明两者不能偏废的关系，他说："学者工夫唯在居敬穷理二事，此二事互相发，能穷理则居敬工夫日益进，能居敬则穷理工夫日益密。譬如人之

---

① 黎靖德编：《朱子语类》卷一二。
② 黎靖德编：《朱子语类》卷九。
③ 朱熹：《晦庵朱文公文集》卷七五，《程氏遗书后序》。
④ 朱熹：《晦庵朱文公文集》卷三八，《答徐元敏》。

两足，左足行则右足止，右足行则左足止。"①"涵养穷索二者不可废一，如车两轮，如鸟两翼。"②穷理和主敬二者在实践中相互促进、不断循环，共同促进认知主体的工夫修养。因此，朱熹说："盖欲应事先须穷理，而欲穷理，又须养得心地本原虚静明彻。……终日驰骛，何缘见得事理分明。程夫子所谓'学莫先于致知'，又'未有致知而不在敬者'，正为此也。"③事实上，就朱熹的理学体系以及他本人的经历来说，朱熹晚年不仅坦承自己平日在"道问学"上着力尤多，而且他在《大学》诠释中透露出的基本倾向是：唯有"格物"二字才是儒学工夫之核心。他之所以反复强调主敬，既是对当时多种修养论进行反思的结果，也是其心性之学自身逻辑发展的必然结果。在朱熹的理学体系中，性即理，心有道心和人心之别，所以绝不能说"心即理"，但是心有一定的知觉认识的主动性，所谓"心具众理应万事"。因此，朱熹主张用主敬工夫来缩小"心"与"理"之间的差距，通过收敛身心、主一试图用理性来控制内心，防止心的"走作"。通过主敬工夫，朱熹试图发挥心的自觉能动性以及心的主宰作用。朱熹强调主敬工夫须避免敬和心的分离，朱熹说："盖为将此敬字别作一物，而又以一心守之，故有此病。若知敬字只是自心自省，当体便是，则自无此病矣。"④朱熹所谓"自心自省，当体便是"使有"主宰之谓"的心不只是被动地包总性情、涵摄众理，而具有了一定的实践主体地位，由此心出发，自能判断是非，实现"当体便是"的效果，这样主敬工夫就能自然贯彻于格物穷理的工夫当中。显然，这里"当体便是"绝不是心学意义上的"当下便是"，而只是一种功能论意义的说法，乃是一种配合格物穷理工夫的功能。这是由其心性论的基本立场决定的。

毋庸置疑，朱熹提出主敬论的初衷乃是为了更有效地配合格物穷理的开展。因为单纯强调格物穷理存在致命的理论缺陷，即尽管格物穷理的理想目标是透彻了解事物之理的同时"明吾心之全体大用"，但在此过程中，求知工夫大大超过了道德修养工夫，这与传统儒家成圣成贤的为学目标有所不同。而且，单纯追求格物穷理则可能出现两种弊病：一是埋头古人之书而忽略身心的修养；二是完全投入对自然事物的研究，其结果都是忽视了道德人格的

---

① 黎靖德编：《朱子语类》卷九。
② 黎靖德编：《朱子语类》卷九。
③ 朱熹：《晦庵朱文公文集》，《别集》卷三，《答彭子寿》。
④ 朱熹：《晦庵朱文公文集》卷五三。

培养。历史表明忽视身心修养确实成为后来理学的现实弊病。因此，程颐与朱熹在提倡格物致知的同时，特别强调主敬涵养，最终确立了"主敬以立其本，穷理以进其知"的双行并重方针。从实际效果来看，主敬确实能够改善格物外求的理论缺陷。与格物穷理指向外在的物或事不同，主敬指向内心，通过对身心的收敛、对精神的集中，为格物穷理提供必要的身心修养。无论从理论动机，还是实际功效上看，主敬是理学家道德修养不可或缺的一项工夫，也确实能使格物穷理事半功倍。

然而，在心学家看来，程朱仍难逃将主敬和穷理分为两事之嫌。王阳明批评道："一者天理，主一是一心在天理上。若只知主一，不知一即是理，有事时便是逐物，无事时便是着空。惟其有事无事，一心皆在天理上用功，所以居敬亦即是穷理。就穷理专一处说，便谓之居敬；就居敬精密处说，便谓之穷理。却不是居敬了别有个心穷理，穷理时别有个心居敬：名虽不同，功夫只是一事。"①阳明认为，不论是居敬还是穷理，也不论是读书还是接事，固然需要由"一心"来主导。如果主一只指意识集中，那么"饮酒"、"好色"等也是意识集中的状态。如果不追问"心"的本质内涵，仅仅强调主一无适、收拾身心，那将毫无意义。这种批评固然是从"心外无理"的心学立场出发的，但确实指出了朱熹主敬论对人的身心修养的有限性，指出了朱熹理学过于强调格物致知的根本缺陷。必须注意的是，阳明学是在对朱熹理学不断检讨的基础上产生的，纵观理学史，正是朱熹的主敬说为后世儒者会通理学和心学提供了有利的契机。

三、主敬说在元明时期成为会通朱陆的重要学说，为阳明致良知说的产生提供了理论前提

正如朱熹所担心的那样，后世儒者确实过多地强调格物致知而相对忽视了"主敬"的道德修养，把理学发展成为"读死书"、"死读书"的科举之学，从根本上偏离了儒家成圣成贤的实践哲学。于是元明理学家开始纠正这一现状，更加突出道德践履的意义，尽管他们仍然主张格物致知和主敬涵养并行的修养方式，但他们把主敬工夫放在比格物穷理更重要、更优先的地位。这一趋势发展下去，便是阳明从"心外无理"出发，主张主敬和穷理乃是一事，从根本

---

① 黄宗羲：《明儒学案》卷十，《姚江学案》。

上扭转了朱熹主敬和穷理的基本立场。

元儒许衡虽继承朱学，但并没有严守朱学门户，游离于朱子"穷理以明心"和陆象山"明心以穷理"之间。吴澄在格物与主敬二者之间更看重主敬工夫，他说："欲下实工夫，惟'敬'之一字是要法。……至若平日读书穷理，其功又在此之先，而皆以敬为之主也。依《小学》书，习敬身明伦之事以封培大学根基，此又在读书穷理之先者。"①敬在吴澄那里几乎超越了工夫论的意义，他说："夫人之一身，心为之主；人之一心，敬为之主"、"夫敬者，人心之宰，圣学之基。"②不仅如此，"仁"的呈现与否与敬直接相关，他说："体仁之体，敬为要；用仁之用，孝为首。孩提之意无不爱亲，此良心发见之最先者，苟能充之四海皆春。然仁，人心也。敬则存，不敬则亡。"③吴澄将"仁"看作人心，并进一步用"敬"主导"仁"体的发用，这一点显然背离了朱熹的"性即理"立场，缩小了心与"性"、"理"之间的差距。从工夫论上看，吴澄削弱了格物穷理的重要性，有将格物致知纳入主敬范围的倾向，他说："所谓性理之学，既知得吾之性，皆是天地之理，即当用功知其性，以养其性，能认得四端之发见谓之知。既认得日用之间，随其所发见，保护持守不可戕贼之谓养。"④所谓"知其性"、"养其性"即是"知"必然改变了朱熹向外格物求知的基本途径，转而通过"主敬""持守"即可"致知"，这就偏离了朱熹心性论的基本立场，为此吴澄被冠以"宗陆背朱"之名。

在明初理学家中，胡居仁最能发扬朱熹的主敬工夫，他"一生得力于敬，故其持守可观"⑤，"其学以主忠信为先，以求放心为要。操而勿失，莫大乎敬。因以敬名其斋"⑥。可见"敬"乃是胡居仁一生的为学之要。胡居仁认为，"敬为存养之道"⑦，"圣人教人，只教以忠信笃敬，使学者便立得个根基本领，学问可以序进"⑧。胡居仁认为，主敬工夫优先于格物致知工夫，在《居业录·学问第二》中，将主敬置于"穷理"、"致知"之前。朱熹提出"涵养须用敬，进学则在

---

① 吴澄：《吴文正集》卷二。
② 吴澄：《吴文正集》卷五。
③ 吴澄：《吴文正集》卷四。
④ 吴澄：《吴文正集》卷二。
⑤ 黄宗羲：《明儒学案》卷五，《白沙学案上》。
⑥ 《明史》卷二八二，《胡居仁传》。
⑦ 胡居仁：《居业录》卷二。
⑧ 胡居仁：《居业录》卷三。

致知"，本来主张致知与涵养均衡并重，但胡居仁则更强调主敬的工夫，认为涵养贯彻"致知"的始终，须要终身持守，而致知只是有时而为。他说："敬为存养之道，贯彻始终。所谓'涵养须用敬，进学则在致知'是未知之前，先须存养此心，方能致知。又谓'识得此理，以诚敬存之而已'，则致知之后又要存养，方能不失。盖致知之功有时，存养之功不息。"①值得注意的是，胡居仁将"敬"作为"内外交正持养"之法，仍是从朱熹的"心具众理"的心性论立场出发的。他说："心具众理，所患者纷乱放逸惰慢。故须主敬，主一无适，所以整其纷乱放逸，整齐严肃，所以救其惰慢。此存心之要法也。"②进而他提出"心与理本一"论，认为"所以为是心者，理也；所以具是理者，心也"③。"心与理本一"论更接近于心学的观点，将本体的理与认识的心合二为一，这样一来，居敬和穷理就避免了朱熹思想体系中分为两事的嫌疑。直到王阳明提出"致良知"说，彻底将居敬穷理合为一事时，朱熹理学完成了根本转变。

　　总而言之，就工夫论而言，直觉主义和理性主义是两大基本倾向，朱熹继承并发展了程颐的理性主义倾向，一方面主张格物穷理，另一方面主张以主敬涵养来弥补向外求知而忽视道德修养的缺陷。但就朱熹本人来讲，他更加重视格物工夫。随着后世理学人士对读书的重视和对道德修养的忽视，朱熹的主敬说越来越为元明理学家所看重，逐渐发展成为主敬优先于格物，进而出现了以主敬取代格物的致良知学说，使得知识性和道德性目标合二为一，同时理性主义认识论再次被直觉主义工夫论所取代。尽管朱熹提出的"涵养须用敬，进学则在致知"本来试图融合直觉主义和理性主义二者的优势，但这种理论上的融合在"性即理"的本体论下最终难免偏离轨道，终于导致阳明心学的反动。

　　与中国不同，几乎在阳明学兴起的同时，韩国儒者继承并发展了朱熹的主敬说，奠定了韩国朱子学的基调。李退溪在《圣学十图》中以心之敬贯穿十图的始终，作为"一心之主宰，而万事之根本"④的"敬"在退溪思想体系中已经超越了工夫论，具有了本体论意义。栗谷在《圣学辑要》中一方面"取敬之为学之始者，置于穷理之前，目之以收敛，以当小学之功"，另一方面又将敬与诚

---

① 胡居仁：《居业录》卷二。
② 《居业录》卷一。
③ 《居业录》卷一。
④ 李退溪：《圣学十图·大学图》。

紧密相连，认为"诚者，天之实理，心之本体。……敬是用功之要，诚是收功之地，由敬而至于诚矣"。对退溪的敬论上做了更深入的阐发。尽管退溪和栗谷在具体见解上有所不同，但"敬为圣学之始终"作为二人的基本共识，成为韩国儒学的基本要义之一。正是韩国儒学对敬的推崇，有效地避免了将居敬和穷理分为两事，在理论上完善了朱熹工夫论，在一定程度上限制了阳明"致良知说"在韩国的发展，造就了韩国儒学以朱子性理学为主导的现象。

（作者单位：福建省社会科学院哲学所）

退溪李滉的修养论

——以"天命"为中心

◎ 姜卿显

16 世纪朝鲜的儒学者退溪李滉（1501—1570 年）是朱子学的代表研究者。他留下了理解朱子（1130—1200 年）这个人物和其学问有帮助的无数文献。对勉斋黄榦（1152—1221 年）《朱子行状》的注释，对《朱子大全》和《朱子语类》的重新进行阐述，按照朱子之注释对四书五经的释义等，这些都是确认想要正确地理解朱子学的退溪意向代表事例。

退溪的确是一个忠实的朱子学研究者，退溪自认为是朱子学的继承者，但是多数的近代研究者发掘了退溪学中与朱子学区别的因素。按照一般的理解之下，退溪学的特性在肯定理的能动性和强调敬工夫之中可以找得到。这篇文章中经过退溪学的天命概念，探视能动的理的含义和所强调的敬工夫的内容，再透过这些成果进一步显示出退溪学对朱子学修养论的有独特的解释。

透过退溪学所强调的天命概念进行说明，理就带着体现至善的价值和行为的志向性。其必然的志向性在人的立场来看，被认识天命。退溪学的敬对带着至善价值的志向性的人内在的理，人自身具有的恒时的态度。为了理解和跟随这内在的理所志向之处，人们坚持顺从和畏敬的态度，这就是所谓的敬工夫。

如被肯定这样的解释，退溪学中的理，其本身包含着现实理想价值的志向性，这就是所谓的能动性。同时其理想价值的理，从人内心活化出来的，并不是经过积聚外在知识而得到的。退溪学的这种观点，可获得比读书穷理更强调敬的肯定评估。

一、作为天命之理

退溪对理的概念特点，被理解为与儒学传统概念的天命有紧密结合。朱子学的核心理带着多样的含义，其中退溪的理所强调的是天命的意义。在这样解释的根底，已经具备了退溪的理拥有特定能力的理解。退溪把理所具有的能力和力量，以天命来表现了。

退溪以天命来解释所谓的理，这可以透过他在1553年左右作成的"天命图"来确认。开始尝试"天命图"的学者是朝鲜的秋峦郑之云（1509—1561年）。接触秋峦的"天命图"之后，退溪想到他对天命的理解与自己有所不同。因此，退溪把秋峦的"天命图"，按照自己对天命的理解修改之后，自己所修改的内容根据，透过"天命图说后叙"一文阐明了。

在"天命图"与"天命图说后叙"所发现的，退溪对天命的立场可从两大方面来分析：

一是天命的方向，[①]二是天命的意义。[②] 退溪把现存"天命图"中位于下段的天命转移到图画的上段，确定了天命的方向由上而下。这是想要显出其上面实际存在着自上而下命令的什么。透过对天命的重新定义，退溪表达了自上而下命令的什么，就是介入现实世界的道德价值理。透过"天命图"表达出来的天命之理，是"不知从哪儿降下来的道德命令之形态，介入现实世界的道德价值的志向性"。这就是退溪学所强调的理的意义，也就是其理所具有的位相和能力的内容。其中现实世界的介入，意味着道德价值其本身志向在现实中的具体实现。

> 但就无极二五妙合而凝，化生万物处看，若有主宰运用而使其如此者，即书所谓惟皇上帝，降衷于下民，程子所谓以主宰谓之帝是也。盖理

---

① 《退溪先生文集》卷四一，"天命图说后叙"（1553年）："自北面南而分前后左右，仍以后子为下前午为上者，'河'、'洛'以下皆然也。其所以然者，阳气始生于下，而渐长以极于上，北方，阳气之始生也。彼'图'、'书'率以阴阳消长为主，而以阳为重，则由北而始于下，固当然也。至于'太极图'，则异于是，原理气而发化机，示上天命物之道，故始于上而究于下。其所以然者，天之位固在于上，而降衷之命不可谓由下而上故也。今之为图，一依濂溪之旧，安得于此而独违其旨乎。当初，静composite因'河'、'洛'之例，由下而始，改而从濂溪之例，渨之罪也。"

② 《退溪先生文集》卷四一，"天命图说后叙"（1553年）："盖'太极图'始于太极，次阴阳五行而后，有妙凝之圈。妙凝之圈即斯图所揭天命之圈是也。"

气合而命物,其神用自如此耳,不可谓天命流行处亦别有使之者也。此理极尊无对,命物而不命于物故也。①

退溪在引文中说明儒学的传统概念之一,上帝与帝是形容理的主宰和运用的特定现象。又说这是理和气结合起来命令万物的神妙作用[神用]。而且,这样的主宰和运用接通天命,说明与气并存之理本身的作用。因为理是极尊无对,命令万物而不命令于万物。与气并存之理的神妙作用,在理与气互相妙应的状态中,发挥出主宰和运用的形态,是上帝具有的能力相同的。

这样的理的能力,透过上帝极严的命令形态,被人觉察又为人所知。这就是被发现于人的,人所共通拥有的道德性和善良之性。因而从退溪来看,道德是起因于天命的强力命令意象而出发的。

退溪所说的理,在道德层面之中探讨的话,其理是在与气妙应状态之中带着道德命令能力的理。在此想必回忆的是天命在天与人关系的申辩之中提起的。只要理带着特定的能力,那是一种道德命令的方式起动的,在这点上所得出的是理的特定能力,人的立场来看觉察到要求服从命令行为的义务。总之,作为人应当具有的生活态度工夫和修养,为完成服从理的命令的人生,这样的目标之下构成的。其工夫的内容,对作为天命之理的坚持注视和看透,又努力实践其看透的,这就是核心。被退溪正当化的人的修养必要性,其基点于透过作为天命之理完成的道德的申辩。② 退溪学对理的探讨,不止于此。就是带着下令道德命令位相的理的作用,被解释为人本身可以体验的特定现象。在退溪的"天命图"中,理在人的内心被发现为道德价值的作用,同时带着天的命令一样权威的特定形象,具有一定程度的影响力。这就是天命之性,实现于人的感情层面的四端。并且对退溪来说,这样的理在具体人生当中,带有道德行为的实践要求,体现在该当情况之中的规范而为人所知。这就是对格物之功效,即是对物格的退溪的解释。更进一步退溪透过

---

① 《退溪先生文集》卷一三,《答李达李天机》(时期未详)。

② 这透过说明天命的意义之时,提到好像人的修养必要性自然得出的下一段文章可以确认。《退溪先生文集》卷三八,《答申启叔沃○壬戌(1562年)》:"盖彼以太极为名,此以天命为名,名以太极者,占造化自然之地分意思;名以天命者,有人物所受之职分道理。占自然地分者,固不当参以修为之事,故孔子之论太极,亦至于'吉凶生大业'而止,即濂溪作图之意也。有所受职分者,苟无修为之事,则天命不行矣。故子思之言天命,自率性、修道、存养、省察,以至于中和之极功而后已,即此图所本之意。况图中因禀赋之偏正,而明人物之贵贱,若只存赋予而阙修为,是有体而无用,君有命而臣废职,何以见人之贵于物乎?"

"职分"说明这种理的作用怎样引导人的道德行为，根据这些主张人的道德行为实践当为性。①

在现实中以儒学的理想实现为目标的退溪学，强调天命意义的理，解释为好像天的命令一般极严的道德命令持续下达。而且人把其道德命令的执行当作自己的职分，为了实践儒学理想的行为努力生活。强调天命意义的理，是在人的内心察觉的一种道德义务感的根据，其义务感就是实践道德行为的推动力。

二、作为天命之理与人的关系

退溪在朱子学的理更加强调天命的意义，还大声疾呼工夫就是人与作为天命之理的关系当中得出来的人的行为。人不论是谁都为了完成道德价值，在现实中追求其道德价值的实现当作听从天的命令，这时候伴随着平常的努力就是工夫。退溪在作为这种工夫的核心，提出了所谓的敬。

对于退溪所说的敬定立在作为天命之理与人的关系，既有研究注视的是对上帝的畏敬强调。同时退溪来说敬工夫的核心，就是认识天命齐备于自己的身上。② 可以说是认识天命齐备于自己的身上与对天命的畏敬方法而提出来的。这是从1553年作成"天命图说后叙"的时候到1568年完成圣学十图的时期，③普遍发现的。

退溪学所强调的带着天命意义的理的角度来看，敬工夫就是认识人本身赋予道德价值的实现恰似命令一般的职分，也就是集中于朝向自己内心的目光发现的道德价值。随之在退溪学的敬工夫天命与人的关系之中，意味着人应当具备的畏敬态度。具体来说，随时集中于天命内涵的善良之性，而且自觉其善性又灵敏地跟随，维持对完成道德命令的义务感。这样的敬包含着以

---

① 《退溪先生文集》卷三八，《答申启叔沃○壬戌（1562年）》："有所受职分者，苟无修为之事，则天命不行矣，故子思之言天命，自率性、修道、存养、省察，以至于中和之极功而后已，即此图所本之意也。况图中因禀赋之偏正，而明人物之贵贱，若只存赋予而阙修为，是有体而无用，君有命而臣废职，何以见人之贵于物乎？"

② 《退溪先生文集》卷四一，《天命图说后叙（1553年）》："学者于此，诚能知天命之备于己，尊德性而致信顺，则良贵不丧，人极在是，而参天地赞化育之功，皆可以至之矣。"

③ 《退溪先生文集》卷七，《进圣学十图札（1568年）》："畏敬不离乎日用，而中和位育之功可致。德行不外乎彝伦，而天人合一之妙斯得矣。"对于"夙兴夜寐箴图"的退溪的说明。"以上五图，原于心性，而要在勉日用，崇敬畏"。

静时之心状态为根底的思维,实际上是动时与静时一贯的一种工夫。① 始终透过对下达道德命令的理注视与跟随,在生活的所有领域之中,努力维持好像天的命令一般的其道德命令完成的义务感。

退溪所强调的理,对实践儒学的理想之人要坚持的态度,提供了理论上的基础。但是,为了实践儒学理想角度的具体行为而要求的条件,不只是坚持人内心的道德命令所引起的义务感。反而更必要的是其道德命令实际内容,符合具体情况的道德行为实际内容。为了提高立足于儒学理想的实践行为的可能性,退溪提出来了立足于天命之理与听从其理的命令,而准备实践道德行为的行为者观点的敬工夫,但是退溪不至于此,更详细探讨,具体的情况之下包含那种天命意义的理,担保道德行为的实践上发挥什么样的作用。退溪所说的理,在实际生活的现场带着体现儒学理想的志向,同时可以被人们知道的,人知道这些之后进行实践,便实现其理想。这样的理当中,强烈地摸透天命的意义,这就是透过看作退溪学独创传言的'理发'与'理自到',让我们知道退溪学的理,在实际生活的现场上,是怎样的形态来介入的。

(一)作为四端显出来的天命

四端即是理发,作为仁义礼智的理即是四端,发现成有形化人的善良之情。在这儿发现出来情,这就意味着特定的情况之下,人们都显现出符合其情况的实际反应。具体情况之下,作为情现出来的四端,处于特定情况的人,亲自经历其情况之中露出来的反应。如此方面,退溪对四端提出理气之合,即是以现实上存在的意味前提。②

但是,退溪想要说明四端即是理发的原因,由于显现出四端所从来。如果四端的所从来是作为天命之理,以人的情显露出来的四端,可以说是像上天上帝一般的理的命令,在现实的具体情况之中表达出来的。亦即四端就是仁义礼智在特定的情况之下显现出来的人的情,同时从上天上帝一般具有命

① 《退溪先生文集》卷一九,《答黄仲举(1559 年)》。"未发则为戒慎恐惧之地,已发则为体察精察之时,而所谓唤醒与提起照管之功,则通贯乎未发已发之间而不容间断者,即所谓敬也。"

② 《退溪先生文集》卷一六,《答奇明彦论四端七情第二书》(1560 年 11 月 5 日):"夫理气之不相离,七情之兼理气,滉亦尝与闻于先儒之说矣。故前辩之中,累累言之,如统论性情则曰,未有无理之气,亦未有无气之理;如论四端则曰,心固理气之合,论七情则曰,非无理也。如此之类,不一而足,是鄙人所见,何以异于第二节十三条之所论乎?"

令者位相的理下达的道德命令。在这儿,理的发现被理解为天命之理,抱有的志向价值的力量,发现成包含特定义务感的感情之意味。

如果有人看见一个小孩要掉进井里面去了,大部分的人都会产生惊恐同情之心,不堪遭殃,希望安然无恙,这是儒学的经典上所说的。这就是起因于心,存在心中的一种能力,即是仁。仁以叫作恻隐之心的具体感情显露出来,这是人们谁都那样的必然又当然的反应结果。退溪看作这是理的能力,是自然地那样进行的一系列过程。

另一方面从人的立场来看,恻隐之心可以说是跟自己的意图无关的感情反应。心中怀着某种目的,反而不能拥有恻隐之心,这似乎透过自己内心的某种存在的力量发出来的反应。也许退溪看作这样的感情显露,被人们视同一种命令。理化为四端,起因于人的意图无关的理之能力,这被人们领会为命令。退溪对这样的能力赋予了下达命令的上天上帝的意象,还说其命令的强力发现是人的善情,即是四端。在此,如果回忆到四端是道德行为的起点,①天命就"发现"成包含义务感的四端,而化导出道德行为的强大推动力。

四端的所从来即是理,是叫作四端的善情由于理的力量当然又必然地发出来的。这样的理,觉察到从人本身当然又必然地发现出来的四端,导引人们在自己的实际生活中实践道德行为。四端是为了达成上天上帝命令的道德行为的实践,显露于人的感情层面的,具有实现价值志向的理。

退溪的理发中所表明的理的能力,透过作为天命之理申辩的话,人可以说是在具体的生活当中,被要求依照四端实践道德行为的存在。人的道德行为起点四端,是在叫作实践道德行为命令的脉络之中赋予人的,人肯接受把它当作命令一般的义务感,这跟自己的意志毫不相干,看着从自己身上发现的善良反应,产生的收容姿态。在具体的生活之中,如果道德行为即是大学中的至善,四端可以说是带着实践至善志向性的理,显露于人的感情层面的。

这样的解释眼界,不只于四端解释为理发的地方发现。对物格的探讨之中触发的,提到理自到也在这样的层面上解释。并且,终究可了得,作为实践至善道德的人根据,而抽出了理发与理自到。

---

① 《孟子·公孙丑上》,六章:"凡有四端于我者,知皆扩而充之矣,若火之始然,泉之始达。苟能充之,足以保四海。苟不充之,不足以事父母。"

(三)与至善随同的天命

"理自到"其实是明善,即是具体的情况之下,以认识善是什么为目标的格物工夫,与怎么了解其格物功效物格的状态,进行探讨这些问题而建立的。

> 滉常爱朱先生解中庸之义曰:"中庸者,不偏不倚无过不及,而平常之理,乃天命所当然,精微之极致也。"大抵此道理,全在日用处,平铺地在那里,其轻重长短大小之则,莫不各有恰好处,此所谓"精微之极致",而大学之至善是也。①

这是在 1569 年退溪写给自己门人的书信,在此退溪把朱子透过天命和所当然解说的中庸意义,与至善结合而进行合并的理解。并且,把至善与中庸都是作为天命之理的"精微的极致",即是看作日常生活中表达实现成具体正义的词汇。退溪表明了自己在学问上所关注的,就是道理中庸至善这些层面。总之,退溪以实现至善的学问上目标之下,定义为理即是天命,而定立针对人的理的位相。

这样看来,退溪学中的理所具有的能力,要向至善展开的志向性层面上可以理解。同时,假如把大学的'至善'解释为天命之理所归结的具体价值准则的话,作为天命之理带着其至善的志向性,这对人接纳为具体实践至善命令的含义也包括在内。

退溪把格物看作自己穷究,而达到物理之极处的工夫,把物格看做物理之极处随着自己穷究的格物工夫可以达到的功效。换句话说,格物是人面对的具体情况中的正义,即是为认识至善的工夫。物格的功效展开为至善的理,透过人的格物工夫,为那人所知的情况。退溪把这个问题解说为理的本然之体与理的至神之用的结构。②

退溪把理的本然之体,解释为没有任何人为的操作。而且理的至神之用,理看作"其随寓发见而无不到者"之意。不过先前查看过,这儿的"发见"意味着理显露出来的至善,"无不到"表示被人认识之意。即是无为的理发现

---

① 《退溪先生文集》卷三七,《答李平叔》(1569 年 5—7 月)。

② 《退溪先生文集》卷一八,《答奇明彦》(1570 年):"然则方其言格物也,则固是言我穷至物理之极处,及其言物格也,则岂不可谓物理之极处,随吾所穷而无不到乎?是知无情意造作者,此理本然之体也,其随寓发见而无不到者,此理至神之用也。向也但有见于本体之无为,而不知妙用之能显行,殆若认理为死物,其去道不亦远甚矣乎?今赖高明提谕之勤,得去妄见,而得新意长新格,深以为幸。"

成具体情况中的至善，而被进行格物工夫的人无不到，这种情况解说为理的神妙作用。

那么，注视作为天命之理与作为至善之理，物格解释为"理自到"的意义，换句话说，作为理所发现的至善，被进行格物工夫的人"无不到"的意义，即是探视理的至神之用的意义的话，如何解说呢？

格物工夫，是作为天命之理在日常的实际情况之中，认识现出行为准则的作为至善之理的工夫。物格功效，是作为天命发现的至善必须顺从的方针，为人所知的功效。那么，理自到之意，作为至善之理不会不至进行格物工夫的人，是作为至善之理对人自行被认知的。

在此，要重新回忆退溪把至善按天命的角度来解释的"天命所当然精微之极致"一句。如果考虑至善是作为天命被人认知的具体正义的话，那么它本身会具备命令的力量，即是至善与上天上帝的命令一样赋予实践义务的具体道德行为的内容。换句话说，注视天命而解释理自到的话，作为至善之理自行被认知，就是意味着具体生活中的正义，对人被认知必须服从的命令。理自到，还意味着把作为天命之理本身自有的作为至善的志向性当作一种动力，对人被认知具体的道德命令。当然，这样作为至善之理被认知，已有透过格物工夫被追求认知至善的人所知的前提。即是不但认知这至善，而且实践其认知，才会完成实践至善的道德行为。

提出了理发与理自到解释的四端、格物工夫、物格功效探讨中，我们所注视的就是它们所蕴藏的现场性。退溪注视了，不但看见一个小孩要掉进井里面去的时候，发现于人的自然而必然的，又一定程度上一般感情的四端，而且被认知的具体正义的内容，即是物格功效，这也是碰到实际上具体情况的实践行为的现场发生的事实。退溪所说的理发与理自到，有可能解释为表现了人的实践道德行为的现场上起动的天命之理。强调实践道德现场的退溪叙述中，包含着作为天命之理在人的感情与实践现场的层面上，用什么样的形式来表达自己能力的解说内容。这就是以实践道德为目标，在各种层面上给人们持续露出自己存在的天命之理，退溪学的志向实践的性质，根据于理的展现自己的特点而提出来的。

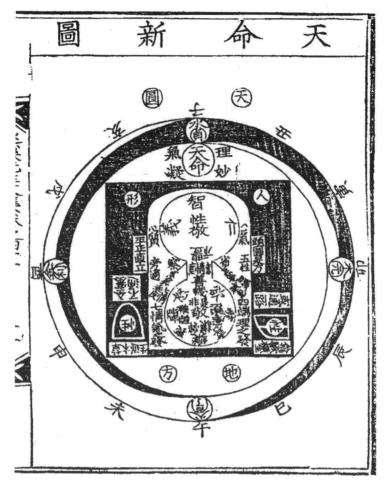

退溪"天命新图"

注:《退溪集》Ⅱ,韩国文集丛刊 30,民族文化推进会,1989 年。

三、结 语

　　退溪学的理带着强烈的天命意义,以这天命之理为中心而系统化的退溪学问,基本上在具体现实上想要实践儒学理想行为的有意思维之中提示的。首先,查看退溪所分析的四端即是理发的部分,这是指向儒学理想的理显出于人的感情的。按退溪对天命的理解来看申辩为理发的四端,实现儒学理想的全过程中,作为天命的理把人导引到立足于儒学理想的具体行为的实践。

在那一系列过程中,以仁义礼智为内容的理,与义务感一起在人的感情上具体化的就是四端。退溪所说的理发中,理的能力透过天命之理申辩的话,退溪手中作为四端的理,已包含着具体生活当中承受四端的促动,要求人实践道德行为的意义。作为人的道德行为之起点,也就作为导向力量的四端,是在实践道德行为的脉络之中赋予人们的。人们看着在自己身上的,叫作四端的道德反应,立足于此的实践行为命令和义务感,带着收容的姿态一起接受的。

其次对于理解为格物工夫的功效的物格状态,退溪的分析是随着人进行格物"物理的极处自行而至"的,①这就是"理自到"的意义。②透过读书穷理,想要了解自己应该实践的道德行为具体内容的人来说,作为其实践道德内容的理,被认知为实际的道德行为内容。根据退溪对天命的理解来看,具体的道德行为内容,给人随同必须实践的义务感被认知。人就是带着这样的义务感,按照自己认知的道德实践内容实践,由坚持这义务感人,才完成立足于儒学理想的行为,又实现儒学的理想。

退溪这样的问题意识,最后进入对天命和人的关系提出自己思考的地步。退溪的理论体系中,人的道德行为和为了实现道德行为进行的修养,重点于增强起因于天命之理的实践道德行为义务感。在此,重要的是,以天命之理为中心建立的修养,从认知天命具备于人本身开始进行的。③根据退溪的话,人具备了天命,即是在人的内心中发现天命的作用之意。因此,人为了对那作用的敏锐觉察,得经常坚持着虔敬的心生活下去。进一步人遇到天命

---

① 《退溪先生文集》卷一八,《答奇明彦》(1570 年):"然则方其言格物也,则固是言我穷至物理之极处,及其言物格也,则岂不可谓物理之极处,随吾所穷而无不到乎? 是知无情意造作者,此理本然之体也,其随寓发见而无不到者,此理至神之用也。向也但有见于本体之无为,而不知妙用之能显行,殆若认理为死物,其去道不亦远甚矣乎? 今赖高明提谕之勤,得去妄见,而得新意长新格,深以为幸。"

② 《退溪先生文集》卷一八,《答奇明彦》(1570 年):"'物格'与'物理之极处无不到'之说,谨闻命矣。前此滉所以坚执误说者,只知守朱子'理无情意无计度无造作'之说,以为我可以穷到物理之极处,理岂能自至于极处。故硬把物格之格・无不到之到,皆作己格己到看。往在都中,虽蒙提谕理到之说,亦尝反复紬思,犹未释惑。近金而精传示左右所考出朱先生语及理到处三四条,然后乃始恐怕己见之差误。于是尽底里濯去旧见,虚心细意,先寻个理所以能自到者如何。"

③ 《退溪先生文集》卷四一,《天命图说后叙》(1553 年):"学者于此,诚能知天命之备于己,尊德性而致信顺,则良贵不丧,人极在是,而参天地赞化育之功,皆可以至之矣。"

的作用之后,随着其道德命令行动得要尽力。由此可见,退溪学中人的道德性具有外在命令者的面貌,同时负责内在促动者的作用。

当然,退溪没有忽视儒学理想的实现,实际上实现立足于儒学理想的具体道德行为,才是可能的事实。换句话说,为了现实中实现儒学的理想,把握具体的正义体现的理,随之需要执行的人的行为。只是这样人的道德行为,必须表现为对上天命令顺从的形象,还随同强力的义务感这样才实践于现实中,这就是退溪的看法。正因为如此,退溪重视在进行道德行为的现场上想要知道至善努力,这至善就是具体情况中的正义,还优先考虑位于正义起源的理,即是对天命之理的畏敬。因为对他来说,对存在人内心的天命的畏敬,是在生活的所有领域中,坚持实践道德义务感的唯一又最有效的方法。

(作者单位:韩国延世大学)

退溪修养论理显志向的性格

◎ 韩在壎

李滉退溪（1501—1570 年）是在性理学的世界观基础上，理解为存在于世界的万事万物都是由"理"和"气"形成和运行的。他以"理动气生"来说明一切存在生成的根源，而由此生成的个别存在和其存在意义的实现，也同样可从"气动理显"这一角度来加以阐释。

但是，从他的这种思想上发现的特征是：首先，关于存在的生成，退溪认为相比"气生"，作为其"所以然"的"理动"才是根源。其次，关于存在的运行，退溪认为"气动"必须以作为"所当然"的"理显"为担保才能实现其意义。这说明，尽管退溪曾把世界的存在理解为通过"理"和"气"生成并运行；但最终还是理解为由"理"产生（所以然的一面），并通过实现"理"而完成（所当然的一面）。即，以"理"的疏通结构为信条，来理解世界的存在。

退溪的这种"以理为本"的存在观，即使把讨论范围缩小到人的范畴，也能维持不变。人类与其他存在一样，也是一个由作为"理"的"性"和作为"气"的"形"生成的存在。但是退溪认为"理气"对于人不仅仅止于单纯地构成"性"和"形"，还成为产生所谓"本然之性"和"气质之性"，"四段"和"七情"等概念的原因。可以理解为，这些由"理气"产生的概念，归根结底是用来阐释人类生活的哲学性工作的产物，并且旨在通过这些工作来确保人的存在意义。对于这样的概念，退溪在"主理论"的立场上，同样主张"理显"。

在人的一生中，如果能够顺利实现"理"的疏通，并且能因此而确保人的存在意义，那么就没有比这更完美的人生了。但问题在于不是所有人的人生都能如此，而且存在问题的原因在于，"理气之和"的"心"从根本上，具有因"气"派生出其他问题的可能性。因此，为解决这样的问题，提出了修养的必要性。在本文中将讨论退溪如何对待此类问题,即如何分析需要修养的原因,以怎样的方式解决这些问题,并如何展望解决的理想状态。

一、退溪"以理为本"的理气论和"理显"

退溪"以理为本"的理气论,是分析退溪对于整个世界的观点的重要框架。退溪的理气论以理为本,意味着退溪在说明存在的时候,虽对"理气"相提并论,但始终把意义的核心放在"理"上。退溪认为"理"不仅作为"气"的"所以然"而存在,而且还是"气"的存在现象中应该追求和实现的"所当然"。这意味着退溪自存在产生的最本源伊始,到某一事物存在的现象为止,把整个世界的存在理解为从"理"开始以"理"终结,以理为中心的观点。

退溪在展开上述"以理为本"的"理气论"的过程中,使用了"理动"和"理显"的概念。"理气"和"理显",即"理动则气随而生,气动则理随而显",①是从他的理论提取的概念。退溪通过这一概念,用"以理为本"的观点来说明存在世界的生成到实现的整个过程。即通过"理动"的概念来说明存在生成的本源,作为"所以然"的"理";以"理显"的概念来说明作为"所当然"的"理"的实现。

"理动",是退溪在存在生成的本源层次(形而上),为了确认作为"所以然"的"理"的存在而使用的概念。现有退溪哲学研究中,也曾为了确认"理"的能动性而使用过这一概念,此时的含义,理解为体现了"理"生成"气"。但退溪在重释濂溪的"太极图说"中的"太极动而生阳"的过程中使用过这一概念。② 即退溪并没有把"理动"作为"理生气"的概念来使用,而是为了确认在"无始无端"的"气"的"循环动静"中,必然存在作为"所以然"的"理"的概念来使用的。

与此相比,"理显"是在现实存在的层次(形而下),通过"理"的显现来说明该存在意义的实现的一个概念。理不仅作为"气"的"所以然"而存在,还是"气"存在的现象中应该追求并实现的"所当然"。"所以然"和"所当然"是指某个存在之所以存在的原因和该存在作为存在必须实现的法则。因此,可以

---

① 《退溪全书》(上)卷二五,《答郑子中别纸》。
② 《退溪全书》(上)卷二五,《答郑子中别纸》。濂溪云:"太极动而生阳。"是言理动而气生也。

说"所以然"和"所当然"是一种从某个存在的生成原因到其存在意义都包含在内的概念。"理显"是为了证明通过"所当然"的实现，该存在获得其存在意义的过程而使用的概念。因此，"理显"是退溪的"理气论"中显现出阐释"形而上"的"理动"在"形而下"是怎样被阐释的一个概念，是体现退溪"理气论"的"以理为本"的性格的重要概念。

所有的存在都是由理生成，并通过实现"理"而确保其存在意义，退溪的这一"以理为本"的主张在对于"心"的阐释中原封不动地展开。心是由"理气之合"组成的。这里"理气之合"是指心由"理"和"气"构成，但更为重要的是却因此拥有了"善恶"这两个相反的契机的事实。即作为"心"所具备的理的"性"，虽然它本身是纯善，但由于"气"的共存，便内含着流向"恶"的可能性。这就是退溪提到心为"理气之和"的意思。何况心是"形而下"层次的存在，"气"的"用事"结果，决定了"理"是否能显现。而"理"是否显现，将意味着为善还是为恶。这是退溪以理为本的"理气论"中，所出现的"气动理显"在"心说"中直接适用的实例。因此，对于退溪来说最重要的问题是如何使心中的气不随意"用事"，而是受"理"的主宰，从而使理有显现的可能性。

作为在"理气之合"的"心"中能够明确确认"理"的存在的依据，退溪提出了"本然之性"和"虚灵"。作为心的"本体"，这两者都曾被提及，但其作用却有所不同。"本然之性"在退溪始终不与"气质之性"区分的"心"中，是纯善的根据。而且，这是努力区分"四端"和"七情"的根据。人类和其他存在都被认为是理气之合，但唯独人类是更为珍贵的存在。这与包括"理"的"疏通与否"在内的"气"的"不齐"有关。即其他存在是因为拥有了"偏塞"的气，即便是"理气之合"，理能够得以疏通的可能性根本就没有或只有部分可能性。与此相反，人因为有一身"正统"的气，所以具备了完全疏通的可能性。退溪把这种"理"的疏通可能性，看作人与其他存在得以区别的本质性差异。在"本然之性"中，"四段"所"发"的这一构图是孟子以来，对于人类之所以为人类的理由的最后的堡垒。因此，退溪对这一部分是不能让步的。从这一意义上，作为"理发"的"四段"是"理显"的一种形式，也可以确保心的存在意义。

作为"心"的另一个"本体"的"虚灵"是"心"与"事物"应接时，"心"所能主宰的"知觉"的本体，这一点非常重要。"知觉"作为"心"与外界事物应接时所起作用的根据，凡是有"血气"的存在，都会具备。因此，"知觉"被解释为"心"之"灵"的层面。但是退溪通过主张心的本体是虚灵，从而将人的知觉规定为从根本上就与其他动物的知觉不同。即在"虚灵"中，"虚"是"理"的属性，以理气之合的"心"之所以为"灵",是因为气和理相结合的缘故。因此,即便人和其他存在一样都是"理气之合",因其内容不同,其"知觉"也会存在差异。如此由于"虚灵"的"知觉",使心在与外部事物的应接中拥有正确的志向性的"思虑"变为可能,因而发出非"私意"的"公意"而将情引向"善",其结果就是"中节"。这样"中节"是以虚灵为"本体"的心,无论"四段"还是"七情","心"的所有"情"都会扬善,由此形成了实际的"理显"的一个局面。

二、"理"的疏通问题与修养的必要性

虽然退溪把世界的存在理解为是以理和气形成并运行的,但最终还是通过由"理"生成(所以然的层面),并通过实现"理"而完成的(所当然的层面),即以"理"的疏通结构为基础,去理解存在的世界。即使把讨论范围缩小到人类,这样的理解仍保持不变。退溪的修养论中,"理显"特别重要的原因就在于此。为了捕捉讨论"理"的疏通性问题和修养的必要性的轮廓,有必要查看一下退溪的下列发言。

> 子思之言天命,自率性、修道、存养、省察,以至于中和之极功而后已,即此图所本之意也。况图中因禀赋之偏正,而明人物之贵贱,若只存赋予而阙修为,是有体而无用,君有命而臣废职,何以见人之贵于物乎?①

天命是赋予人的性,性既是理,所以天命是人们所收受的上天赋予的理。但是天命之中蕴含着职分。因此,既然接受了天命之理作为自己的性,人们不得不在人生中完成自身的"修为"。这正如君王赐予你官职,就不能只占其位而不去谋其职同样的道理。

其他的存在(物)是接受偏塞的气而生,可以疏通"理"的可能性微乎其微,或干脆被隔绝,人却接受了"正、通"的"气"而生,所以人具有能够疏通"理"的可能性。因此,在这世上生而为人,就意味着已经与其他存在有着不同的存在意义,同样也意味着有强烈的义务在人生中与"理"进行疏通。

退溪"圣学十图"中的"太极源说"引用了朱子的如下语言:

> 圣人不假修为而自然也,未至此而修之,君子之所以吉也;不知此而

---

① 《退溪全书》(上)卷三八,《答申启叔沃·壬戌》:"子思之言天命,自率性、修道、存养、省察,以至于中和之极功而后已,即此图所本之意也。况图中因禀赋之偏正,而明人物之贵贱,若只存赋予而阙修为,是有体而无用,君有命而臣废职,何以见人之贵于物乎?"

悖之,小人之所以凶也。①

人们中也有得到上智的气质而生的人,由于其气质本身根本就不妨碍理的疏通,所以即使不提升修为,他所有的知行也都自然地符合天理,因为其符合天理,所以称他为"圣人"。但是,与上智相比,没有得到好的"气质"而出生的"中人"或"下愚",他们的"气质"会成为理的疏通中的障碍因素。即便如此,只要生而为人,就有义务进行理的疏通,进而要求他们提升修为。如果能领悟到这些事实并去完成,就会成为君子,反之会成为小人。②

退溪所引用的朱子的观点,事实上是在对濂溪的"太极图说"解释过程中出现的。濂溪在"太极图说"中对圣人的解释是:"因为主静树立了人极,所以形成了天地合一。"③对此朱子解释,得到了"太极"的"全体",所以和天地浑然一体而无间。④ 当人因为与其他的存在有差别而成为珍贵的存在时,最为模范地实现作为人的存在意义的人就是圣人。如果有人成为这种圣人,他便是天地合一的存在。持有这种信念的退溪以濂溪与朱子的言论为基础,做了如下说明。

> 太极有动静之妙,而其动也本于静。圣人全动静之德,而其动也主乎静。众人具动静之理,而静之理常汨于动。夫太极之在人心,初非有间于圣愚,然而众人之所以常汨于动者,何也? 动静者,气也;所以动静者,理也。圣人纯于理,故静以御动,而气命于理;众人徇乎气,故动以凿静,而理夺于气。⑤

这段文字以动静和理气为中心说明了圣人和众人的差异,或多或少具有复杂的结构。但仔细观察的话,退溪的这种叙述章法始终适用于理气论和心性论之中。请接着看完退溪的下段话,再对上文加以讨论。

> 当此心未发之前,如太极具动静之理,而未判为阴阳者也,一心之内,浑然一性,纯善而无恶矣。及此心已发之时,如太极已判,而动为阳

---

① 《退溪全书》(上)卷七,"进圣学十图札并图·第一太极图"。

② 《退溪全书》(上)卷一三,《答李达李天机》:君子为学,矫气质之偏,御物欲而尊德性,以归于大中至正之道。

③ 《退溪全书》(上)卷七,"进圣学十图札并图·第一太极图":圣人定之以中正仁义,而主静,立人极焉,故圣人与天地合其德,日月合其明,四时合其序,鬼神合其吉凶。

④ 《退溪全书》(上)卷七,"进圣学十图札并图·第一太极图":至圣人定之以中正仁义,而主静,立人极焉,则又有得乎太极之全体,而与天地混合无间矣。

⑤ 《退溪全书》(上)卷四二,《静斋记》。

静为阴者也,于斯时也,气始用事,故其情之发,不能无善恶之殊。①

在人的心中,"未发"就像是只有未分阴阳前的太极(理)一样,此时的心唯有性(理)处于浑然的状态。如同理一样,人之性是万善之源。因此,唯有性处于混然状态的未发之心,就是纯善无恶的状态。这就是上文中所说的静的状态。与此相反,"已发"如同太极分为阴阳的现实状态。阴阳(气)以其本身具有无限分化的属性,因而天以阴阳五行化生万物。从"未发"转为"已发"的心,也会因外物的接触而引起许多现实的作用。因此认为,心是万物的根本,上文所阐述的动就是指这句话。②

已经分析完所谓动静以及在那种状态下理气所蕴涵的意义,可以进入上文的讨论了。上文中区分圣人和众人的重要的标准是,"动是否受静的主宰"抑或"静被动所埋没"。但是这句话可以换成,是理所主宰的状态(静)一直疏通至气所"用事"的状态(动)呢?还是气所"用事"的瞬间,理所主宰的状态被中断了呢?这两点来理解。所以退溪在下文中再次阐述如下:圣人因顺理而以静制动,从而气服从了理的命令;众人因顺气而以动伤静,从而理被气所虏。

退溪对世间万物存在的理解是万物都是以理为前提,而且以理为志向的世界。因此,他在生活的每一时刻都理解为,以理主宰气的圣人必定与天地合一。此外还断言,只有这样的人的人生,才能称其为具备"人极"的人生。③可是众人不仅无法在静的状态下与动疏通,反而陷入动的状态损伤到静的境地。换句话说,气所"用事"的"已发"状态对于理所主宰的"未发"状态起到了坏影响。如此,从受损伤的"未发"转成正确的"已发"将更加遥远,只能成为持续性的恶性循环。

具备与生俱来的清、粹的气质的"上智"因对天理的知和行清晰极尽地知晓,所以不用特别修为,也能自然而然成为圣人。但是没有具备那种气质的中人与下愚等众人所拥有的却是先天性的拘泥气质,所以迫切需要修为。这

---

① 《退溪全书》(下)续集卷八杂著,"天命图说—图与序见文集"。
② 提到性为万善之原,心为万事之根本的那一部分是"心为万事之本性是万善之原"。《退溪全书》(上)卷一六,《答奇明彦》。"静则寂而未发之谓也,动则感而已发之谓也"。《退溪全书》(上)卷一九,《答黄仲举》。
③ 《退溪全书》(上)卷二四,《答郑子中》:心为太极,即所谓人极者也。此理无物我,无内外,无分段,无方体。方其静也,浑然全具,是为一本,固无在心在物之分。及其动,而应事接物,事事物物之理,即吾心本具之理,但心为主宰,各随其则而应之。

样的人如若懒惰，又被物欲所昏蔽，则不能成为君子，甚至落入成为小人的境地。关于退溪哲学中的理的疏通问题，需要修养的理由，正是为了这一修为。

三、心的主宰问题和修养的必要性

对于退溪而言，需要修养的对象原则上是身心，但终级的，本质的对象是心。"作为理气之合心"，这一说明与其说是单纯说明其结构内容的话，不如说是要寻找由心引起的问题原因和解决方法意图的产物。在"未发"与"已发"之际发生问题也都是因为心是理气之合。那么为了诊断问题的实际症状，先检讨一下从"未发"开展到"已发"的地方——"性发为情"来进行研究。

退溪说"性发为情"之际是所有事情的核心点，是发生善恶问题的分歧点。① 但思考一下就会有疑问：性发为情的过程里为什么会产生问题。因为作为性即理的性是万善的根源，作为其发之情产生问题，看起来多少有些矛盾。为了解决这个问题有必要在理解"性发为情"里"心"的位置的同时，也综合地分析一下情和意的关系。

退溪说性和情是心的体和用，② 也继承情为性发，意为心发之说。但在这里，退溪提出令人注目的主张"心是合理气统性情的物事，故非但意为心之发，情之发亦心所为也。"③不止"意为心发"，"情为性发"之"情"亦为"心发"，这是从何谈起呢？对此，退溪说明如下："大抵情意二字，先儒以性发心发，分别言之，既已明白，无可疑处。……以舟车比情，以人使舟车比意。"④

退溪主张既然"性发为情"，那么"情"应该向"善"才能实现其存在意义，那才是所谓"中节之理"的显现。但是"情"是主体对事物的反应，"意"起到一种调节作用，使得"情"在该现实状况中显现出特定的面貌。换句话说，情发展成善或恶，取决于情的调节。就像车船在马夫和船夫的调整下会有不同的过程与结果。

那么是什么原因让"心发"的"意"使"情"向恶，而非向善呢？退溪认为

---

① 《退溪全书》(上)卷七，"进圣学十图札并图·第六心统性情图"：性发为情之际，乃一心之几微，万化之枢要，善恶之所由分也。

② 《退溪全书》(上)卷四一，杂著，"心无体用辩"：其以寂感为体用，本于大易；以动静为体用，本于戴记；以未发已发为体用，本于子思；以性情为体用，本于孟子。皆心之体用也。

③ 《退溪全书》(上)卷三六，《答李宏仲问目》。

④ 《退溪全书》(上)卷三六，《答李宏仲问目》。

是"心不宰而失其正"的缘故。① 那么心为什么会失去主宰？为了讨论这一点首先有必要分析一下心主宰什么。"心能主宰，则物各付物，物不能为心害。"②

所谓心主宰就是"应事接物，各随其则而应之"。③ 对此，退溪具体说明如下：心主宰就像维持本体的心如明镜止水般的湛然，应接所有当前该应接的事物。不可提前判断未来之事，也不可留恋过往之事。④ 只要能做到这一点，心中就不会存在任何还没有到来的事物或已成为过去的事物，即使每天应接再多的事物也能做到毫无疏漏。这是心与事物的关系中，不是遭到诱惑或掠夺等迫害，而是发挥主宰性去应接。退溪所考虑的心的主宰就是指这种情况。⑤

《孟子集注》，"尽心章句上"："心者，人之神明，所以具众理，而应万事者也。"即"敛之方寸，太极在躬；散之万事，其用无穷。不可只认一块血肉之心为心也"⑥。因而"人心之灵，无不烛破"。⑦ 这种心之灵就是知觉。⑧ 所以说当"心"接触到"事物"时能够正确应接，就是因为这心之灵，知觉。但若要讨论应接事物过程中的"心的主宰"，有必要研究思虑，即知觉的事物志向性活动。思虑在心的知觉有意识地对事物起作用的时候，有可能向"明义理，却物欲"的方向发展，也有可能向其反方向发展。如果是前者，就是心主宰的情况，反之就是私欲熏心的情况。为了思虑向前一种情况发展，有必要进行有

---

① 《退溪全书》（上）卷三六，《答李宏仲问目》：尝观朱子答张敬夫书，曰："……今夫乍见孺子入井，此心之感也；必有怵惕恻隐之心，此情之动也；内交要誉恶其声，心不宰而失其正也。"此说明白的当。

② 《退溪全书》（上）卷二六，《答郑子中》。

③ 《退溪全书》（上）卷二四，《答郑子中》。

④ 《退溪全书》（上）卷二八，不忘则不可。"答金惇叙"：盖不可不豫者事也，而有期待之心则不可；不可不应者物也，而存留忘则不可。

⑤ 退溪也曾举过以下例子来说明："比如主人翁常在家里，做主干当家事，遇客从外来，自家只在门庭迎待了，去则又不离门庭。以主送客如是，虽日有迎送，何害于家计？不然，东西南北，客至纷然，自家辄离出门庭，远迎近接，奔走不息，去而追送，亦复如是，自家屋舍，却无人主管，被寇贼纵横打破芜没，终身不肯回头来，岂不为大哀也耶！"《退溪全书》（上）卷二八，《答金惇叙·丁巳》。

⑥ 《退溪全书》（上）卷二九，《答金而精》。

⑦ 《退溪全书》（上）卷二六，《答郑子中·丁卯》：人心之灵，无不烛破，天下义理，昭如日星。

⑧ 《朱子语类》，16：51：心与性自有分别。灵底是心，实底是性。灵便是那知觉底。

关"心主宰"的修养。

四、"理显"修养论的成就："心与理一"

在退溪哲学需要修养的理由，首先是为了"理的疏通"，其次是为了"心的主宰"。如果说第一个理由是存在生成的原因，即通过"所以然"到"所当然"的实现，确保存在意义的存在论成就为目的的理想层次的研究，那么第二个理由是从心的"未发（静：理为主宰）"到已发（动：气为用事）开展的过程中，确保心的主宰性以满足第一个理由的实践层次的研究。终究退溪的修养论的结构可以说是通过第二点的实践来实现第一点的理想。

据退溪所说，心的问题在于"理主宰"的静状态，不能疏通至"气"开始"用事"的动状态。那么，退溪的修养论可以概括为"如何让静的状态延续至动的状态"。但是关于这件事，退溪有过如下阐述：

> 主一之功，通乎动静；戒惧之境，专在未发。二者不可阙一，而制于外以养其中，尤为紧切。①

"戒惧"属于"主一"和"未发"时适用的修养方法。退溪在修养方法中提到贯通动静的修养方法"戒惧"，这给我们带来的启示很大。因为在这里我们可以确认退溪的想法，即管理好静的状态（戒惧），使其疏通至动的状态（主一），并认为这是修养的核心。

还有一件有趣的事实是，虽然退溪这样设定修养论的大格局，但作为具体的实践方法却提出了"制外养中"。关于修养的必要性，退溪认为虽然其原因分明是心的问题，那也不能通过对身体本身人为地施加压力来解决。

退溪不仅排斥因为是"心"的问题，就想要从"心"上解决的急躁态度，也排斥"耽静而绝事物者"等所有极端的方式。② 退溪主张"心"的问题要通过身体接近。无论未发或已发，凡是对心灵的一切人为的接近，退溪都拒绝。这种态度源自任何外部作用都无法控制"心"的这样一种想法。唯一能给心灵带来正确的影响的一条路，是如同整齐严肃一般的"持敬"，这一方法而已。

---

① 《退溪全书》（上）卷一六，《答奇明彦》。

② 《退溪全书》（上）卷二八，《答金惇叙·丁巳》：彼庄、列之徒，徒知厌事求静，而欲以坐忘为道之极致，殊不知心贯动静该事物，作意忘之，愈见纷拏，至其痛绝而力灭之，则流遁邪放，驰骛于汗漫广莫之域，岂非坐忘便是坐驰也欤？然来喻，惩此而欲以思虑随生随遣为用功之地，而求至于顿无妄想杂念，则恐亦不免于坐驰之患也。

所以退溪提出以下建议：

> 闻之，古人欲存无形影之心，必自其有形影可据守处加工，颜曾之四勿三贵是也。①

退溪修养论中的另一特征是，虽然对老佛的"耽静"加以反对，但对儒学的传统的修养方法"主静"却十分的重视。② 所谓"主静"，总是在考虑"动"的基础上，如果无事，当然要存养，但遇到需要思虑的事情时就要思虑。如果无事的时候，本来持心，但怕因思虑而犯错，就选择去除思虑，则这只是为了"持心"而"持心"。重要的是如何维持在思虑时，不纷扰而主一的状态。③

因为退溪非常重视"理"，坚持"以理为本"的思想倾向，所以他的修养论也显示了这种倾向性。作为修养的具体方法，他尤其强调贯通"未发时"的主静与动静时的"持敬"的并行。他的这一方法是立体的，它需要对身心精细无比的理解为基础，以动静和内外有机的相互影响与疏通为念。但是他的这种修养论的最深处有着强有力的根源，那就是理。即没有理作为前提，他的修养论不仅无法成立，也无法说明修养的目的。所以他想通过修养达到心理合一的境界，终究恢复"心与理一"。退溪的下一句发言明确显露出他对心与理一的问题意识，以及他所追求的终极目标是什么。

> 降衷之理，与我本一，缘气拘欲蔽，遂成遮隔重重了。④

退溪的问题意识是，如何克服把本来与我一体的降衷之理，进行层层阻塞并堵塞的气质和物欲问题。而修养正好可以解决这一问题，通过它要达到的终极目标是与本来合一的理，重新合而为一。换句话说，要在"性发为情"的过程里变成"理显气顺"的状态，而不是变成气掩理隐的状态。

通过不断修养，退溪不仅希望"理"能够在整个人生中得以疏通，还希望在每个日常生活中所要面对的一切事物的应接过程里，超越内外，超越彼此，使理得以疏通。因此所谓心理合一，终究意味着作为理气之和的心里，气摆

---

① 《退溪全书》(上)卷二九，《答金而精》。
② 《退溪全书》(上)卷四二记，《静斋记》：人心不静，则又何以该万理而宰万事哉？且圣人之主静，所以一天下之动，非谓其泯然无用也。……故主静而能御动者，圣贤之所以为中和也；耽静而绝事物者，佛老之所以为偏僻也。
③ 《退溪全书》(上)卷二八，《答金敦叙·丁巳》：盖无事时固当静以存养，然如有所当思而思，能主一无走作，是乃静中之动，恐无害于持心也。今论无事时持心之法，一要常惺惺而遣去思虑，是一于静而欲无动也；一要未尝息念而不替其穷理，是偏于动而无静时也。
④ 《退溪全书》(上)卷三七，《答李平叔问目大学》。

脱理的主宰而不轻举妄动。换句话说，成为一种虽然心的结构是理气之合，但心的存在却只有理是自在的状态。

宇宙自然因理的存在而生成，因理而运行，又随着理的实现，获得其存在的意义。人与天地为伴，树立"人极"，最终只有在这种宇宙自然之理、在人生中不被歪曲而得以完整地实现的时候才能取得成就。其他的存在已经不可能做到，这件事只有人类才能做到。而且那即是作为人理所当然的义务，也是自然原型的恢复。退溪通过修养，终究要成就的心与理一的境地就是恢复这样的原型。

五、结 论

根据退溪的见解，人生在世就意味着与他人有着不同的存在意义，意味着要以理疏通自己的人生。反言之，不能以理疏通自己人生的人，如同放弃自己与其他存在不同的事实。因此人必须以理疏通自己的人生，那是作为人应当恪守的本分（修为）。退溪认为人与其他存在的区别在于气质的正统和偏塞的差异，人与人之间也由气质的清浊粹驳之差，分上智、中人、下愚三品。对于人类而言，气质之差与能否以理疏通自己的生活会导致先天性的差异。然而即便有这样的差异，退溪主张无论是谁都应当恪守人的职分，并根据其修为程度再次分为圣人、君子、小人。此处重要的不是先天性差异，而是后天性差别。因此即便先天性气质是中人或下愚，也应该提升自己的修为成为君子，甚至是圣人。

可以说，退溪认为修养极其必要的原因是如此具有宏观意义，具有义务性，想要以理疏通自己的人生。然而所谓以理疏通自己的人生，终究等于在"心的未发"时将"理主宰"的状态疏通至"气用事"的"已发"状态。因此如果再更加具体，实际的层面寻找需要修养的原因的话，就是疏通心的"未发"及"已发"，即疏通"动静"。如果再细分的话，由于"情"受到"意"的调节，在"心发"的前一阶段，"心的知觉"和"思虑"拥有正确的志向性才是退溪修养的核心所在。

因此退溪提出以"持敬"和"主静"作为修养的方法，并认为唯有此法才能疏通"动静"。持敬是一种贯通"心的动静"使心不失"主一"状态的修养方法，其中最具有代表性的具体的方法就是"整齐严肃"。这种方法可以说是一种以一对身心精细无比的理解为基础，以"动静"与"内外"有机的相互影响与疏通为念的立体修养方式。与此同时,退溪很重视"主静",并坚持一种态度:净化心的水源地,即"已发"前的"未发"。这样的方法不像"恶动耽静"或"厌事求静"一样只顾追求"静",而是为了真正的"动"和"事",不得不从其本源开始做好,可以说这是一门深化的道德心理学研究。这样以具体的方法兼修"持敬"与"动静",把心置于"主一"状态,通过"主静"使"理主宰"的"未发"状况随时做好通往"已发"状态的准备,可以说这就是退溪修养论的核心。

无论如何,儒学的修养论以"复其初"为前提。通过修养,退溪想要恢复心的原型是"心与理一"的境界。所谓"心与理一",就是心所具备的"理",在心的一切作用下时常显现出来(理显),以达到心的"动静"疏通至如一的境界。而且由于理的无规定性和偏向性,"心与理一"也是"物我无间"的境界。即克服所有的私,达到廓然大公的境界。"心与理一"的境界,是"动静"与"物我"全部通往"理"的"心"的最高境界,退溪希望通过修养达到这种心的"理显"。退溪将心的这种境界比作清澈的荷塘,吟诵如下:

> 小塘清彻底,天光共云影。更待月印心,真成洒落境。①

（作者单位：韩国首尔高丽大学）

---

① 《退溪全书》（上）别集,卷一,《光影塘》。

内心世界与外部世界的邂逅：九曲

◎ 李相均

　　笔者开始对九曲感兴趣是从 1990 年后期与法国哲学家让·夏尔先生 (Jean-Charles，Jambon)一同研究韩国的传统庭院以及过去士大夫阶层的景观文化开始的[①]，依然记得很清楚，2000 年初期笔者与让·夏尔先生第一次访问中国武夷九曲的时候的印象。12 世纪末，朱子停留过的武夷山是道观、佛寺以及少数民族文化等多种文化共存的地方。笔者认为朱子在此正式提出性理学具有象征性意义，即武夷山是一个综合了道教与佛教等过去的思想，而诞生新的儒学非常合适的文化空间。此后笔者认为有必要从人类学的观点，把包括"九曲"在内的韩国传统景观，作为与过去士大夫阶层对于世界观、意识、空间等观念相结合的文化来接近。

　　虽然每个学者对人类学上文学的定义都有所不同，英国人类学家爱德华·泰勒所定义的"所谓文化或者文明，从广义的民族志意义上来看是知识、信仰、艺术、道德、法律、习俗，以及包括被构成社会的成员——人类所学到的所有能力和习惯的复合型总体"，[②]到目前为止，依然被人们认为很有说服力。当然，把这一人类学上的文化定义直接衔接到九曲还有些牵强。但是若把

---

　　① 共同研究的成果中与景观文化相关的成果如下。让·夏尔、李相均：《园林美学的考察：韩国的园林》，《法语文化研究》9，1999；Jean-Charles JAMBON，"Première approche de la notion coréenne de gok：lieux，chants，méandres…：De la Chine de Zhu Xi（1130—1200）au royaume de Joseon de Toegye（1501—1570）"，《法国文化艺术研究》8，2003；Jean-Charles JAMBON，"Les enjeux contemporains de la notion de gugok"，《法国文化艺术研究》14，2005。本文的撰写以让·夏尔先生的共同研究为基础。

　　② 杰里·穆尔：《人类学的巨匠们》，Hangilsa，2002 年，第 37 页。

"九曲"扩展到一个"文化"概念，倒是可以提出一个可能性：重新勾勒出一副涵盖世界性场所、时代、阶层等问题，集哲学、思想、艺术为一体的"九曲文化"的蓝图。即生活在特定场所和时代，既共享知识、道德、习俗等为文人士大夫阶层所共享的文化，又可以把自然投射到九曲，集诗、书、画等艺术实践。这是一种看待"九曲文化"的行为。

那么在先检讨朝鲜所能定义的九曲文化之前，中国的状况如何呢？众所周知，当16世纪退溪接受朱子学为终生学问的时候，朱子的武夷山九曲不仅对他，也对此后朝鲜的文人士大夫提供了九曲经营的模式。尽管如此，笔者未能通过研究成果确认南宋时代以后九曲经营对于中国内的士大夫是否作为一种文化现象扎下根来。① 只不过参考清代董天工编写的《武夷山志》②可以确认，朱子的武夷九曲被访问九曲的后代文人不断以诗文的形式进行再创造。朝鲜时代九曲文化的源泉是以朱子的武夷九曲为出发点。朱子的武夷九曲与他的学问反而因为退溪与李栗的推介，而作为九曲文化在朝鲜扎下根来。

为了以人类学视觉观察九曲文化，笔者提议首先脱离作为广义范畴的"风景"概念，从东亚的脉络将九曲看作"山水"这一术语。然后先评价朝鲜时代对于九曲形成文化起先导作用的退溪对武夷九曲的接受，并摸索作为反映该时代文人士大夫的意识世界景观的九曲文化的可能性。

一、从"风景"(paysage)到"山水"

从人类学上的观点接近风景，意味着通过风景解读当地人们的文化。即考察人们如何与周边风景相互起作用，如何反映文化意识。实际上在对于风景的人类学研究中，有必要从主位(emic)的观点接近生活在一个社会的经验主体怎样营造，接受风景，怎样对风景赋予意义。通过这样的接近有志于以科学的、客观的立场的研究者，可以在通过外在的概念和范畴进行分析的时

---

① 在中国知网以"九曲"为关键词搜索研究成果时，很难找到朱子的武夷九曲经营为后代文人士大夫所传承的面貌。希望参与学术大会的中国学者们研究一下。笔者执意要寻找朱子之后中国国内文人士大夫的九曲经营事例的原因，是想确认一下韩国朝鲜时代文人士大夫的九曲经营是否为朝鲜文化的独特现象。

② 董天工：《武夷山志》，武夷山市志编纂委员会，1997年。

候获得主位观点。①

南宋和朝鲜的"九曲"需要与现代接近风景问题不同的方式和观点。那是过去特定的时间段，并且需要一并考虑以当时的景观为媒介的人们的世界观、认知、社会文化脉络以及与此相关的文化产物。边留久（Augustin Berque）强调"风景是内含特殊的风土性与空间性的世界现象"，并主张"风景是包含一个独特的历史空间的一道风景"②。根据边留久的这种观点，九曲就是蕴含南宋和朝鲜时期独特历史的空间与现象。

构成九曲的几个基本要素是"山水"。山水，简而言之是'山'和'水'，但是参考典籍书经，山水具有宗教性质，与道德方面也有关联。

> 肆类于上帝，禋于六宗，望于山川，遍于群神……望秩于山川。③

这里"山水"这一术语，在该术语所出现的世界相关联的历史性里，显示该世界的丰富与多样性。从下列《论语》的名句中也可以看到人与山水的相关性：

> 智者乐水，仁者乐山。智者动，仁者静。智者乐，仁者寿。④

即这一句里显示出折射到山水的东方观念。把石涛的"苦瓜和尚画语录"译成法语的皮埃尔·里克曼斯在注释里指出我们太容易习惯性地拥有成见。"石涛画语录"里用法语名曰风景（paysage）的第八章，字面上的意思是"山川"。

"山川"二字习惯性地获取了我们的唯一概念——风景（paysage）的意义。术语"风景"的明确性在文章里可作有效的用法，因此翻译的时候借用了这一术语。事实上在文字里直接使用"山和川"的原来含义，会起到更加积极和具体的作用，更能凸显出文字诗意的美。读者应想起下列含义。

（1）"风景"（paysage）这一词汇在中国表达"山川"两个相反相成的二元一体。

（2）"山川"这一词汇中，山与川不能分开出现。即这词汇在中国作为单

---

① emic 与 etic 是 Kenneth L。Pike(1967)使用过的术语，在人类学 emic 是指以原住民，即着重于生活在一个社会人的观点来说明文化成员的行为或意识形态的方式。etic 是指从外部拿过来的标准或基于方法论来说明特殊文化的方式。Alan Barnard, Encyclopedia of Social and Cultural Anthropology, Routledge, 2002, pp.180-183.

② Augustin Berque，作为人类生活在大地，midasbooks，p.122。

③ 《书经》，《舜典第二》。

④ 《论语》，《雍也第六》。

一的概念意味着"风景"。同样,二元词语"天地"也可以理解为(西方的)术语"宇宙"。但是可以看出石涛为了分析各词的属性,在分开提到两个要素的句子里将"天地"直译为"天和地"。

皮埃尔·里克曼斯虽指出中国的术语"山水"在中国的文化脉络里是一种隐喻,却在以"风景"(paysage)替代"山水"这一点上有些遗憾。在法国的脉络,因为"风景"(paysage)有其术语本身所具有的历史性,文化性含义,将"山水"译作"风景"不无牵强的一面。即通过"山水"这一术语可以表达东方含蓄的含义,通过术语"风景"可以表达西欧含蓄的观念。

如果重视阿帕杜拉强调的地域或地域性的话,不要固守着那种想法弃置不用,应积极参考加以应用。即从这样的层面上不仅需要"山水"这一术语,为了完整地说明南宋和朝鲜时代相关文化,还需要有"九曲"这一术语。在目前东亚的脉络里,通过古今文化差异,接近文人士大夫的整体生活才能完整地了解九曲。

二、收容与革新相容的退溪九曲解析

朝鲜的文人士大夫被称为"两班","书生"。观察包括退溪在内的书生人生,他们从小学习四书五经等儒教经典,通过科举考试后立志在朝廷实现自己的政治信念。退出政治舞台后在乡村定居,建别墅,修身养性,不仅从事著述活动,还进行作诗、书法、绘画等各种艺术活动。即入朝为官的时候是政治家,隐退返乡之后近似于综合艺术家。从这一方面来讲,若把朝鲜文人的活动在近代学问体系中分成政治、思想、文学、艺术、建筑来考察的话,不知能不能正确理解他们的文化。从而我们研究九曲的时候有必要一起了解与九曲相关文人的总体活动。因为九曲虽然首先是"场所",但也可以理解为与此相关的文人感性世界和思维、诗书画所表达的实践相结合的一个整体。

活动于16世纪的退溪虽然没见过12世纪的朱子,也没有来过中国的武夷山,两人完全通过朱子的著作邂逅。退溪借韵武夷棹歌诗里的第一句就显示对朱熹深深的敬意,而且退溪希望在想象的世界里分享朱熹的九曲。

不是仙山托异灵,沧洲游迹想余清。

故能感激前宵梦，一棹赓歌九曲声。[①]

为了理解朱子对武夷棹歌的广泛的了解，有必要查看他停留过的中国福建省的文化地理。朱子[②]的生涯里有着深厚感情的武夷山是一个有着丰富的传说与神话，还有歌曲、诗歌、故事等错综相容的场所。朱熹提到"同弦与书作伴，做了40年此山的主人"。[③] 1183年，他在武夷山建造武夷精舍，并当作做学问、修身养性的地方。历史上，武夷山在汉族居住之前，是南方少数民族居住的地方，那个民族有着悬棺而葬的独特丧俗。而且，武夷山在朱子定居之前就有运营良好的寺庙、道观。朱子的武夷棹歌里出现南方民族的悬棺，有着道家传说的武夷山峰等词汇。武夷山是一个复杂的文化地理空间。相反，容易猜到朝鲜的退溪生活过的空间是与武夷山截然不同的文化空间。

退溪一次都没有去过武夷山，但是他通过阅读详细记录武夷山的《武夷山志》，通过朝鲜时代画家所绘的武夷九曲画，想停留在朱子的左右。从退溪寄给李仲久的信件可以看出武夷九图当时十分流行。而且在那封信上，退溪显露出想要挑选几张好画来临摹的想法。

那么，退溪是真的希望模仿朱熹的思想和生活方式吗？总之，退溪是想在生活中以自己的方式通过文章收纳朱子思想，并进行自己的创造。退溪的这种努力在《武夷棹歌》的收纳方式里也很好地显现出来。刚开始他直接接受了原有对朱熹的武夷棹歌的解释方向。1559年，退溪寄给奇明彦的信里，指出出版《棹歌诗注》的刘槩解释的《九曲诗》，描述了走向道的境界需要的九个阶段或九个过程。[④] 当时包括河西金麟厚在内的许多学者都接受了这种见解。但是退溪考虑到之前的解析观点过于以学问的方式接近《武夷棹歌》而丧失了原来《武夷棹歌》的含义。尤其《武夷棹歌》的第九曲句子中最有争议

---

① 《退溪先生文集》卷一，《次九曲棹歌韵》。诗文的翻译依照金周汉的论文"退溪水的朱子诗理解"（《岭南语文学》第10号，1983年）所叙述的译文。与退溪武夷棹歌收容相关研究参考：林노직，"退溪学派的武夷棹歌收容与陶山九曲"，《安东学》9，2010年。

② Shitao，Les propos sur la peinture du moine Citrouille amère，éd。Hermann，Paris，1984（nouveau tirage 1996），traduction et commentaire de Pierre Ryckmans。

③ Appadurai, Arjun, Aprèsle colonialisme Lesconséquencesculturelles de laglobalisation，éd，Payot，Paris，2001；Wing-Tsit Chan，"Ways of living"，"Chu Hsi New Studies"，p.46。

④ 李滉：《国译退溪全书》5，Part IV，《退溪学研究院》，1990年，第185～193页。退溪1559年写给明彦的信里谈到对于武夷九曲的解释方向的难处。后来1563年退溪写给金성보的信中可以看出退溪对自己解释的武夷棹歌的确信。

的部分,比如桃源路、别有天等词,退溪谨慎地提出自己的想法。《武夷棹歌》的第九曲如下。

九曲将穷眼豁然,桑麻雨露见平川。

渔郎更觅桃源路,除是人间别有天。

桃源路,别天地,令人联想起道教术语的世外桃源。以性理学观点的道教的桃源路和别天地既是忽视人伦的空间,也是索隐行怪的群体空间,无法与性理学价值并存。问题是批判道教和佛教观点的朱子为什么会使用这样的术语。部分注释家在这一点上批判了朱子,而退溪想解救处于危急中的朱子。

朱文公武夷九曲图,1564 年跋文,纸本,34.7×587.7cm(岭南大学博物馆收藏)

一曲到三曲的画面

335

四曲到六曲的画面

八曲和九曲的画面

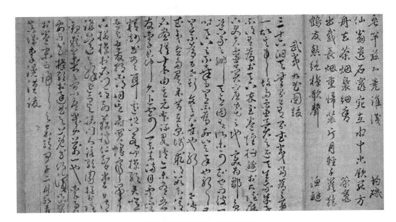

退溪所写武夷九曲图跋

首先,退溪认为把《武夷棹歌》以道学[①]的观点去解释会引起争议。实际上,诗的本意是朱子在武夷山乘船游览,欣赏风景。退溪解释的桃源路、别天地是普通人生活的现实中安逸的自然空间。所以退溪理解为《武夷棹歌》的末两句是说诗兴尽于九曲,让人们在现实中寻找新的风景以延续诗兴。一开始退溪按注释家的意见借用《武夷棹歌》的韵来写诗,后来考虑再三,改写了原先写的诗。这一点上,退溪一改以往的观点,维持自己批判的观点,决定性的曲折或断绝。退溪对《武夷棹歌》第九曲的阐释,胸怀着他所在的世界,出现在他面前的世界。即对于退溪而言,别有天地就是我们生活的地方,应该在当今现实中寻找。

《陶山记》[②]里退溪提及享受山林的两种方式。一种是对于山林道教式的接近。因为这种方式会扰乱人伦,摈弃社会规章制度,退溪拒绝这种见解。另一种是对于山林的性理学式接近,以达到享受道义,修身养性。退溪提到由于山林本身不蕴含着道,到了微妙之处越发求之不得。他说即便如此,致力于后者会好一些。

那么,退溪的山林有什么含义?对于退溪而言,山林是一种散步、采花、赏鱼,在菜园里种草药等,将自己的行为与山林这一外部世界不断重逢引起感兴的世界。这样在山林尽兴之后,退溪回到宁静的房间,定下心来研究,摸索圣贤的文章。当这种研究与心境合而为一的时候,他再次发现了兴致。

退溪脱离了对朱子的模仿,在他所在的时代与空间,摸索新的视觉和理论。退溪生活的世界不再是朱子生活的世界,即朱子的世界是通过16世纪朝鲜时代,在文人士大夫退溪的思想里重新构筑而成的。通过退溪的思想,朱子的武夷九曲在朝鲜这个空间里获得重生。

---

① 道学,是指树立中国宋代性理学基础的周濂溪、程明道、程伊川以及性理学集大成者朱熹的学风。

② 李滉:《国译退溪全书》,《退溪研究院》1990 年第 4 期,第 313~318 页。

武夷山玉女峰景观

乘木筏从九曲漂到一曲

从天游峰看到的五曲景观

三、"九曲"看作"风景"

那么这九曲是什么？在这里，笔者认为相比通过研究让·夏尔先生和九曲来对九曲下定义，观察九曲呈现出的特征会更加有意义。九曲一方面是歌曲，另一方面是转换成新景观的一个转折处（méandres）。尤其是在退溪对待武夷九曲的方式中应该强调的一点是九曲的现代性。因为退溪确信我们所处的这里（ici）和现在（maintenan）的必要性。九曲既是现在在我们附近，在我们所生活的山川九曲水流的场所——空间（lieu-espace），也是土地——景观（pays-paysage）。各曲在实际景观中像一个枢轴（pivot），以开放的形态在每一个蜿蜒曲折处向我们展现出新的景观，新的感兴。

吴雄星形容九曲是漫步在九个蜿蜒曲折的自然旅程中的一座园林①，我们认为园林二字不妥，因为园林已经是一个把空间可视性领域化的形态。我们反而认为九曲超越了园林，其本身就是通往自然的旅程、进程、轨道。我们可以说九曲的特征为生活的场所，穿越自然而修身养性的过程，使人的内心和周围的世界相一致的反思，以及得道的成就。九曲是一个为我们提供了通往外部（虽不是本身，却将我们包含在内的周边世界）的同时，也走向内部（蕴含外部世界的自己）的旅程。

其实，九曲的特征不仅包含伦理方面，也包含快乐与感觉相对应，所以也可以从近代美学的角度加以考虑。正是九曲的这种特征，使得我们今天在退溪的文章里也能找到其价值。即排除性理学教条的框架，反而在大自然里通过快乐和自我反思，确保我们的当代性（contemporanéité）。这就是今天我们重新把九曲看作文化的理由。

我们在21世纪初研究九曲的时候，以文人士大夫的总体文化来接近，并且研究九曲的几乎很少。虽然最近九曲的相关研究扩大到造景学科领域、文学领域、美术史领域，但笔者认为有必要从总体文化的角度重新观察九曲，而不是以个别学科的角度。尤其应该指出对于扩展到朝鲜时期文化的九曲收

---

① Oh，Woong-sung，Dup'ungryu aux jardins-Le jardin coreena la lumiere du concept de p'unryu（aboutissement sentimental）：evolution，de l'antiquite al'epoque de Joseon et analyse des jardins antiques，des origines du Grand Silla（7e-10e siecle），Ecoles des Hautes Etudes en Sciences Sociales，Paris，1998.

纳,退溪的作用相当重要。因为退溪在他的思想和生活方式里,时常把朱子放在心上。虽是对朱子的敬意如此之大,但退溪超越了朱子的影响力,对于朱子的思想进行了创新,使其能够在朝鲜这一生活场所里得以呼吸。即是歌曲,也是提供新的感兴和风光的蜿蜒曲折,又是一种能使得文人士大夫的内心与外部世界相逢的九曲,与西欧的土地—景观(pays-paysage)相通,更加和以往历史中文人投射的空间与世界的观念脱不了干系。那种空间与世界是我们生长、接受教育的地方,营生的处所,最终迎接死亡的空间与世界。这一点在把九曲看作歌曲与诗、画、思想、生活态度、空间—场所、风景等相结合的他们文化时,会更加明确。

（作者单位：韩国忠南历史文化研究院）

退溪学派的朱子
《斋居感兴二十首》接受情况检讨

◎ 林鲁直

朱子不仅是道学,诗文也出众,批评古今文学,又阐明诗文的渊源等,文学方面也对后世产生了极大影响。他把"道理中流出来的"当作优秀诗文的标准,以这标准为作诗和写作的原则。他体现文学和道学的融合,形成道学文学观的传统。朝鲜到了李滉生存时代道学盛行,道学影响整个社会,文学也不利外。道学对作品的创作和批评,也开始正式干预了。李滉认为道德和修养达到和顺的境界,文章也自然具备完美的格式,而文与道会一致的。

退溪钦慕朱子,作为教师独自学习,即使在梦中想见一次。还高度评价了朱子的诗,诗学也想从朱子那里学习。尤其是诗的呻吟性情,朝鲜时期在野学者的日常生活上具有重大意义。但是退溪对朱子比任何人都尊贵,而无批判性的追随已经扬弃了。退溪作为一个优秀诗人之前,向往作为一个学者的生活,学者的诗与诗人的诗相比有什么其他的,这是他继承朱子学问的想法。换句话说,退溪作为一个学者,在写诗重视学问的思想。退溪的这些看法,当然被他的门人和后学认定为一个典范。

在退溪与门人通过信件讨论诗歌的过程中,对世教和处世的教育资料,常用"斋居感兴二十首"(以下简称"感兴诗")。我们能看出退溪对这首诗,在感受一种心灵的共鸣。这首诗的魅力,与朱子当写诗的时候,作为"林居子"拥有的强烈文化意识有关。因为他作为在野学者的身份,显示对历史和现实的批判性思考,又把改造社会的理想和实现都写进了诗歌里。"感兴诗"是朱子四十三至四十四岁之间写的,根据朱子的序言,包含着自警的意思。朱子在世时刻于建昌府的学宫,可见当时已经被世人重视并流行起来。朱子的门人和后学对"感兴诗"给予高度的评价,不只是朱子死后,在世时已经有很多学者都有注释。这样的"感兴诗"，朝鲜时期更广泛的传播，作为在野学者喜爱的读书对象，又是在学习性理学方面成为讨论的资料。这是与朱子学在朝鲜自始至终坚持支配地位的事实有深度的关系。

本稿中，表达学者治心和进修要体的朱子"感兴诗"，由朝鲜的李滉和退溪学派，它是如何接受的，探视其真实情况。在这样的基础上，简略整理了这首诗的本质与它对朝鲜造成的影响。透过退溪学派对"感兴诗"的接受情况，想了解朱子学具有的思想性如何散布，又想了解什么样的形式和内容的变化发展如何传承，这是写本手稿的目的。

一、注解和版刻刊行

在朱子的诗中，"感兴诗"是朝鲜时期儒生广为人知的作品。这首诗的原名是"斋居感兴二十首"，由五言古诗二十首组成的连作诗。个别诗篇短则八句，长达二十句，加起来组成 252 句 1260 字。据编写《斋居感兴诗诸家集解》（以下简称"集解"）的退溪学派后山李宗洙（1722—1797 年）说，二十首诗以感兴为题目的原因，是那些都是走到日常生活中，根据感想立即引起兴趣的。前十首说道圣人的学问，后十首吟咏贤人的学问，一方面阐明朱子所主张的道学根源和心学的本质，还伸张排斥异端邪说与以儒学为基础的道德文明内容。从评诗的观点上看，因为朱子决心而作，全篇有机结合，保持一致。

由于这些原因，"感兴诗"为东亚汉字文化圈的学者们所重视，这种现象被评估为文化上不常见的事例。他的"感兴诗"不仅在中国，还在朝鲜和日本已出版了集注形式的注释本。这些事实证明"感兴诗"对东亚社会产生了巨大影响。

朝鲜的学者通过收录于《濂洛风雅》的北山何基注释了解"感兴诗"。高丽末期的安珦发现了朱子书的价值，流入了高丽，这时候"感兴诗"也很有可能进来。但是，"感兴诗"正式开始介绍韩国流行的是朝鲜时期，曾经独自翻印出版。退溪的门人柳成龙，1568 年父亲被派到清州做牧使后，为了向他打招呼，去那里印了"感兴诗"回来。柳成龙印出来的《文公朱先生感兴诗》，是退溪的门人李桢（1512—1571 年）。在他清州做牧使的 1553 年出版的。李桢按照退溪的建议，"感兴诗"的附录，补充了"云谷二十六咏"、"武夷精舍杂咏并序"、"武夷棹歌十首"等的诗歌。

大山李象靖（1710—1781 年）的门人后山李宗洙（1722—1797 年）编撰

《感兴诗诸家集解》,整理了退溪学派对朱子"感兴诗"的理解。迄今为止,他的《集解》在国内外出版的各种"感兴诗"注释本中,显示出了最高的完成度。他通过朱子的"感兴诗",试图进行性理学方面的对话和讨论,把这些当成继承朱子学说的逻辑。分析"感兴诗"的含义,有时继承现有的注释,有时还提出新的意见。不仅注释比较详细对文字有解释,而且对诗的意义及朱子的核心思想都进行了说明。李宗洙作为一个性理学家,深入分析了"感兴诗"的内容,想要认真探索内在的意义。他精密地进行了对典故和出处的考证,以此为基础,想要明确表达,用比喻表达诗歌的含义。

书的前面有一篇凡例,末尾有所庵李秉远的跋文和拓庵金道和的后识。他在《集解》中,多次引用了《朱子语类》和《朱子大全》等朱子本人的文章,提出了证据。《集解》基本上是集合诸家学说的,但对所引用资料却没有直接抄录,能够发现相当多的改正。在《集解》的凡例中,具体说明了他解释诗歌的原则。李宗洙的《集解》以觉轩蔡模的注释为主,但并不完全同意蔡模的说法。蔡模之说,仅引用于字句的解释,没有引用诗歌意义的解说部分,但是详细收录了何基与他的老师黄榦的说法。

《集解》有时集成诸家的学说,同时也会表明自己的意见,个人的意见致力于了解诗歌主题。有关朱子的"感兴诗"自序,总结整个诗歌的主题,说明了"感兴诗"得名的原因和超越文学范畴的社会效用。《集解》的注释不但对文字有比较详细的解释,而且更多的部分是对诗意的解说和对朱子核心思想的解释。大量引用《朱子语类》的相关文章,实际上借此表达自己的观点。李宗洙多次引用了朱子的学说,与他熟悉朱子的著作有关。

除了李宗洙的《集解》以外,值得关注的退溪学派的"感兴诗"注释本著作,可以提到海洲南鹏(1870—1933年)撰写的《云陶正音注解》(以下简称《注解》)。辨选云谷朱熹和退陶李滉的诗,在此加了注解和评说的书。书中收录了朱子的诗53题93首与退溪的诗78题178首。这不是一本只针对"感兴诗"进行注解的书,对于二十首的"感兴诗",一度不漏,加上了注释。虽然"感兴诗"的注解不如《集解》等的细致,"感兴诗"编成第一卷的第一篇,唤起了这首诗的重要性。

二、论据与批评的对象

朱子的"感兴诗"二十首,因为系统化了朱子的思想,诗本身只有二十首,但诗歌所具有的内容和意义却十分深远。在退溪学派的文集中，对"感兴诗"的评论，以来往的书信或序跋形式出现，有时会以《集解》等专著的形式出现。但是，专著形式的评论非常罕见，大部分都收录在书信或文集的杂著中流传。专著的情况是，一般来说对"感兴诗"进行总体分析和评价，反而在书信上对"感兴诗"的几句诗句进行评论的方式。

这些评论还阐明了"感兴诗"的整体大义，并对"感兴诗"中的具体字进行考证，并以"感兴诗"为中心说明了朱子学的含义。又引用了证明自己论点的证据。安东出身的雨涧金虎运（1768—1811 年）把提到天地造化、人心所向、道统传授、进德方向的"感兴诗"与《中庸》的体制相比较。他辩解说，意义的相似性互相表里，而且逻辑上也与张载的《西铭》有关。

> 前书谕及北山何氏说，感兴诗首篇有可疑处。以四七物格公案未及结正，不暇及此。今因再询，聊复献愚。盖闻易大传曰，一阴一阳之谓道。道即太极也。此诗所谓阴阳无停机，寒暑互来往者，是孰使之然哉。此非一阴一阳之谓道乎。周子太极图说曰，无极而太极，加而字于太极之上者，以为此理至极而初无声臭影响之可言也。非谓离太极而有无极也。故朱子曰，动静不同时，阴阳不同位，而太极无不在焉。又曰，以其无方所无形体，不属有无，故谓之无极。此其为说，大煞分明。何氏以为此篇，只是以阴阳为主，诸说推之太过。蔡氏至谓此篇言无极太极，不知指何语为太极，况无极乎。是索太极于阴阳动静之外，而谓太极之上，别有所谓无极也。

葛庵李玄逸不赞成觉轩蔡模的说法，也不同意北山何基的看法。他对俱斋陈普的《武夷棹歌注解》，还断定为歪曲了朱子本意的著作，而毫不犹豫地进行了批判。陈普的门人刘榘对"武夷棹歌"评价为与"感兴诗"二十首互相成为表里，还批评说，根本没有什么意义，而且很难理解。另外，评价说觉轩蔡氏撰写的"感兴诗"注释版本比勿轩熊更氏的注释更详细。

尚州沙伐杜陵出身的近窝柳栻（1755—1822 年）是立斋郑宗鲁的门人，留下了对"太极图"、《通书》、《心经》、"感兴诗蔡注"等的疑义。他关于蔡模对"感兴诗"的首章、第二章、第四章、第六章、第二章、第十九章的看法，批评说"可疑"。他在首章与第二章，提出横说和直说的逻辑，否定了与蔡模主张的"太极图"之间的关联，还在第六章关于"五族"的历史术语，引用《史记》的内容，对错误的解说提出了强烈的疑虑。退溪学派对"感兴诗"注释的批评，每个章句都采取了只挑选必要部分进行解说的形式，并且阐明了解说的依据文献或学者,努力维持论辩的客观性。

"感兴诗"在君臣之间讨论学问的经筵中,也成为讨论的对象。鹤栖柳台佐在正祖大王出席的经筵上,提出了"感兴诗"的大要只不过是一个"感"字的逻辑。他认为,这首诗是从朱子忧伤和激发的感情中得出的,主张人类的是非不一样,但都是由于内心感发出来的。然后,提到感化事物而用语言形象化的诗文《诗经》,作为风教的典范。

柳台佐在"感兴诗"中,分辨出忧虑时代与伤心风俗的朱子之意,给正祖大王建议通过感发和兴起巩固改革的意志。柳台佐所说的"一原",指的是太极或道,就这个本身而言是不可能认识的。一定要从心里感受到感发和兴起,才能用语言文字表达出来。朱子的"感兴诗",虽然用诗来表达道意,但那道正是通过诗的感发才得以实现的。在道与文之间的关系中,道本身已经包含了诗文。但是正如"感兴诗"的情况一样,形式和内容的协调必须周密地展开,其响声才会很大,这是不言而喻的事实。有人问起正祖对"感兴诗"的理解时,他解释说心善之说和心恶之说混在一起的说法。这句话是关于"感兴诗"中"人心妙不测,出入乘气机"之句,对这个问题提出来的回答。正祖在讨论中检验了那个实情,都以圣贤的话为宗旨,不肯为诸家的各种说法所左右。

故寔轩金熙洛(1761—1803年)也在经筵中,表达了自己对"感兴诗"的看法。他批评以前的学者把"感兴诗"的每个句子都与《中庸》一起部署,主张诗的体裁自然地与《中庸》相符的一面。对于这个观点,正祖也表示同意。程子对《中庸》曾经提过"其书始言一理,中散为万事,末复合为一理"之说。对于程子这样的言论,金熙洛虽然肯定,但是指出了与"感兴诗"的比较有必要慎重。大埜柳健休(1768—1834年)继承老师东岩柳长源的意志,收集与"感兴诗"有关的各种资料,然后写成书,后边再写了感慨的感想。他引用老师的话说,主张朱子揭开正学和排斥异端邪说的做法与《中庸》无异。特别是让人感动而容易领悟的是"感兴诗"的诗歌共鸣,与《诗经》相同。

在退溪学派中,自称为嫡传的大山李象靖,引用把天子比喻成心灵的"感兴诗"的诗句,主张天子本来就是统御和爱育的主体,这一道理充足于天子的一身。他表明心里有这样的道理,而完全满足了自己的需求,并不是外部的帮助,辩论了人与事物并非共同得到这种道理。

三、讲读与训育的教材

朱子写作"感兴诗"的目的，基本上是警惕自己。因为诗的内容本身就是教育和训导的功能，朝鲜的学者们把"感兴诗"与屈原的"离骚"、诸葛亮的"出师表"相比，在日常的讲学中讨论"感兴诗"。通过读书和讲读，学会"感兴诗"所具有的风教价值观。即使在退溪学派中，"感兴诗"也是教养必读的对象之一。他们不仅平时颂读，而且在病床上也不忘记读它。

> 宜春南秀才云举，质美而嗜学。前月初，自晋阳，访累人于晬阳蟾湖之上，猥以执经请益为事。听其言，察其心，盖有异乎世俗之士之所志也。……留十数日，仅读大学及朱子感兴诗。

> 上之十四年戊午秋，余自耽罗，蒙恩撤棘，移配于光阳县。越明年五月，族子江汉为问余，跋涉六百里而来，仍留处五十余日。其间讲《大学》《中庸》《朱子行状》《西铭》感兴诗诸篇。

不仅在日常生活中，在流放生活中也展现出了讲学"感兴诗"的面貌。更何况，"感兴诗"与儒家的基本经典一起讲读，认证了诗歌具有的哲学含义。"感兴诗"是在退溪学派的日常读书中受人们喜爱的著作，这种普及程度在同时代的中国和日本根本看不到。他们不仅单纯地阅读，还考察了它的含义，找到了它的典证，追求了完全的理解。其原因是，"感兴诗"具备了动人心灵的道德力量。

葛庵李玄逸用比喻教导弟子们"读感兴诗"。弟子通轩权德秀（1672—1759 年）对李玄逸的比喻，还表达了不同的看法。他们把争论的对象，当成是感兴市第一首四句话是否属于兴或者属于比的问题。李玄逸接受权德秀的意见，把自己的看法修改成比了。这样的事例表明，在"感兴诗"广泛接受讲学的教材，渗透到朝鲜儒生们的日常生活中。另外，在朝鲜时代的文献中，经常能找到朝鲜儒生们抄写"感兴诗"的记录。

> 家有晦庵诸书，伺神气稍清，即闭门而伏读之。虽不识其何谓，而心窃爱之欣欣焉。于时乌川金慎仲，肯来相顾，方欲与之参订其所学焉。……一日，慎仲见寄以空帖，要书晦庵斋居感兴诗及庐山诸作。慎仲其知余病怀之所在欤。何其能使余起感也。……噫！既未得从先生于云谷、庐山、武夷之间矣。安得还吾旧山，与一二同志，斋居静里，歌咏先生之道，以求天下之真乐而乐之，庶几忘吾好古生晚之忧也耶。嘉靖壬子

退溪书。

　　退溪老先生手书朱子感兴诗与门人芝山金公。公受而妆之,以自随因识其尾,言受授与妆成之年月日颇详。

"感兴诗"是用韵文写的,所以名句很多,因此退溪学派的学者们喜欢借此表达自己的思想或人生观。"感兴诗"之所以成为抄写的对象,是因为它具有很大的教育效果。特别是第9首的"秋月照寒水"之句,是退溪派的儒生们喜欢的,所以很多人都喜欢取这个诗句,贴在自己的书房作为名称。退溪李滉宗宅的"秋月寒水亭",也就是取这诗的句子。

下庵李宗休(1761—1832年)受到族孙有望的写字请求,写了朱子的"感兴诗"一首给他,而要求学业更加精进。他希望族孙通过观察朱子"书字铭"的意思,希望以笃实德行和丰富文学努力本源,并没有讨论书法的熟练和笨拙。编撰《集解》的后山李宗洙,也把"感兴诗"写给孙子背诵,并让他们记下来。李宗洙对"感兴诗"的第17首、第18首、第19首三部,整理了弊端、学习、收敛和涵养的要旨。他指出,这是作为学问精进的基础,应该持续进行检查的问题,一边写下字样,并且嘱咐平时与《论语》的四训和《礼记》的九容一起铭记。奉化法典出身的柳溪姜命奎(1801—1867年)把先父亲自写的《感兴诗帖》给二儿子,写下了托付的话。他期待通过祖先留下的感兴诗字体,令后代好好继承祖先的美风,当宝贝永久保存下来。

四、感赏与和诗创作

朱子的"感兴诗"是东亚汉字文化圈广泛传颂的作品。朱子在深刻的学习和沉寂的思索方式中培养出的道理世界,用"以理为诗"的手法,系统地表达自己的思想。"感兴诗"的创作目的,阐明儒家的道统排斥异端邪说,纠正人心逐出末端的学问。朱子选择诗歌的方式,是因为承认与散文不同的,韵文具有感化力和传播力。他借助易懂能够确保众多读者的诗的形式,查明了太极和理气、人心和道心、天理和人欲等的哲学关系。换句话说,朱子用诗来表达难解的内容,就像他说的那样,升华为最容易被人接受、打动人的诗。因此,朝鲜时代末期,也不断地出现次韵诗。按"感兴诗"的韵作诗,不只是以诗作诗,也可以说是用道理作诗。把握以诗作为学问的意思,诗就成为比喻的语言。比喻是说明哲学真理或人生道理等形而上的问题时,最常用的是文学方式。朱子作诗之时,以平淡为主。他把魏晋以前的作品,称为流出的诗,作为作诗的根本准则。平淡指的是自然不会雕琢的风格，即是平淡而具有自然风味的艺术风格。退溪学派的学者，为了模仿以道理作诗的道学风气而努力。人衰老了，情绪上爱愁的情绪更加强烈。退溪学派的学者也不例外。

虎溪申适道(1574—1663 年)到了晚年，回顾自己的处境，叹息学问的无为，不足道地读了一首"感兴诗"。他有时会读"感兴诗"到深夜，探索生长消灭的奇妙之处，并用诗来表达其感触。退溪的再传弟子葛峰金得研(1555—1637 年)，躺在病床上呻吟着，还用一颗心等待天命的处士。他迎春时，梅花枝上鸟儿来了，独自兴高采烈地唱着歌。这时他所唱的诗，就是朱子的"感兴诗"。

退溪给弟子的信中，劝他们读朱子的诗。在他的心里，已把学诗与学道一起看待，重视查明道的工具，并积极利用教育。他还说，如果不学习诗歌，就不能学习性理学。"感兴诗"的比喻特性，适当地引用于退溪的朱子学研究和后学教育。在他写给门人的信中，也引用了"感兴诗"的很多句子，因为诗的意义与为己之学合在一起。他关注了"感兴诗"的比喻性质，并用于教育的手段。退溪指出诗虽然是末技，但其根本由于性情，所以如果按照自己的意愿写作，就会妨碍修养。退溪的后学们利用在"感兴诗"中形成的比喻创作了多首理趣的诗，并通过这些当作对话和讨论的线索，连接到诗歌的创作。

博泉李沃(1641—1698 年)读完朱子的"感兴诗"后，概观历代的诗道，作了意味深长的次韵诗。李沃的儿子息山李万敷(1664—1732 年)，继承其意志，留下了续编的次韵诗。从过去的角度来看，涧松赵任道(1585—1664 年)是一位切断官职的心态，只阅读穷理道理反省自己，而努力实践的人物。他编写"感兴诗"二十二首，表达了安贫乐道与禁私欲循天理之意。

五、系谱传统与道统意识

朱子的"感兴诗"，是他的道学思想体系的诗意体现。以道学思想体系为基础的朝鲜留学者们，羡慕了朱子的思想和生活，努力在现实中体现出来这道学思想体系。当时退溪的学术地位，是继承了朱子的道统，不足与造成退溪派的道统传承意识。退溪的门人和后学们，传统上跨越几代互相联系，继承了道统，巩固了同质意识。针对朱子的"感兴诗"，进行次韵讲学的行为，是为了理解和感叹朱子的道学精神和其思想。退溪学派继承道统的意识，是发现于对朱子"感兴诗"的注释和次韵的作品，因此被认定为朝鲜文明史的艺术史意义。"感兴诗"的文学艺术优点,认知为道学思维的文学表现,这一点与道统意识连接,而转移到学问的继承。

退溪用亲笔书写的"感兴诗",交给门人,把它当作感发和兴起的资料,他的门人把它传给后代,并将其作为学统和家学的依据。在这种情况下,"感兴诗"作为道统意识的体现物,可以看作是佛家的衣钵一样法统传授的证据。后学者们在退溪写下的"感兴诗帖"后面表达了自己的感想,并强调了朱子和退溪道学的位相,提示了自己的道学嫡统。借"感兴诗"的韵子进行和韵创作行为,是为了表明其意图是朱子及退溪的真正继承者,并为了巩固学派之间的团结。在家族和家族之间与后代和后代之间,持续保持这样的传统。

朝鲜时代大多数的士大夫,都拥有朱子的性理学思想体系和世界观。退溪之前,由于对"感兴诗"的深层理解多少有些不足,所以退溪在与门人的书信往来中提到了"感兴诗",并积极查明其真正意义。这种行为的背后蕴含着强化学统团结的道统鼎立和学问传承的意图。退溪对形成岭南士林的道学思想体系和继承意识产生了绝对的影响。"感兴诗"以朱子学的道统意识表现为诗文的事例,是一部代表性的作品。崇尚朱子其实是当时儒学者的普遍现象,也反映了羡慕朱子继承其道统的意识。

在朝鲜时代,师弟之间和婚脉之间继承发展思想和意识是惯例的。继承大山李象靖学统的李宗洙集成了"感兴诗"的注释,进一步巩固了退溪学派的道统意识。他的《集解》可以理解为,从朱子到退溪的岭南南人系列的传承学统意识的核心作品。这是一个声明意义上当然的,因此不必详细具体说明的问题。李宗洙想把朱子的真实精神给同学和后学切实感发持续。如此继承朱子道学的道统意识,对退溪学派的团结和学问的发展产生了极大的影响。这对家学传统的继承,也产生了相当大的影响,《岭南人物考》中大多数的人物都是属于退溪派的名门家族学者的事实可以证明了。通过"感兴诗"的理解,道学的感发在创作诗中起到了相当大的作用,创作的作品让人们持续认同了朱子的精神。

六、结　语

高丽末期传入韩半岛的朱子学,一直到韩末,很长时间作为主流思想,对我们的整个意识产生了极大的影响。它深深地投影于我们的生活文化,通过无数的诗文、多种多样的局面展现其踪影。这显然是一种独特的文化现象,与东亚文明的中国和日本相比是前所未有的。朱子以《论语》和《孟子》为中心，将先进儒学解释为哲学上的层面，并将其作为道学思想的依据。从文学角度出发，朱子批评了当时的古文家，并向往与道学一致的文学。在他的认识中，儒家的出发点是道，而且道本身中已经包含了文，就是所谓"文是从道中流出"的。他认为道是根本，文是地叶，圣贤以道作为心，认为圣贤的文章是道心的自然流出。圣贤的文章即是道，文与道不能分开。因此，不承认不讨论思想内容的艺术形式。

他写作的"感兴诗"，如实地体现这种道文一致的观点。即作为朱子所向往的文和道的统一体，追求朱子学的本质价值。朱子生前写作的诗大约1500首，其中最优秀的是说理诗。明代的刘剡所谓性理四书，即是"太极图说"、《通书》、《西铭》、《正蒙》，还包括"感兴诗"，指定为性理五书。朱子透过收录理学精髓的理趣之诗，概括了自己的宇宙观、心性观、历史观、教育观等他的思想体系。他想把自己的思想借用诗歌的形式，日常生活的实质性的东西融合在一起，用亲切易懂的语言表达出来。

李滉继承了朱子，把学问的目的放在正心，重视道并没有轻视文学。只是文艺上过于巧妙，为儒学者激烈反对。他重视道德修养，但不忽视文学，兴起感兴和顺心里，作诗露出心怀，培养本性修养的一种方式，选择作诗取乐。无论是研究朱子的思想，还是研究朱子的文学，"感兴诗"是值得注意的作品。本文针对"感兴诗"传播朝鲜退溪学派所接受的过程，以现有的研究为基础整理的。集成退溪学派对"感兴诗"观点的李宗洙的《集解》，虽然以引用中国现有的文献为主，但偶尔也会露出编者个人独特的观点。通过详细的考证，收录了多种观点，对朝鲜后期退溪学派的学者们理解朱子学问的体系，给予了很多帮助。

退溪和退溪学派的学者，把"感兴诗"看作比喻的语言，并积极接受其意义。他们当作学习的主要教材，精密分析了"感兴诗"的内容，深化了朱子的学说。从朱子那里受到绝对影响的退溪学派的学者，通过"感兴诗"展现自己的想法，继承朱子和退溪的学问或思想。

参考文献

李滉：《退溪先生文集》

李沃：《博泉先生诗集》

金得研:《葛峰先生文集》

申适道;《虎溪先生遗集》

李玄逸:《葛庵先生文集》

赵德邻:《玉川先生文集》

金圣铎:《灵山先生文集》

权德秀:《逋轩先生文集》

李万敷:《息山先生续集》

李象靖:《大山先生文集》

柳健休:《大埜文集》

金熙洛:《故实》

李宗洙:《感兴居诗诸家集解》

柳台佐:《鹤栖先生文集》

金虎运:《雨涧集》

李宗休:《下庵文集》

姜命奎:《柳溪集》

李秉远:《所庵先生文集》

金道和:《拓庵先生文集》

申美子:《朱子感兴诗研究(1)》,《中国语文学论集》(第 11 号),中国语文学研究会,1999 年。

金弘永:《海洲南鹏의退溪詩註解와그意義》,《退溪学研究》(23~24),庆尚北道,2003 年。

卞东波:《朝鮮의齋居感興二十首의流通과受容樣相研究》,《韩国文化》(54),奎章阁韩国学研究院,2011 年。

姜声尉:《斋居感兴诗诸家集解解题》,《文獻과發掘》2,韩国国学振兴院,2012 年。

(作者单位:韩国国学振兴院)

中日韩地区文化遗产的整理与保护

（2019年）

古村落的生成要素与文化遗产保护

◎ 杨中启

中国古村落在千百年的历史长河中绵延发展，形成丰富的形态各异的文化遗产，是民族传统文化的瑰宝。现代化进程带来村落生产与生活方式的巨大变迁，古村落面临全面的冲击与重生。透析当前古村落常见的几种保护模式的优缺点，借鉴国际化的先进案例，从为何保护、保护什么、谁来保护、如何保护四个维度提出保护新视野。

一、古村落文化遗产及其生成

古村落是历史比较久远、相对较偏僻的一些村落，不仅存在大量空间形态的物质财富，也存在着人们认识自然和改造自然的生存智慧，具有丰富的文化因子，是民族文化的集中地，是传统文化的根脉所在。"作为有形文化遗产和无形文化遗产等丰富文化基因的浓缩活体，古村落是存在于中尺度地理空间上的一种特殊景观，由历史遗留下来的民居、事象、艺术、环境、生产以及一种抽象的文化内涵、风格、古韵氛围等组成的综合文化遗产景观体"①。古村落和谐的人居生态环境、形态各异的建筑艺术、特色鲜明的民俗风情都是中华文化的瑰宝。保护传承文化遗产是文化自信与乡村振兴的重要前提与基础，发展古村落文化旅游，构建新时代和谐的自然人居系统，探索古村落持续发展的动力机制与发展模式，具有一定的理论与现实意义。古村落的文化

---

① 陈麦池、黄成林：《古村落型文化遗产旅游地历史保护体系、原则与策略》，《华侨大学学报（哲学社会科学版）》2011年第2期，第43～51页。

遗产主要分为几类：

1.自然类：自然环境中的地形地貌、山岳水系、动物植被等纯自然性物质文化遗产；农田、园地、作物、景观林、风水林等半人工性（人为修饰）物质文化遗产，是古村落田园风貌特色的基础条件，构成了区别于都市的特定场域。

2.人工物质类：利用自然界材料、运用一定的技艺所建成的物质性文化遗产及其所构成的空间格局，如民居祠堂、庙宇楼阁、桥梁牌坊、村寨门墙、里坊巷道等。不同地域的资源、气候、技术与人文背景将导致明显的文化差异，如徽派建筑灰瓦、白墙、阶梯状山墙，闽南古厝燕尾脊、皇宫式、红砖白石，具有浓郁的乡土文化内涵，反映出不同村落的建造技艺、生活理念和审美思想。

3.非物质文化类：古村落居民的生活经验、人生价值观和民俗风情的结晶，如方言戏曲、故事传说、民间工艺、风俗节日、风水观念、族规礼法等。

无论是什么类型的文化遗产，其背后都有内在精神的投射与映照，是承载民族文化的载体，即使是自然类物质遗产，也反映出先民的宇宙观与生活世界图式。他们根据一定的法则来选址、朝向、布局、结构，所以居住的环境、地形甚至是建筑材料的选取，都蕴含着古村落的内在文化精髓，这是容易被人忽视的精神维度。

古村落在今天遭遇到前所未有的危机，很多正在消亡、被破坏，随之而来的是一系列文化遗产的消失与凋零。关于这方面的原因，学术界已经讨论很多，暂不赘述，将在下一章节展开。在探讨原因之前，我认为要回到事物的源头，寻找一下古村落是如何生成的？也就是说，古村落是如何在几千年的岁月长河中逐步演化生成，其内生的要素、机制到底是什么？只有正确认知到古村落从何而来，才能为今天的村落境遇以及未来村落将向何处准确把脉、指明方向，也必将为我们如何保护好古村落提供最有价值的基础性前提。

古村落是在千百年历史长河与朝代更迭中慢慢发展变迁而来，是中国传统文化的最基础部分。费孝通说："乡土中国的基层社区单位便是聚族而居的村落。"其间乡、土、人三者紧密互动，形成超越个体的生命共同体，具有共同的文化信仰，从而维系村民的认同意识，增强村落凝聚力、向心力。其生成机制主要有几个因素：

1.地理位置相对偏僻，相对封闭，交通不便，与外界联系不多，交流有限。

2.内循环系统，自我更新，特色各异，五里不同风，十里不同俗。文化演进缓慢，稳定性较高，有利于文化特质的保存与传承，具有较高识别度。

3.血缘宗法观念根深蒂固，儒释道及民间信仰等多元化思想并行不悖，传统道德、民俗风情、伦理教化以和谐为主，人与自然、人与人都崇尚天人合一。

4.以农业社会为根基，自给自足的经济模式，因地制宜、就地取材是普遍的法则。

二、发展的问题及原因再思考

学界普遍认为村落发展问题的大背景是城市化，导致农村空心化，人口迁移与流动，再加上一些治理主体混乱，商业利益干扰，村民素质不高，保护意识不高，维修资金不足等等。从内生机制中，我们就会发现，古村落的境遇是时代的大问题，大背景是现代化转型，是根本的生产方式和生活模式的变革，所谓的城镇化、商业化、工业化以及全球化，都是由此而展开。原因的探究不能浮于表层，否则对现实既缺乏解释力也无法有行动力。

（一）发展的问题

城镇化、旅游商业化的发展，导致非理性过度开发，文化的传承机制与创新不足，后劲不足，产业市场受到局限，新矛盾层出不穷，建设性破坏，管理滞后，偏重经济发展而忽视资源、环境与风貌的协同保护，导致不协调、文化肢解；同质化建设、盲目改造及雷同的旅游产品，传统的民俗节庆以及技艺只是表演式的亮宝展示，随意滥用、毁灭性开发，简单乏味，失根落魄，古村落的魂没了。"民众的生活方式被当作旅游资源加以推销，庄重的仪式、礼俗成为日复一日的表演，寄寓其中的民众情感自然就会逐渐淡化，使这些非物质文化遗产的功能发生根本性的转变，虽然在形式上仍然保持着原来的面貌，但被抽调了情感和灵魂，被空洞化、异化了"①。而没保护、没开发的很多村落自然损坏，年久失修，资金不足，人口流失严重导致村落空心化，工匠、艺人等传承人找不到，濒临灭绝。

（二）原因再思考

中国面临三千年未有之大变局，就是走上了现代化发展之路，从近代开始现代化转型，这是一次华丽转身，也是一次痛苦涅槃。几千年来，中国社会

---

① 刘魁立：《文化生态保护区刍议》，《浙江师范大学学报（社会科学版）》2007 年第 3 期，第 11 页。

都是重农抑商,以儒家思想为核心的一整套治理模式,处在基层的农村在相对独立自主的环境下成长起来。一些大姓、名门望族自宋代以来,发展势头如火如荼,乡村豪绅名士聚族而居,民间风俗、技艺由此而生,有些村落竟然绵延数十代,子孙绵延,兴旺发达,中国古村落就是在这样的环境下诞生。他们有着集体共性,也有各个地域的文化特质和不同的民族风情。这是一个内在和谐运行的大系统,血缘、礼法和农耕是支撑其运行的内在三大要素。

从五四运动以来,反传统的声音甚嚣尘上,近现代的革命和解放运动,中国传统文化风雨飘摇,祠堂、族谱、族田等宗法血缘的外在支撑因子被破坏。新中国成立后破四旧、移风易俗、文革等一系列政治运动和意识形态的革命,将传统文化视为落后、腐朽的旧社会旧时代的代名词,抛弃之、践踏之而后快,村落内在精神的礼制随着近现代西式教育的冲击而瓦解。改革开放后经济的发展,旅游业、商业对古村落产生巨大的冲击,古村落又开始被裹挟着失去了宁静,甚至走上自毁的道路。村落所维系的宗族血缘网络被频繁的人口流动、经济发展和社会变革等因素的作用而碎化,传统的农业产业收益变得弱势而难以为继。伴随着古老的中国走上现代化征程,农村改革、新农村建设、美丽乡村和乡村振兴,现代化的序幕持续推进,古村落由此无法避免地面临着全面的冲击与重生。这是与全世界其他国家和地区的村落发展面临一样的情形,但对古村落及其文化遗产的保护措施却多有不同,从而导致了不同的结果。可见在现代化的大背景下,我们对古村落面临的发展问题与危机才可以得以较好地解释,并从世界其他国家和地区的共同遭遇中找到共性,既然并非中国仅有的现象,这就否定了古村落的危机归之于一时一地的某些政策使然。应该准确地说,现代化是古村落面临危机的最根本原因,传统乡村遭遇转型是共同课题,而不同国家和地区的发展措施、政策以及文化,对村落的发展力度与保护效果呈现出不同的结果,有些是推波助澜,有些是力挽狂澜,有些在保护中蜕变,由此借鉴全球其他国家和地区的文化遗产保护经验及开发措施,展开对话交流与合作,实属必要。

三、古村落保护新视野

(一)破除观念误区

古村落的核心是因人而聚,是村民生活的集聚区,是乡土文化的孕育地,是由古代流传至今的活的文化生态系统。无论是哪个层面的保护，都无法原封不动而保持原真性与完整性。

固定不变的物质性遗产可以静态保存起来，但是非物质文化类遗产则是一种活态的存在，一定要在新的历史时期发生变化，这也是创新转化的时代要求和机遇，很多濒临灭绝的文化记忆，也有陈旧保守的因素，无法适应新时期的生产生活需要，从而客观上走向衰亡。历史的时空都已经改变，绝对的原真性几乎不可能。从建筑到人们的生活样式，难免会部分甚至绝大多数发生变迁，新式建筑或对原建筑的改造，都无法保持原味不变。最大的改变还是古村落中的居民，他们的意识与心态已经不同于先民们了，对自然的认识、对祖先的崇拜、对人际关系的处理等等，都会受到新时代的影响。科学技术的进步，社会制度的更迭，生活方式的变异，不可避免带来时代的烙印。外在风貌是古老的，内在精神已经是现代的。原生态的生活气息、风土人情、传统习俗都将与现代文明相适应，只要古村落是被固态、静止地保护，只剩下没有软文化的空壳。只要是村落中还有人与物的存在与交融，发挥着繁衍生息、劳作的功能，外部世界的生活方式、思想观念和消费时尚等，都极大改变着村民的生活和观念。所以对古村落冷冻式保护或复古性修缮改造，都无法保持其原真性与完整性，跟风复古建筑有形无神，有些是无形无神，只是简单的克隆，猎奇与抄袭，缺少文化底蕴。

（二）几类常用的保护模式

从文化遗产去留来看，一类是就地保护。具备极高历史文化价值和艺术审美价值，列入各级文物保护单位，少数是世界文化遗产名录，从而受到文物保护法的保护，作为静态的陈列馆开放。如江南三大名楼（黄鹤楼、滕王阁、岳阳楼）、福建土楼等，一些乡土传统手工艺、民俗庆典等非物质文化遗产也被收藏保护。优势是文物建筑本身得到相对完整和原真的保护，作为旅游景点，市场门票收益可观。劣势是维修保护成本高，由于受特殊保护，无法有效开发，发展空间受限，体量小、位置分散，难以形成规模效应。一类是易地保护。针对文化遗产名录未收的且分散的历史文化、传统建筑，通过拆解重装，整体搬迁、异地重建，严格按照原样另处集中展示与保护。如西安关中的民居博物馆、安徽徽州浅口村明代建筑多，分布不均，20 世纪 80 年代择取、拆解、重组成露天明代山庄博物馆，是我国首个文物建筑易地保护、整体搬迁的成功案例。优势是集中管理，整体呈现。劣势是离开固有的诞生地，乡土环境、地域风俗等文化依托不复存在,丧失了文物历史信息的原真性与完整性。

从村民的去留看,一类是外迁式保护。全面保护主张把村民全部迁移出去,保护古村落内外不受影响,使得古村落作为一种孤立、静态的和单一的存在。如山西沁水西文兴村的柳宗元后裔全部另择他处;婺源的汪口村、篁岭、云南丽江的束河都在古村落附近重新规划小区,安置村民到现代化设施的新式建筑居住;浙江兰溪为保护诸葛村,也是在村外另辟新区进行安置。优势是保护物质性文化遗产的整体性样貌,也有利于统一管理。劣势很明显,就是人去楼空,村民的外迁使得村落传统的生产与生活中断,民俗民风无人承继,失去活生生的气息而永远定格于过去时的历史文物之中。一类是功能更新式保护。对古村落内外改造,对内的改造就式给排水、现代化生活设施等,对外的改造就式道路系统、电网、路灯、水系等。如浙江西塘和婺源的九思堂、明训堂、将军府、西冲院等,就是将古村落的民居进行了现代功能的更新改造。优势是改善了古村落的居住条件,满足现代人的生活需求,整体上没有变动,在体验古村落古朴氛围的同时,也能享受到现代的便利。劣势是现代功能改造中难免出现混乱和不协调的情况,有些居民私自违规乱建,建筑风貌不伦不类;有些村落旅游过度,生态恶化,不堪重负,传统的村落居民的生活方式被干扰、破坏、忽略,抽离了村落的神。

(三)保护新视野

1.为何保护——保护意义的本质追问

古村落是最基层的自组织生活共同体,是爱家乡爱民族爱国家的逻辑起点,是现代人寻找乡愁和传统文化记忆的地方,珍藏着本民族文化的瑰宝,体现出世界文化的多样性和丰富性,为本地域村民的集体文化认同和凝聚、外来观光游客的体验和熏陶、学者研究和调查,都提供了最真实的文化样本。古村落是农耕文明的见证和典型特征,是历史长期发展的产物,承载着人们生产和生活的点点滴滴,是传统文化的最后赖以生存的土壤,是不可再生的文化资源集聚地,是中华民族的宝贵遗产。单就遗传意义层面,也需要后人善待,方能对得起前人与历史,也才能为当下人的生活提供借鉴。

除了作为历史文化的载体,有些古村落还依旧发挥着生存繁衍的栖息之地,在现代化的潮流中,古村落的传统农耕文明将与现代工业文明、商业文明以及信息时代的科技文明碰撞融合,新村落和新村民将传统村落的文化遗产以新的方式传承下去,这是人类生活方式的重大变迁,也是文明发展的巨大飞跃,考验着当代人的智慧。中华民族要全面复兴,民族传统文化的保护与现代化是题中应有之义。

古村落文化遗产是在我国农耕社会制度下形成的具有鲜明农耕文化特色的文化空间,精髓在于人与自然、人与人之间的和谐相处,表现为一种自组自给的生活形态,从理论上说与市场经济模式是格格不入的,过度的开发、过多的商业气息都是对这种文化的扼杀。所以物质文化保护自然重要,但是以乡民为主体而创造出的各种非物质文化遗产,也就是村落世代传承的精神载体,更需要得到呵护。在农村和现代化建设过程中,古村落的保护与开发为我们提供了人类文化思潮中的永恒主题——如何创造出科技、人文与自然真正和谐统一、适宜人类美好生活与发展的世界? 古村落文化遗产,是乡愁的内涵所在,保护开发古村落,就是要让这些具有浓郁乡风乡俗特色的传统村落,成为彰显璀璨历史文化形象和深厚文化底蕴的活史料。

2.保护什么——保护对象的整理分类

首先要摸清家底,普查、造册、整理、分类,掌握了村落文化遗产的分布、结构与特征,分类分级进行本土化保护。一部分依附于以前社会体制上的文化产物,与当前生产生活距离较远,作为文化遗产留给后人的财富,诠释特定时期内地域生活方式和民风习俗的空间文本,可以实行冷冻保护,珍贵文化遗产通过博物馆、陈列馆展览等,以实物、图片、文字等形式,系统全面地展示,供人们参观。还可以结合网络平台、数据库的建设,形成统一的信息传播渠道,通过数字技术制作数据库保存与网络平台的传播。古村落的精神特质是建筑景观、民俗表演、技艺与人都是不可分割的关系,有形无形文化是相互渗透融合的,所以保护对象要全面、立体和多维,不单纯是文化遗址和建筑类,特别是承载着历史文化信息的家风祖训、族谱村志、习俗民风等,原居民口述的史实和风俗习惯要记录保存下来,比较重要的民间技艺传承人则要有政府或公益组织来买单,专项资金扶持,发掘培养,将传统村落的生机、灵气和乡愁代代传播。

另一部分是继续与当下生产生活联系紧密,但是形式以及内容都需要做改变的文化遗产,进行活化传承,结合当今形势,进行创造性转化与创新型发展,既要保护古味,传承优秀传统文化和民情风俗,又要符合现代人的生活需要与审美心理,如一些民间戏剧戏曲、歌舞的改编再创作,积极探索传统文化与现代文明的和谐共生的发展道路。还可以从文化遗产中汲取有益的灵感和启发,进行文创工作,从古人那里寻找智慧、汲取营养。如建筑构图、雕刻、图案、民间传说等等,徽州宏村的牛形布局,仿生学设计理念,体现了天人合一的思想。最大的对接就是旅游开发,从产业资源的角度对文化遗产加以利用。目前村落开发文化内涵挖掘普遍不足,基本以一张门票、一条线路、几座老屋、一餐农家饭、一点土特产为主,缺少体验性、参与性的深度文化内涵的旅游产品。体验性的古村落农家乐、探秘性的各类展览馆和博物馆、参与性的文化艺演、服务性的科研文创,如摄影、写生、考古、影视、会展等系统性、差异性与创新性的产业链式产品。"文创+旅游"的模式,关键在文化,旅游只是表现形式,两者结合可以为古村落带来科技人才、艺术家、设计师和手工艺师,给古村落注入新的生机,有力推动村落的服务业、第三产业的繁荣,有利于解决民生与文化的耦合问题。

3.谁来保护——保护主体的边界设定

现如今古村落被旅游开发之后,保护主体似乎就是旅游管理部门,商业公司就是不断利用压榨,村民是被边缘化安置、对村落的发展规划基本缺位,而未开发的村落则任其凋零衰败,村委会无人问津,村民纷纷涌入城镇,村落空心化,在联系日益密切的当下,需要利益相关者一起参与。古村落文化遗产的保护不只是少数政府官员的行政事务,也不是少数文化产业商家的经营事务,需要确立以村民为主的内生性保护主体。

政府:宏观调控,政策制定,法规完善,协调与监督管理,资金支持,导向作用。相关部门官员要提高文化遗产保护意识,管理过程中不仅要着眼于国家层面的制度与法律,还要考虑千百年历史积淀的村落传统、道德及村民的现实需要等非制度性因素。

村委会:突出主体性,政府及开发商等第三方都不应该干预;文化引领,激发村民自发爱护行动;生活改善,为古村住民现代化生活提供保障。确立村民心中道德与传统的规范,挖掘、延续、签订新乡村民约。

村民:每一个居民都承载着古村落的信息又代表着古村落的形象,是古村落流动的形象符号,其所作所为就是一种形象化的外在表现。提高认识,爱护遗产,文化认同感和自豪感。优化村落农业产业结构,使得传统农业与现代旅游业、商业相融合,确保农民可以返乡留住,乡土文化转型的自主能力,最终一定要形成以村落为基础的生产生活共同体。

开发商及第三方:村落景区经营权转让中企业的责、权、利不对称,容易导致旅游开发走上一条漠视环境与资源的道路,破坏村落周边的生态环境与原始风貌。因此,合法合规,合理开发,才能持续经营。

游客：村民生活与游客观赏之间的矛盾，需要两者共同价值追求来化解，村落既是村民世代栖居之所，也是外地游客的心灵栖息之地。

4.如何保护——保护方式的理念原则

我们倡导积极的保护理念与有机更新的原则。在复兴与发展中国文化的根的基础上，注重传统与现代的结合、中西文化的融合。散落于古村落各个角落的文化遗产，记录着时代变迁，承载着文化积淀，形成丰富而独特的乡土肌理，传承绵延数千年的乡村文脉，表达了强大的文化倾诉力，是见证村落发展变迁的重要载体和窗口，也是显示古村落生命轨迹的履历书和晴雨表。作为承载传统文化标本和基因库的角色，我们要使得村落的传统与历史可以再生、再现与再体验的场所或空间，又要在全球化视野下，实现乡土文化乃至中国传统文化的传承与创新，在保护与利用古村落之间找到一个平衡点。《威尼斯宪章》第五项指出："为社会公用之目的使用古迹，永远有利于估计的保护。"古村落的历史文化遗存，在保护的前提下加以合理、科学、适度的利用开发，在维护文化遗产可持续价值的同时焕发其当代的光彩，实现一种真正意义上的古迹保护，可以为当代人和后世人共同永续享用。建筑大师吴良镛提出的有机更新理论是处理古村落保护与开发关系的一种新型模式，依据村落内在发展规律，顺应村落肌理与特征，根据更新内容与要求，采用适当规模和合适尺度，处理村落现状与发展的关系，在可持续性上谋求村落的更新与发展。①

日本的福岛县大沼郡三岛町地处偏远高寒地，当年也是面临城市工业化浪潮，人口流失严重，后来在千叶大学宫崎清等学者的推动下，深挖本地文化资源，以地方即历史、即个性为开发理念，经过故乡运动、健康运动、地方工艺品运动等，将传统工艺品与当代人的社会需要相结合、民族工艺品与现代化工业设计相结合，将传统用于祈福的冬之祭等民俗活动予以复兴，取得了良好的文化影响与经济效益，从而使得这个传统村落获得了绵延不绝的动力。②在强大的现代化潮流中，村落只有自我革新与发展壮大，人口才会回流，掌握并传承村落文化的新生代，参与到各种民俗活动的仪式、程序之中，重新获得

---

① 王露：《村落共同体——文化自觉视野中的古村落文化遗产保护》，《杭州》（周刊）2015年第10期，第30～31页。

② 王宏刚：《偏远古村落文化遗产保护的动力机制研究》，《民族遗产》（第2辑）2009年第3期，第61～69页。

族群身份的认同。欧洲式的到农村赎买、置换老房子居住,中国式的到农村租房、借地,过田园式乡村生活,满足一部分人回归自然、追求简朴的农村生活,对城市化快节奏的有益补充,慢生活的提倡与城市化的逆流,呈现出多元化的生活模式,村落将成为都市市民转换生活场域、调节节奏、缓解社会压力、抒发思古幽情、获得精神慰藉的一种文化载体。由此也让农村不断聚集人气,从旅游观光匆匆过客到深度参与,传统村落的活力被不断激发,才能可持续发展。我们需要一种新的村民,也需要一种现代社区生活治理模式,将优秀的传统文化进行现代化转化,催生出新时代的新村落。

(作者单位:集美大学学报编辑部)

宋明理学生态伦理智慧探析

◎ 周茶仙

工业文明的发展给人类带来的严重生态危机，已极大地影响人类的生存，因此生态问题成为当下人类迫切关注、无法回避并必须直面面对的最重要的问题，从而迫使和要求人类重新反思自身的生存方式。"中国哲学是深层次的生态哲学"，[①]宋明理学作为中国古代哲学中极具生命力、独特性和多元性的哲学体系，毫无疑问也是生态哲学，其所蕴含的丰富生态智慧，不仅对构建人与自然生命共同体、解决现代社会人类面临的生存和发展问题以及建设和谐共生的美丽现代化强国提供借镜，而且对寻求某种共同的道德规范、解决生态危机富有启迪。

一、孕育于历史中的"天人合一"观

人与自然的关系是人类社会最基本的关系，中国哲学所说的"究天人之际"，实质在于解惑人与自然的关系。古往今来，人们一直试图正确地解答这个问题，生态伦理智慧的核心就是解决人对自然的态度问题。对此，宋明理学认为"天人合一"是人对自然的最佳态度，也是宋明理学崇尚的基本精神和追求的最高境界。正如蒙培元所分析的："'天人合一'，其实是说'天'（宇宙）与'人'（人间）的所有合理性在根本上建立在同一个基本的依据上。它实际上是古代中国知识与思想的决定性的支持背景。"[②]基于此，许多相关的命题

---

① 蒙培元：《人与自然》绪言，北京：人民出版社，2004 年。
② 葛兆光：《中国思想史》导论，上海：复旦大学出版社，1998 年，第 47 页。

和话语得到展开和提升。宋明理学的"天人合一"理念不仅是对传统天人关系的全面总结与升华,而且是一次重大的发展。张载说:"己亦是一物。"①意思是人是自然的一部分。而且他还在程颢"仁者以天地为一体"的基础上,提出"儒者因明致诚,因诚致明,故天人合一"②。在他看来,"天人合一"是由诚、明互动造就的。对此,后世儒者王阳明也认同说:"大人者,以天地万物为一体者也。"(《大学问》)很明显,张载的理念具有历史传承性和学术延续性,在承继儒家对天人关系探讨的基础上发展起来,并对后世儒者产生深刻的影响,在宋明理学生态伦理智慧历史链条中是不可或缺且至关重要的一环。换言之,宋明理学的"天人合一"观不仅孕育于历史中,还在历史中进一步深化,最终成为后世儒家思想理念的先导。

宋明理学对天人关系的探讨,蕴藏着许多智慧。张载是中国哲学史上第一次明确提出"天人合一"命题,他的逻辑起点在于人是自然界一部分。他在《西铭》中就说过:"乾称父,坤称母。予兹藐焉,乃混然中处。故天地之塞,吾其体;天地之帅,吾其性。民吾同胞,物吾与也";"乾坤,天地也;易,造化也。"③在他看来,乾坤是父母,是天地,是自然界。人处于天地之间,与自然同处于一个具有无限生机的生命共同体中,说明人与自然界的不可分割。而且"天地之塞"是指充满于天地之间的气经过凝结成为世界万物,形成形体;"天地之帅"指的是天地之性是天地万物的统帅,这就是人与物的共同本源。因此无论从人的形体生命还是人的内在价值来说,都是由天地宇宙给予的。人与天地万物同源一气,但人性有天地之善性和气质之恶性,人可以通过改变气质之性,返回原来至善的天地之性,这是人之所以进行道德修养的目的所在。人虽是万物之一,但是"天能谓性,人谋谓能。大人尽性,不以天能为能而以人谋为能,故曰'天地设位,圣人成能'。"④意思是说天、人的性能不一样,天人之间是有一定区别的,但张载的"能"是指人作为一个社会主体具有的实践能力,人要实现"能"在于实现天地之"性",强调人的主体性,并以此证明人与自然界是存在内在联系的。显而易见,张载是把天人关系放置在大的生态环境下进行解读的。

---

① 张载:《张载集》,北京:中华书局,1978 年,第 285 页。
② 张载:《张载集》,北京:中华书局,1978 年,第 65 页。
③ 张载:《张载集》,北京:中华书局,1978 年,第 206 页。
④ 张载:《张载集》,北京:中华书局,1978 年,第 21 页。

二程则将"天人合一"推致到了一个高度，认为"天人本无二，不必言合"①。他们从《周易》出发，将天人关系放在生命小宇宙视域中进行解读，以理释天，形成颇具理性的生命哲学。他们指出："'生生之谓易'，是天之所以为道也。天只是以生为道，继此理者，既是善也。善但是一个元的意思。'元者善之长'，万物皆有生意，便是'继之者善也'。'成之者性也'，成却待他万物自成其性须得。"②由于天是以生为道，于是生理成为"天理"学说的根本。所说的"生"是生生不息的一种动态，也是万物生命创造之本质。自然界是一个不断创造生命且不断变化的有机整体，因此这种创造是有秩序的，这种秩序就是理，就是道，正所谓"天即理也"。人、物作为天地之所生，承担"继此生理者"的任务，"善"、"元"、"生意"皆是生，是目的，"性"就是意义。善要在"继此生理"而生的人或物中得以实现。而人或物是如何成其性呢？"'生之谓性'，性即气，气即性，生之谓也"③"凡天地所生之物，须是谓之性。皆谓之性则可，于中却须分别牛之性、马之性"④。"生之谓性"之"生"是生理的实现原则，落实到了现实层面。人与物在气的作用下都有"生"，只是因为气之不同，才会出现世间万物的差异性。天以"生"为理，人以"生"为性，并存在自心之中。程颢认为"理"的根本含义就是"生"，强调自然界是一个生生不息创造世间万物的生命整体。因此，天人是统一的。

对于理学集大成者朱熹而言，"理"既是其哲学体系的出发点和归宿点，也是其哲学体系中运用最为普遍的一个概念。自从二程提出理或天理学说之后，朱熹通过在不同场合的运用和说明，对理的意义做出了全面的解释。朱熹认为在活泼泼的宇宙世界中，天地万物具有统一的理（发展规律），就是"太极"，而它们又具有独自的具体规律，即物物各有一个"太极"。所谓"在天地言，在天地中有太极。在万物言，万物各有太极"⑤。简单地说，宇宙万物就是一个既相互对立又和谐统一的整体。由此，朱熹强调人与自然共融共生，认为"天即人，人即天。天即生此人，则天又在人矣"。既然"天"产生了"人"，那么"天理"（天道）将由"人"（"人道"）来彰显、实现。在朱熹眼里，"天道"与"人道"是相通的。因此，他说："惟仁，然后与天地万物为一体。"于是仁者"在

---

① 程颢、程颐：《二程集》，《河南程氏遗书》卷第六，北京：中华书局，1981 年，第 81 页。

② 程颢、程颐：《二程遗书》卷二上，北京：中华书局，1981 年，第 29 页。

③ 程颢、程颐：《二程遗书》卷一，第 10 页。

④ 程颢、程颐：《二程遗书》卷二，第 29 页。

⑤ 黎靖德编：《朱子语类》卷九四，长沙：岳麓书社，1995 年，第 2130 页。

天地则块然生物之心,在人则温然爱人利物之心,包四德而贯四端者也"。朱熹认为"宇宙之间,一理而已,天得之而为天,地得之而为地,而凡生于天地之间者,又各得之以为性,其张之为三纲,其纪之为五常,盖此理之流行,无所适而不在"①。无论是天地万物的性质还是人类社会三纲五常的道德伦理,都是理在自然界和人类社会的具体体现,理规范着自然和人类社会的所有秩序、规则。其实,这是将人与自然的关系由一种生态关系确立为一种道德关系。朱熹以探讨人的生命过程和人与自然的关系为出发点,把统一的天理分殊到封建社会的具体道德伦常当中,而这些分殊的理最终构成了封建社会复杂庞大的道德体系,将人间遵守的道德体系提升到天道的高度,从而实现天道人伦化和人伦天道化有机结合。如此,天人合一便可判分为自然的天与人合一、信仰的天与人合一、德性的天与人合一和天道与人道的合一。②

为此,牟宗三先生认为,宋明理学与传统儒家"其共同倾向则认为仁之内容的意义与天之内容的意义到最后完全合一,或即是一"③。的确,宋明理学从生态伦理的角度对传统的天人关系进行了新的探讨,精辟地阐释了人与自然是处于一种活泼的生生不息的状态中,是一个和谐统一的有机整体。自然界不仅仅是人类和世间万物的生命本源,而且也是人类自身价值的本源。人与天地万物同源的观点来自儒家经典《中庸》中的"天命之谓性,率性之谓道"④,赞同人的德性是来源于天的德性。由此强调人与自然的相安和谐,物我的融会贯通。认为只要不是绝对的物我对立、剥离,人必须顺应自然的发展变化,与自然的条理秩序相契合。此外,还从理论高度上重塑儒家本体论思想,将人类社会的纲常伦理体系与宇宙世界的自然规律相统一。宋明理学"从人道的角度去体悟天道,天道运行法则被社会化和人伦化,人和社会的某些性质,如仁、义等道德化含义就被赋予给自然界,天与人的合一常常被看成人的伦理本性与天的伦理本性的合一"⑤。显然,这是对儒家传统天人观念的进一步发展,完成儒家天道人伦化与人伦天道化的有机结合,进而确立宋明理学生态哲学的基础。宋明理学的"天人合一"观是在历史中进行探讨的,追

---

① 朱杰人、严佐之、刘永翔主编:《晦庵先生朱文公文集》卷七十《读大纪》,《朱子全书》第23册,上海:上海古籍出版社,合肥:安徽教育出版社,2002年,第3376页。

② 刘湘溶:《人与自然的道德话语》,长沙:湖南师范大学出版社,2004年,第46页。

③ 牟宗三:《心体与性体》,台北:正中书局,1968年,第7页。

④ 王文锦:《大学中庸译注》,北京:中华书局,2008年,第45页。

⑤ 余正荣:《中国生态伦理传统的诠释与重建》,北京:人民出版社,2002年,第43页。

求的是对儒家"天人关系"的改进和提升。

二、立足于对"天地万物一体之仁"的阐发

儒家基于天地万物与自身息息相关的关系提出"仁"，更多地体现了人类对自然界天地万物一种普遍的生命关怀。人类作为自然界进化中最高级的动物，不仅是自然生态系统中的一个重要环节，更是与自然形成一个生命整体，必须尊重和保护自然界，互利共生，才能体验到人之所生、人之所存的价值意义，达到"天地万物一体之仁"的境界。

张载发展了孟子"仁民而爱物"的思想，提出"民胞物与"的主张，将传统儒家认识仁的范畴扩宽，这种用心体物的观点使儒家对于宇宙关怀的仁性表现得更为深切。"民胞物与"，从本体论上说，天地就是人的父母。万物虽生于自然界，但与人相区别的是，它不能有目的、有意识地体恤别的生物。张载说："圣人岂有不仁？所患者不仁也。天地则何意于仁？鼓万物而已。圣人则仁尔，此其为人能弘道也。"①人和自然存在区别，天地无意于仁，没有任何的情感意志存在，而人是具有情感意志的，但是人的仁又是由天德而形成的。圣人也是人，圣人可以弘道，人也可以弘道，这体现人的主体性。如果没有人去弘道，又有谁可以实现自然界的本身价值。可见张载的天人之说在承认自然界是世间万物生命之本源和价值之源泉的前提下，指出以人类作为自身的同胞兄弟，并且以世间万物作为自身的朋友伴侣，这就是以仁体物。"民吾同胞，物吾与也"，在这里，张载把人与自然的关系推向了一个新的境界，这也是天人合一思想的具体化。当然，在现实中，"人与动植之类已是大分不齐，于其类中又极有不齐"②。人与物也有不同，之所以出现"不齐"的原因，就是天地自然造化较的结果。"对于自然界生命现象多样性的这种体认，使张载成为保持生物多样性的生态哲学理论的开创者。他的贡献不仅在于指出生命的多样性及其不同个性，且在于人如何对待一切生命的态度问题，即'平物我，合内外'"③。很显然，这是人类对宇宙万物普遍、深切的生命关怀，是值得称颂的生态智慧。

---

① 张载：《张载集》，北京：中华书局，1978 年，第 189 页。
② 张载：《张载集》，北京：中华书局，1978 年，第 322 页。
③ 蒙培元：《人与自然》，北京：人民出版社，2004 年，第 271 页。

但张载并没有打破仁与物的界限,程颢却实现了这一目标,他说:"学者须识仁。仁者,浑然与物同体。义、礼、智、信皆仁也,识得此理,以诚敬存之,不须防检,不须穷索。若心懈则有防,心苟不懈,何防之有?理有未得,故须穷索。存久自明,安待穷索?此道与物无对,大不足以名之,天地之用皆我之用。孟子言'万物皆备于我',须反身而诚,乃为大乐。若反身未诚,则犹是二物有对,以己合彼,终未有之,又安得乐?……"①仁包含义、礼、智、信等具体内容,体现人的生命整体性的本质。有仁性之人不仅是一个社会个体,而且和天地万物是一个不可分割的整体。仁之所以为仁,是因为仁维系着天地万物的生长发展,和人、物的生命都是密不可分的。要实现天地万物一体之仁,不能从外在知识中获得,关键在于人作为德性主体,成为自然界内在价值的实现者,正所谓"德性者,言性之可贵,与言性善,其实一也"②。人如果"放这身来,都在万物中一例看,大小大快活"③,把自身与万物一律平等对待,才能实现生命之愉悦。程颢提出的"仁者以天地万物为一体"的重要价值就在于打破仁与物的界限,使得仁学成为打通天人、人物之间的实践学说,从而真正地落实到"参赞天地之化育",实现人与自然的和谐统一。

理学大师朱熹则直接将之概括为"用事亲之诚以明事天之道",这样就把"事亲"与"事天"、人道与天道链接沟通起来,体现理学家"天地万物一体"的情怀,鲜明地表达人与万物之间的伦理关系。既包含着人类对自然系统的关爱与维护,显现对自然生命的尊重,又将伦理道德贯注到自然万物中,显现生态伦理精神。仁说的核心是"仁者,心之德,爱之理"④。所谓"仁者,心之德"、"义礼智,皆心之所有,仁则浑然。分而言之,仁主乎爱;合而言之,包是三者"⑤。德是心之全德,德包括仁义礼智,仁是心之德,因此仁包统四德。所谓"仁者,爱之理",朱熹指出:"仁者,性之德而爱之理;爱者,情之发而仁之用也。"⑥仁是爱之体,爱是仁之用,两者是体现体用关系的统一整体;仁因爱而存在,脱离爱谈仁,仁呈现无形影之状;爱是仁的根本表现,离开仁的支持,爱不复存在。这种仁中之爱是一种广泛普遍的、由人及物的理性之爱,既是人

---

① 程颢、程颐:《二程遗书》卷二上,上海:上海古籍出版社,2000年,第16~17页。
② 程颢、程颐:《二程遗书》卷十一,上海:上海古籍出版社,2000年,第125页。
③ (北宋)程颢、程颐:《二程遗书》卷二上,上海:上海古籍出版社,2000年,第33~34页。
④ 黎靖德编:《朱子语类》卷五一,北京:中华书局,1986年,第1089页。
⑤ 黎靖德编:《朱子语类》卷二十,北京:中华书局,1986年,第420~421页。
⑥ 朱熹:《晦庵先生朱文公文集》卷四二,第1917页。

类道德层次提高的体现，也是人类实现生命价值的一种情感需要。"元者，天之所以为仁之德。……至于元，则仁在天者而已，非一人之心既有是元，而后有以成夫仁也。……元者，四德之长，故兼亨、利、贞；仁者，五常之长，故兼礼、义、智、信"①。元、亨、利、贞是天之四德，以元为首，又称仁、义、礼、智四德，而这四德又是人之德性，因此天之四德又成为人之德。这与程颐对"元亨利贞"的解释相一致。程颐说："元亨利贞，谓之四德。元者万物之始，亨者万物之长，利者万物之遂，贞者万物之成。"②元亨利贞体现了自然万物发生发展的规律。朱熹便是在此基础上指出元者是人向善的出发点，这是一个人类自然向善的过程，而且行善的人是群体性而非个体性的，这样才能真正实现仁的目标。朱熹认为"仁"是"天地万物之心"，是"心之德，爱之理"，具有"生生"特性，是一种必须通过自身实践而实现的理性情感；人类必须向善，必须"爱物"，人与自然界才能互利共生、和谐共存，这样"宋明理学中，感性的自然界与理性的伦常的本体界不但没有分割，反而彼此渗透吻合一致了"③。

而王阳明在《大学问》中指出："大人者，以天地万物为一体也，非意之也，其心之仁本若是，其与天地万物而为一也。……是故见孺子之入井，而必有怵惕恻隐之心焉，是其仁之与孺子而为一体也。孺子犹同类者也，见鸟兽之哀鸣觳觫，而必有不忍之心焉，是其仁之于鸟兽而为一体也。鸟兽犹有知觉者也，见草木之摧折而必有悯恤之心焉也，是其仁之于草木而为一体也。草木犹有生意者也，见瓦石之毁坏而必有顾惜之心焉，是其仁之于瓦石而为一体也。是其一体之仁也，虽小人之心亦必有之，是乃根于天命之性，而自然灵昭不昧者也，是故谓之'明德'。小人之心既已分隔隘陋矣，而其一体之仁，犹能不昧若此者，是其未动于欲，而未蔽于私之时也。及其动于欲，蔽于私，而利害相攻，忿怒相激，则将戕物圮类，无所不为，其甚至有骨肉相残者，而一体之仁亡矣。是故苟无私欲之蔽，则虽小人之心，而其一体之仁犹大人也；一有私欲之蔽，则虽大人之心，而其分隔隘陋犹小人矣。故夫为大人之学者，亦惟去其私欲之蔽以自明其明德，复其天地万物一体之本然而已耳，非能于本体之外而有所增益之也。"④仁者与天地万物为一体，人具有"一体之仁"的特性，因

① 朱熹：《晦庵先生朱文公文集》卷四二，第 1918 页。
② 程颢、程颐：《二程集》第 3 册，第 695 页。
③ 李泽厚：《中国古代思想史论》，天津：天津社会科学院出版社，2004 年，第 224 页。
④ 王守仁著，吴光、钱明、董平等校：《王阳明全集》卷二六，《大学问》，上海：上海古籍出版社，2006 年，第 967～968 页。

此人与鸟兽、草木、瓦石等万物同为一体,这些自然万物不管是有生命力的人、有知觉的动物,还是有生命的植物,或者是无生命的物体如瓦石之类,当它们受到伤害或者破损时,人都会从内心产生"怵惕恻隐之心"、"不忍之心"、"怜恤之心"和"顾惜之心"等各种仁爱表现,这使得人自觉将它们视为与己同体,并施以爱护,实现天人万物同体的境界。虽然仁者与天地万物为一体,无论何种品性之人所体现的一体之仁,都是根源于天命之性,是一种自然而然的良知所在。但一旦人的良知被私欲蒙蔽,在利益的驱使下,摒弃伦理道德,追求物质利益,陷入道德困境,导致人与天地万物一体之仁不复存在。如果大人、小人都没有被私欲蒙蔽,都会有"一体之仁"存在,就会"自明其明德"、"复其天地万物一体之本然"。

当然,宋明理学的仁爱在对待人物关系时,是存在差异性的。如王阳明就认为:"惟是道理,自有厚薄。比如身是一体,把手足捍头目,岂是偏要薄手足,其道理合如此。禽兽与草木同是爱的,把草木去养禽兽,又忍得,人与禽兽同是爱的,宰禽兽以养亲,与供祭祀,燕宾客,心又忍得。至亲与路人同是爱的,如箪食豆羹,得则生,不得则死。不能两全,宁救至亲,不救路人,心又忍得。这是道理合如此。及至吾身与至亲,更不得分别彼此厚薄。盖以仁民爱物,皆从此出,此处可忍,更无所不忍矣。"①表面上看区别对待的现象似乎与"天人与物同体"两相矛盾,但实际上这是继承儒家"爱有等差"思想的缘故。为此,阳明指出理(良知)虽是在人们活动行事中自然而然的体现,人的活动兼有差异性和普遍性,但都集中反映在义、礼、智、信等道德准则中,仁的本质并没有一丝变化,说明对待程度的差异并不能否定本质的普遍统一性,人与万物的关系最终还是落实于"天地万物为一体"。

宋明理学所关注的"仁作为天人合一的中心范畴,体现了理学有机论整体思维的根本特征。它把自然界看作有机系统或整体,处在'生生不息'的过程之中,并且具有'生意',即某种目的性。仁从人道提升为天道,和《易传》中'生生之谓易'、'天地之大德曰生'等命题结合起来,不仅从整体上把握人和自然界的关系,而且从自然界合目的性的观点出发,说明两者的关系"②。通过"仁"这一途径实现"天地万物为一体"、"民胞物与",是传统儒家所要达到的最高人格和理想境界。宋明理学追随传统儒家的这一精髓,图求人与自

---

① 王阳明:《王阳明全集》卷三,《传习录》下,第108页。
② 蒙培元:《理学范畴系统》,北京:人民出版社,1989年,第488页。

身、人与他人、人与社会、人与自然互利共生、和谐共存，既是其仁爱万物思想的生动体现，又是对人自身价值意义的完整体现。正如汤因比所指出："人类如果想使自然正常地存续下去，自身也要在必需的自然环境中生存下去的话，归根结底必须和自然共存。"①

三、期待于"参天地，赞化育"的多重实现

宋明理学"天人合一"之仁，不仅是一种思想意识，更是一种伦理责任。人作为天地万物中的一分子，就要效法天地之德，参赞天地之化育，担当起对天地万物的责任与使命。因而既要在社会中恪守人伦，又要在自然中要遵循"物理"（自然规律）。在理学体系中，不仅人与人可以建立一种普遍的伦理关系，同样，人与自然、人与社会也可以建立一种伦理关系。自然界是作为人类实施伦理行为的重要对象而存在的，这说明人类对于自然界是具有伦理义务和伦理责任的，这也是人之所以生存的根本目的。由此人类要实现与天地万物和谐相处，最终取决于人类对自然的根本态度，并落实到具体实践中。所谓"所有对事事物物的理解体会，都只是为了达到对那个伦理本体的大彻大悟，而这种彻悟也就正是'行'——伦理行为"②。说的就是此理。

既然人能"参赞化育"，具有主体性，具有创造能力，那么人类如何实施其"伦理行为"就至为重要。天地、人虽各有其道，但又是相互联系、互相生成的统一整体。人之所以与天地之道并立，是由人的特殊地位和功用决定的。为此，朱熹指出："彼曰：景风时雨与戾气旱蝗均出于天，五谷桑麻与莨稗钩吻均出于地，此固然矣。人生其间混然中处，尽其燮理之功，则有景风时雨而无戾气，旱蝗有五谷桑麻而无莨稗钩吻。此人所以参天地、赞化育，而天地所以待人而为三才也。"③体现了在遵循自然规律的条件下，人的自主创造能力可以发挥巨大作用，这就是"参天地，赞化育"。因此以人与天地并立为三才，是从此意义上说的。

如何开发利用自然界一向是传统儒家在农业社会关注的问题，从孔子的

---

① 《展望二十一世纪：汤因比与池田大作对话录》，北京：国际文化出版公司，1985年，第31~32页。

② ［］李泽厚：《中国古代思想史论》，天津：天津社会科学院出版社，2004年，第217页。

③ 朱熹：《晦庵先生朱文公文集》卷七三，第3554页。

"天何言哉,四时行焉,百物生焉,天何言哉"(《论语·阳货篇》)到荀子所主张的"以时顺民"(《荀子·王制篇》)、"节流开源"(《荀子·富国篇》)等,都是强调以遵循自然规律为前提,开发利用自然界。理学家们强调遵循自然规律,重视农业生产,保护生态资源,爱护自然万物。如二程就极为重视农业生产,强调"事之最大最先,在推测天道,明历象,钦若时令以授人也。天下万事无不本于此"①。不仅将把握农时、不误农时看作是农业生产的核心,而且看作是治理国家的根本和首要。正因为如此,二程才会说"上方察正其时,举其时政,又言民物皆随天时而然也"。又说:"又察昼夜之中,鸟宿之见,以正仲春之候,使无差天时。当是时,民析散处田野耕作,鸟兽则交接孕育。"还说"春时播种在田,民因就居于野,收敛而后耕播也"。并说"秋稼将熟,岁功将毕,民获卒岁之食,心力平夷安舒也"②。且说"冬,一岁之事既终,则平察改岁当更之事也。既成今岁之终,又虑来岁之始"③。意思一年四季的农事安排要不违农时,春季是万物生长的时期,要及时耕作农作物。夏季要加强农作物的管理,秋季是收获的季节,冬季是一年之终,农民在休息之余又要准备来年的生产,由此主张农业生产要顺应天时、地利、人和,做到人尽其力,物尽其用,地尽其利。另外,二程还意识到自然资源保护的重要性。说"夫物之幼稚,必待养而成"④。并说"山虞泽衡,各有常禁,故万物阜丰,而财用不乏"⑤。这说明自然万物初生之时,应该严禁肆意采摘,才能使万物成长有序。不仅如此,程颢还指出:"今五官不修,六府不治,用之无节,取之不时。岂惟物失其性,材木所资,天下皆已童赭,斧斤焚荡,尚且侵寻不禁,而川泽渔猎之繁,暴殄天物,亦已耗竭,则将若之何?此乃穷弊之极矣。"⑥山上树木滥砍滥伐,森林资源尽毁于人,这种竭泽而渔的行为势必破坏自然环境,阻碍生产生活,因而应采取相应措施以保护自然资源。朱熹也很重视农业生产,在实行农田耕作及护理南岳绿化等方面有独到见解。朱熹在淳熙六年(1179年)十二月所撰写的《劝农文》⑦中指出,地方出现"地瘠税重"、农业萧条的景象是由官吏疏于督

① 《二程集·周易程氏传》卷二,第1036页。
② 《二程集·周易程氏传》卷二,第1036页。
③ 《二程集·周易程氏传》卷二,第1037页。
④ 《二程集·周易程氏传》卷二,第723页。
⑤ 《二程集·周易程氏传》卷二,第454页。
⑥ 《二程集·周易程氏传》卷二,第454页。
⑦ 《晦庵先生朱文公文集》卷九九,第4587～4588页。

促所致。依此,朱熹提出农业发展应与当地实际情况相结合,并建议对于田地耕作,注重选地、整地、撒种、施肥、护理等耕作过程。同时,对于其他五谷杂粮的耕作,也要有足够的重视,要达到"务尽地力";对于"农事之本"——水利工程的修建,要群策群力。《劝农文》意在劝说农民在天时、地利、人和的最佳环境中,人能尽其力,物能尽其用,地能尽其利,进而保持自然生态环境的可持续发展,包含了一种质朴的生态农学的特色。不光这样,朱熹还认为种植树木是兴国崇礼之势所需。在南岳绿化上,朱熹鉴于政府监督力度不强造成南岳林木滥砍滥伐、生态环境受到严重破坏的情况,提出了保护措施,主张森林由官府勘定,寺院专属土地权,不得占用,建议由寺院统一负责、合理规划、悉心护理,开垦森林绿地,节约有度地伐木,使林木生长繁茂,形成良好平衡的生态环境。在管理方面,则向人民公示榜文,劝阻滥砍滥伐的恶行,违令者严惩不贷。① 总体来看,措施合理,符合实际,职权分明,有利于改善南岳生态环境。

当然,在人类如何实施其"伦理行为"的过程中,人的主体性和自觉性不仅仅体现在对自然界的认知、开发和利用上面,因为这只是表明人类对待自身所处的外部环境的态度,并不是人类对待自然万物的终极目的。前面已论及理学家们对人类在自然界中存在之价值和意义的探讨,其实通过万物之存在到"生"再到"仁"的探究,更是体现理学家思想体系中的深层蕴涵,将生态问题提升到人生道德修养和思想境界的层面。周敦颐家的窗前草不除去,有人问他原因,他说"与自家意思一般",因为窗前草生长展现自然界的生机勃勃。同样,张载喜欢听驴鸣叫,也是从中感受到自然界的活泼之生命存在。程颢也喜"观天地生物气象"②,所谓"鸢飞戾天,鱼跃于渊""活泼泼地"③。朱熹则观察树木"春荣夏敷,至秋乃实,至冬乃成",也是"方其自小而大,各有生意"④。这些都体现了万物生命之所以存在的意义和价值。王阳明认为周敦颐窗前草不除可以见天地生意,花草无善恶之分,善恶皆"由汝心好恶所生"。⑤ 陈白沙叹息:"平明视竹根,群蚁正经营;子弱母护之,无母何以生。呜

---

① 《晦庵先生朱文公文集》卷一百,第 4641 页。
② 《二程集·二程遗书》卷七,第 98 页。
③ 《二程集·二程遗书》卷三,第 59 页。
④ 《朱子语类》卷六九,第 1551~1552 页。
⑤ 《王阳明全集》卷一,《传习录上》,第 23 页。

鸣号者死,死有雌雄性,入帘逼我枕,为我再三鸣。"①抒发对万物生命的怜悯和仁爱,告诫人们断灭人欲屏障。简而言之,理学家们认为万物与自身生命价值是密切相关,人不仅具有理性,还具有感性,这都是在自然界的活泼泼中体现人间的道德伦常。因此人类对万物充满一种普遍的生命关怀。理学家们把"本来说得极高、极大的'天命之性',道德法则、伦常秩序,最终又归结到充满感性血肉的心理情感依据上,这也就使其为印证伦理本体而设定的整个宇宙论、世界观,也带有人情味、生命化的意味"②。这就提升到了理学家们对人生态度、人生境界、人生价值的深刻思考,于是能否自觉地爱护自然界是具有"仁"性之人的道德修养与人生境界问题。

若从生命境界而言,理学家们追求人与自然和谐的理想是诗化境界。比如说"学宗自然"的陈白沙善于在自然中抒发情怀,达到自然与人和谐一体的诗化境界,"万物各得性,天开一岁吾。风柔翻弱羽,波暖跃纤鳞。稚柳初成趣,芳芹亦赏新。川云将岳雨,何者不供人"③。春暖花开之季节,万物各有其性,依性自然发展,一派春意盎然。不仅仅草木皆有性,人也有其性,"草木之品在花,桃花在春,菊花于秋,莲花于夏,梅花于冬。四时之花,臭色高下不齐,其配于人也于然。潘岳似桃,陶元亮似菊,周元公似莲,林和靖似梅。惟其似之,是以尚之。惟其尚之,是以名"④。白沙善以花性喻人性,四时花品与人之品质可谓相得益彰,桃花比喻生机勃勃之春,象征人之生机勃发;菊花比喻清悠闲静之秋,象征隐士之自得之乐;莲花比喻炽热激情之夏,象征人之气质高洁;梅花比喻傲雪冰霜之冬,象征人之坚定不屈。潘岳、陶元亮、周元公、林和靖性情皆与四花相合,花中含我,我中有花。既然人性与物性(草木)相契,那么人与物又有何不同?白沙漫步于高山湖海,众览天下美景,忘记生死、富贵和名利等一切世俗烦扰,真正达到心境合一、情景交融的境界,这就是"湖山之乐"、"自得之乐",正可谓"富贵非乐,湖山为乐,湖山虽乐,孰若自得者之无愧作哉"⑤?颇有孔子所说的"智者乐水,仁者乐山"之韵味。理学家们亲近和享受大自然,得到心灵的最大快乐,体现其人生的追求志趣,即达到

---

① 陈献章著,孙通海校:《陈献章集》,北京:中华书局,1987年,第296～297页。
② 李泽厚:《中国古代思想史论》,天津:天津社会科学院出版社,2004年,第224页。
③ (明)陈献章撰、黎业明整理:《陈献章全集》(全三册),上海:上海古籍出版社,2019年,第346页。
④ (明)陈献章撰、黎业明整理:《陈献章集》,上海:上海古籍出版社,2019年,第59页。
⑤ (明)陈献章撰、黎业明整理:《陈献章集》,上海:上海古籍出版社,2019年,第275页。

人与自然的和谐境界，又求得其生命、道德与审美境界的完美合一。

四、结　语

本文从生态伦理学的角度出发，以宋明理学主要代表对"天人合一"观、对"天地万物一体之仁"的阐发以及"参天地，赞化育"的多重实现等问题的探讨，揭示宋明理学体系中蕴含的丰富生态智慧。宋明理学重视人与自然的问题，重视人在自然和社会中的地位和作用，并且把人提升到宇宙本体的高度上来，说明人类与自然界是一个互利共生、和谐共存的有机整体，作为社会生活中的道德主体的人类对自然与人类的和谐具有道德责任，人类应该对生态伦理乃至和谐社会的构建担当自己应有的责任。这既是宋明理学生态智慧所蕴含的积极因素，也是中国古代自然中心主义的观点体现。"天人合一"的生态思想并非一般意义上的生态学，而是中国先哲对于人与自然关系的独特思考。在新的历史条件下，重新审视宋明理学生态智慧有着一定的现实意义，是一个关系到人与自然和谐相处的和人类长远发展的话题。党的十九大报告指出："我们要建设的现代化是人与自然和谐共生的现代化，既要创造更多物质财富和精神财富以满足人民日益增长的美好生活需要，也要提供更多优质生态产品以满足人民日益增长的优美生态环境需要。"因此挖掘其生态伦理意义，对其进行现代诠释和科学合理的转化，至少可为构建和谐社会，建设美丽现代化强国提供伦理依据和思想借鉴。

（作者单位：上饶师范学院朱子学研究所）

朱子九曲棹歌仙道意蕴
及对韩国九曲歌系的影响

◎ 兰宗荣

　　仙道意蕴是指文学作品中以仙道文化为主旨内容或含义,摄入有关仙道文化的意象、语汇,寄托作者渴慕仙道生活的情感或思想倾向。近年来,朱子《九曲棹歌》与韩国退溪学派九曲歌系的研究已受到一些学者的关注。金银珍教授《〈九曲棹歌〉及韩国九曲文化》一书认为韩国九曲文化是以朱子的《九曲棹歌》作为范本形成的文化现象,由九曲歌系诗歌、九曲园林和九曲图绘画三大部分组成,既有中国传统元素的传承和发扬,又有在本土化的过程中形成的自身艺术特征。[①] 李琪、金银珍认为"九曲棹歌"传入韩国不晚于高丽晚期[②],陈丹妮、吴明真等学者则对朱子《九曲棹歌》中九曲"金花乌盏"进行解读[③]。在朱子九曲诗咏中,有《芹溪九曲棹歌》和《武夷九曲棹歌》组诗流传下来,诗中的仙道意蕴及其影响,尚未受到应有的关注。因此,本文着重在这方面做一些分析。

一、朱子《芹溪九曲棹歌》仙道意蕴的初显

　　据唐末杜光庭在《洞天福地岳渎名山记》中将中国的地上仙山分为十大洞天、三十六小洞天、七十二福地。"洞天福地"是上仙治理之所,道教徒在这些地方修炼,往往比较容易得道成仙。在道教洞天福地中以水命名的福地不

---

　　① 金银珍:《〈九曲棹歌〉及韩国九曲文化》,上海:同济大学出版社,2014年。
　　② 李琪、金银珍:《"九曲棹歌"传入韩国时间考》,《黑河学院学报》2014年第5期。
　　③ 陈丹妮、吴明真:《朱熹〈九曲棹歌〉主题"金花乌盏"的解读》,《齐齐哈尔大学学报(哲学社会科学版)》2018年第9期。

多，建州建阳县东蜿蜒九曲的芹溪相传是七十二福地中的第三十一福地，是孔子遗砚之所。实际上是道士华子期避世、修道、炼丹之所。又据《八闽通志》记载："芹溪，'芹'一作'勤'。在县东北乐田里。源自砚山而下，九曲缭绕，世传为第二十八福地也。"①这条溪全长约 40 公里，源于建阳崇洛乡，并由五夫镇大干村流入崇雒乡中巨，蜿蜒至建阳将口镇的芹口村，汇入崇阳溪。朱子一生近 50 年生活于离芹溪不远处的崇安县五夫里。他曾以舟楫代步，到建阳县崇洛乡拜访隐居在芹溪六曲处的表兄丘义，或经此往来寒泉精舍、云谷山、考亭书院。

芹溪的沿溪美景，就定格在隆兴年间朱子写的《芹溪九曲棹歌》之中：

> 一曲移舟采涧芹，市声只隔一江云。
>
> 沙头唤渡人归晚，回首芦峰月一轮。
>
> 二曲溪边万木林，山环竹石四时清。
>
> 渔歌棹入斜阳里，隔岸时闻一两声。
>
> 三曲舟行龙尾滩，推蓬把酒见南山。
>
> 回头点检仙踪迹，万顷白云时自闲。
>
> 四曲烟云锁小楼，寺临乔木古溪头。
>
> 僧归林下柴门静，麋鹿衔花自在游。
>
> 五曲峰峦列翠屏，白云深处隐仙亭。
>
> 子期一去无消息，惟有乔松万古青。
>
> 六曲溪环处士家，鼓楼岩下树槎枒。
>
> 潭空龙去名不朽，惟见平汀涌白沙。
>
> 七曲灵祠近水滨，聚龟石上耀金鳞。
>
> 林凹路入桃源近，时有渔郎来问津。
>
> 八曲砚峰倚碧虚，泉流瀑布世间无。
>
> 凭谁染就丹青笔，写出芹溪九曲图。
>
> 九曲悠悠景最幽，巉岩峡石束寒流。
>
> 源深自是舟难到，更有龙池在上头。②

《芹溪九曲棹歌》是朱子于南宋孝宗隆兴（1163—1164 年）年间写的，该组

---

① （明）黄仲昭纂修：《弘治八闽通志》，台北：台湾学生书局，1987 年，第 332 页。

② 朱杰人、严佐之、刘永翔：《朱子全书》第 26 册，上海：上海古籍出版社，合肥：安徽教育出版社，2002 年，第 574～575 页。

诗从芹口写起,溯流而上,描摹了一幅从建阳将口到崇洛沿途优美的风景:一曲的芦峰之月,二曲的斜阳渔歌,三曲的南山白云,四曲的古寺柴门,五曲的华子期仙迹传说,六曲的芹溪小隐,七曲的灵祠与桃源之境,八曲的砚峰泉瀑,九曲的石峡龙池,均在诗文中得到反映。基于对自然美景、人间万物的热爱与心领神会,朱子把芹溪描绘得意境幽邃深远,生机盎然。他用民间乐歌形式写棹歌,使棹歌成为描绘芹溪九曲溪的一幅长卷佳作。"棹"又作"櫂",即船桨,棹歌就是舟子渔夫所唱之歌。

溪名"九曲",实与道教相关。《云笈七签》云:"九曲下户者,是男女之阴地也,男曰'九曲',女曰'下户'。此阴地常生白云之气,以薰黄庭之间,是得道之候验也。"①释《曲素诀辞五行秘符》又云:"曲者,台名也。素者,八方之素也。玄都上有九曲峻嶒凤台,皆结自然风气而成琼房玉室,处于九天之上、玉京之阳,虚生八会交真之气,十折九曲,洞达八方,上招扶摇之翿,傍通八素之灵,故以曲素为名。"②故道教又有太上闲居峻嶒之台、金华九曲丹房之说。九曲溪就如同天上的九曲丹房,实为容易得道成仙的洞天福地,自然成为人间的仙境。

《芹溪九曲棹歌》组诗中出现的"仙踪""隐仙亭"及"子期"也纯属仙道之语。芹溪的五曲有砚山,中峙洛田。山上有石刻"高人座",不远处有大石块兀立,墨色,形如案、如砚。据明代景泰年间的《建阳县志》记载:"砚山,在乐田里,一名孔夫子案山。岚气常凝,春花烂漫,夏木荫浓。山之西有石端平如案,上有二处微黑隐隐若笔砚状,又有方石傍立,号书厨。按九域六载左承议郎传铹《芹溪阁记》云:'汉时有华子期师角里先生于此,得隐仙灵宝法,在砚山炼丹成仙,骖鸾而去。'旧有丹炉药灶,世远无存。有泉七穴。下有芹溪九曲,为东阳之胜。孔夫子未尝至此,而山名孔夫子案山者,疑即华子期而俗传之讹矣。"③砚山是汉代华子期在此炼丹成仙飞升的地方。到宋代,山上还留有炼丹台、高人座、高人梯、隐仙亭等遗迹。朱子笔中的"子期一去无消息",就是指华子期在砚山炼丹成仙而去一事。明景泰《建阳县志》载:"芹溪,在乐田里。源自砚山而下,九曲缭绕,注于交溪。游者仰观潺湲,俯弄清泚,应接

---

①　(宋)张君房编,蒋力生等校注:《云笈七签》,北京:华夏出版社,1996年,第42页。

②　(宋)张君房编,蒋力生等校注:《云笈七签》,北京:华夏出版社,1996年,第45页。

③　(明)赵文、黄璿纂修,袁铦:《景泰建阳县志》,济南:齐鲁书社,1996年,第24页。

不暇，真胜概也。《事林广记》载为第十三福地，可通舟楫，至孔山峡而止。"①明景泰《建阳县志》载："砚山泉，在乐田里。泉有七穴，每穴一掏则尽其水，既而复出，但盈科而止，竟不溢。"②可见砚山有许多奇异之处。

棹歌中"六曲溪环处士家"之"处士"即是朱子表兄、宋代著名的隐士"丘义"，别号"芹溪处士"。朱子与丘义过从甚密，经常往来。著名的南宋诗人叶善夫曾为"芹溪处士"题咏《芹溪八咏》，其中三首诗吟道："何人辟谷砚山隈，洞府藤萝锁不开。炼就金丹乘鹤去，药炉烟冷未归来。……芹溪处士古人风，宝剑尘埋未化龙。旧隐至今名不朽，匾题元出紫阳翁。……高人栖隐向山林，林壑幽清绝俗尘。当日武陵人已老，谁知犹有种桃人。"从这些诗来看，"芹溪处士"不仅是一个隐士，还应是一个炼丹修道之人。据记载："丘义，字道济，一字仁卿，号子野。建阳人，隐居不仕。颖敏嗜学，淹洽子史，而尤邃于《易》。与朱子相友善，常往来问答。有《易说》传于世。所著书熹尝为之序，为题其堂曰'芹溪小隐'。又著《复斋铭》并《芹溪九曲》等诗贻之。"③丘子野生于建炎二年（1128年），其母是朱子的父亲朱松的二妹，"惟先君之仲女，妇子舍而通姻"④，是朱子的姨表兄弟，故朱子称丘义为表兄。朱子的《奉酬丘子野表兄饮酒之句》、《丘子野表兄郊园五咏》诸诗，均作于绍兴二十一年（1151年）。其中《丘子野表兄郊园五咏》写了柳、荼蘼、竹、芭蕉、蔬圃，诚如他所说，此诗乃"从陶、柳门庭中来"，很有点"萧散冲淡"的情趣。⑤朱子还写《淳熙戊戌（1178年）七月廿九日早发潭溪西登云谷取道芹溪友人丘子野留宿因题芹溪小隐以贻之作此以纪其事》盛赞表兄丘义："君居砚山西，高隐志不俗。"⑥全诗表达了朱子从五夫潭溪出发，前往建阳云谷晦庵草堂，中途留宿于崇洛朱子表兄丘子野家，宾主情意款款，饮酒对诗、挥墨留题的情景。他十分赞赏"芹溪翁"丘子野在芹溪六曲结庐隐居的闲情逸兴。庐居周围青松绿竹，芭蕉

---

① （明）赵文、黄璃纂修，袁铦：《景泰建阳县志》，济南：齐鲁书社，1996年，第27页。

② （明）赵文、黄璃纂修，袁铦：《景泰建阳县志》，济南：齐鲁书社，1996年，第29页。

③ 朱杰人、严佐之、刘永翔主编：《朱子全书》第26册，上海：上海古籍出版社，合肥：安徽教育出版社，2002年，第574～575页。

④ 朱杰人、严佐之、刘永翔主编：《朱子全书外编》第3册，上海：上海古籍出版社，合肥：安徽教育出版社，2002年，第199页。

⑤ 杨国学：《武夷文学研究》，北京：中国戏剧出版社，2006年，第153页。

⑥ 朱杰人、严佐之、刘永翔主编：《朱子全书》第26册，上海：上海古籍出版社，合肥：安徽教育出版社，2002年，第584页。

茶藜。室内琴棋书画,樽酒杯茶,主人过着悠哉游哉、清雅超尘的生活,的确令人羡慕不已。

朱子从武夷山出发,往来于砚山和芹溪的那一段时光,是这方山水最美的时光。如今,芹溪九曲的风景已被人为破坏殆尽。当你走近芹溪,已很难把眼前的芹溪九曲与当年的朱子诗歌中的芹溪九曲联系起来的。原先朱子笔下如仙境般的芹溪,现已成为凡俗之壤。仙迹已杳,两岸的参天大树、万木乔松、峰峦翠屏、桃源幽静的美景早已踪迹难觅,唯有满目青山和一条面窄沟浅、狭长曲折的小水沟,芹溪再也不能泛舟了。这里百姓依旧纯朴,民风典雅,同时还传承着一些淡雅,却正在一点一点地消逝着的古代文化。只是砚山的山顶依然保留着一座香火萧疏的文昌宫,略有道意。砚山的故事和砚山的历史都凝结在砚山的石头上,然而知者不多。

二、朱子《武夷九曲棹歌》仙道意蕴的升华

武夷山是道教"三十六小洞天"的第十六洞天——"升真化玄天"。中国道教的说法,道士想要修道成仙就必须在浙江天台山注册,在福建武夷山换骨。年轻时的朱子就已有慕道之心,在其《宿武夷观妙堂二首》《武夷七咏》诗中均可见志。淳熙三年(1176年),无心仕途的朱子获朝廷准许,担任武夷山冲佑观提举,对道教有了更加充分的接触和认识,与观内道士的交往也更为频繁。晚年朱子还受武夷冲佑观道士高文举所托,为其武夷图作序。淳熙五年(1178年)初秋,当朱子祠职将满,与妹夫刘彦集、隐士刘甫共游武夷时,见九曲溪旋转曲折,隐屏峰下云气流动,顿然耳目一新,立即萌发出"眷焉此家山"的定居念头和"仙人久相招,授我黄素书,赠我双琼瑶,茅茨几时建,自此遣纷嚣"的道家追求。这与道士结庐山中隐迹修道的举止,如出一辙。朱子受到武夷山这一方道家洞天福地的感染,竟也"染上了道家安性自适,甚至仙家超凡脱俗的晕圈"①。朱子在《奉陪机仲宗正景仁太史期防武夷而文叔茂实二友适自昭武来集相与泛舟九曲周览岩壑之胜》诗中吟道:"此山名自西京传,丹台紫府天中天。似闻云鹤时降集,应笑磨蚁空回旋。我来适此秋景晏,青枫叶赤摇寒烟。九还七返不易得,千岩万壑渠能专。……梁郎季子山泽

---

① 冯兵:《朱熹在武夷山与道士交游事迹略考》,《华北电力大学学报(社会科学版)》2011年第4期。

癯，傅伯爰盍瀛洲仙。……"①诗中盛赞武夷山在道教修炼中所处的地位。

淳熙十一年（1184 年）二月，朱子与士友学子游武夷九曲溪，作《淳熙甲辰仲春，精舍闲居，戏作武夷棹歌十首，呈诸同游，相与一笑》（又称《武夷九曲棹歌》）：

> 武夷山上有仙灵，山下寒流曲曲清。
>
> 欲识个中奇绝处，棹歌闲听两三声。
>
> 一曲溪边上钓船，幔亭峰影蘸晴川。
>
> 虹桥一断无消息，万壑千岩锁翠烟。
>
> 二曲亭亭玉女峰，插花临水为谁容？
>
> 道人不复阳台梦，兴入前山翠几重？
>
> 三曲君看架壑船，不知停棹几何年。
>
> 桑田海水今如许，泡沫风灯敢自怜。
>
> 四曲东西两石岩，岩花垂露碧毵毵。
>
> 金鸡叫罢无人见，月满空山水满潭。
>
> 五曲山高云气深，长时烟雨暗平林。
>
> 林间有客无人识，欸乃声中万古心。
>
> 六曲苍屏绕碧湾，茅茨终日掩柴关。
>
> 客来倚棹岩花落，猿鸟不惊春意闲。
>
> 七曲移船上碧滩，隐屏仙掌更回看。
>
> 人言此处无佳景，只有石堂空翠寒②。
>
> 八曲风烟势欲开，鼓楼岩下水萦洄。
>
> 莫言此处无佳景，自是游人不上来！
>
> 九曲将穷眼豁然，桑麻雨露见平川。
>
> 渔郎更觅桃源路，除是人间别有天。③

九曲溪发源于武夷山脉的主峰——黄岗山的西南，下游流过星村，穿过武夷山主景区，到武夷宫前汇入崇阳溪，全长约 60 公里。从星村至武夷宫这段则为名震遐迩的九曲溪，长不过 10 公里。武夷山绝大部分美景就分布在

---

① 朱杰人、严佐之、刘永翔主编：《朱子全书》第 20 册，上海：上海古籍出版社，合肥：安徽教育出版社，2002 年，第 365 页。

② 后二句，一本作"却怜昨夜峰头雨，添得飞泉几道寒"。

③ 朱杰人、严佐之、刘永翔主编：《朱子全书》第 20 册，上海：上海古籍出版社，合肥：安徽教育出版社，2002 年，第 525～526 页。

九曲溪两岸。

朱子的《武夷九曲棹歌》开头第一首是总序,交代作歌的原因。以山上仙灵,山下寒流起兴,引出棹歌声声,将人们导入轻灵飘渺、奇绝的人间仙境。第二首诗反映的是由自然美景幔亭峰,联想到幔亭招宴、虹桥飞断的传说典故。一曲的溪北有高峰耸立的第一峰,那便是入九曲首先所见的大王峰,也叫天柱峰。大王峰北侧的幔亭峰就是"幔亭招宴"神话故事的发生地。相传秦始皇二年中秋,武夷君、皇太姥和魏子骞等武夷十三仙在武夷山幔亭峰顶设彩屋幔亭数百间,大宴乡民,仙凡高聚。宴会的当天,虹桥架空,群仙驾临,祥云缭绕,仙乐悠扬,轻歌曼舞,飞觞劝饮。乡人顶礼膜拜之余,亦皆开怀畅饮。宴罢乡人归,风雨骤至,虹桥飞断,神迹杳然。这一神话传说,充满奇诡神秘的色彩。自从虹桥飞断之后神仙就不再光临此地了,表达了未曾再睹仙颜的遗憾。朱子诗中突出幔亭招宴的神话故事。虹桥飞断,岩壑烟锁,晴川,为此山涂上一层神奇的色彩。

第三首诗采用拟人的手法,把二曲的玉女峰比作一位插花的绝代仙子佳人,意思是说亭亭玉立的玉女仙子,临流插花,梳妆打扮,究竟是为了谁呢?二曲溪口迎人而立的是峭拔挺秀、明艳照人的玉女峰。玉女峰突兀拔空,峰顶花木参簇,整座山峰像束髻簪花的少女,岩壁缝痕似衣裙皱褶,飘飘欲仙。峰下碧波绮丽的"浴香潭",传说是玉女洗浴的地方。潭中一块方形巨石,刻"印石"二字。峰左侧有一岩叫妆镜台,刻有二丈多高的"镜台"二字。民间传说玉女隔溪与一曲之畔的大王(大王峰)苦恋,朱子的二曲之歌即咏此。玉女峰和周围的山水构成一幅仙境般的画图。大王与玉女的故事千百年来在民间传唱,作为道学先生,朱子对男女相恋一般是避而不谈的,所以他的诗也写得比较含蓄。提倡"存天理,灭人欲"的朱子更担心人们由此而引起有关巫山神女的风流联想,因而调侃似地咏道:"道人不作阳台梦,兴入前山翠几重。"

第四首是咏三曲小藏峰的架壑船。小藏峰又名仙船岩,在峻峭的岩壁隙洞间,有船形的木制古遗物,传说那是仙人得道时化去后所遗下的木舟,舟中藏有遗骨,称作"遗蜕"。最早对虹桥板、架壑船作出合理推测的,是朱子的《武夷图序》。他认为架壑船实是古代南方少数民族的一种悬棺葬的遗迹,是前世道阻未通,川壅未决时,夷落所居。经考证,这些虹桥板、架壑船确实是古代南方少数民族的一种悬棺葬的遗迹。诗人怀古思今,联系个人道路的崎岖,不禁兴起沧海桑田、泡沫风灯之叹,情景交融,动人心弦。

第五首描写的四曲两石岩,即指四曲中的大藏峰和仙钓台。朱子此处的诗意是：山花的花瓣还带着朝露，一片清绿，有如羽毛的散乱披离。这是以山花带露衬出山中黎明的时分。四曲大藏峰壁有架壑船，又有金鸡洞，传说武夷金鸡为世人司晨，可是谁也没见过金鸡，有的只是月下空山和卧龙潭。后人在卧龙潭岩壁上刻有"飞翠流霞"四字。岩花垂落，潭水悠悠，金鸡无可追寻，给人以无限惆怅之感。

第六首突出五曲平林渡及云气高深的诸峰。朱子借写五曲胜景作自我描画、抒怀。在山高云深、烟雨迷蒙的境况中，竟有幽人来往林间，独享天然。"欸乃声中万古心"表达诗人甘于寂寞，心与道俱的人生意趣。五曲是九曲的中心，隐屏峰竣立溪北，峰峦挺拔。淳熙十年（1183 年），朱子就在此建武夷精舍，聚徒讲学。朱子的五曲之歌中的"山高"指精舍后的隐屏峰。由于山高云深，烟雨无时暗锁平林渡口，显示出凄清的景色。"欸乃"是船夫出力摇船的应答声。"客"指朱子自己，空有一片万古长存的倡道济世之心却无人能识，令人感慨系之。山林既然在樊笼之外，于是变成隐逸的代名词。隐逸包含着强烈的不满和反抗现实的意味，刻意与"众人"保持距离，目的是暂离名利场上的激流险滩，躲避城市的喧嚣嘈杂，从山水中汲取自在逍遥的精神愉悦。朱子在《武夷精舍杂咏·并序》中道："石门之西少南，又为屋，以居道流。取道书《真诰》中语，命之曰'寒栖之馆'。"说明武夷精舍中朱子与道流为伍。精舍初成之时，有层三间，中为讲学之用的仁智堂，左为供栖息的隐求室，其右为奉迎亲友的止宿斋。另有铁笛亭、茶灶等建构。其中朱子的《精舍》诗道："琴书四十年，几作山中客。一日茅栋成，居然我泉石。"《仁智堂》云："我惭仁知心，偶自爱山水。苍崖无古今，碧涧日千里。"《隐求室》云："晨窗林影开，夜枕山泉响。隐去复何求，无言道心长。"《钓矶》云："削成苍石棱，倒影寒潭碧。永日静垂竿，兹心竟谁识。"[①]《茶灶》诗道："仙翁遗石灶，宛在水中央。饮罢方舟去，茶烟袅细香。"诗中可见朱子归隐之意了然。

第七首写六曲绕碧湾的苍屏峰。六曲在九曲中流程最短。溪北有高直耸立的巨峰，峰壁由于流水侵蚀久而深陷，状如指痕，故称仙掌峰，又叫仙人晒布之岩。晒布岩，面溪背山，环境清幽。诗人精心选取柴门关闭，岩花自落，猿鸟不惊等几个镜头，渲染出一种悠闲自得的仙道气氛。

第八首七曲由碧滩回望隐屏峰和仙掌峰。七曲风光有獭控滩，就是"移舟上滩"之滩，它的后面正好是隐屏、仙掌两峰，所以说"回看"。"飞泉"指凌

---

① 朱熹：《晦庵先生文集》（宋集珍本丛刊），北京：线装书局，2004 年，第 675 页。

空飞洒而下的山泉,别有一番景象。七曲的北面为三仰峰,海拔 717.7 米,三峰相叠,昂首东向,雄姿巍然。在小仰峰的半壁上有碧霄洞,为道士修炼之所。后人刻有"武夷最高峰"五个大字。

第九首八曲有绿水萦洄的鼓楼岩。八曲滩高水急,溪畔浮出水面的有"牛角潭"的牛角,"青蛙石"的石蛙。鼓楼岩下,有一石如张牙舞爪的狮子,称为"上水狮"。有块椭圆如龟的岩石,称"下水龟"。溪南和鼓子峰相望的大小两块岩石,称为大廪石和小廪石。对大小廪石,南宋名相李纲有诗赞道:"仙家何事也储粮?石廪团团曲水旁。应驾玉龙耕紫石,琼芝千亩个中藏。"这里云遮雾障,鼓楼岩下碧水萦洄,只是游人须逆水行舟,克服水急滩险,很少有人入此佳境。

第十首九曲尽头是豁然开朗的星村,这一带一马平川,桑麻蔽野,又有良田美池,屋舍俨然,鸡犬之声相闻,风景更加幽美,令人无限向往,余味无穷,全然是桃源景象。舍此而想再去另找桃花源,那除非人间之外别有天地了。

朱子武夷棹歌一出,和者很多,韩元吉为最早者,可惜九首次韵已佚。历代奉和朱子《九曲棹歌》而作《棹歌和韵》的诗人还有方岳、刘信、王复礼、董天工等十几位诗人。作《棹歌十首》的有白玉蟾、余熹宾、邱云霄等数人,作《九曲杂咏十首》的有著名道士白玉蟾,作《武夷九曲歌》的有顾梦圭等。虽然仍是曲高和寡,但在奉和酬唱声中,九曲溪的知名度得以日益提高。1962 年,郭沫若先生视察武夷时有"棹歌首唱自朱熹"之句,可谓实至名归。

《武夷九曲棹歌》不仅是朱子武夷精舍时期的诗歌代表作,也成了朱子生平诗歌创作达到最高峰的象征。一个重要的原因,是朱子能够将武夷山的仙道意蕴融入其中。他用诗歌的语言全景式地描绘了武夷山的山水、风景。没去武夷的人,可以读诗卧游,初到的人可以借诗寻胜。诗中涉及的仙道主体有仙灵、玉女、道人、金鸡、林间客、游人、渔郎等,还有隐含在幔亭招宴神话传说中的武夷君、皇太姥和魏王子骞等武夷十三仙。诗歌擅于采用神仙的架壑船、虹桥、金鸡洞等传说典故渲染氛围。中唐以前人们把武夷山作为神仙之窟宅,道教色彩本来就甚浓。武夷山有关祭祀、羽化、仙蜕等记载不少。朱子诗中既写自然山水,也写"仙灵"、幔亭峰的虹桥飞断,由自然的山联想到神仙传说。朱子融摄美丽动人的仙道神话入诗,目的当然不是要人们去相信它,而是为了展示武夷山的道教文化魅力,使人们在乐山乐水之际有更多的想象、更广阔的回味空间。作者其实也在追求一种仙道隐逸的生活方式,桃源、棹歌、林间客、渔郎问津,无不体现修道之人的生活情趣。朱子追求的无非是人与自然融通合一,并将一幅幅人间仙境尽揽笔端。道家道教自然观非常强调"道"与"物"的联系。其基本的自然审美形式是在人与自然和谐的关系中实现人格的独立,并求得精神的自由快乐。因此,道家道教与大自然之间存在着天然的亲近感。这种亲近感又常常与长生久视的仙道信仰联系起来,而其目标榜样就是神仙。从"仙"的字形来看,其同"隐"的行为相类似:"仙,迁也,迁入山也。故其制字人旁作山也。"①武夷山,该山闲静,远少世纷,与尘世的疏离正好与隐仙的生活方式相呼应。

三、朱子棹歌的东传及其仙道意蕴对韩国九曲歌系的影响

孙亦平教授认为:"神仙虽是东亚各国的宗教信仰中共有的原型,但直到秦始皇、汉武帝推行的海上求仙活动,派方士徐市(徐福)、韩终、卢生等寻找三神山和不死之药时,才将东亚人的各种原生态的神仙传说联系起来,突出其中的神异与长生的成分,由此逐渐培育出适宜于道教神仙信仰在东亚传播的文化土壤。"②道教在东汉末年创立后不久,随着移民的迁徙和文化交流的展开而传到周边的国家与地区,其中对朝鲜半岛的影响尤为显著。据推测出作为一种哲学思想老子道家思想在 3 世纪就已传入百济。但一般认为,中国道教作为一种宗教,直到唐武德七年(624 年)才正式传入朝鲜半岛。③ 早在高丽时期,北宋性理学就已进入朝鲜半岛。14 世纪初期,高丽学者安珦、白颐正等人从元朝带回了朱子学,从此朱子学在高丽扎根。而在排斥佛教,奉儒学为国教的朝鲜,以程朱理学为代表的性理学成为正统的官学,上升为统治理念。朝鲜中期的李滉和李珥,则可谓朝鲜性理学的集大成者,经过他们的整理、扬弃、发展,性理学在朝鲜延续了三百年之久,确保了儒教作为国教、性理学作为国学的统治地位。

李琪、金银珍教授认为,朱子的"九曲棹歌"传入韩国不晚于高丽晚期,依据是元天锡(1330—?)的"依然九曲武夷中"诗句、徐居正(1420—1488 年)的诗作"朱文公武夷精舍图,用文公韵"以及书写在吉州窑盏上的第九曲诗文。④

---

① 段玉裁:《说文解字注》,上海:上海古籍出版社,1981 年,第 65 页。
② 孙亦平:《道教在韩国》,南京:南京大学出版社,2016 年,第 34 页。
③ 郑麟趾:《高丽史》,台北:文史哲出版社,2012 年,第 16 页。
④ 李琪、金银珍:《"九曲棹歌"传入韩国时间考》,《黑河学院学报》2014 年第 5 期。

朝鲜朝性理学学派按所处地域各自形成岭南学派与畿湖学派。岭南学派的诗歌最大的当是退溪李滉和栗谷李珥。李滉和李珥是朝鲜朝中期朱子学的两位集大成者,也是整个朝鲜朝性理学的双峰。韩国地理学上的"岭南"即庆尚道。岭南学派是指以退溪李滉(1501—1570 年)被誉为"海东朱子"的朝鲜儒学泰斗,他与弟子门生组成的以岭南地域作为根据地的朝鲜朝性理学学派,被尊称为退溪学派。

李滉的九曲歌系能与朱子《武夷九曲棹歌》相媲美。其诗歌在诗韵和平仄等诗歌形式上与朱子《九曲棹歌》保持一致。《闲居读武夷志,次九曲棹歌韵》(十首)吟道:

> 不是仙山托异灵,沧洲游迹想余清。
> 故能感激前宵梦,一棹赓歌九曲声。
> 我从一曲觅渔船,天柱依然瞰逝川。
> 一自真儒吟赏后,同亭无复管风烟。
> 二曲仙娥化碧峰,天妍绝世靓修容。
> 不应更觊倾城荐,闾阖云深一万重。
> 三曲悬崖插巨船,空飞须此怪当年。
> 济川毕竟如何用,万劫空烦鬼护怜。
> 四曲仙机静夜岩,金鸡唱晓羽毛毵。
> 此间更有风流在,披得羊裘钓月潭。
> 当年五曲入山深,大隐还须隐薮林。
> 拟把瑶琴弹夜月,山前荷蒉肯知心。
> 六曲回环碧玉湾,灵踪何许但云关。
> 落花流水来深处,始觉仙家日月闲。
> 七曲撑篙又一滩,天壶奇胜最堪看。
> 何当唤取流霞酌,醉挟飞仙鹤背寒。
> 八曲云屏护水开,飘然一棹任旋洄。
> 楼岩可识天公意,鼓得游人究竟来。
> 九曲山开只旷然,人烟墟落俯长川。
> 劝君莫道斯游极,妙处犹须别一天。①

李滉的次韵就是依朱子《武夷九曲棹歌》之韵而写的诗,每首诗的一、二、

---

① 李滉:《韩国文集丛刊》卷二九,《退溪集》,首尔:景仁文化社,2009 年,第 65 页。

四句诗最后一个字是一样的。朱子诗中"有仙灵"的"武夷山"，李滉将它们置换为"托异灵"的"仙山"。把玉女峰称为仙娥所化的碧峰，诗中的仙机岩、灵踪、仙家、飞仙、流霞等，都饱含仙道色彩。李滉的九曲诗中以"沧洲"、"真儒"和"大隐"等诗语形容朱子。李滉曾在《李仲久家藏〈武夷九曲图〉》跋文记载："三十六洞天，无则已，有则武夷当为之第一，故其中古多灵异之迹。天生我朱子，不得有为于天下，卒至卷怀栖遁于大隐屏下，使夫灵仙窟宅之地，变而为邹鲁道义之乡。天意固有所未可知也，而彼一时天下之不幸，岂不为兹山之幸也耶，又岂不为百世斯文之大幸也耶。"李滉所言"三十六洞天"正是秉承了中国道教的说法。"灵异之迹"、"灵仙窟宅"也就是神仙出没之地。郑述是岭南学派的中坚、李滉的直传弟子，被后世称为李滉门下"三杰"之一。在他的九曲诗里，再把武夷山置换成天下"最著灵"之山，并用"紫阳"和"高人"称呼替代朱子。

还有李滉九世孙李颐淳的《游陶山九曲敬次武夷棹歌韵十首并序》就是其中一例。虽然诗情画意相对淡化很多，但依然可见仙道的痕迹。如："我从四曲访聋岩，岩古台空碧草萋。仙伯风流山仰地，一声渔父月盈潭。"李颐淳诗称聋岩为老仙伯。又如："七曲瑶屏绕玉滩，云生花发画图看。炼丹秘诀从何问，仙去千秋古鼎寒。"原注：丹砂，在川沙北二三里。先生丹砂曲诗曰："青壁欲生云，绿水如入画。"又曰："花发桃源界。"又曰："中藏万斛沙，秘宝天所戒。"诗中直接把七曲称为丹砂曲，炼丹秘诀、仙去等语显然对仙道词汇的引用。又如："九曲山深更卓然，仙峰六六影流川。如三十六洞天在，此亦当为第一天。"璿瑠。璿瑠原注：清凉，在孤山北五六里。先生武夷九曲图跋曰："三十六洞天，无则已，有则武夷当为之第一。"[①]六六峰，即十二峰之谓也。然六六与三十六无异，则今以六六，为三十六洞天之第一，亦可谓不偶也，未知武夷九曲之中，亦有第一奇绝，如清凉者否也。诗中把清凉山比作武夷山，已把它视为如同武夷山的洞天福地了。

四、结　语

朱子九曲棹歌虽以《芹溪九曲棹歌》肇其端，却以《武夷九曲棹歌》臻至境，并东传高丽。随着朱子武夷九曲棹歌东传高丽，退溪李滉集道东朱子学

---

① 李颐淳：《韩国文集丛刊》卷二六九，《后溪集》，首尔：景仁文化社，2009年，第122页。

之大成,以他为代表的岭南学派诗歌也染上仙道的晕圈,诗中出现的三十六洞天、灵仙窟宅、灵异之迹、洞天等提法无疑受朱子棹歌中仙道思想的影响。受此影响,也使士林形成山林隐居的生活方式。岭南学派的九曲诗歌可以看作是朱子《九曲棹歌》的一种传承和发展,这揭示了朱子棹歌在 15 世纪时期对韩国士林文学产生深远的影响,对文化乃至历史角度的研究都具有重要的参考价值。中韩九曲诗歌结合这些洞天福地风物写"神仙",不仅无可厚非,还能部分舒缓政治的历史沉重感。这些九曲组诗绚烂多姿,为今天的人们提供了一种艺术美感,从而激发游人对所述风光的兴趣。如果诗还有另外寄托,又可借此认识古代的历史和诗人的体道过程和仙道人生观。通过这些诗歌也可表现出诗人借"仙境"逃避险恶现实的意向,以及政权内部的权力斗争和诗人的处境。诗人自由地徜徉山水之中,九曲诗歌斑驳陆离的"神仙"图画所透视出的,不过诗人踌躇满志和乐观自信。当然,这也是当时时代精神的折射反映。沉溺于道教和神仙,喜作游仙诗是东亚中古世界上至王公、下至百姓比较流行的社会风气。朱子、退溪及其弟子不过是突出的代表罢了。还应指出,对于不熟悉古代语境的当代读者和游人而言,已很难品味这些游仙诗的人生况味,而只能惊叹于其想象的丰富和色彩的绚丽。所以正如刘凌先生所云:"将神仙与山水有机结合描写,也决非大手笔不能为,如胸无丘壑,东施效颦,则必兴味索然矣。"①

(作者单位:武夷学院旅游学院)

---

① 刘凌:《泰山诗的儒意、道意、禅意》,《岱宗学刊》2002 年第 1 期。

武夷山命名源流考

◎ 袁鑫焘

众所周知,武夷山是位于中国东南的名山,世界自然与文化遗产地,与中国近古儒学之宗——朱子学关系密切,地位非凡。然而打开现在的地图,会发现好几个"武夷山":(1)武夷山国家级风景名胜区,(2)武夷山自然保护区,(3)武夷山脉,(4)武夷山市,(5)武夷新区,(6)武夷街道,(7)武夷山镇,等等。它们相邻而并存,且都是正式地名,令人困惑。鲜为人知的是,这些命名除了一两个外,其余基本都属于泛化的"大武夷"范围,乃1930年代"武夷山脉"命名后的产物。本文即欲寻根溯源,理清脉络。

一、"武夷山"名出"武夷",古代无歧义,均指今天位于福建北部武夷山市境内的武夷山风景名胜区

以今之名词言之,武夷山风景名胜区是指闽北武夷山市(旧称崇安县)南部一片丹霞地形,面积仅约70平方公里,自然景观有九曲溪、大王峰、天游峰、水帘洞等,人文景观有武夷宫、武夷精舍等。以古语言之,则如乾隆年间的《福建通志》介绍崇安县山川时所言,"武彝山","在县南三十里,邑望山也。道书谓为十六洞天,峰峦大者亦三十有六"①。

记载"武夷"二字的最早文献,是西汉司马迁(145—?)的《史记·封禅书》,谓汉武帝时祭祀"武夷君,用干鱼"。班固《汉书》因之。唐司马贞《索引》引《地理志》,曰:"建安有武夷山,溪有仙人葬处,即《汉书》所谓武夷君。"建安

---

① (清)郝玉麟修:《福建通志》卷四。

即古建安郡,后世改称建州、建宁府,辖境在闽江建溪流域,包括现武夷山市。

　　描写武夷山风景的最早文字,应属南朝顾野王(519—581 年)的:"千峰竞秀,万壑争流,美哉河山,真人世所希觏也!"顾野王系吴县人(今属苏州),入闽至建安,留下此叹。①

　　对武夷山地貌的细致刻画,古代莫过于明代《徐霞客游记》之《游武夷山日记》。徐霞客(1587—1641 年)乃勇于探险的地理学家、文学家,他以崇安县城为基地,至城南二十余里的武夷山作三日游,几乎踏遍山中的秀水奇峰。②

　　论来历,先有"武夷",后有"武夷山"。"武夷"何谓?至今仍无完美解答。一种神话认为,与"仙人"彭祖有关。彭祖在武夷山修仙的传说,详见于南宋著名道士白玉蟾(1134—1229 年)的《武夷重建止止庵记》,曰:

　　　　武夷之为山,考古秦人《列仙传》,盖钱铿于此炼丹焉。……生平惟隐武夷山……铿有子二人,其一曰钱武,其次曰钱夷,因此遂名武夷山。③

　　至于白玉蟾其人,与朱子同世,曾受崇安县士绅邀请,主持大王峰麓的止止庵。因居止武夷山,有号"武夷散人"。其《武夷重建止止庵记》曾言及五曲畔的"朱晦庵仁智堂",即武夷精舍,意者二人或认识。

　　武夷山的得名,另一种说法认为与上古的武夷君有关,相对合理。《钦定大清一统志》载:

　　　　武夷山……在崇安县南三十里,邑望山也。相传昔有神人武夷君居此,故名。《史记·封禅书》汉武帝祀武夷君,用干鱼。《索隐》引顾氏《地志》云:"建安县有武夷山,有仙人葬处。"《寰宇记》:"山在建阳县北一百二十八里。"萧子开《建安记》云:"山高五百仞,岩石悉红紫二色,望之若朝霞。"④

　　注意其中"相传昔有神人武夷君居此,故名"一句。古人之所以相信有神仙居此,与武夷山峰岩上的"船棺"遗迹有关系——它们架在人到不了的悬崖绝壁,在古人看来,只能是"仙人葬处"。既有仙人葬处,则有仙人无疑。20 世纪 70 年代以来,考古学者取下了多副悬棺,证明是古闽人遗存,推翻了古人的神仙说。实际上,八百年前朱子对此已有考辨:

---

①　(清)蓝闽之:《武夷纪要》。

②　(清)徐宏祖:《徐霞客游记》卷一上《游武夷山日记》,四库全书本。

③　(宋)白玉蟾:《武夷集》卷四五,《武夷重建止止庵记》。

④　《钦定大清一统志》卷四三一,四库全书本。

武夷君之名，著自汉世。祀以干鱼，不知果何神也。今建宁府崇安县南二十余里，有山名武夷，相传即神所宅。……九曲流出其间，两崖绝壁，人迹所不到处，往往有枯查插石罅间，以度舟船棺柩之属。柩中遗骸外列，陶器尚皆未坏。颇疑前世道阻未通、川壅未决时，夷落所居，而汉祀者即其君长。盖亦避世之士，生为众所臣服，没而传以为仙也。①

这段人类学分析，以船棺、陶器等遗迹推断武夷君原型为原始部落酋长，堪称精湛，为现代考古所验证。总之，武夷山因武夷君而得名，是因人而名山。唯武夷君何以谓之武夷，尚不可知。

在南宋闽北地区的儒家群体崛起之前，武夷山就是这样，主要作为仙道名山存在。唐代司马承祯《天地宫府图·三十六小洞天》，以武夷山为第十六小洞天，曰："（武夷山）周回一百二十里，名曰真升化玄天。在建州建阳县，真人刘少公治之。"当时建安郡已改名建州，而崇安县尚未从建阳县独立，故曰武夷山在建州建阳县。历史上武夷山道教宫观有九十九观之说，不可谓不盛，其中以唐代始建的冲佑观（又名会仙观、武夷宫等）影响最大，宋代为皇家道观，朱子、陆游、辛弃疾等都当过主管。②

宋代于武夷山是一大转折，以朱子在九曲溪畔创立武夷精舍为标志，由道教名山进一步成为理学名山，所谓"道南理窟"。朱子《武夷棹歌》咏九曲风光，至今传唱。朱子在武夷山中治学游吟，与武夷山的"仙气"结合，甚至衍化出一系列"聊斋"式的民间故事"朱子与丽娘"等，③再为武夷山蒙上一层神秘色彩。

宋代是福建武夷文化大放异彩的时候。单是以武夷命名的诗文集，就有北宋建州人杨亿（974—1020年）的《武夷新集》二十卷、南宋琼州人白玉蟾的《武夷集》八卷。（另外明万历间有长乐人陈省《武夷集》四卷、《武夷咏》三卷）理学史上，除了朱子学与武夷山之间众所周知的关系，尚有"武夷学派"，明黄宗羲《宋元学案》记为"武夷学案"、清李清馥《闽中理学渊源考》记为"武彝胡氏家世学派"，乃崇安人胡安国（1074—1138年）及其子侄所立，朱子亦属其后学。可以说，碧水丹山的武夷山就是当时闽北高人雅士共同的后花园。

---

① （宋）朱子：《朱子文集》卷七六，《武夷图序》，四库全书本。
② 负信常：《道家第十六洞天武夷山》，《中国道教》1989年第3期，第50～52＋56页。
③ 陈荣捷：《朱熹与丽娘》，《朱子新探索》，上海：华东师范大学出版社，2007年，第119～124页。

宋代开始,由于名气大增及其他因素,游览、书写武夷山成为一件长盛不衰的雅事。据武夷学院的学者统计,相关文学作品达到 5000 余篇,其中绝大多数是宋以来所作,相当一部分是直接写武夷这座山的。他们甚至编出了专门的《武夷文学读本》。[1]

武夷山的山志也自宋代面世。第一部的作者叫刘夔,崇安人,《宋史》有传,其《武夷山志》一卷,可惜已佚。据武夷山市方志委员会统计,历代《武夷山志》已知 28 部,其中宋代 2 部,明代 17 部,清代 8 部,民国 1 部。它们大多题为"武夷山志",其他题名还有"武夷志""武夷图说""武夷志略""武夷纪要""武夷九曲志"等。所有这些山志的书写对象,都是现在武夷山市境内的武夷山风景名胜区,并无第二座武夷山。其作者,第一大类是崇安本地士人,第二是莅官崇安的外地士人,第三为长期隐居或短期游览武夷山的外地士人。

若欲整体把握清代以前的武夷山文献,可读清康熙时期编的大型类书《钦定古今图书集成》,其《方舆汇编·山川典》有"武夷山部",共四卷(第 181、182、183、184),载有武夷山全图,继以"艺文"两卷,及"纪事""杂录""外编"一卷,篇幅居诸名山前茅。

入清以后,武夷山的身份再次发生转折,递进为产茶名山。尽管宋代建州茶已名闻天下,产地涵盖崇安武夷山,至元代更在九曲溪边设御茶园,但武夷茶脱颖而出,有了自己的响亮名号,始于明清之际。清初崇安县令王梓,有《茶考》一文,曰:"武夷山周围一百二十里皆可种茶。其品有二:在山者为岩茶,上品;在地者为洲茶,次之。"是论武夷茶产区较早的。武夷山居隐士王复礼撰《茶说》,天心禅寺僧人释超全撰《武夷茶歌》,更是记载武夷岩茶的制作工艺,成为世界乌龙茶发源于武夷山之证。此外,一般认为红茶也发源武夷山区(具体为九曲溪上游星村一带),时间或在清初,或在明末。武夷茶由此而不可替代。晚清鸦片战争后,福州口岸之开辟,重要原因即是英国人欲方便得到闽江上游的武夷茶。清末大量涉及武夷山茶叶出口问题的奏折,都是径称"武彝茶"。档案具在,读者可自行查阅。

最后补充两点。第一,"武彝"与"武夷",是何关系?意思一样,只是写法不同。大概清代人才写作"武彝"。就笔者所阅,旧图书里的"武夷"字眼在清人笔下很多转成"武彝"。此系满洲入主中原而引发的避讳。雍正皇帝曾言及此事:"朕览本朝人刊写书籍,凡遇胡、虏、夷、狄等字,每作空白,又或改易

---

① 廖冰主编,程荣、王冰云副主编:《武夷文学读本》,厦门:厦门大学出版社,2016 年。

形声,如以夷为彝、以虏为卤之类,殊不可解。揣其意,盖为本朝忌讳,避之以明其敬慎,不知此固背理犯义不敬之甚者也。"可以为证。其实,雍正皇帝以及乾隆皇帝等,都是反对这种篡改的。[①] 这也导致清代"武夷"与"武彝"之并行。

第二,不说"武夷山",单说"武夷"二字,古代存在唯一的例外,是唐朝的"武夷县"。《中国历史地名大辞典》载:"武夷县,唐置,属武峨州。治所在今越南北太省南部。后废。"关于唐朝的武夷县,所见资料仅此一条。

二、"武夷山脉"命名始于 1930 年代的地理学

如上所述,武夷山一名自古有之,所指范围有限。而武夷山作为山脉名称,所指范围极度扩大,是近代地理学发展的结果。虽有先后之别,但时至今日,武夷山脉概念也已深入人心。

当代国人初识"武夷山",多数是通过中学地理课本,其书所示为武夷山脉,见初中二年级上册《地理》之中国主要山脉图。人们先入为主,便首先记住东南地区绵延五百多公里的武夷山脉,而非小得多的闽北武夷山。1993 年第一版《中国大百科全书》,武夷山词条的第一义还是"武夷山风景区"。至 2009 第二版《中国大百科全书》,武夷山词条已默认为武夷山脉。其文如下:

> 武夷山 中国东南沿海重要山脉。东南沿海地区重要的自然地理界线。为东南沿海丘陵与江南丘陵的分界线,也是福建闽江水系、汀江水系与江西鄱阳湖水系的天然分水岭。位于闽、赣两省之间。山脉呈北北东走向,长约 540 千米,北与仙霞岭相接。南与九连山相连。地势北高、南低,北段地势均在海拔 1000 米以上,福建省武夷山市、光泽县和江西省铅山县交界处地势最高,平均海拔在 1200 米以上。位于武夷山市境的黄岗山海拔 2160.8 米,是武夷山脉最高峰。

概念的潜移默化,十分惊人。

以下梳理"武夷山脉"所指的这片山地从古代到现代的命名史。

无论是清康熙时期彩绘的《福建舆图》(藏中国国家图书馆)、雍正时期彩绘的《福建全省地舆图说》(藏福建省建瓯图书馆),还是光绪时期《大清会典图》中的黑白地图,如《福建省全图》(卷一八四)、《建宁府图》(卷一八五)、《江

---

① 详见陈垣:《史讳举例》,上海:上海书店出版社,1997 年,第 24～25 页。

西省全图》（卷一七八），都不曾提及横亘闽赣之间有何山脉或山系。其缘故，近代地理学家吴尚时有言："我国旧日地理学之记载，详于水而忽于山。"[①]信然。

标识山脉山系的古地图也不是没有。例如来华传教士南怀仁为清康熙帝绘制的《坤舆全图》，较准确地标出现在的武夷山脉，然而他并未命名。

南怀仁《坤舆全图》局部

实际上，成熟的地理学山脉理论，整个是近一二百年的产物，无论中西。中国人对境内主要山脉的认识，有一个逐步清晰的过程。翁文灏1925年撰写的《中国山脉考》[②]对此做过专业总结，现在即据之以考察武夷山脉。

最早是唐僧人一行提出"天下山河两戒"说，认为华夏大地由"北纪"和"南纪"两大山系包围庇护。其东南部分如下图：

---

① 吴尚时：《中国之山脉概论》，《地学集刊》第五卷第三期，1949年。

② 翁文灏：《中国山脉考》，《翁文灏选集》，北京：冶金工业出版社，1989年，第129～161页。

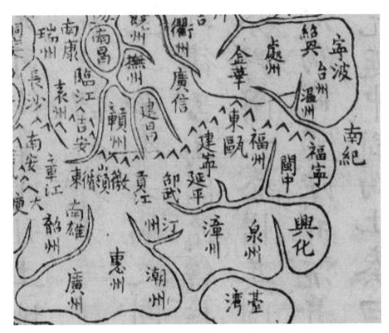

清徐文靖注《天下山河两戒考》（雍正元年刊本，1723年）

　　按照僧一行的说法，发源于昆仑山的南纪，"东循岭徼"入闽中。也就是说，现在的武夷山脉，被他看作由湖南两广一带而来，仅仅是"岭"（南岭）的一段。

　　到了宋明，堪舆家有"昆仑三龙"说。《徐霞客游记·江源考》亦持此说，曰："南龙自五岭东趋闽之渔梁，南散为闽省之鼓山，东分为浙之台、宕。"

　　据此，"南龙"的福建段被看作起于粤赣边界的庾岭（五岭之东端），终于浙闽边界的仙霞关（即渔梁驿），有了较独立的地位，只是仍无独立的名称。

　　进入近代，西学东渐。19世纪下半叶，德人李希霍芬（Richthofen）、奥人洛采（Loczy）等开始以地质构造论中亚、东亚山脉。1896年，德人傅德赉（Futterer）综合当时成果，绘制过中国山脉图，武夷山脉处标为"庾岭"。

　　1907年，美国人维理士（Willis）绘制了《亚洲大陆构造图》，武夷山脉处（标8）命名为"南岭"。实际上，傅德赉、维理士对中国东南一带山脉的标示颇笼统，甚至不如明代堪舆家和清代南怀仁精确。民国时期的翁文灏指出，中国南部的山脉较之中国北部、中部，地理学家的研究比较缺略。他自己也只是把这一带的山系泛泛称为"南岭"。①

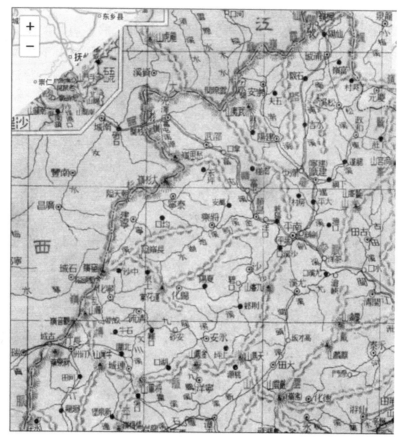

1933 年福建省地图

变化发生在 1930 年代。1933 年的福建省地图,标出仙霞岭脉、大杉岭脉。"大杉岭脉"北起崇安,南至闽、赣、粤交界,基本就是后来的武夷山脉。这是武夷山脉第一次获得独立命名,只是当时叫的是大杉岭脉,即以闽北光泽县与江西省的分水岭——杉岭命名。到 1937 年,武昌亚新地学社印行的《福建省明细地图》那里,同一山脉被写作"武夷山脉或杉岭山脉",区别只是其北段的西缘明显划到了江西的上饶、鹰潭境内。这是中国地图上第一次出现武夷山脉名称,并与杉岭山脉一名并存,属于命名过渡期。

① 翁文灏:《中国山脉考》,《翁文灏选集》,北京:冶金工业出版社,1989 年,第 158～159页。

我们尚未发现是哪位地理学家或谁第一次命名"武夷山脉"。1935 年的《潋志补录》有云："南昆仑之脉……在闽为武夷山脉。"[1]可知早于亚新地学社 1937 年的地图，已有武夷山脉之名。根据这些资料，武夷山脉的命名时间可框定在 1933—1935 年间。至于为何如此命名，我们猜测是由于武夷山乃该山脉中声名最显之历史名山，同时武夷山所在的崇安县境又是山脉最高峰所在地，故选武夷而弃杉岭。此后，武夷山脉的命名便定型了。1946 年出版的《中国地理教科书》之《全国地势图》，那条山脉只写"武夷山脉"。[2] 1949 年后沿袭之，以迄于今。

三、闽赣两地"武夷"从山名到政区名的扩散

先说福建。无人不知，由于名山武夷之故，福建崇安县于 1989 年改为武夷山市，行政区域不变。人所不知的是，这并非崇安内部政区冠名武夷之始。崇安县早有"武夷乡"。朱子为父亲朱松写的《行状》提到，朱松葬地为"武夷乡上梅里寂历山中峰，僧舍之北"。[3] 换言之，南宋即有武夷乡。崇安县成立于北宋淳化五年（994 年），与朱子时代不远，故而我们猜测，"崇安县"初设时已有武夷乡。直到清代，崇安县辖区仍有武夷乡。康熙朝《崇安县志》载本县共八乡，其一为"武彝乡"，下辖会仙、上梅、下梅三里。[4] 该记载除了印证朱子记载外，还透露出武夷乡何以称为武夷——武夷乡的首里"会仙里"就是武夷山景区范围。

崇安县的行政区划，从宋至清没有多少变动。入民国，新事物风起云涌，也就牵动了行政区划的变革。民国三十年（1941 年）《崇安县新志》第一卷"地理"载有"赤石实验乡"，下辖"武夷保"，它包括"武夷宫""天心岩""桃源洞"等村。[5] 这些村全部属武夷山景区范围。武夷保比原来下辖三个里的武夷乡，是缩小了。

---

① 程煦元修：《潋志补录》，第 4 页。

② 中国史地图表编纂社、金擎宇：《（中学适用）中国地理教科书》，亚光舆地学社，1946 年，第 19 页。

③ 朱杰人、严佐之、刘永翔主编：《朱子全书外编》，上海：华东师范大学出版社，2010 年，第三册《韦斋集》附录，第 243 页。

④ （清）管声骏修，衷光烈纂：《崇安县志》卷三，《建置志》。

⑤ 刘超然修，郑丰稔、衷幹纂：（民国）《崇安县新志》，铅印本，第 7 页。

1949 年后,冠名武夷的行政区无论范围、性质都多次变动。据 1994 年《武夷山市志》记载,1954 年崇安县的第二区(星村区)下辖有武夷乡,乡政府所在为天心岩,管理天心岩、天游岩、武夷宫、山前四个村。[①] 1958 年底,全县行政人民公社化,1960 年成立"武夷公社"。至 1981 年,"武夷公社"下辖良种场及赤石、角亭、公馆、天心等 11 个大队。[②] 1984 年全国撤销公社,公社改回乡镇,大队改回村,遂有"武夷乡",乡政府驻地为高苏坂,所辖范围不变。[③] 1989 年崇安县改为武夷山市后不久,1994 年武夷乡改为武夷镇,2003 年改为武夷街道。[④]

从武夷乡(宋至清)到武夷保(民国),再到武夷乡、武夷公社、武夷乡、武夷镇、武夷街道(新中国),不变的是山在境内,因山得名。1989 年武夷山市的成立,同其道理,区别是升级到了县一级行政区。作为福建省唯一以山命名的县市,武夷山市的成立,其动机明确为拉动旅游业及整体经济发展,这是过去所无。非常明显,以前那些地名只取武夷二字,意为武夷之乡,而不必言武夷山之乡。

近 10 年的动态是,武夷山市(县级市)所在的南平市(地级市)政府抛出"武夷新区"概念,范围涵盖武夷山市以及毗邻的建阳市一带,2012 年获批。其意在于将武夷之名扩至闽北更大的区域,从而使更多人能享受"大武夷"品牌。在建设过程中,武夷新区的核心区放在建阳市(后改为建阳区)而非武夷山市,其名称的正当性受到一定的质疑。实际上,南平市有意整体改名为地级的"武夷山市",同时市政府从延平区迁到武夷新区核心区。2011 年,南平市人大常委会通过了关于南平市更名为武夷山市的决议,引起较大反弹。[⑤] 目前而言,南平市的整体更名目标未达到(文史学者多数也建议,若改名不如改为建州)。而临时的"武夷新区",其核心区建设已取得很大进展,市级政府部门陆续迁入,迁府目标达到。

再说江西。现江西一些地方的介绍,常有"位于武夷山脉北麓、北坡"云

---

① 武夷山市志编纂委员会编:《武夷山市志》,北京:中国统计出版社,1994 年,第 80 页。
② 武夷山市志编纂委员会编:《武夷山市志》,北京:中国统计出版社,1994 年,第 84~86 页。
③ 武夷山市志编纂委员会编:《武夷山市志》,北京:中国统计出版社,1994 年,第 92 页。
④ 武夷山市武夷街道办官方网站 http://wys.gov.cn/html/2013-10-23/304662.html.
⑤ 详见 2013 年媒体报道,如《两级地方政府争名武夷山更名迁府遭集体抵制》(《经济观察报》,https://fj.qq.com/a/20140527/044202.htm),等等。

云，而赣东北上饶市下辖的铅山县，尚有一镇曰"武夷山镇"。翻阅旧《铅山县志》，未见1949之前当地有地名含有"武夷"二字，包括山名和政区名。盖因铅山之武夷山名称之起，皆缘于武夷山脉1930年代之命名。其地名皆系于"武夷山"，而不是直称"武夷"，正是其命名后起的一个表征。

铅山毗邻福建武夷山市，两地以武夷山脉为分水岭，武夷山脉最高峰黄岗山为两地界山。武夷山脉位于铅山的部分多高峰密林，与武夷山市部分一样，是山脉腹地。1957年铅山县诞生"武夷山垦殖场"，相信是当地首个冠名武夷山的正式地名。有资料回忆道：

> 1957年12月，（江西）上饶地区专署机关和上饶市党政机关干部职工482人，积极响应党的号召，开发山区，建设山区，开赴老革命根据地——铅山石垄，创建上饶地区武夷山综合垦殖场。该场隶属上饶地委、行署管辖。1997年，撤销原国营江西省上饶地区武夷山综合垦殖场（正县级）。1998年元月，成立"铅山县黄岗山镇人民政府、铅山县武夷山镇人民政府"和"国有铅山县黄岗山林场、国有铅山县武夷山林场"。2006年3月，黄岗山镇并入武夷山镇，称武夷山镇。[①]

据1990年《铅山县志》，隶属上饶地区的国营"武夷山综合垦殖场"初期系以铅山的石垄乡、车盘乡、下渠乡为基地。[②] 可知武夷山垦殖场创建前，原地只是此三个乡。现铅山武夷山镇政府驻地为车盘街，车盘即为旧地名。武夷山镇背靠武夷山脉，以其垦殖场为渊源，至今也有了60年历史。不过因为与福建武夷山名字雷同，给不明就里的游客带来了一些困扰。

最后，因着武夷山脉的命名，当代还有几个冠名武夷山的地方是跨福建、江西两省的。首先是"武夷山自然保护区"，1979年，福建武夷山自然保护区成立，同年被批准为我国第一个国家重点自然保护区。随之成立由福建省林业厅领导的县处级管理机构——"武夷山国家级自然保护区管理局"，设于崇安县（武夷山市）。1987年，该保护区被联合国教科文组织"人与生物圈计划"国际协调委员会接纳为世界生物圈保护区。[③] 据公开资料，该保护区位于福建省的武夷山市、建阳市、光泽县、邵武市的交界处，西北部毗邻江西铅山县，

---

① 陈思雨：《铅山县档案局抢救保护江西武夷山垦殖场的财务档案》（2018年5月22日），见江西档案信息网 http://www.jxdaj.gov.cn/id_2c90819863821c1a016386c4be5e09c2/news.shtml.

② 郑维雄主编：《铅山县志》，海口：南海出版公司，1990年，第43页。

③ 萧天喜主编：《武夷山遗产名录》，北京：科学出版社，2011年，第255～257页。

总面积 565 平方公里,其中武夷山市部分 253 平方公里,占比 44.82%。比福建稍晚,1981 年,江西武夷山自然保护区成立,1982 年设置江西省武夷山自然保护区管理处。2002 年,被批准为国家级自然保护区,总面积约 160 平方公里。同年,保护区管理处更名为"江西武夷山国家级自然保护区管理局"。① 尽管行政管理互相独立,但福建武夷山自然保护区和江西武夷山自然保护区是连成一片的,合为武夷山脉的精华,其森林生态系统完整性和生物多样性居于地球同纬度之冠。闽赣双方,面积比例为 565∶160。

还有"武夷山世界自然与文化遗产地"。1999 年,福建武夷山自然保护区与保护区外的武夷山风景名胜区(属武夷山市)、古汉城遗址(属武夷山市),联合申报世界自然与文化遗产成功,从而有了武夷山世界双遗产地的概念,总面积为 999 平方公里。至 2017 年,江西铅山的武夷山自然保护区也成功列入世界自然与文化遗产地。这是联合国教科文组织世界遗产委员会进行的边界调整项目,把原来完全位于福建的武夷山双遗产地范围向山脊线(福建和江西省界)另一侧扩大了一点。② 具体言之,江西新列入的世界遗产地,即原来的江西武夷山自然保护区的核心部分,面积为 107 平方公里,故与福建的比例为 107∶999。

最新有"武夷山国家公园"。2017 年 9 月,中央印发《建立国家公园体制总体方案》,福建成立试点区"武夷山国家公园"。2017 年 11 月,福建省通过《武夷山国家公园条例(试行)》,所认定的公园范围即原闽境武夷山世界遗产范围(汉城遗址除外)。其总面积为 942 平方公里,核心部分为福建武夷山自然保护区和武夷山风景名胜区。其管理机构"武夷山国家公园管理局",系由原"福建武夷山国家级自然保护区管理局"改编而来,仍隶属福建省林业厅,原自然保护区管理局团队降为"武夷山国家公园执法支队"。③ 该国家公园试点将来怎么样,如何处理与江西武夷山自然保护区的关系,尚不可知。

四、小　结

简单总结起来,武夷山本是闽中一座仙道、理学、产茶名山,福建崇安县

---

① 江西省林业厅官网,http://jxly. gov. cn/id_4830964518d942f6a4f1b23d74239b6b/news.shtml.

② 中国新闻网报道,http://www.chinanews.com/cul/2017/07－10/8273699.shtml.

③ 武夷山国家公园官网介绍,http://wysgjgy.fujian.gov.cn.

自宋代起便设置了武夷乡。至 1930 年代，因地理学的演进，始有武夷山脉之命名。因其绵延五百多公里，跨越闽赣两省，于是牵涉增多，造成后来武夷（山）之名的多地共用，乃至歧义。而 20 世纪以来政治或经济形势的变迁，也使它作为行政区名，在闽北内部一再生变。

（作者单位：武夷学院朱子学研究中心）

安东地区文化遗产的价值和未来的开发

◎ 金美英

一、前　言

文化遗产的事前定义是"科学、技术、习惯、规范及精神物质的各种文化遗产"。通常认为文化遗产中含有通过悠久历史形成的民族认同感,因此大部分国家都制定制度,赋予文化遗产保护强制力。

韩国也于 1962 年制定了《文化遗产保护法》,并一直实行至今。《文化遗产保护法》中规定的文物栏目有:第一,建筑物、典籍、书籍、古文书、绘画、雕刻·工艺品等有形的文化产物,作为历史艺术、学术价值巨大和与此相适应的考古资料等有形文化遗产。第二,戏剧、音乐、舞蹈、工艺技术等无形文化产物,具有重要的历史艺术学术价值的无形文化遗产。第三,贝冢、古坟、城址、宫址、窑址等旧址和历史遗迹地,具有重要的历史学术价值;作为风景胜地,具有重要的艺术、景观价值;动物(包括其栖息地、繁殖地、栖息地)、植物(包括其自生地);矿物、洞窟、地质、生物学生成物及特别的自然现象,具有重要的历史景观学术价值。第四,衣食住行、生活业、信仰、年度活动等相关风俗,作为其使用的衣服、器具、房屋等,为了解国民生活趋势,收集不加处理的民俗资料等。①

同时《文化遗产保护法》将文化遗产分类为有形文化遗产、无形文化遗

---

① 韩国于 1962 年制定的《文物保护法》,第 1 条～第 3 条。

产、纪念物、民俗资料等,根据其重要程度分为国家指定文化遗产,市、道指定文化遗产,文化遗产资料等。以韩国 2016 年为基准,国家及市、道指定的文化遗产达 11870 件。国家指定文化遗产是国家文化财产厅根据文化财保护法,经文化遗产委员会审议指定的重要文化遗产,包括国宝、宝物、国家非物质文化遗产、史迹、名胜、天然纪念物、国家民俗文化遗产等 7 种类型。

市、道指定文化遗产(地方指定门火灾)是指特别市场、广域市场、道知事(以下称"市、道知事")未被指定为国家指定文化遗产的文化遗产中,根据地方自治团体的条例,认定其保存价值较高的文化遗产,分为有形文化遗产、非物质文化遗产、纪念物、民俗文化遗产等 4 种类型。

国家之所以积极参与本国文化遗产的管理,是因为文化遗产是体现民族永续性和优越性的文化象征资本,因此作为谋求国民团结的手段具有很高的价值。文化遗产本身并不具备创造收益的商品性,但具有历史积累的民族认同感等核心价值。因此,国家认为文化遗产不是单纯的物质资产,而是价值物(merit goods)的一种,围绕它进行限制开发,并努力保护和复原文化遗产。[①] 从这一点看,可以说利用文化遗产的正确方向是寻找文化遗产中的核心价值,赋予新的生命或经过适当的变用过程,创造出新的价值。[②] 为了充分利用文化遗产,迫切需要积极挖掘其内在价值,并从现代观点出发进行再创造。[③] 在这样的背景下,在该文中,为了充分利用安东地区文化遗产的未来,以国家指定文化遗产和道指定文化遗产为中心,对文化遗产的类型进行分类,并观察其意义和价值。

二、按不同类型对安东地区文化遗产进行分类

以安东市为例,2019 年依据《文化遗产保护法》指定的国家指定文化遗产有 96 件,道指定文化者(地方指定文化财产)有 226 件,共拥有 322 件指定文化财产。另外,与《文化遗产保护法》无关,根据安东市条例指定的所谓"安东

---

① 李振宇:《文化遗产活用理论与激活体系研究》,韩国传统文化大学博士学位论文,2018 年,第 1～2 页。
② 张浩洙:《文化遗产活用论》,《人文内容》7,人文内容学会,2006 年,第 156 页。
③ 李振宇:《文化遗产活用理论与激活体系研究》,韩国传统文化大学博士学位论文,2018 年,第 15 页。

市指定文化遗产"共有 112 件。① 具体来看,像木材、古宅、御笔、永定阁、国神堂等建筑有 105 件,权伯宗孝子碑和利川徐氏烈女碑等记录遗产有 6 件②,其余 1 件为石佛立像的遗物。这里以根据《文化遗产保护法》指定的国家指定文化遗产和道指定文化遗产为中心进行考察,如果按类型整理的话,就和表 1 一样③。

表 1　国家指定文化遗产及道指定文化遗产类型

区分	国家指定文化遗产(96 件)								道指定文化遗产(226 件)				
	有形文化遗产		国家非物质文化遗产	纪念物			国家民俗文化遗产	登记文化遗产7	有形文化遗产	非物质文化遗产	纪念物	民俗文化遗产	文化遗产资料8
	国宝	宝藏		事迹	名胜	天然纪念物							
322	5	40	2	2	2	7	34	4	78	5	21	53	69

正如表 1 所说,在国家指定文化遗产中包括有形文化遗产(国宝宝物)、国家非物质文化遗产纪念物(历史名胜天然纪念物)、国家民俗文化遗产等,道指定文化遗产包括有形文化遗产、非物质文化遗产纪念物、民俗文化遗产等。国家指定文物共有 96 件,其中 5 件国宝是凤亭寺极乐殿、法兴寺址七层殿塔、河回面具及屏山面具、惩毖录、凤亭寺大雄殿。5 件国宝中,佛教文化遗产有 3 件,儒教文化遗产 1 件,民俗文化遗产 1 件。不仅如此,5 件国宝中有 4 件是统一新罗和高丽时代的文物,1 件是朝鲜中期的文化遗产。像这样具有强烈儒教倾向的安东地区的国宝大部分都是佛教文化遗产,这一事实多少令人感到惊讶。但从时间上来看,由于是在早于高丽时代儒教盛行的朝鲜时代

① 庆尚北道安东市指定文化遗产,是指未被指定为国家和市道指定文化遗产的文化遗产中,以传统文化保存价值高为中心,根据安东市条例指定的文化遗产。

② 记录遗产包括古书和古文书等记录物,以及刻在石碑上的碑文。

③ 登记文化遗产是指不是指定文化遗产,而是在近、现代时期形成的建筑物或值得纪念的设施形态的文化财产中,具有较大的保存价值。

形成的文化遗产，这作为文化遗产的价值得到很高的评价①。

表 2 宝物文物的详细明细

区分	建筑物	古籍和古文书	书画	佛像	塔	其他	合计
数量	12	12	5	4	3	4	40

表 3 宝物文化遗产的思想背景

区分	佛教	儒教	民俗	其他	合计
数量	16	22	1	1	40

正如表 2 所说，被分类为宝物的 40 件文物中，建筑物、古书、古代文献分别有 12 件。建筑物包括：陶山书院典教堂、临清阁、河回养真堂等儒家文化遗产以及凤停寺华严讲堂、开目寺圆通殿等佛教文化遗产。书画类有佛教帧画、壁画以及儒家的肖像画等，其他四件包括太师庙功臣遗物、柳成龙宗家遗物等同时被指定为宝物的各种形态文物以及广兴寺铜钟和退溪先生文集木刻板。表 3 整理了 40 件宝物思想背景，其中儒教和佛教所占比例最高，这种倾向与表 2 的内容相似。从历史上看，我认为这与佛教和儒教长期以来形成的中心思想背景有关。另外，民俗文化遗产有石冰库，其他一项是太师庙三功臣文物，但这些文化遗产的思想背景并不明显②。

国家指定无形文物包括车前游戏、河回别神巫术假面戏等，古迹包括陶山书院，屏山书院。名胜包括白云亭、开胡松一园、晚休亭园林。天然纪念物共 7 件，分别为：松仕洞苦木、龙溪里银杏树、河回村万松亭林等均为树木、树林。国家民俗文物共 34 件，其中 32 件均为古宅、庭院，剩下两件为河回村和安东洪氏寿衣。登录文化遗产共四件，分别为：安东站给水塔、博文书馆木板一括、安东教会礼拜堂、李陆史亲笔文稿《蝙蝠》等。

安东地区道指定文化遗产共 226 件。其中有形文物 78 件，麻崖洞石造毗庐含那佛坐像、礼安乡校、云星洞幢竿支柱等。5 件无形文物中包括安东布

---

① 文化遗产资料是指市、道知事认为未指定为市、道指定文化遗产的文化遗产中，在乡土文化保存中有必要的，根据市、道条例指定的文化遗产。

② 这里包括石冰库、河回村、安东站供水塔、安东教会礼拜堂、试士坛、安东光音洞粉青砂器窑址、安东美林洞窟、木化石、丧舆集。

一、亭田洞农窑、路人桥、安东烧酒、松花酒等,21 件纪念物包括太师庙、易东书院、美林洞窟等。民俗文物包括宜村洞草家、李陆史故居、默溪书院、安东金氏默溪宗宅等 53 件,文物资料有归来亭、安奇洞三层石塔、芝山书堂等 69 件。

从表 1 可以看出,文物的分类名称基本上是以有形还是无形为标准。即国家指定文化遗产中的有形文化遗产、纪念物、国家民俗文化再登记文化遗产等道指定文化遗产中的有形文化遗产、纪念物、民俗文化遗产,文化遗产资料虽然名称不同,但基本上都是类型的文化遗产。但是文化遗产的旅游商品化与通过行为形成的无形文化遗产相比,具有可视形态的物质资产相对有利。因此,如果把共 322 件指定文化遗产按有形和无形的标准分类,就和表 4 一样。

表 4　指定文物的有形或无形分类

区分	无形文化遗产	有形文化遗产	共计
数量	7	315	322

从表 4 可以看出,在 322 件文化遗产中,有形文化遗产 315 件,占总数的 98％。非物质文化遗产有 7 件。作为参考,非物质文化遗产包括国家非物质文化遗产的车前游戏和河回别神假面剧(游戏),还有道指定文化遗产安东布一、亭田洞农窑、路人桥、安东烧酒、松花酒等。

表 5　有形文化遗产的详细明细

区分	建筑物	记录遗产	遗物	自然遗产	合计
数量	220	52	31	12	315

表 5 对有形文化遗产的具体形态进行了分类整理。建筑和米饭等被分类为干燥物,古书和古文书、书画类被包括到记录遗产、佛像和服饰等文物中。12 项自然遗产与龙溪里银杏树、河回村晚松亭树林一样,大部分都是植物形态的文化遗产。从表 5 可以看出,在 315 件有形文化遗产中,建造物有 220 件,占整体的 70％。其次是记录遗产 52 件、文物 31 件、自然遗产 12 件。该建筑与凤亭寺极乐殿、法兴寺址、七层殿塔、陶山书院、全教会堂、义城金氏宗宅、河回村玉渊精舍、安东权氏陵洞斋舍一样,是寺庙、塔、书院、宗宅(古宅)、亭子、斋室等文化遗产。52 件记录遗产是刻在古书、古文书、肖像画等支

流纸类形态的文化遗产和神道碑和遗墟碑上的碑文海文。31件文物包括河回假面与屏山假面、梨川洞、石佛、安东洪氏寿衣等,12件自然遗产是树木和树林。

表6　建筑物的详细明细

区分	房舍	斋室	亭子与书堂	祠堂	书院与祠堂	楼阁	碑亭	佛寺	塔	客舍	乡校	其他9	合计
数量	82	27	39	7	17	3	2	11	20	1	1	10	220

表7　建筑物的思想背景

区分	佛教	儒教	民俗	独立运动	其他10	合计
数量	32	168	9	6	5	220

表6是显示有形文化遗产中建筑物的详细明细。从内容来看,建筑物中共有82处房屋,占总数的37%。值得关注的是,在住宅中,除义村洞茅屋、陶土马里屋和沙月洞茅屋、土墙屋外,其余80处都是宗宅和古宅。与此相同,除了房屋外,其他建筑如斋室(斋舍)、亭子(亭室)、祠堂(书院)、楼阁、碑阁、客舍、乡校等,儒教文化遗产占绝大部分。因此,在表7中看建筑物的思想背景,发现儒教文化遗产168件,占总数的76%。从时间上可以解释为,相较于佛教文化遗产,儒教文化遗产形成于后代。因此比较有利于传承和保存,但是也可以说是从朝鲜时代到现在,安东地区儒教倾向占优势①。

表8　记录遗产的详细明细

区分	古籍与古文书	碑文类	书画类	木版类	合计
数量	22	14	13	3	52

表9　记录遗产的思想背景

区分	佛教	儒教	独立运动(义兵)	其他	合计
数量	12	35	2	3	52

---

① 这里包括表6中的安东站供水塔、安东教会礼拜堂、美林洞窟、树木化石等、太史墓,它们均属于不具有特定思想背景的文化遗产。

表8是52件有形文化遗产中记录遗产的详细明细。22件古籍和古文书,其中包括惩毖录、退溪笔法、金涌崮从日记等儒教记录文化,以及翠纸金泥妙法莲华经等佛教经书。碑文包括固城李氏神道碑和易东遗墟碑等,碑石上的记录被指定为文化遗产。13件书画类作品包括李贤辅肖像、金玼肖像、安东凤停寺灵山会挂佛图、安东凤停寺阿弥陀说法图等。与此相关,表9中关于记录遗产的思想背景,其中儒教记录文化有35件,占总数的67%,这一点备受关注。这种倾向与上次看表6和表7建筑物的结果很相似,这可以解释为儒教文化比佛教文化形成更晚,因此比较有利于资料保存,但与以经典为中心的佛教不同,儒教的属性可以认为是重视创意性知识生产。另外,独立运动相关的2项记录遗产是李陆史亲笔原稿《蝙蝠》和《乡兵日记》,其他3项是权太师神道碑、金方庆墓志石、孙洪亮遗墟碑,他们是高丽时代的人物,思想背景不明显。

表 10 遗物的细部明细

区分	佛教	雕刻类	书画类	其他	合计
数量	15	8	2	6	31

表 11 遗物的思想背景数量

区分	佛教	儒教	其他	合计
数量	23	5	3	31

表 10 是 31 件文物的详细清单,其中佛像 15 件,占总数的 48%,这一点比较特别。8件雕塑包括河回面具、屏山面具、广兴寺铜钟、太子寺址龟趺及梨树等,6件其他类是太师庙三功臣文物、柳成龙宗家文物、后雕堂遗物等分类不明确的复合文化遗产。与此相关,整理出 31 件文物类思想背景的表 11 显示,佛教文化遗产有 23 件,占总数的 74%。这可能是因为与以建造物或记录文化为中心的儒教文化相比,佛教文化具有像佛像等文物占大多数的特征。

三、安东地区文化遗产的特征和价值

通常情况下,文化遗产被称作文化资源。就是指文化遗产超越了保存和传承的价值,以应用为前提,最具代表性的就是旅游商品化。因此为了实现文化遗产的旅游商品化,需要挖掘地域文化的固有属性和特点,确保地域的竞争力,①也正因此,挖掘文化遗产的特征和意义尤为重要。通过观察安东地区国指定文化遗产以及道指定文化遗产,可以发现一种重要的情况,即在指定文物中,儒家文化遗产所占比重明显高于其他文物。因此,在表 12 中,以315 件有形文化遗产为中心,对思想背景进行了考察。

表 12　有形文化遗产的思想背景

区分	佛教	儒教	其他	独立运动	其他	合计
数量	67	209	10	8	21	315

从表 12 可以看出,与儒教有关的文化遗产有 209 件,占总数的 66%。这与之前观察的各类型特征是一致的结果,以此可以窥见安东地区儒教文化的优势。通过 1935 年实施的全国村落调查可以证明安东地区如此强烈的儒教倾向。据调查显示,全国范围内儒学家共有 227546 人,庆尚北道 33458 人,安东地区 10897 人,占据庆北全体人数的 1/3。② 当时安东的全体人口为227000 人(含奉化郡),儒学家比例为 4.8%,显然高于全国平均值(1.6%),不仅如此,③ 当时的调查报告《朝鲜の聚落》曾经介绍过同姓村培育了很多名人,其中安东地区共有 17 个村落被记录在内,占全国之首。并且在记述名人和儒学家相关内容时,只提及安东地区人物的事迹和出身地(高丽时代 29 人,朝鲜时代 140 人)。④

表 13 整理了 209 件儒教文化遗产的具体明细,其中建筑和记录遗产占大部分。但其中宗宅、古宅、亭子和斋室、书院和祠堂等都是儒教文化的产物——东城村的代表性文化遗产。在儒教家族理念中,把父系血统为中心形成的家族作为基础来组成父系亲属集团,被称为"门中円"。此时,门中始祖血统的房子被称为"宗家",后人以此为中心,定居在特定地区,形成居住区。

---

① 吴益根:《文化资源的旅游营销战略》,《安东开发研究》11,安东大学安东地区社会开发研究所,2000 年,第 67 页。

② 善生永助:《朝鲜的聚落》,朝鲜总督府,1935 年,第 663 页。

③ 朝鲜时代的安东包括安东郡和烽火郡的大部分地区,《韩国的传统地理思想》,民音社,1991 年。第 201 页。

④ 善生永助:《朝鲜的聚落》,1935 年,第 686～697 页。

经常说的"东城村"就是同姓同宗的父系亲属聚居的村庄。与此相关,1935年实施的调查显示,庆尚北道东城村的1901个村庄中,西安东地区有183个,居首位。① 州与新罗时期拥有文化遗产的庆州不同,在安东传承的大部分文化遗产是朝鲜时代的木质建筑,这是以儒教理念为基础形成的儒教文化,即宗宅(古宅)、书院(书堂)、亭子(亭室)、斋室(斋舍)等。

表14整理了安东地区国家指定文化遗产及道指定文化遗产的建造时间。从内容来看,朝鲜前期至朝鲜后期期间建造的文化遗产有247件,占全部文物的77%。在高丽时代、统一新罗时代、日本帝国主义强占时期,三国时代的顺序,三国时代的文化遗产有凤凰寺大雄殿和龙潭寺无量殿等6件,统一新罗时代的11件文化遗产有法兴寺址七层砖塔、安寄洞石造如来坐像、大寺洞模砖石塔等。在高丽时代,凤停寺极乐殿、临河洞五层石塔、龙寿寺禁护碑等30多座门都有文化遗产。虽然这是极其自然的结果,但在三国时代和统一新罗、高丽时代建造的30件文化遗产中,除了5件②之外,其余都是佛教文化遗产。

表13　儒教文化遗产的详细明细

区分	宗宅	古宅	斋舍与斋室	亭子与亭室	书院与书堂	祠堂	石碑与碑亭	岩刻	乡校与客舍	楼阁	登记的遗产	遗物	其他	合计
数量	35	37	27	39	17	4	11	2	2	2	25	5	3	209

表14　指定文物的形成时代

区分	三国时代	统一新罗	高丽	朝鲜前期	朝鲜中期	朝鲜后期	日占时期	近代	其他16	共计
文物	6	11	30	23	116	108	8	4	16	322

① 善生永助:《朝鲜的聚落》,1935年,第514页。
② 与佛教无关的5项文化遗产是高丽时代的肯构堂(儒教)、河回和屏山面具(民俗)。它们是太师庙商工神金芳景的墓志石、松里洞银杏树等遗物。

表 15 分时代指定文物的思想背景

区分	佛教	儒教	民俗	独立运动（义兵）	其他	合计
三国时代	6	0	0	0	0	6
统一新罗	11	0	0	0	0	11
高丽	25	1	1	0	3	30
朝鲜前期	3	15	1	0	4	23
朝鲜中期	9	99	1	1	6	116
朝鲜后期	13	83	4	6	2	108
日占时期	0	6	1	1	0	8
近代	0	2	0	0	2	4
其他 16	0	4	8	0	4	16
共计	67	210	16	8	21	322

与此相关,表 15 对指定文化遗产的形成时期和思想背景进行了考察。从内容来看,三国时代有 6 项佛教文化遗产,统一新罗时代也有 11 项佛教文化遗产,高丽时代有 30 项文化遗产中,除肯构堂(儒教文化遗产)①、河回面具及屏山面具(民俗文化遗产)、太师庙三功臣文物(其他遗产)、金方庆墓志石(其他遗产)、孙洪亮遗墟碑(其他遗产)等之外的 25 项都是佛教文化遗产。在朝鲜时代,朝鲜中后期文化遗产占多数。值得关注的是,在标榜儒教为国家理念的朝鲜时代,佛教门文化遗产也一直不断。

比如说朝鲜前期,开目寺圆通殿、凤停寺华严讲堂、光兴寺藏金字写经等 3 件、朝鲜中期有凤停寺、古今堂、广兴寺、铜钟、凤凰寺、木造释迦如来三佛坐像等 9 处,朝鲜后期有凤停寺灵山会挂佛图、凤停寺灵山庵、西岳寺阿弥陀极乐会上图等 13 处都在这里形成佛教文化遗产。像这样,当时是正式与佛教保持距离,但非正式地以个人的发愿等名义供养佛像和壁挂佛像等。

另外,为了文化遗产的现代化利用,需要寻找其特点和有价值的工作。与此同时,构建将文化遗产区分开来连接的所谓"观光地带"也很重要。为此,表 16 对安东地区指定文化遗产的分布现状进行了考察。具体区域以现有的安东市为中心圈,安东郡中吉安面、临河面、临东面一带划分为东部圈,

---

① 肯构堂是永川李氏聋岩宗宅的别堂建筑,建于高丽末期,由聋岩李贤辅重修。

西后面、丰山邑、丰川面一带划分为西部圈,南后面和一直面一带划分为南部圈,北后面、禄转面、卧龙面、陶山面、礼安面一带划分为北部圈。

表 16 指定文物的圈域分布情况

区分	中心圈	东部圈	西部圈	南部圈	北部圈	合计
建造物	30	45	80	15	50	220
记录物	7	4	15	1	16	43
遗物	10	7	11	1	11	40
自然遗产	2	5	1	2	2	12
非物质遗产	3	2	2	0	0	7
合计	52	63	109	19	79	322

表 17 各区域指定文物的思想背景

区分	中心圈	东部圈	西部圈	南部圈	北部圈	合计
佛教	12	14	29	2	10	67
儒教	22	40	73	12	63	210
民俗	8	1	3	3	1	16
独立运动	4	1	2	0	1	8
其他	6	7	2	2	4	21
合计	52	63	109	19	79	322

从表 16 可以看出,安东地区的文物按照西部地区—北部地区—东部地区—中心地区—南部地区的顺序分布。在文化遗产中,建筑物以 220 件为主,占全体的 68%。这种倾向与表 17 按圈域分类的指定文化遗产思想背景的结果基本一致。即建筑物文化遗产集中于宗宅、古宅、书院、亭子、斋室等,这些都是儒教文化的产物。

虽然也有记录文化遗产和文物由所有者收藏的情况,但大部分捐赠给了外部机构。从这一点来看,不容易移动的建筑物在文化遗产的现代性利用上具有非常重要的意义。而且与其他文化遗产相比,建筑物具有"场所营销(Place Marketing)"的有利条件。在文化观光产业中,"场所营销"不仅可以开发特定文化遗产,还可以围绕其周围的自然环境和历史文化环境进行开发,因此可以有效地创造附加价值。在此背景下,我们可从表 18 中了解建筑物的详细明细。

表 18　建筑物文化遗产的详细明细

区分	中心圈	东部圈	西部圈	南部圈	北部圈	合计
宗宅	3	9	11	1	11	35
古宅与家屋	6	10	24	1	6	47
斋舍与斋室	4	4	9	1	9	27
亭子与亭室	1	6	16	6	10	39
书院与书堂	3	5	3	2	4	17
祠堂	2	1	0	1	3	7
楼阁	0	0	2	0	1	3
碑阁	0	1	1	0	0	2
寺庙	1	3	7	0	0	11
塔	5	5	6	1	3	20
客舍	1	0	0	0	0	1
乡校	0	0	0	0	1	1
其他	4	1	1	2	2	10
合计	30	45	80	15	50	220

从内容来看,在建筑物中,宗宅、古宅、亭子(亭室)、斋室(斋室)、书院(书堂)等儒教文化遗产占据了大部分。值得关注的是,正如表16中已经确认的那样,在安东地区西部地区分布着大部分的文化遗产,具体来说,这里拥有"建筑儒教文化宗宅和古宅"等多种文化建筑。事实上,在西部地区,包括丰山柳氏的河回村在内,西后面和丰山邑等地宗家(同姓村)密集,因此指定文化遗产集中出现。大部分宗家都在同姓村,同姓村由追求朝鲜时代有派理念的士族所形成并维持,因此与其他村相比,儒家文化相对较为丰富。即这些士族通过强化自己的血缘纽带关系以及与其他姓氏的差别化来占据社会文化上的优势,在此过程中创造了族谱和文集等记录遗产,宗宅、书院,亭子等建筑遗产,墓所和斋室等造像遗产等众多儒教文化。在这样的背景下,同姓村也被称为"儒教文化的产房"。因此,在安东地区西部地区,儒教文化遗产的密集也是出于同样的原因。

与此相关,安东地区的中心圈有法兴洞的高姓氏临清阁宗家(不迁位李后荣)和塔鹊宗家、山顶洞的高姓氏归来正宗家、龙上洞的光山金氏雪月堂宗家(不迁位金瑛),宗伯建筑位于五千君座、松川洞的兴海裴氏临渊斋宗家(不迁位裴三益)、水上洞韩山的李氏小川宗家。

同姓地区有,天殿里的义城金氏清溪宗家(不迁位金玭)、云川宗家(不迁位金涌)、霁山宗家(不迁位金圣铎)、临河里的安东权氏二愚堂宗宅(不迁位权焕)、吉安面默溪里的安东金氏宝白堂宗家(不迁位金系行)等。另外,临东面水谷里、朴谷里、古川里一带有全州柳氏、务实宗家、定斋宗家(不迁位的柳致明)、白卒岩宗家(不迁位的柳直)、龙卧宗家(不迁位的柳承铉)、虎鼓果宗家(不迁位的柳辉文)。由于临河大坝淹没,龙卧宗家和虎鼓宗家迁居龟尾海平里。此外,位于临东面知礼里的是义城金氏的知村宗家。柳致明宗家(不迁位柳直)、慵窝宗家(不迁位柳承铉)、好古窝宗家(不迁位柳辉文),由于临河大坝淹没,慵窝宗家和好古窝宗家迁居龟尾海平里。此外,位于临东面知礼里的是义城金氏的芝村宗家。

西部地区有,西后面金溪里的义城金氏鹤峰宗家(不迁位金诚一),原州边氏艮斋宗家(不迁位边中一),安东张氏敬堂宗家(不迁位张兴孝),在丰山邑上下里的全义李氏懒拙斋宗家(不迁位李山斗),礼安李氏上里宗家(不迁位李正局)和孤山宗家(不迁位李惟樟),所山里的金氏养素堂宗家和三素斋宗家,五美里的丰山金氏、虚白堂宗家(不迁位金杨震与悠然堂金大贤)和竹峰宗家(不迁位金干),丰川面佳谷里的安东权氏屏谷宗家(不迁位权矩),河回里的丰山柳氏养真堂宗家(不迁位柳仲郢与柳云龙)和西厓宗家(不迁位柳成龙),龟村宗家(不迁位柳景深),广德里的丰山柳氏巴山宗家(不迁位柳仲淹)等,还有西后面在校里的是晋州河氏丹溪宗家(不迁位河纬地)的地方。

南部地区有一直面望湖里韩山李氏睡隐宗家(不迁位李弘祚)和大山宗家(不迁位李象靖),有龟尾里义城金氏龟窝宗家(不迁位金鈜),在讼理真城李氏后山宗家(不迁位李宗洙)的地方。

北部地区有卧龙面周下里真城李氏周村宗家(不迁位李霆),伊上里的安东权氏松巢宗家(不迁位眷佑),台里的清州郑氏竹轩宗家(不迁位郑斗),佳邱里的光山金氏金彦玑宗家(不迁位金彦玑),佳野里的安东权氏藤庵宗家(不迁位劝惩),陶山面温惠里的真城李氏老松亭宗家(不迁位李继阳)和温溪宗家(不迁位李瀣)。土溪里的真城李氏退溪宗家(不迁位李滉)和东岩宗家(不迁位李咏道),佳松里的永川李氏聋岩宗家(不迁位李贤辅),禄转面元川里的永川李氏简斋宗家(不迁位李德弘),真城李氏反招堂宗家(不迁位李溟翼）。在礼安县浮浦里的奉化琴氏惺斋宗家（不迁位琴兰秀），在舟津里的全州柳氏三山宗家（不迁位柳正源）的地方。另外，在陶山面东部里的横城赵氏月川宗家（不迁位赵穆），后来移居到釜山。原在陶山面温惠里的真城李氏松斋宗家（不迁位李俣），迁到了安东市玉井洞。卧龙面乌川里还建有光山金氏"乌川君子村"，因安东大坝的建设，原来的地基被水淹没后，将约 20 栋宗宅和古宅建在这里。

四、结　语

截至目前，对安东地区的指定文化遗产（国家指定文化遗产及道指定文化遗产）进行调查的结果显示，安东地区共 322 件文化遗产中，有形文物为 315 件，占 98％。在 315 件有形文物中，建筑物 220 处，占全体文物数量的 70％。建筑物包括：宗宅（古宅）、亭子（庭院）、斋室（斋舍）、书院（书堂）等 186 件儒家文化遗产，占全体数量的 76％。此数据证明，安东地区文化遗产带有较强的儒家文化性质。从 322 件文物形成时期来看，朝鲜前期至朝鲜后期的文物为 247 件，占 77％。通过此数据也可以发现安东地区文化遗产的特征和意义。

根据以上内容可以将安东地区文物关键词整理为："有形文物——儒家文化遗产——建筑物（宗宅、亭子、斋室、书院）。"同时，能够囊括这些关键词的就是"同姓村"。实际上，在安东地区有句话——安东地区没有不以宗家为中心，也就是说，该地区存在着众多宗家。[①] 但宗家在同姓村起着核心作用，因此这句话说明安东地区存在着多数以宗家为中心的同姓村。此前做过说明，同姓村被称为"家文化的产房"，认为其是儒家文化的核心场所。特别是朝鲜时期士族为了在地区社会提高自身的社文化影响力构筑了众多儒家文化。值得注意的是，这些儒家文化至今仍被后代所自豪并得到良好的保护。因此宗宅等儒家文化遗产的保护和继承状态较其他文物良好，也正因此，安东地区的 322 件文化遗产中儒家文化遗产比例较高。同姓村和宗宅是最具"地点营销（Place Marketing）"条件的文化遗产。"地点营销"是指以具备特殊意义的场所特性（Sense of Place）开发旅游商品。但是将宗宅单纯认知为局限于

---

① 金美英：《儒教文化的产室，安东的同姓村和增加》《正确认识安东文化》，韩国国学振兴院，2006 年，第 196 页。

物理空间的建筑物很难突出其场所特性。也就是说,"场所特性"不单指物理空间,特征也包含当地的活动(生活)以及不断积累所形成的社会文化意义。从这一点来看,"宗宅"只强调建筑物特征,因此建议使用"宗家"一词。宗家拥有以显祖为中心流传下来的人文价值,因此有必要挖掘宗家隐藏在文化传统中的生活故事,来开发文化旅游的内容。① 如果能够同时扩大到拥有宗家生活痕迹的亭子、书院、同姓村,激活旅游经济,我相信定将能够创造出更多附加值。

(作者单位:韩国国学振兴院)

---

① 金美英:《宗家文化其现状性意义与课题》,《安东学》13,韩国国学振兴院,2014 年,第 263～264 页。

地区传统文化遗产的活性化政策

——以庆北安东地区专业旅游观光解说员制度为例

◎ 裴万奎

一、序　论

近些年指出，当今的旅游业已转变为以个人为导向、体裁型旅游，因此作为有助于游客交流沟通并理解的解说活动变得尤为重要。[①] 特别是包括传统文化遗产在内的历史文化旅游在全世界旅游中占 37％，年平均增长率也达到 15％，其重要性正在提高[②]，向游客们传达传统文化遗产内涵的历史意义和现代价值，对于提高旅游经验质量和旅游满意度起重要作用的文化旅游解说需要重新评价。

虽然我国在全国各地都拥有历史文化资源和传统文化遗产，但很难找到能够正确看待和理解这些文化遗产的旅游活动。现在的游客们经过高度经济增长期，进入现代后，积累了很多旅游经验，但想要学习历史文化资源和传统文化遗产的专业知识仍然存在局限性。

在文化具有竞争力的今天，专业旅游、解说、服务的重要性比任何时候都

[①] 加藤麻理子、下村彰男、小野良平、熊谷洋一：《根据当地居民对旅游的服务态度和动向进行研究》，《日本土地研究》第 66 卷第 5 号，2003 年，第 799～802 页。

[②] McKercher, B. and du H. Cros, "Cultural Tourism", New York：Haworth Hospitality Press, 2002 年。

高,特别是在想要将历史性很强的文化遗产用于旅游时,太阳春节非常重要[①]。传统文化遗产应该由具备高度知识和专业性的高级人才进行解说。也就是说,是否对传统文化遗产进行说明,会造成陈旧的资源和历史资源的差异[②],左右游客的满意程度。传统非专业性的解说,对游客们理解传统文化遗产的历史性和现代意义不仅可能没有帮助,还可能导致其有所误解。传统文化遗产如果没有文化旅游解说史的专业解说,不仅理解上存在局限性,而且很难实现活性化。

对此,韩国政府进入 21 世纪后,虽然通过文化遗产讲解员,制定并运营文化旅游解说员的法规和制度,但由于文化旅游解说人员及活用方面的制度支持政策不足、资源志愿者专门管理组织及人力的缺乏、游客对解说活动的认识不足[③]等原因,未能取得文化旅游解说制度的实效。

最近作为特别主题旅游的一环,备受瞩目的传统文化遗产旅游需要专业知识体系和高度的旅游介绍及解说。在文化遗产中的游客比起单纯的观光,更重视教育体验[④],符合喜欢思考这一特点的消费者,比其他游客参与和投入程度更高[⑤]。因此可以说文化观光讲解员最为重要,他们是帮助游客正确理解地区文化和传统文化遗产的专家。游客如果想要听到对传统文化遗产有真实感的解说,最有效的方法是从更有现场感的文化旅游解说员那里听到历史事实的传达。

特别是想要激活传统文化遗产的地方自治团体,通过向游客提供差别化的文化解说服务,可以有效地利用文化解说,将地区拥有的文化遗产激活为旅游资源。[⑥] 对于通过传统文化遗产的活性化追求“地区发展力”的地方自治

---

① 李英姬、崔承淡:《为强化文化遗产解说功能的志愿服务活性化方案》,《文化旅游研究》第 3 卷第 2 号,2001 年,第 1～28 页。

② 李珠熙、林延镇、John Veverka:《激活地区文化遗产资源的文化解说必要性的》,《韩国山林休养学会志》第 12 卷第 3 号,2008 年,第 21～25 页。

③ 李章洙、金炳渊:《文化旅游解说服务活动对访客满意的影响》,《图书文化》第 38 卷,2011 年,第 389～414 页。

④ Nicholis,S.,C. Vogt,and S. H. Jun,"Heeding the Call for Heritage Tourism","Parks & Recreation",Vol.39 No.9,2005,pp.38-47.

⑤ Beeho,A. J. & R. C. Prentice,"Conceptualizing the experiences of heritage tourist","Tourism Management",Vol.18 No.2,1997,pp.75-87.

⑥ 金珠妍、李珉载、安京模:《文化旅游解说对认知、感情、投入及文化遗产访问意图的影响》,《旅游学研究》第 35 卷第 9 号,2011 年,第 361～381 页。

团体来说，像其他旅游资源一样，利用其综合性很难体现出相关地方自治团体的差别。此时，文化观光解说员差别化的年春节服务在活跃地区旅游方面具有重要意义①，对提高来此旅游的游客的满意度也有大的帮助。

对此，本研究提出"传统文化遗产的价值是什么"？对于"为了激活传统文化遗产的政策性方案是什么"的研究问题，我们将对此进行探讨。特别是本研究将分析目前运营的文化观光解说员制度存在的问题，并探讨引入适合安东地区的专门旅游解说员制度的可能性。但是考虑到时间与费用上的制约，以文献研究的方式进行，研究的范围从空间上限定在包括安东一带的安东地区，内容上限定在文化观光解说员制度。

二、地区传统文化遗产和文化旅游解说词

（一）地方传统文化遗产

传统的定义是"历史传承的物质文化、思考和行为样式、对人和事件的印象"，广义是"从过去传承下来的文化遗产"。文化遗产是为了将来的文化发展，对下一代或年轻一代具有继承价值的科学、技术、习惯、规范等民族社会或人类社会的文化产物，包括精神、物质、各种文化等，是"祖先的文化中值得传给后代的"。传统文化是"一个国家发生并流传下来的那个国家的固有文化"，文化遗产是"如果人类不停留在自然状态，生活慢慢形成，那么具有传承、继承价值的前一代文化产物"。目前，韩国国家文化遗产网站（http://www.heritage.go.kr）的文化遗产是联合国教科文组织指定的遗产、宫殿，作为宗庙、朝鲜王陵、记录遗产、文化遗产等数据库提供。

传统文化遗产是"一个国家发生并流传下来的固有文化，值得传给子孙后代"，这是不属于国家范畴，仅限于特定地区的"地区传统文化遗产"。传统文化遗产在特定国家或地区意义上，甚至是人类的文化遗产，因此有必要进行正确的理解和保护。可以轻易理解传统文化遗产之一就是文化遗产，可以经常看到的地方就是博物馆。到目前为止，政府不仅致力于文化遗产的指定

① 朴海素：《关于文化旅游解说师职务满意度研究》，东新大学研究生院硕士学位论文，2012年；朴海素、崔勋：《与文化旅游解说师职务因素和职务满意度关系》，《旅游研究杂志》第26卷第1号，2012年，第421～438页。

和保存,扩大博物馆的建造等,最近还致力于像"文化遗产夜行"一样,让普通人更容易接触到文化遗产。

但是,传统文化遗产要想被现代人,特别是访问地区的游客所接受,并成为提高旅游魅力的旅游资源,不仅要使其成为容易接触到的文化遗产,还要将其打造为能够理解历史价值和现代意义的传统文化遗产。迄今为止,我们通过学校教育、社会教育、家庭教育等接触了很多传统文化遗产,但真正了解传统文化遗产正确价值的机会并不多。传统文化遗产是对符合现代社会的文化基础和变化、适应性的文化遗产的理解,[①]而提高对其熟悉度的最好方法之一就是让人看得懂的"解说"。

(二)文化观光解说员

解说是解析问题或事件内容的说明,在观光中的解说是满足观光者的基本需求,也是通过对访问地区的传统文化或文化遗产的解说,使观光者得以积累经验。文化解说是为了让访问该文化遗产的访客了解相关历史和历史人物、遗址相关的各种文化遗产而制订的计划和项目,以及对文化遗产的真正理解,只有在体现文化遗产的意义和关联性时才能进行。[②] 地区拥有的文化旅游资源的魅力和价值可以通过解说提高,资源不会发生类型性变化,例如商品化,因此具有环保性、持续性的观光开发效果。

在新的时期,观光者喜欢热情的解说员,但不喜欢很多过分的技巧[③]。解说文化观光资源只有在同时满足旅游欲望的旅游地魅力属性、旅游地的接受态势、传达资源价值的解说等条件的时候,才能吸引游客[④]。当时的解说并不是只传达信息的行为,而是利用直接的经验和说明性的媒体,表明资源所具有的意义和关联性,引发对旅游对象的学习,进而诱导理解,它是一项提高知识水平的教育性活动。

---

① 安大熙:《文化观光论》,首尔:白山出版社,2014 年。

② 李珠熙、文宗泰:《国立公园的历史文化解说体验效果:以伽倻山国立公园为对象》,《一个国产林休养学会志》第 6 卷第 1 号,2001 年,第 73～82 页。

③ 朴明姬:《关于文化旅游资源解说满意度评价的研究》,《旅游·休闲研究》第 11 卷第 2 号,1999 年,第 23～47 页。

④ 金桂燮、安允智:《文化旅游资源的魅力属性、资源解说、旅游满足之间的影响关系》,《旅游研究》第 19 卷 1 号,2004 年,第 247～272 页。

解说词是"通过说明和教育旅游者适当行动，为资源和环境的保护做出贡献"[①]。旅游者通过对传统文化遗产等旅游资源的解说，在处理新信息的过程中，满意度和知识水平都得到了提高。解说词的意义是向访客提供文化和自然景观，学习有效的沟通方法，解说员是以知识为基础与访客建立亲密关系的人[②]。导游是具有公信力（有资格者），在特定地区用游客希望的语言讲解旅游地文化和自然遗产的人。科恩（1985 年）将这样的解说词作为"探险者（pathfinder）"和"指教者（mento）"的核心。探险者为前往社会、自然未知地区的访客提供导游服务，而建言者角色则包含个人教师和精神建言者的意义，是"作为探索者的指导教师（guru）进行服务，通过洞察和教化进行引导的专家"。

为增加文化观光解说员对职务的投入，应提供多种机会，使文化观光解说员实现个人的目标，并改进职务，使其具备自律性和责任感，同时应关注文化观光解说员福利制度的改善。影响对文化观光解说员的职务不满的因素是报酬及工作环境、职业满意度，其中影响最大的是成就感[③]。为了提高文化观光解说员的职务满意度，需要制定活动费的现实化；工作地办公室的独立化，职务教育和提供奖励[④]。

文化旅游解说员的解说是让游客容易了解传统文化遗产等文化旅游对象，让他们感受到兴趣和魅力的服务活动。文化观光解说员作为 21 世纪旅游领域的新宠，正在成为新的专业人士。文化观光解说员为改善游客的理解、欣赏和体验机会，通过对历史、文化、艺术、自然等旅游资源进行专业解说，传达相关专业知识和信息，激发游客对旅游活动的兴趣，将游客和旅游景点有机地连接起来。文化体育观光部规定文化观光解说社是以访问文化遗产、旅游胜地等的国内外游客为对象，通过介绍韩国固有的文化遗产、旅游资

① Randall，C. and R. B. Rollins，"Visitor perceptions of the role of tour guides in natural areas"，"Journal of Sustainable Tourism"，Vol.17 No.3，2009，pp.357-374.

② 金炳国、徐哲贤：《关于文化旅游解说员职务影响因素的研究》，《酒店经营学研究》第2 卷第 1 号，2012 年，第 241～257 页。

③ 黄金熙：《文化旅游专业解说员的职务满足，对纺织品满足因素的研究》，京畿大学本科硕士学位论文，2010 年。

④ 朴海素：《关于文化旅游解说师职务满意度研究》，东新大学研究生院硕士学位论文，2012 年；朴海素、崔勋：《与文化旅游解说师职务因素和职务满意度关系》，《旅游研究杂志》第26 卷第 1 号，2012 年，第 421～438 页。

源、风俗、生态环境等,帮助游客正确理解和认识我国文化遗产及旅游资源的志愿者,韩国观光公社运营的"文化观光解说综合预约分享集"中规定文化观光解说社"为提高访问相关地区游客的理解和欣赏、体验活动"。

观光振兴法中第48条第6点,文化旅游解说员培养教育课程的开设与运营中,文化体育观光部长官或市、道知事可以开设培养文化旅游解说员的教育课程。另外,在第48条的第4项(文化观光解说员的培养及活用计划等,新设2011.4.5)第1项中"文化体育观光部部长为了有效、系统地培养、利用文化观光解说员,每年要制订文化观光解说员的培养及活用计划,并将此告知地方自治团体的负责人"。第2项中"地方自治团体的负责人根据第1项的文化观光解说员的培养及活用计划,确定游客的规模、观光资源的现状。在这种情况下,应该包括文化旅游解说员的培养、配置、使用等相关事项"。

同法第48条第8项(文化观光解说员的选拔及利用)第1项中"文化体育观光部部长或地方自治团体长可以根据第48条第6项第1项选拔教育课程进修者为文化观光解说师"(修订2018.12.),第2项中"文化体育观光部部长或地方自治团体长根据第1项选拔文化旅游解说员时,根据文化体育观光部令进行评价和实习"。

像这样,政府认可文化观光解说员的重要性,将其法制化运营,但现实却将文化观光解说员理解为自愿服务者的概念,很难确定游客是否真的在听正确的解说,以及文化观光解说员是否对自己的工作抱有自豪感,因此乐意于专门提供解说。

三、文化旅游解说词制度的功过

文化旅游解说家(以下称文化旅游解说师)严书浩于1999年12月在"旅游地解说家认证制度试行相关研究"中提议,2000年在京畿道水原华城解说家、全南潭阳家政文化解说家等实施良性教育。这样的文化旅游解说家成为2001年文化观光部(现文化体育观光部)引进的文化遗产解说史的理论依据。2011年4月5日观光振兴法修订后,文化旅游解说史首次法制化。2012年为了消除文化观光解说在各地区的差距,谋求教育内容标准化及专业化,实施文化观光解说师培养教育课程认证制。

文化观光解说员制度的主要沿革如下。

2001年1月,制订"文化遗产解说师培养及活用事业计划",受到指南的困扰（文化观光部—市、道）。

2002 年 12 月，文化遗产讲解员培养人员达到 1000 人目标。

2005 年 8 月，文化遗产解说社更名为文化观光解说社。

2009 年 12 月，文化观光解说员达成"2000 名规模"目标。

2011 年 4 月，在官廊振兴法中引入文化观光解说员制度运营相关的依据法制化、教育课程（项目）认证制。

2011 年 10 月，观光振兴法施行令及同一法施行规则修订。

2012 年 1 月，制定文化馆评解说师教育课程等的认证及配置活用告示。

2016 年 9 月，文化观光解说员管理系统（www.ctgs.kr）。

韩国职业词典中规定，文化观光解说员在雇用职业分类中担任导游及解说员，在标准职业分类中担任其他文理、技术及艺能讲师，一般需要 12 年至 14 年、3 个月至 6 个月的熟练时间等。文化观光解说员的主要随行职务是根据访问目的或关注领域、年龄层等，向游客介绍各地区的文化遗址。为了帮助游客理解文化遗址，从以轻松的故事为主的解说开始，再逐渐引入对历史、文化、自然进行专门的解说，同时教授游客们正确的参观礼仪和健康的旅游文化，进行保护文化遗产等旅游资源及周边环境的活动。解说员还应该通过英语、日语、汉语等帮助外国人正确理解我国文化。即文化观光解说员是固有的职务，也分为职业。

文化观光解说员是在《观光振兴法》第 48 条第 4 项（文化旅游解说员培养及活用计划等，2011.4.5）中规定的，各地方自治团体以此为根据，以条例或规则运营及支持文化观光解说员。文化观光解说社自 2011 年 3 月 2 日在光州广域市制定条例并运营以来，截至 2019 年 9 月，在全国 81 个地方自治团体中作为自治法规运营。

但是这些地方自治团体的条例都只涉及文化观光解说员的职务、选拔、教育及评价、培养及扩大用计划等，而对于文化观光解说员的实质性财政支持并没有如实反映。即从最近制定的《首尔特别市江西区文化观光解说员运营及支持条例》第 10 条的预算支持等来看，只包含为改善文化观光解说员的活动条件及待遇，包括交通费、中餐费等在内的活动费及讲师费、购买解说所需的器材及解说设备、应对职务执行中事故的伤害保险费等。目前，制定有关文化观光解说史条例的 81 个地方自治团体都只是文句不同，运行大同小异，与在地区旅游中占据重要地位的文化观览解说史相比，地方自治团体对实际职务的认识仍然不尽如人意。

　　文化体育观光部发行的《文化观光解说员运营方针》(2017 年)中也表示：
"文化观光解说员目前不是根据法律依据或相关规定实施的资格证制度。"同
时,文化体育观光部每年都要制定文化管理解说基本运营计划及方针,新培
养教育要接受基本素质 5 小时至 100 小时以上,还要接受包括现场体验在内
的 50％以上的实习教育。因此,想要成为文化观光解说员的人必须修完新培
养教育课程,基本出席率至少达到 80％以上,笔试达到 70 分以上,现场演示
测试达到 70 分以上,才能最终合格。

　　但是,经历这样的过程并不意味着可以立即作为文化观光解说员进行活
动,而是必须义务进修 3 个月(至少 105 小时)以上的现场实习课程。另外,在
现场实习过程中,通过实际现场实习和参观现有文化观光解说师的活动,提
高解说能力和现场适应能力。

　　作为文化观光解说员活动期间,为了强化专业性,使其具备作为解说服
务提供者应具备的深化表达技术及解说企划能力,需要义务性地修习 16～32
小时(包括实习)的保守教育课程。但是保守教育考虑到作为文化观光解说
员的活动经历,规定未满 5 年者每年接受 32 小时以上,5 年以上至 10 年者每
年接受 24 小时以上,10 年以上者每年接受 12 小时以上的差别教育。保守教
育也要达到出席率 80％以上和笔试 70 分以上,每月 5 天(共 35 小时)以上或
每年 60 天以上活动天数。

　　在文化观光解说员所享受的优惠政策中,与提高解说力量相关的教育及
实习期间被排除在活动日数之外,仅能获得部分伙食费及交通费。实际上,
为文化观光解说员活动支持器材及通讯设备、解说设备、免除馆内文化遗产
参观费及入场费(停车费)、加入伤害保险等名义支持水平。而且,对于没有
制定活动日志或活动日志的内容和单纯介绍事项等不尽如人意的情况,除加
油费、零食费等活动费外,在参加外部保守教育、研讨会等教育时,禁止收取
活动费。也就是说,文化旅游解说员虽然是志愿者,但在法律上需要进修的
条件很多,实际上仍是不受任何优惠待遇的受剥削志愿者。这不禁让人怀
疑,文化旅游解说员这种经历艰难的过程后展开活动,但是其身份却仅仅停
留在志愿者的身份上的做法是否妥当。

　　《观光振兴法》第 48 条第 8 项(选拔文化旅游解说员和活用)第 3 项规定：
"文化体育观光部部长或地方自治团体的负责人可以在预算范围内支持文化
旅游解说员活动所需的费用等。"文化体育观光部表示,以 2016 年为基准,约
有 4000 多名文化观光解说员在活动。目前文化观光解说员待遇并不好,与

其说是报酬，不如说是考虑到交通费和伙食费，以 1 日 7 小时为准，领取 4 万韩元左右的活动费。政府规定了教育费补助每人 50 万韩元（新标准）、20 万韩元（报酬），每月 6～15 天以内工作 10～17 小时等指导方针，但是与文化观光解说员的贡献度相比，这种补助水平远远不够，甚至能称之为剥削。

第一，文化观光解说社根据游客的视角传达历史、文化、艺术、自然等有关活动地区的文化旅游资源的专业知识；第二，为了满足游客的访问目的、关注领域、年龄等多种观光需求，从以轻松故事为主的女性解说开始，提供有关活动地区历史、文化、自然资源的专业解说；第三，生产及扩散旅游信息，向游客提供相关解说；第四，引导游客们按照理想的参观及探访礼节，开展健康的旅游文化活动，保护地区文化遗产等周边环境，履行相关活动地区的文化旅游宣传大使类的职责。如此重要的文化解说员，但其得到的支援力度却远远不够。

朴昌圭（2000 年）认识到文化旅游解说员的重要性，曾提出过在公共部门使用时，聘用法定公务员，聘用临时工或合同工，或作为纯粹的志愿者提供奖励，并让他们参与的方案。另外，作为更加现实的文化旅游解说员的活用方案，他提议像在国外的 guided tour 一样，对旅游解说服务收费。但到目前为止，只停留在"志愿服务者"的水平。再加上文化观光解说员作为志愿者，认为只靠名誉就可以满意地进行解说是失算的，实际上至今为止培养出来的文化解说员有三分之一不满意自己的待遇而放弃活动。

包括标榜韩国最具代表性的历史文化旅游城市的安东地区在内的庆尚北道，尤其应该提高游客对传统文化遗产的理解度。庆尚北道从 2012 年开始运营多文化家庭出身的文化观光解说员、洛东江边的文化观光解说员制度。通过观光领域专家的公正审查，选拔文化旅游解说名人，颁发认证牌，赋予海外研修机会，作为特别讲师使用。另外，文化观光解说员可以专心讲解，加入伤害保险，新建解说员咨询等待所，支持最新的解说设备。每年两次提供观光发达国家标杆管理等支持。

文化观光解说员目前在 164 个地区部署 2879 人，庆尚北道则有 220 人（以 2017 年为基准）的文化观光解说员。安东有 50 名（22.7％）文化旅游解说员，是庆尚走廊最多的城市，因此比起游客人数较多的庆州，安东的活动更多。庆尚北道的其他市、道游客人数比平均多 169 人，2017 年访问庆尚北道的游客数是收费 24202645 人以及免费 23247926 人，可以算出文化观光解说员约 21 万余人，每天 590 人。

表 1 庆尚北道文化观光解说员活动现状(2017 年)

市、郡	安排地点	解说词
浦项市	九龙浦近代文化历史馆等 7 处	11
庆州市	大陵园等 19 处	40
金泉市	直指寺等三处	3
安东市	庆尚北道厅等 10 个地方	50
龟尾市	金乌山、蔡美贞等 3 处	3
永州市	浮石寺综合观光咨询处等 9 处	14
永川市	最无线科学馆等 3 处	10
尚州市	乡政府接待中心等 3 处	3
闻庆市	闻庆鸟岭道立公园等 8 处	22
庆山市	庆山综合观光咨询处等 3 处	3
军威郡	金秀焕秋期京生家等 4 处	4
义城郡	高云寺等 4 处	7
青松郡	长途汽车站服务台等 2 处	2
英阳郡	斗德村等 3 处	3
盈德郡	渔村民俗展览馆等 3 处	3
清道郡	石冰库等 4 处	7
高灵郡	大伽倻博物馆的 6 处洞	10
星州郡	世宗大王子太室等 3 处	5
漆谷郡	多富洞战绩纪念馆等 2 处	3
醴泉郡	回龙浦五座洞	5
奉化郡	万山古宅等五处	7
蔚珍郡	圣留窟	2
郁陵郡	道洞药水地区等 3 处	3
合计		220

资料来源:庆尚北道文化体育观光局。

访问庆尚北道的所有游客并不是都听到文化旅游解说员的解说,即便如此,文化旅游解说员的解说也超过了极限。如果考虑到黄金熙(2013 年)等 15 名文化旅游解说师的研究中提出的适当解说规模,这个规模显然不适当。

对此，听解说的游客们并不认为他是专门职务，即对传统文化遗产进行专门解说的人，而是认为他是免费服务的人①。

传统文化遗产等历史文化资源是旅游最重要的对象之一，如果对此没有正确的理解，就很难称之为真正的旅游。因此，向游客提供有关传统文化遗产的准确信息，并以此提高旅游经验质量，从而使游客获得满足的文化旅游解说正在进一步加深其意义。专门进行文化旅游解说的文化旅游解说师通过说明文化旅游资源的特征和意义，提高游客的快乐感。②

文化观光解说员是国家首次安排的文化旅游人力③，是专门讲解文化遗产和自然遗产的人。文化观廊解说师是现场性最强的文化专家，最有能力的地区文化旅游专门人才，他们是旅游产业专家。文化观光讲解员既是智力技术人员，又是专门旅游人力，因此，作为志愿者运营是问题所在。目前文化观光解说员报酬不稳定，对工作环境的不满情绪也很高。④ 文化观光解说员虽然以"活动支持费的概念得到地方自治团体的支持，但只是交通费和伙食费，对地方自治团体的管理监督体系问题、报酬、文化观光解说员政策、职务环境等仍然抱有强烈的不满⑤。

李英姬和崔承淡（2001年）曾提出问题说："如果文化观光解说员进行志愿服务解说，志愿者（专门）的培养将变得困难，志愿者的制度管理也将变得困难。"如果说文化观光解说师对传统文化遗产的解说是"服务"，那么立足于接受财物和劳务并支付相应代价的经济逻辑，听取解说服务的观光者应该本着"受惠者负担原则"支付"服务费"。

当然，到目前为止，在免费接受解说服务的情况下，如果需要一次性提供解说费，可能会有人反对，但是为了实现公平的旅游，应该改善制度，让文化

---

① 徐顺福：《关于地区文化旅游资源解说制度运营的研究》，《韩国地方自治研究》第10卷第10号，2008年，第119～139页；书轩：《关于文化旅游解说工作压力的研究：以人口统计特性为中心》，《观光休闲研究》第29卷11号，2017年，第23～40页。

② 徐顺福：《关于地区文化旅游资源解说制度运营的研究》，《韩国地方自治研究》第10卷第10号，2008年，第119～139页；书轩：《关于文化旅游解说工作压力的研究：以人口统计特性为中心》，《观光休闲研究》第29卷第11号，2017年，第23～40页。

③ 宋花燮：《文化观光解说员的培养方案》，《人文内容》3，2003年，第171～198页。

④ 黄金熙、朴石熙：《关于文化旅游专业解说师职务满足、不满足因素的研究》，《经济奇观光缘》第16卷第1号，2010年，第138～159页。

⑤ 崔正子：《关于文化观光解说师的需求和职务满足关系的研究：Maslow的欲求论和Herzberg的Two-Factor理论的应用》，《观光研究》第24卷第1号，2009年，第243～264页。

观光解说员成为职业人士而不是志愿者。为此,文化体育观光部需要修改《观光振兴法》但首先应该研究引入文化观光解说员等级制,让地方自治团体通过条例的修改,以入场费或解说费概念,获得解说服务的报酬,然后根据解说水平的差异,分等级支付解说费。这是志愿者的身份解说员,适当的优惠和维修等困难。①文化观光解说员对活动不满意,而陷入墨守成规、心不在焉地解说,反而使游客的满意度下降,对这些地区的旅游景点形象恶化,是关联的必要性原因。尽管如此,我们仍期待现在的文化观光解说员今后在开拓收费解说服务领域方面发挥重要作用。②

四、引进安东型专业观光解说师制度

欧洲及东南亚等许多国家在旅游现场,将当地导游大同化、规范化,欧洲以解说员的资格条件严格管理,规定学历为硕士,最少学士以上。这可说是导游与旅行社签订合同,赚取相当数额收入的反证。另外,文化观光解说员对专业解说的期待和要求也逐渐增大。

与此相比,我国解说员的职务满意度较高,但对交通费名义津贴的满意度较低③。如果对文化观光解说员的工作环境或报酬等社会地位补偿不适当的话,地区优秀的人力资源——文化观光解说员作为专门职业者,因缺乏认同感而逐渐脱离的可能性较高。④

在国外,包括文化观光解说员在内,通过运营对旅游从业人员的资格制度,正在强化对所有领域的职务力量。特别是随着旅游产业环境的变化,相关领域要求开发专业性与特殊化的直贸量的情况下,对此正在进行战略性的应对,这对安东地区专门观光解说师制度也有很大的启示。2005 年,崔汉善认识到文化旅游解说词的重要性,文化旅游解说词是地区文化旅游的扎根、

---

① 崔英俊:《文化遗产解说制度活性化方案:以釜山市的事例为中心》,《韩国地区开发学会志》第 17 卷第 2 号,2005 年,第 27~38 页。

② 黄金熙、朴石熙:《关于文化旅游专业解说师职务满足、不满足因素的研究》,《经济奇观光缘》第 16 卷第 1 号,2010 年,第 138~159 页。

③ 徐顺福:《关于地区文化旅游资源解说制度运营的研究》,《韩国地方自治研究》第 10 卷第 10 号,2008 年,第 119~139 页;书轩:《关于文化旅游解说工作压力的研究:以人口统计特性为中心》,《观光休闲研究》第 29 卷第 11 号,2017 年,第 23~40 页。

④ 崔正子:《关于文化观光解说师的需求和职务满足关系的研究:Maslow 的欲求论和 Herzberg 的 Two-Factor 理论的应用》,《观光研究》第 24 卷第 1 号,2009 年,第 243~264 页。

发扬、结出果实的头等功臣，因此应该从地区学角度研究文化旅游解说。他主张应该将文化观光解说员培养成可以担任文化旅游经纪人或馆长角色的文化旅游专业"专家"。

现在文化观光解说员是志愿者，不是职业，因此不能使用"职务"、"职务"和"工作"等词汇。1999年，朴石熙表示："文化观光解说员需要对文化观光地有强烈的好奇心，并根据年龄层提供多种项目的专业性，但在志愿者的概念下，要求专业性是不合理的。文化观光解说师要想正确地解说文化观光资源，必须从志愿者概念的文化观光解说师转变成为专门职业人士的'专业观光解说师'。"

为此，有必要制定可以诱导文化观光解说员内在动机的教育项目，可以诱导外在动机的经济支持政策，改善工作条件。另外，为了提高文化观光解说人员的职务满意度，迫切需要制定地方自治团体的法律制度支持方案，以使解说人员能够投入工作之中，并激发对职务的热爱和自豪感。

对地区传统文化遗产的错误解释，带来了负面影响，因此，地方自治团体应创造条件，让精通地区并接受过系统教育的专业观光解说员进行退伍后的解说。McGrath（2004年）表示，地区旅游家"localguide"也应从搞活地区旅游的角度考虑，纳入旅游系统。导游是旅游产业第一线最重要的工作人员之一。他们具有通过旅游景点和地区文化的知识和解说、沟通和服务技术，让观客体验到的能力[①]。但是拥有庆州和安东等代表我国的历史文化旅游城市的庆尚北道也没有通过向游客如实告知地区传统文化遗产的价值，提高旅游活动的满意度，进而对地区旅游产业提供帮助的文化旅游解说员给予实质性的优惠，这一点与其他市一样不尽如人意。

在庆尚北道文化观光解说员运营及支持相关条例（2013年4月11日）第8条活动费支援等方面，根据道及市、郡的运营计划，对文化观光解说员相关活动进行实际支援。文化观光解说师为增强服务水平收集资料及对游客进行解说，访问道内文化旅游景点时，可获得道内文化遗产参观费、自然公园、观光地等门票及停车费。实际上，在文化观光解说员履行职务的过程中，只规定为应对事故而准备的伤害保险费等。因此，对文化观光解说员的认识与其他市、郡一样，都存在经营上的问题。

---

① Ap,J. and K. K. F. Wong,"Case study on tour guiding：professionalism，issues and problems","Tourism Management",22,2001,pp.551-563.

更为严重的是,除了广域自治团体之外,制定并运营着地方自治团体市、郡自治法规的其他市、道、郡不同,庆尚北道包括堪称世界文化遗产和传统文化遗产宝库的安东和庆州在内,在 23 个市、郡都没有相关条例,究竟是禹里国的代表性历史文化旅游地,还是新任道知事上任后,将名称变更为庆北文化旅游公社,标榜"文化旅游城市,庆尚北道"等。另外,还自称是岭南儒教的中心、庆北北部儒教文化的代表,是"韩国精神文化数度"。安东市最近虽然强化市文化观光局组织,有庆典观光财团,但是也组建观光发展协议会,谋求文化旅游活性化,只是想知道安东市是否有制定和地位相符的文化观光政策的意志。即使为时嫌晚,也应制定现实性的改善对策,以便以安东市为中心,作为能够正确宣传地区传统文化遗产价值的文化观光解说员,进行正确的活动。

欢迎游客的地区社会倾向取决于与地区社会是否具有相对强而有力的社会纽带"地区导游(local guide)"的力量。对本地区更为熟悉的地区导游,比起在众多不同性质的地区和负责多个旅游地的旅游企业工作的外地导游,在形成与地区司会密切的社会纽带方面,优势更多。"地区导游"的最大优点是将游客与地区社会紧密联系起来,加强与地区居民的社会纽带。这种作为地区社会代表的效应,让游客们分享他们的经验和知识,增强他们的自豪感(self-esteem)和力量,对地区社会心理的强化产生积极的影响。通过地区导游和游客的密切接触,在地区旅游的决策上营造出能够提高地区社会声音的友好氛围。①

在欧洲及美国等大多数国家的文化遗址,解说服务收费化,因此游客们为提供解说服务支付金钱②,韩国不仅规定文化观光解说员为志愿者,还规定提交志愿服务活动誓约书,在志愿服务活动场所进行收费解说时,要停止资格或剥夺其资格。现在,我们也不应只依靠文化观光政策层面上的文化观光解说员作为志愿者的使命感,而应将其视为向游客正确介绍传统文化遗产和地区文化资源的专业人士,并给予相应的待遇。

安东地区是保留和继承地区固有的文化、建筑遗产、生活方式、自然环境

---

① Jensen,O.,"Social mediation in remote developing world tourism locations:The significance of social ties between local guides and host communities in sustainable tourism development","Journal of Sustainable Tourism",Vol.18No.5,2010,pp.615-633.

② 朴喜珠:《解说服务对游客满意度和行为意图的影响》,京畿大学研究生院博士学位论文,2006 年。

等,并向一般人宣传这些独特形态的博物馆,是拥有丰富的韩国风貌和传统文化遗产的地方。游客们在这样的地区可以自然而然地接触到地区丰富的文化经验和传统文化遗产。但是与拥有类似历史文化资源和传统文化遗产的其他地方自治团体相比,安东地区的旅游业很难活跃起来。

为了活跃东圈地区的旅游,值得关注的是引进日本正在运营的类似于地区限翻译案内部调查制度的"东圈区域特殊化的安东型专业观光解说师"制度。游客们在传统文化遗产所在地现场见到的地区居民可以说是最渊博的导游和解说使者。"如果地区居民解说员能够很好地学习自己故乡的文化,那么邻里故乡的文化也可以自己掌握"(任在载)。2009 年,为了安东型专业观光解说员的专业化,韩国引进能够对安东地区的传统文化遗产进行具体、有差别的说明资格证制度,有必要对教育项目运营及解说收费。即安东型专业观光解说师应具备作为文化观光解说员的基本知识和素养,学习历史文化资源和传统文化遗产的专业知识,使游客能够获得地区特色化的专业解说。

此时重要的是让游客们感觉到作为专业观光家,可以提供与现有的文化旅游解说师解说的不同内容,对安东地区传统文化遗产提供新的知识和理解。即安东型专业观光解说师和游客在听取全部文化遗产解说的同时,相互交换各自拥有的意见。

为了引进安东型专业观光解说师制度,提高实效性,应该通过庆尚北道和安东市的主办,筛选出超过现有文化观光解说师教育水平和值得信赖的认证机构,并明确提出严格的委托教育课程管理和被教育者的资格标准。而且,为了对安东地区的传统文化遗产提供专门的解说服务,并得到回报,应由被教育者自负地完成培养教育并取得认证,在主办方的地方自治团体的管理监督下,让他们作为有偿解说师进行活动。但是以目前这种解说词的实际费用水平很难正常执行,因此,值得提倡的方案是在一定时期内对安东型专业观光解说师的一部分解说费用在地方自治团体的实费补偿水平上予以支持,其余部分由观光者负担解说费。在历史文化资源和传统文化遗产等固有性成为核心的观光中,专业观光解说词的作用比什么都重要。

(作者单位:韩国安东大学欧洲文化馆光学系)

从日韩文本文化遗产共享到未来学术交流

◎ 阿部泰郎

一、文本(Text)文化遗产

人类创造的文化遗产是多样化的,就物质上而言,有各种遗迹遗存,还有埋于地下的遗址,抑或是洞窟石壁上所刻所画的图案符号。这些都是人类创造的文化遗产。从史前时期(有考古发现而无文字记录的时代)到历史时代(有文字记录的时代)以来,古人留下了很多文书、记录以及大量书籍,这些都成为我们"挖掘"的对象。文献学由此诞生。那么文献学中的文本解读也就成为探寻人类精神世界构建的重要课题,属于文学领域。历史时代的文本解读,还需要不断地关注考古学的发掘发现,作为历史实证。总之,文本解读无疑是探究世界本质的手段。人类不仅创造文字来表述世界,同时也会用简单的绘画、画像等方式表达所认知的世界,这些文化符号系统下的图形图像可以说极富想象力。

此外我们还应该关注无文字的原生态语言,还有非语言领域的音乐、肢体语言(如礼仪和艺能表演领域),这些都是我们人类社会不可或缺的非物质文化遗产。对人类所创造的文化,我们应该担负起传承的责任。古人就很有这样的意识,不管是为了个人还是国家,或只是为了纪念而不断地记录,因此给我们留下数量庞大的文本。档案学(Archives)由此诞生。但在另一面,人类因宗教、文化、权利等问题相互斗争,甚至发生战争,不断损毁它。在漫长历史岁月中,还有无数的文化遗产被遗失。因此我们现在所能看到的文本尤为珍贵,这也是文本的价值和意义所在。

名古屋大学文学研究所是以明确文化遗产的普遍价值和理解其意义，并共享给社会为宗旨的机构。由此诞生了"文本学"。文本学的研究方法就是通过文本（包括狭义的文字文本和广义的文化符号体系下的文本）来解读一切文化遗产。为方便学者自由地开展跨学科的实践研究，名古屋大学成立了人类文化遗产文本学研究中心（以下简称 CHT）。CHT 从档案学、物质文化、视觉文化三个方面作为切入点，展开探究，开展跨领域合作的各项课题研究，进行多维度地探究人类文化诸相。

其中负责档案学（在人类学来说属于动态研究）的阿部，在自己研究课题（日本中世的宗教文化遗产）中，提出一个文本解读的方法论，称之为"宗教文本学"①。宗教文本学是对日本各宗教（佛教各宗派、神道、修行者、民俗宗教、新宗教等）在融合发展过程中所形成的诸多文本（圣典的注书、图片、祭祀表演等）进行深度挖掘、研究，并用文本解读的方法探究这些文本在历史上是如何被解读。

我们将其作为研究课题立项，申请到日本学术振兴会的研究项目。其中"宗教文本遗产的探究"作为基础研究，"人文学数字档案网络化的构建"作为综合研究。以 CHT 为基地，对涉及诸多领域的日本"宗教文本"遗产建立数字化档案，并把它作为学界甚至是社会共有，为此我们举行了诸多活动。②

日本"宗教文本"遗产的主要探查对象是以日本中部地区、爱知县和名古屋市为中心，寺院和神社所保存的宗教文献典籍，即所谓的"圣教"。包括大须观音真福寺的大须文库（名古屋市）所藏《古事记》是最早的古写本（国宝）。此外，还有佛教各派的圣教、神道书等珍贵的典籍约一万五千册。③ 在神社方面，猿投神社（丰田市）所藏《古文孝经》也是一种最古老的古写本（重要文化遗产），而且还是一部汉文典籍的古写本。④ 这两所寺社在日本中世时期的尾张国、三河国地区占有重要地位。

追溯到日本古代，平安时代末期（12 世纪），当时此地盛行写经，七寺（名

---

① 阿部泰郎：《中世日本的宗教文本体系》，名古屋大学出版会 2013 年。

② 名古屋大学文学研究科附属人类文化遗产文本学研究中心编：《CHT Newsletter》，2015（1），2016（2）。

③ 阿部泰郎监修：《名古屋市博物馆 真福寺大须文库调查研究会编》，《大须观音：被开启的文库宝藏》，名古屋：大须观音宝生院 2012 年。

④ 新修丰田市史编讃专门委员会编：《丰田市史研究特别号·猿投神社的典籍》，丰田市：2016［阿部 2016a］。

古屋市)在该地区传播抄写一切经。① 现在只有日本还保留着大量当时抄写的中国佛教经典(落合编 1994—2000 年)。② 到了日本近世,继承"御文库"(尾张德川家藩主也曾是名古屋城主人的藏书)的蓬左文库,与德川美术馆(收藏宝物类)合并,成为全国一流的大名档案馆。③ 此外,还有许多学者、藏书家的文献(其中大部分文献或毁于战火或散佚)。到了近代,这些遗留下来的文献再次被藏书家收集成为个人私藏,岩濑文库(西尾市)就是其中之一。综上所述,爱知县无疑是一个"藏书王国"、"文献世界"④。

在这丰富的文献世界中,有具体展现日韩文化交流的文本遗产,也有优秀的宗教文本遗产。不管是上述研究项目还是 CHT 的活动,我们都把它们作为"遗产"记录在案,并将其内容提供给日韩学界共享。现在 CHT 的活动还在继续。在日韩两国学术交流会上,我想介绍其中几个案例最为合适,也是有助于文本遗产未来发展。但是无论是哪种文本,韩国学界的研究进展都是备受关注的,我们也是受其影响,才开始了相关研究。

二、《高丽史节要》的数字化与数据共有

首先将《高丽史节要》的"遗产化"做个介绍。《高丽史节要》是朝鲜王朝用编年体记载的关于高丽朝的正史著作,由金宗瑞等一批史官在文宗二年(1452 年)奉命编纂完成。高丽朝灭亡后,太祖建立朝鲜王朝,效仿中华的传统为前朝修史,便开始着力于高丽正史的编纂工作,直至第五代文宗(1450—1452 年)时期才完成《高丽史》的编纂。而《高丽史节要》是根据已成书的《高丽史》为基础编纂而成。只是《节要》与《高丽史》性质完全不同,不是单纯的抄录,而是独立的正史著作。可以说是官方正史,国王下令由国家印刷发行的典籍。全书每册末尾都有铸字跋文和刊行时间的标记。铸字跋文是"宣宗(明朝的年号)九年",刊行时间都是"景泰四年(1453 年)"。还是朝鲜王朝1434 年铸造了"甲寅字"(金属活字)后投入刊行的铸字印本,即此文本就是

① 落合俊典他编:《七寺古逸经典研究丛书》(全 6 卷),东京:大东出版社,1994—2000年。
② 横内裕人:《东亚佛教与日本》,塙书房,2008 年。
③ 名古屋市蓬左文库编:《蓬左文库历史与藏书》,名古屋市蓬左文库,2004 年。
④ 爱知县史编讚委员会编:《爱知县史·别编·文化财 4 典籍》,爱知县:2015[阿部2015]。

"甲寅字"(金属活字)印刷本,因此该文本被认为是朝鲜本金属活字印刷的代表。

《高丽使节要》全书35卷35册,蓬左文库本(重要文化遗产),是现存的唯一完本。而且破损少,保存良好。大部分都还留有当时布制的书签。卷首还加盖"经筵"印章。表明这是当时经筵(给国王讲学的机构)所制。总之,是为国王随身用而备的一种传本。[①]

像这样在宫廷内部传阅的史书,是如何传到日本? 其中缘由我们现在全然不知。但我们知道,这种文本曾经是德川家康的藏书之一。家康不仅好学还好收藏古籍,他生前收藏大量的书籍,超过15000多册。家康死后,他的藏书分别由三个儿子继承。其中大部分由九男·德川义直(尾张德川家的祖父)继承。传给义直的这批典籍也叫"骏河御让本"。"御让本"中有大量汉文典籍,而且大部分都是朝鲜本。这些汉文典籍多半都盖有"御本"这样的章。这是义直让人盖上的,表示他的收藏。这批典籍现在成为御文库的核心典籍,也是室町时代到战国时代(16世纪),从朝鲜传入日本的大量书籍(其中大部分通过贸易取得)中的精品。

名古屋市蓬左文库虽然拥有国际一流典籍群之称,尤其是朝鲜本和有重要研究价值的《高丽史节要》,但还是在千惠凤博士的论文——蓬左文库朝鲜本内容概述[②]发表后,才在韩国学界广为人知。这部朝鲜本全套共141部(其中120部均为御让本),2500册。它的数量之多不便公开展示,但可以通过电子图书方式阅读《高丽史节要》,而原始文本由于它的珍贵性,历来不展出。

另外方面,在韩国的国史学界,国立韩国国史馆的国史编纂委员会正在努力推动一个项目,就是把韩国国史资料全部做数字化档案。

《高丽史节要》也将作为重要的文本资料被纳入其中,包括原文和朝鲜语译文,并加入图像等制成多元素的一种文本。但是现在韩国的《高丽史节要》不是完本,只有日本蓬左文库收藏的是幸存唯一的完本,因此备受关注。于是在2014年韩国委员会向日方蓬左文库提出请求,希望给他们提供《高丽史节要》的数字化图像和数据。关于此事的经过如下:

2014年韩国委员会向日方蓬左文库提出请求,希望给他们提供《高丽史

---

① 爱知县史编讃委员会编:《爱知县史·别编·文化财4典籍》,爱知县:2015[桐源 2015]。

② 千惠凤:《日本蓬左文库韩国典籍》,首尔:知识产业社,2003年。

节要》的数字化图形和数据。文库不可能打破历来的方针,此因有些为难。于是韩国委员会找到名古屋大学文学研究科的池内敏教授作为中间方,和阿部(CHT 中心主任)商谈此事。当时阿部与桐源千文氏(文库长)正在共同编纂《〈爱知县史〉典籍编》。在桐源千文氏指点下,阿部深刻认识到《高丽史节要》具有世界文化遗产的普遍价值和意义。于是阿部借此机会,建议由日方主导,对两国的《高丽史节要》做全盘摄像,并且建立数字化档案库,日韩共享,更具研究价值和意义。在三方的共同努力协商下,于 2015 年,用我们的科研经费由 CHT 中心进行数字化摄像和数字化数据整理,最终完成这部《高丽使节要》的数字化档案库。差不多就在我们完成此项目的同时,我们 CHT 正在筹备一次特别展,那是 2015 年 10 月,为了纪念日韩交流正常化 50 周年,在蓬左文库举办一次特别展,题为"丰富的朝鲜王朝文化——交流的遗产"。《高丽史节要》数字化图像和具有代表性的朝鲜本一并展出。《高丽史节要》数据都是全册全页彩色高清图像,人们可以通过数据阅读。

这次特别展,由于场地限制,不可能将全本《高丽史节要》都展出,我们把重点摘出,分 35 点做成图录进行介绍。借此机会还邀请日本的朝鲜文献学研究第一人藤本幸夫博士来开讲座,图录部分也由他执笔完成,并在图录中附上文库的朝鲜本一览。[①] 但在图录的图版上只能展示其中一部分。在展会现场,人们可以通过显示器以电子图书方式,清晰地阅览全套《高丽史节要》典籍,当然还有数据库里的其他典籍。

借此机会,CHT 与蓬左文库携手在名古屋大学举办题为"作为文化遗产的朝鲜通信使"国际研究集会(包括展览会)。同时邀请美国伊利诺伊大学的罗纳鲁多·托比博士和韩国木浦大学的朴赞基教授参加,并做演讲。今后,随着《高丽史节要》数字化资料被广泛利用和深入的研究,CHT 将其研究成果作为资料数字化,并把数据提供给蓬左文库,充实到《高丽史节要》数字化数据库。文库再把数据提供给韩国国史编撰委员会,收录在韩国历史数字化数据库里。在文库与韩国国史编撰委员会共同商议下,将更新后的《高丽史节要》数据有预期地向社会向世界公开。这样全本的《高丽史节要》得以向世人揭晓。这才是《高丽史节要》作为文本成为世界文化遗产的正真意义所在。这也是我们 CHT 的目标和理想,我们已经迈出可喜的一步,并致力于在和韩

---

① 名古屋市蓬左文库编:《丰富的朝鲜王朝文化——交流的遗产》,名古屋市蓬左文库,2015 年。

国共同分享资源的同时，进一步做共同研究和更多的学术交流。

在2016年夏天，我和池内教授再次赴首尔，和信息化室长李舜九及他的同仁会面，商谈有关《高丽史节要》数据共有问题。其结果：阿部作为日方CHT的代表，日方目标是把蓬左文库朝鲜本全部数字化，把数据作为两国共有，提议建立日韩联合国际数字化图书档案馆。日方也在同年春天，已经向时任文化厅长官的青柳提交项目企划书。实现梦想绝非易事，但我想两国的学者以及研究机构，甚至联合学界共同努力，一定有实现梦想的一天。CHT有幸作为此事的媒介，尽微薄之力，我也倍感荣幸。

三、高丽大藏经的探究及其传来的始发

接着还要给大家介绍另一种藏本——《高丽大藏经》，是一部被称作宗教文本遗产的佛教典籍。这部佛教典籍是古代高丽和日本在文化交流中，随佛教传入日本的一种宗教文本文化遗产。

2015年夏天，我们正在做《高丽史节要》的数字化项目，受真福寺大须文库研究所委托，正在对这里的高丽大藏经佛典做调查研究工作。此时韩国的高丽大藏经研究所也希望查阅该佛典，并且做一下采访。时间上正好有冲突，因此来找我们CHT协商。韩国的这所研究所做的两项工作很有意义。其一，把韩国《高丽版大藏经》全部建立数字化档案，尤其是海印寺大藏经殿收藏的完整高丽大藏经版木。这也是韩国最引以为毫的世界遗产。海印寺的这套大藏经版本是用木板雕刻而成，现在还在印刷刊行。但它是再雕本。其二，搜辑初雕本和对幸存的初雕本进行整理修复工作。昔日高丽朝的义天，他既是高丽王子又是求法僧，毕生致力于收集佛教典籍外的续藏，编纂刊行，并将收集到的续藏著作编成目录，即《新编诸宗教藏总录（高丽大藏经）》并且刊行（也称义天版）。现在韩国研究所在刊印《大藏经》同时，还致力于对《新编诸宗教藏总录（高丽大藏经）》进行搜辑和修复工作，并将全部建立数字化图书档案（高丽大藏经研究所编2016年）。[①] 在这一系列工作中，作为其中一个环节，韩国研究所希望查阅真福寺大须文库所藏的高丽大藏经佛典，并且做一下采访。我们CTH接到韩方请求后，经过协商，加快进度完成这次调

---

① 高丽大藏经研究所编：《〈新编诸宗教藏总录〉总览与基础》，首尔：高丽大藏经研究所，2016年。

查研究,时间上积极配合韩国研究所的工作。

其中与韩方协商经过如下:

当时,CHT 工作人员在对高丽大藏经佛典做调查研究工作时,CHT 中心主任阿部受首尔檀国大学日本研究所之邀,出席他们举办的国际学术研究集会,并做演讲。[①] 会议主持者是韩国东国大学的金浩星教授。因为金浩星教授是东国大学佛教学术院的教授,所以和韩国高丽大藏经研究所关系密切,他们两人合作一个大项目——韩国佛教集成。此时阿部得知韩方请求,觉得应该答应他们,并且趁此机会提出加上日方的名古屋大学 CHT,三方联合共同研究的想法。经过多次协商,并征得日本真福寺的同意,韩国的高丽大藏经研究所、东国大学佛教学术院、古屋大学 CHT 三方在 2016 年 7 月签订学术交流协议。协议明确由三方联手,对日本真福寺大须文库所藏的高丽大藏经佛典展开共同调查研究。值得一提的是签订协议的地点,就是在日本真福寺的大须观音像前。当然,这是在征得真福寺宝生院贯主冈部快圆师父的同意下进行的。签订协议当日,韩国的高丽大藏经研究所所长、东国大学佛教学术院院长以及古屋大学 CHT 中心主任的阿部,三方在大须观音像前签完协议之后,马上进入对典籍的微胶卷摄像工作。此次韩方两个机构各带一支人员赴日,他们负责挑选出与高丽大藏经相关的佛典,日方也带一支人员,专门负责对挑选出的佛典进行微胶卷摄像,并且把全部图像数据带回 CHT 做数字化处理。同年 8 月,阿部再次亲赴首尔,有关这批佛典的概要向东国大学佛教学术院做一次汇报。同年 12 月,日韩两研究所的相关人员又对这批佛典进行一次扩大调查。还有高丽朝义天所编可展现高丽大藏经全貌的目录——《新编诸宗教藏总录》(原名《海东有本见行录》),现在日本京都高山寺残存其中三卷。该藏本是安元二年(1170 年)明空以仁和寺花严院景雅本为蓝本誊抄的一种古写本[②],应该也是受仁和寺御室法亲王委托而抄写的。这部藏本收罗了当时(宋版大藏经成书前后)从中国到朝鲜半岛,当时已成书的关于经、律、论的佛典注释、传记类书籍。其中大约有一千多处的书目上还加注作者名字等信息,是有著有录的一种藏本。从 8 世纪到 11 世纪,在东亚地区佛教各派活动的成果由此可见一斑。它和日本兴福寺僧永超编述

---

① 阿部泰郎:《国际交流与宗教文本——中世日本精神史的缩影》,檀国大学研究所《日本学研究》第 49 辑,首尔:檀国大学研究所,2016 年[阿部 2016b]。

② 大屋德城:《新编诸宗教藏总录影印解说》,京都:便利堂,1936 年。

的《东域传灯目录》(宽治八年(1094年)一起,可称得上东亚佛教史上的"双璧"。

日本真福寺大须文库的高丽大藏经也被收录在上述目录中。大须文库的高丽大藏经有以下三部典籍：

1.真福寺开山祖师·能信(1298—1353年)口述、他人代写的《大日经义释演密钞》九帖[卷一欠,嘉历三年(1328年)记],是真言密宗的圣教(日本把宗教文献典籍称圣教)之一。

2.高野版的《释摩诃衍论通玄钞》四帖[弘安五年(1282年)刊],内附能信的师父实济的序跋,这也说明它是在能信的时代就已传入的书籍。

3.高野版的《释摩诃衍论赞玄疏》五帖[正应元年(1288年)刊]。

接下来对这三部佛典逐个介绍。

其一,《演密钞》十卷

《演密钞》为辽(契丹)僧人觉苑所撰,是《大日经疏》之注书。《大日经疏》是真言密宗的圣典,唐朝僧人一行阿阇梨所著(一行阿阇梨师从善无畏祖师译《大日经》,集师口述作《大日经疏》二十卷)。后被韩国大觉国师义天收集到《演密钞》,并且在寿昌元年(1095年)刊行,也称之为义天版。随着义天版《演密钞》东传至日本,对平安时代后期的密宗产生重大影响。常被真言密宗的学僧引用在其著作中。到了日本中世,它已经成为日本密宗教学的经典教材之一。据真福寺《演密钞》后面的序跋所记,它的传承脉络如下：

1.延庆二年(1309年)在高野山南院,"道范"以义天版《演密钞》为蓝本,抄写了《演密钞》,为道范写本《演密钞》。

2.延庆四年(1311年)给道范写本这部汉文典籍断句加标点,并且给汉字标注日语读音。

3.元亨三年(1323年),同样在高野山持明院,把加上标点并且标注日语读音的《演密钞》作为蓝本,由寿仁抄写的《演密钞》写本。

4.嘉历二年(1327年)十月,在武藏国多西郡高幡不动堂虚空藏院(真言宗高幡山金刚寺内),由仪海抄写的《演密钞》写本。

5.次年(1328年)四月至六月,同样是在高幡不动,由能信抄写的《演密钞》写本。

但现在我们看到的这部能信抄写本的《演密钞》,不是能信亲手笔迹,因为各帖最后一页的配页版心上都印有署名——圆观,而不是能信。由此可见,圆观才是正真抄经人,他应该是能信手下的人员。

其二,《释摩诃衍论通玄钞》四帖和《释摩诃衍论赞玄疏》五帖

《释摩诃衍论》是印度禅僧马鸣菩萨留下的《大乘起信论》之注疏,据传是日本密宗推崇备至的龙树菩萨所著。大须文库的这两部高野版,是平安时代后期至近世江户时代由真言密宗圣地高野山所刊行的佛典总称。在镰仓时代优秀的重要佛典多数在此刊行[①],又正是《释摩诃衍论》之注书。前者(四帖)为辽·志福撰,后者(五帖)为辽·法悟撰,都是寿昌五年(1099年)高丽大兴王寺刻本刊行的义天版佛典。二者都附有相同的序跋,记录这佛典怎么传入日本等信息。

原来,昔日白河法皇深信佛教,让自己的儿子以亲王身份出家高野山仁和寺侍奉佛前,借此振兴密宗。于是觉法(白河法皇的儿子)出家仁和寺,也称他为仁和寺"禅定二品亲王"。觉法为了父亲的弘愿,意欲求得高丽国最好的义天版佛典,并把它们供奉在宗祖弘法大师空海的入定圣地高野山。于是在堀河天皇的长治二年(1102年)授命与时任太宰帅的藤原季仲,派使者到高丽奉请来这两部佛典。

11—12世纪,受东亚佛教传流运动(横山2011年)影响,流传下来的佛典,到了镰仓时代,尤其是镰仓中期,幕府政权的核心人物安达泰盛(城入道觉智),崇信真言密宗,为了提高高野山的宗教地位,大力推动"学问振兴"。为此他将这些佛典选为高野版刊行的底本,并且用梓木刻板刊行[同样是大须文库高野版弘安二年(1279年)刊行的《金刚顶瑜伽经》三卷,还有弘安三年(1280年)刊行的《苏悉地羯罗经》三卷,二者都附有泰盛的刻刊序跋,而且后者还是在镰仓根据底板誊抄]。高野山内的金刚三昧院是幕府为实施密宗政策而设立的院家,两本都是院家的寺僧根据底版抄写的写本,由此可知寺僧积极参与幕府密宗政策。从印刷制本水准上看,正应元年(1288年)刊行的《赞玄钞》比弘安五年(1282年)刊行的《通玄钞》明显逊色许多。这期间弘安八年(1285年)发生了霜月骚动,安达泰盛一族灭亡。这场政治变动对高野版的刊印质量产生多么大的影响可见一斑。

大须文库除了高野版外,还有《释摩诃衍论赞玄疏》的残本。虽然残本只有卷五和卷六两帖,但有"释摩诃衍论赞玄疏论本"这样题记的一种古写本。在卷六末尾书名页里,还可以看到"建久三年(1192年),七月十二日"字样,这就说明它是镰仓初期的抄本。这种文本的内容结构也和高野版截然不同,有

---

① 水原尧荣:《高野版的研究》,名古屋:上弦书洞,1921年。

关它的传入，现在还不清楚。但是从真福寺圣教典籍的整体传入来看，大概是在二世信瑜（1333—1386 年）时代，真福寺从东大寺东南院带来诸宗圣教，可能其中就有这种抄本。它也是高丽大藏经之一，在日本院政期，从仁和寺到南都各大寺院广为流传，很可能还是当时各寺院教学使用的教材。这些宗教文本，对中世日本的宗教界和研究它的学界而言，意义非凡，通过这些文本我们可以如实窥探高丽大藏经佛典的受容和发展。虽说只有三部，但真福寺大须文库作为世界宗教文本文化遗产，它的普遍价值和意义不言而喻。

四、结 论

为了开创宗教文本文化遗产的未来，就算日韩两国把蓬左文库的朝鲜本，作为共创的国际档案数字化项目共享，但单纯实现数字化，将数据各为己用是不利于学问持续发展的。应该通过这个平台，为揭示朝鲜本在人文学各领域（包括历史、文学、哲学等）的价值，进行超越国界的共同研究，从一起寻找新问题，到解决问题，把这整个过程作为研究成果共享才是正真的国际共同研究。还有如果我们想把义天版高丽大藏经文本进行复原，就需要对各种藏本进行细致的甄别，对注释进行分析研究。要完成这些研究，仅仅有文本数据是不够的。我们不仅要探究这些宗教文本的思想和理论，还需要研究其所藏的寺院、受其影响下僧侣的活动，考察其在当时时代背景下的意义等。将来我们（CHT）致力于提供与此相关的研究项目，及我们所能得到的所有相关学术信息提供给国际学术界，并期待与国际学术界共享其成果。

现在，我们建立真福寺大须文库所藏圣教数据库，届时公开《高丽大藏经》文本和馆藏的所有宗教文本及典籍的由来也将会被揭晓。并且在不久的将来，如果所有的文本都用数字图像形式公开提供给社会，我们就可以知道该文本是怎样被解读，怎样被重塑。有关这些文本的情况就会更清楚明白。关于真福寺大须文库宗教文本，阿部在他参与编辑的国文学研究资料馆编中，以专刊（《真福寺丛刊》第 1 期、第 2 期，共 24 卷（1998—2011 年）形式进行介绍，对库藏的重要善本还附上原本影印图片、翻刻本、内容简介等。

现在 CHT 用科研经费正在做基础研究项目，其中《中世禅籍丛刊》共十二卷正在刊行中。该刊收录了像真福寺、称名寺（神奈川县）内金泽文库所保管的圣教（不久前被指点为国宝文物）中珍贵的禅宗文本。为了编辑而进行考察、解读工作中，人们才发现真福寺丝毫不比称名寺逊色，可以说也是一座藏有大批珍贵禅宗典籍的档案馆。真福寺的圣教内容涵盖了宗教文本所有领域,其价值和意义完全可以与称名寺匹敌,称之为"世界记忆遗产"是当之无愧的。

　　CHT 创建的"宗教文本遗产"项目,这只不过是我们迈向传承人类文化遗产事业的第一步。以上介绍的现在还在进行中的项目,是以搭建人类文化遗产共享平台为目的,日本(CHT)和韩国学术界联手,共同挖掘这些宗教文本的价值和意义,并通过该平台将研究成果分享给国际社会,实现超越国界跨国合作的一次实践研究。今后,我们希望能与更多的东亚地区人文学界的学者,尤其是学术界和教育界的年轻学者携手共同研究,我想这对人类文化遗产传承更具意义。

(作者单位:日本名古屋大学)

对马宗家文书和对日关系誊录类的日韩关系史比较研究

◎ 程永超

提　要

　　在近代早期(大约 17 至 19 世纪)日韩之间的外交谈判中,除了口译人员的口头交流外,同时也进行文本介质的交流,因此保留许多外交记录(汉语、日语、韩语)。因此,近现代日韩之间的外交和贸易以及谈判细节都存有记录。外交记录包括日方对马宗家文书和韩方对日本关系誊录类。

　　对马宗家文书是记录江户时期对马藩(现长崎县对马市)的藩主宗家记录并管理的历史文献,过去还被称为对马藩的政治历史文献和宗家文化历史文献。对马宗家文书是一个拥有 12 万册的庞大历史材料群,是能够了解韩日关系的基本资料。从历史时代来看,记录包含从江户时代初期(17 世纪初)到幕末维新期(19 世纪)大约 300 年的内容。同时也有一些江户时代之前的历史资料和明治初期以后的历史资料。目前分散在日本有 6 座图书馆(国立国会图书馆、长崎县立对马历史民俗博物馆、九州国立博物馆、东京大学历史资料编辑中心、庆应义塾大学、东京国立博物馆)和韩国大韩民国历史编辑委员。这是因为对马宗家文书主要有:(1)对马府中藩藩厅(对馬府中藩落厅)(目前是长崎县对马市厳原);(2)釜山倭馆(釜山の倭馆)(朝鲜时期进行使者接待、贸易及外交谈判的日本人生活区);(3)江户藩邸。这三个地方记录并保存。

　　在朝鲜王朝末期,中央政府(特别礼曹典客司)或地方政府(特别是东来府)为了积累对日外交的先例,将誊录类按照各主题编写。例如,与通信使节有关的《通信誊录(通信使謄錄)》,倭馆改造相关的《倭馆修理誊录(倭館修理謄錄)》、《倭馆事件誊录(倭館写建錄)》,以及有关流浪人的《漂倭人送誊录(漂倭人送謄錄)》、《漂人领来誊录(漂人領来謄錄)》等。目前保管在韩国首尔国立大学奎章阁内的朝鲜王朝对日外交誊录类,虽然部分已经上传网络,但很少有人进行相关研究。而且还尚未正式对对日关系誊录类和对马宗家文书进行全面分析。

在研究两国关系历史和交涉历史时,为了最大程度还原历史,重要的方法是比较和对比两国的历史资料。当今的早期现代日韩关系,是从一个国家的角度提取的,但可惜的是,尚未有比较和对比两国历史资料的研究。自然而然的,日本研究人员主要依靠日本材料,而韩国研究人员则主要依靠韩国材料,所以结论总会存在一些差异。

因此,本发表是通过对比和比较对马宗家文书和对日关系誊录类,研究日韩关系历史。具体来说,以记录在对马宗家文书群内的外交文献和朝鲜王朝的对日外交誊录类为中心,特别是对马宗家文化历史文献中的日文草案和韩国的中央、地方记录进行比较,找出日韩间外交谈判实际情况。

(作者单位:日本名古屋大学)